DIREITO PARA ADMINISTRADORES
VOLUME III

Dados Internacionais de Catalogação na Publicação (CIP)
(Câmara Brasileira do Livro, SP, Brasil)

Reis, Henrique Marcello dos
    Direito para administradores, volume III /
Henrique Marcello dos Reis, Claudia Nunes
Pascon dos Reis. -- São Paulo : Cengage
Learning, 2005.

    Conteúdo: Direito empresarial/comercial,
direito do consumidor e direito econômico.
    Bibliografia.
    ISBN 85-221-0445-X

    1. Administração de empresas 2. Direito -
Estudo e ensino I. Reis, Claudia Nunes Pascon dos.
II. Título.

05-2272   CDU-340.11

Índice para catálogo sistemático:

1. Direito : Introdução   340.11

DIREITO PARA ADMINISTRADORES

Volume III

Direito Empresarial/Comercial,
Direito do Consumidor e Direito Econômico

Henrique Marcello dos Reis
Claudia Nunes Pascon dos Reis

Austrália · Brasil · Japão · Coreia · México · Cingapura · Espanha · Reino Unido · Estados Unidos

Direito para administradores - Volume III

Henrique Marcello dos Reis
Claudia Nunes Pascon dos Reis

Gerente Editorial: Adilson Pereira

Editora de Desenvolvimento: Tatiana Valsi Pavanelli

Supervisora Editorial: Patricia La Rosa

Produtor Editorial: Fábio Gonçalves

Copidesque: Sueli Bossi da Silva

Revisão: Vera Lucia Quintanilha
Ana Paula Ribeiro

Diagramação: PC Editorial Ltda.

Capa: Eduardo Bertolini

© 2005 Cengage Learning Edições Ltda.

Todos os direitos reservados. Nenhuma parte deste livro poderá ser reproduzida, sejam quais forem os meios empregados, sem a permissão, por escrito, da Editora.
Aos infratores aplicam-se as sanções previstas nos artigos 102, 104, 106 e 107 da Lei nº 9.610, de 19 de fevereiro de 1998.

Para informações sobre nossos produtos, entre em contato pelo telefone **0800 11 19 39**

Para permissão de uso de material desta obra, envie seu pedido para **direitosautorais@cengage.com**

© 2005 Cengage Learning. Todos os direitos reservados.

ISBN-10: 85-221-0445-X

Cengage Learning
Condomínio E-Business Park
Rua Werner Siemens, 111 – Prédio 20 – Espaço 04
Lapa de Baixo – CEP 05069-900 – São Paulo – SP
Tel.: (11) 3665-9900 – Fax: (11) 3665-9901
SAC: 0800 11 19 39

Para suas soluções de curso e aprendizado, visite
www.cengage.com.br

Impresso no Brasil.
Printed in Brazil.
1 2 3 4   10 09 08 07 06 05

Aos nossos pais,
Alcides (*in memoriam*) e Alice,
Pedro e Myrna.

Aos nossos irmãos,
Kelly,
Marcelo e Jaqueline.

Aos nossos sobrinhos,
Manuella, Marcella,
Sthefany, Rafaella,
Pedro Henrique e Pedro Paulo.

Aos nossos alunos,
com os quais estamos sempre aprendendo.

Sumário

Prefácio XXV

Primeira Parte – Direito Empresarial/Comercial 1

Capítulo 1 – Compreendendo o Direito Comercial/Empresarial 3

Introdução 3
1. Histórico 5
2. Direito Comercial e Direito Empresarial 8
3. Fontes do Direito Comercial 9
3.1. Fontes Primárias do Direito Comercial 9
3.2. Fontes Secundárias do Direito Comercial 10
3.2.A. Costumes 11
3.2.B. Analogia 13
3.2.C. Princípios Gerais de Direito 13
4. O Empresário e o Comerciante 14
4.1. Atividades Econômicas Civis 15
4.2. A Capacidade para Exercer a Atividade Comercial/
Empresarial 16
4.3. A Sociedade entre Marido e Mulher 19

Capítulo 2 – As Características Gerais das Sociedades Empresa-
riais/Comerciais 21

Introdução 22
1. A Constituição da Sociedade Empresarial/Comercial 24
1.1. Requisitos de Validade do Contrato Social 25

VIII   Direito para Administradores – vol. III

1.1.A. Forma do Contrato Social 27
1.1.B. Cláusulas Contratuais 27
1.1.C. Alteração do Contrato Social 29
2. Os Registros Empresariais 31
2.1. Inscrição 32
2.2. Efeitos da Inscrição 32
2.3. O Sistema Nacional de Registro de Empresas Mercantis –
Sinrem 32
2.3.A. As Juntas Comerciais 33
2.3.B. As Espécies de Registro 33
2.3.C. Efeitos da Falta de Registro 34
2.3.D. A Proteção do Nome Comercial/Empresarial com o
Registro nas Juntas Comerciais 34
2.3.E. A Necessidade de Visto de Advogado 34
3. Livros Comerciais/Empresariais 35
3.1. O Simples 37
4. Os Prepostos 37
4.1. O Gerente 38
4.2. O Contabilista e outros Auxiliares 38
5. O Estabelecimento Comercial/Empresarial 39
5.1. O Ponto Comercial 40
5.1.A. A Proteção do Ponto Comercial 41
5.1.A.1. Exceções à Ação Renovatória Compulsória 42
5.1.A.2. O *Shopping Center* 44
5.1.B. A Ação Revisional de Aluguel 46
5.2. A Clientela 46
5.3. A Alienação do Estabelecimento Comercial/Empresarial 47
6. O Nome Empresarial 50
6.1. Firma ou Razão Social 51
6.2. Denominação 52
6.3. Alteração do Nome Comercial 53
6.4. Nome e Marca 53
6.5. Título de Estabelecimento 54
6.5.A. A Internet 54

6.6. A Comercialização do Nome Comercial/Empresarial 55

6.7. A Microempresa (ME) e a
Empresa de Pequeno Porte (EPP) 55

6.8. A Proteção do Nome Comercial 56

6.8.A. A Exclusividade 56

6.8.B. A Concorrência 58

7. A Resolução e a Dissolvição das Sociedades 59

**Capítulo 3 – O Empresário Individual, as Sociedades
Não Personificadas e as Sociedades Personificadas
(Simples e Empresariais/Comerciais) do Novo Código Civil 63**

Introdução 63

1. O Empresário Individual 64

2. Classificação das Sociedades do Novo Código Civil 65

2.1. Em Relação à Estrutura Econômica 65

2.2. Em Relação à Responsabilidade dos Sócios 65

2.3. Em Relação ao Objeto 66

2.4. Em Relação à Personalidade Jurídica 67

2.4.A. Sociedade Não Personificada (= Sociedade em Comum) ...67

2.4.A.1. Sociedade em Conta de Participação 68

2.4.B. Sociedade Personificada 68

2.4.B.1. Sociedade Simples 68

2.4.B.1.1. As Regras Gerais da Administração Societária 73

2.4.B.1.2. Sociedade Cooperativa 75

2.4.B.2. Sociedades Empresárias 77

2.4.B.2.1. Sociedade em Nome Coletivo 79

2.4.B.2.2. Sociedade em Comandita Simples 80

**Capítulo 4 – A Sociedade por Cotas de Responsabilidade
Limitada (Ltda.)** 81

Introdução 81

1. Sociedade de Pessoas ou de Capital? 82

2. Legislação Reguladora 83

3. A Formação do Capital Social 84

4. Regime das Cotas 85

X Direito para Administradores – vol. III

4.1. Número de Cotas 85
4.2. Exclusão do Sócio Remisso 86
4.3. Demais Hipóteses de Exclusão 86
4.4. Cessão de Cotas 87
4.5. Penhorabilidade das Cotas 88
4.6. Cotista Menor de Idade 88
4.7. Sucessão nas Cotas 88
5. Responsabilidade dos Sócios 89
5.1. Exceção à Regra Geral da Responsabilidade dos Sócios 90
6. Nome Comercial 92
7. Deliberação dos Sócios 93
7.1. Alteração Contratual e Recesso 96
8. Administração da Sociedade Limitada 97
9. Síntese das Características da Sociedade Limitada 99

Capítulo 5 – As Sociedades por Ações: Anônima e Comandita ... 107
Introdução 107
1. A Sociedade Anônima 108
1.1. Características Gerais da Sociedade Anônima 108
1.1.A. Capital Dividido em Ações 108
1.1.B. Sociedade sempre Empresária 109
1.1.C. Formação do Nome da S.A. 109
1.2. Constituição da Sociedade Anônima 109
1.3. Valores Mobiliários Emitidos pela Sociedade Anônima 113
1.3.A. Ações da Sociedade Anônima 113
1.3.A.1. Conforme a Natureza dos Direitos que Conferem 114
1.3.A.2. Quanto à Forma 115
1.3.A.3. Conversibilidade das Ações da Sociedade Anônima 115
1.3.A.4. O Valor das Ações da Sociedade Anônima 116
1.3.A.5. Rentabilidade e Dividendos 118
1.3.A.6. Negociação em Mercado 122
1.3.B. Demais Valores Mobiliários 123
1.4. Capital Social 124
1.4.A. Integralização do Capital Social 124
1.4.A.1. Em Bens 124

1.4.A.2. Em Créditos 125
1.4.B. Aumento do Capital Social 125
1.4.C. Redução do Capital Social 126
1.5. O Acionista da Sociedade Anônima 126
1.5.A. Os Deveres dos Acionistas 128
1.5.B. Os Direitos Essenciais dos Acionistas 128
1.5.B.1. O Direito de Voto 130
1.5.C. O Acordo de Acionistas 131
1.5.D. O Poder de Controle 132
1.5.D.1. A Responsabilidade do Acionista Controlador 133
1.5.D.2. A Negociação das Ações que Propiciam Poder de
Controle 133
1.5.D.2.1. A Cláusula de Saída Conjunta (*Tag Along*) 134
1.6. Órgãos Sociais de Administração e Controle da
Sociedade Anônima 135
1.6.A. A Deliberação da Sociedade Anônima 135
1.6.A.1. A Assembléia Geral Ordinária (AGO) 136
1.6.A.2. A Assembléia Geral Extraordinária (AGE) 137
1.6.B. A Administração da Sociedade Anônima 138
1.6.B.1. O Conselho de Administração 138
1.6.B.2. Diretoria 139
1.6.B.3. Direitos e Deveres dos Administradores 140
1.6.B.3.1. Responsabilidade dos Administradores Perante
Terceiros 142
1.6.C. A Fiscalização da Sociedade Anônima 142
1.7. Demonstrações Financeiras 144
2. A Sociedade em Comandita por Ações 146

**Capítulo 6 – A Modificação da Estrutura das Empresas e a
Desconsideração da Personalidade Jurídica** 147
Introdução 147
1. A Modificação na Estrutura das Sociedades 148
1.1. Transformação 148
1.2. Incorporação 149
1.3. Fusão 150

XII   Direito para Administradores – vol. III

1.4. Cisão 151
2. A Coligação das Sociedades 151
2.1. Sociedades Coligadas em Sentido Estrito 152
2.2. Sociedade Controlada e Controladora 152
2.2.A. As *Holdings* 153
2.3. Sociedades de Simples Participação 154
2.4. A Subsidiária Integral 154
2.5. Coligação de Empresas sem a Criação de Personalidade
      Jurídica 154
2.5.A. Grupo de Empresas 155
2.5.A.1. Constituição do Grupo de Empresas 156
2.5.B. Consórcio 158
2.5.B.1. Procedimento de Constituição do Consórcio 159
2.5.B.2. Os Consórcios Ilícitos 159
2.5.C. *Joint Ventures* 160
3. A Desconsideração da Pessoa Jurídica 161
3.1. Breve Histórico 162
3.2. Aplicação Jurídica da Desconsideração da Pessoa
      Jurídica 162
3.3. Aplicação Prática da Desconsideração da Pessoa Jurídica   163
3.4. A Desconsideração da Pessoa Jurídica e as
      Regras de Responsabilidade dos Sócios nos
      Diversos Tipos Societários 165

Capítulo 7 – Títulos de Crédito 167
Introdução 168
1. Conceito de Título de Crédito 168
2. Importância dos Títulos de Crédito 169
3. Características dos Títulos de Crédito 169
4. Requisitos dos Títulos de Crédito 172
5. Legislação 173
5.1. Legislação Aplicável à Letra de Câmbio e à Nota
      Promissória 173
5.2. Legislação Aplicável ao Cheque 174
5.3. Legislação Aplicável à Duplicata 174

5.4. Disposições do Novo Código Civil 174
6. Peculiaridades Importantes dos Títulos de Crédito 175
6.1. O Saque 175
6.1.A. O Saque com Cláusula de Correção Monetária 175
6.2. O Aceite 176
6.3. O Endosso 176
6.3.A. Modalidades de Endosso 177
6.4. O Endosso dos Títulos de Crédito após o "Plano Collor" ... 178
6.5. O Aval 179
6.5.A. Aval ≠ Fiança 180
6.6. Exigibilidade dos Títulos de Crédito 180
6.7. Cautelas no Pagamento dos Títulos de Crédito 181
6.8. O Protesto dos Títulos de Crédito 182
6.8.A. O Cancelamento de Protesto 182
6.9. A Anulação dos Títulos de Crédito 183
6.10. A Ação Cambial 183
6.10.A. A Prescrição 183
6.10.B. A Ação de Procedimento Ordinário por
        Enriquecimento Ilícito 184
7. Regras Específicas das Diversas Espécies de Títulos de
   Crédito 185
7.1. Títulos de Crédito Propriamente Ditos 185
7.1.A. Letra de Câmbio 186
7.1.B. Nota Promissória 187
7.1.C. Cheque 189
7.1.C.1. Generalidades sobre o Cheque 189
7.1.C.2. Circulação do Cheque 190
7.1.C.3. O Pagamento do Cheque 191
7.1.C.3.1. Prazo de Apresentação do Cheque para Pagamento ... 192
7.1.C.3.2. A Sustação do Pagamento do Cheque 192
7.1.C.3.3. O Cheque Pré-datado 193
7.1.C.3.4. O Cheque sem Fundos 195
7.1.C.3.5. O Protesto do Cheque sem Fundos 195
7.1.C.3.6. A Execução do Cheque sem Fundos 196

XIV   Direito para Administradores – vol. III

7.1.C.3.7. A Prescrição da Execução do Cheque sem Fundos .. 196
7.1.C.3.8. A Ação por Locupletamento sem Causa
(= Enriquecimento Ilícito) 196
7.1.C.3.9. A Ação de Cobrança 197
7.1.C.3.10. A Tipificação como Crime pela Emissão de Cheque
sem Fundos ou Devido a Sustação do Cheque 197
7.1.C.3.11. O Cheque sem Fundos – Conta Conjunta 198
7.1.D. Duplicata 199
7.1.D.1. Generalidades sobre a Duplicata 199
7.1.D.2. Espécies de Duplicata 200
7.1.D.3. Requisitos da Duplicata 201
7.1.D.4. Causalidade da Duplicata 202
7.1.D.4.1. A Duplicata Simulada (= "Fria") 203
7.1.D.4.2. Os Efeitos Criminais pela Emissão da Duplicata
Simulada (= "Fria") 204
7.1.D.5. O Aceite da Duplicata 204
7.1.D.5.1. Hipóteses de Recusa de Aceite da Duplicata 205
7.1.D.6. A Exigibilidade do Crédito Oriundo da Duplicata 206
7.1.D.6.1 O Protesto e os Requisitos da Execução da
Duplicata 206
7.1.D.6.1.A. O Prazo do Protesto da Duplicata 208
7.1.D.6.1.B. Conseqüências da Perda do Prazo do Protesto
da Duplicata 208
7.1.D.6.2. O Prazo para a Execução da Duplicata 208
7.1.D.6.3. A Triplicata 208
7.1.D.7. As Demais Espécies de Duplicata 209
7.1.D.7.1. A Duplicata de Prestação de Serviços 209
7.1.D.7.2. A Duplicata da Conta de Serviços 210
7.2. Títulos de Crédito Impróprios 210

Capítulo 8 – Propriedade Intelectual: Autoral e Industrial 213
Introdução 213
1. O Direito Autoral 216
2. A Propriedade Industrial 217
2.1. A Legislação Reguladora 217

Sumário   Henrique M. dos Reis / Claudia N. P. dos Reis   XV

2.2. Órgão Fiscalizador: INPI 217
2.3. As Patentes 217
2.3.A. Domínio Público 218
2.4. Os Registros 218
2.5. A Invenção 219
2.6. Modelo de Utilidade 220
2.7. Desenho Industrial 221
2.8. Como se Classificam as Criações 222
2.9. O *Design* 223
2.10. O *Know-how* 224
2.11. O Segredo de Fábrica 224
2.12. A Marca 224
2.12.A. A Proteção da Marca 225
2.13. Cultivares 227
2.14. Os Crimes Contra a Propriedade Industrial 227

Capítulo 9 – A Falência e a Recuperação (Extrajudicial e Judicial) do Empresário e da Sociedade Empresária 229
Introdução 230
1. Considerações Iniciais 232
2. A Recuperação Extrajudicial 233
2.1. Débitos não-sujeitos à Recuperação Extrajudicial 233
2.2. Procedimento da Recuperação Extrajudicial 234
2.2.A. A Homologação da Recuperação Extrajudicial 237
2.2.B. Efeitos Judiciais da Recuperação Extrajudicial 238
3. A Recuperação Judicial 239
3.1. Requisitos para a Recuperação Judicial 240
3.2. Créditos Sujeitos à Recuperação Judicial 240
3.3. Meios de Recuperação Judicial 242
3.4. Requisitos Processuais para a Recuperação Judicial 243
3.5. O Plano de Recuperação Judicial 244
3.5.A. Prazo de Pagamento dos Débitos Trabalhistas 245
3.5.B. Débitos Tributários 245
3.6. A Posição do Poder Judiciário 245
3.7. O Prazo da Recuperação Judicial 246

XVI Direito para Administradores – vol. III

3.8. A Extinção da Recuperação Judicial 247
3.9. O Plano de Recuperação Judicial para Microempresas
e Empresas de Pequeno Porte 249
3.10. Observações Relevantes sobre a Recuperação Judicial ... 250
4. A Falência 251
4.1. Conceito de Falência 251
4.1.A. Disposições Gerais 251
4.2. A Caracterização da Falência 252
4.2.A. Defesas do Devedor 254
4.2.B. O Depósito Elisivo 254
4.3. Quem Pode Requerer a Falência 255
4.4. O Requerimento da Falência pelo Próprio Devedor 255
4.5. O Juízo Competente 256
4.6. A Indivisibilidade e a Universalidade do Juízo Falimentar 256
4.7. A Antecipação dos Vencimentos das Dívidas 257
4.8. A Classificação dos Créditos 257
4.8.A. Os Créditos Extraconcursais 258
4.9. Conceito de Massa Falida 259
4.10. O Termo Legal 259
4.11. A Situação dos Sócios da Sociedade Falida 260
4.12. O Administrador Judicial 260
4.12.A. O Comitê de Credores 263
4.12.B. A Assembléia Geral de Credores 264
4.13. A Arrecadação 268
4.14. As Obrigações do Falido 269
4.15. A Perda de Administração dos Bens 271
4.16. A Anulação de Certos Atos 271
4.16.A. Atos Ineficazes 272
4.16.B. Atos Revogáveis 273
4.16.B.1. A Ação Revocatória 273
4.17. A Continuação do Negócio 274
4.18. O Pedido de Restituição 274
4.19. Os Contratos do Falido 276
4.20. A Verificação de Créditos 278

4.20.A. A Habilitação de Créditos 279
4.20.B. A Habilitação Retardatária de Créditos 280
4.21. A Realização do Ativo 281
4.21.A. A Manutenção da Unidade Produtiva 282
4.21.B. Modalidade de Realização do Ativo 282
4.21.B.1. A Sociedade Formada por Credores ou Empregados 283
4.22. O Pagamento aos Credores 283
4.23. O Encerramento da Falência 284
4.24. A Extinção das Obrigações do Falido 285
4.25. Os Crimes Falimentares 285
5. Regras Legais Comuns à Falência, à Recuperação Judicial
e Extrajudicial 287

Segunda Parte – O Direito do Cosumidor 289

Capítulo 10 – A Pessoa Jurídica do Consumidor 291
Introdução 291
1. O Código de Defesa do Consumidor 293
1.1. Conceito de Consumidor 295
1.2. Relação de Consumo 300
1.3. Pessoa Jurídica como Consumidor 301
1.4. Conceito de Fornecedor 301
1.5. Conceito de Produto 303
1.6. Conceito de Serviços 303
1.7. Os Direitos Básicos do Consumidor 305

Capítulo 11 – A Qualidade dos Produtos e Serviços e a
Prevenção e Reparação de Danos 309
Introdução 310
1. A Proteção à Saúde e Segurança 310
1.1. Educação e Informação do Consumidor 312
1.2. A Retirada, do Mercado de Consumo, dos Produtos e
Serviços Perigosos 312
1.2.A. Prevenção de Danos Individuais e Coletivos 313
2. Responsabilidade pelo Fato do Produto e do Serviço 313

XVIII Direito para Administradores – vol. III

2.1. Produtos Defeituosos 314
2.1.A. Defeitos de Informação 314
2.1.B. Defeitos de Criação e de Produção 315
2.1.C. Riscos de Desenvolvimento 316
2.2. Causas Excludentes dos Defeitos dos Produtos 316
2.2.A. Não-colocação do Produto no Mercado 317
2.2.B. Inexistência de Defeito 317
2.2.C. Culpa Exclusiva do Consumidor ou de Terceiro 317
2.2.D. Caso Fortuito ou Força Maior 318
2.2.E. Inversão do Ônus da Prova 318
2.2.F. Os Responsáveis 319
2.2.F.1. Espécies de Responsáveis 319
2.2.F.1.1. Fornecedor Real (Fabricante, Produtor e
Construtor) 319
2.2.F.1.2. Fornecedor Presumido 320
2.2.F.1.3. Fornecedor Aparente 320
2.2.F.2. O Direito de Regresso 320
2.2.F.3. A Responsabilidade do Comerciante 320
2.3. Danos no Fornecimento de Serviços 321
2.3.A. Serviço Defeituoso 322
2.3.B. Causas Excludentes do Serviço Defeituoso 322
2.3.C. A Responsabilidade dos Profissionais Liberais 323
2.4. Extensão Legal do Conceito de Consumidor para Efeito
de Responsabilidade 323
3. Responsabilidade pelo Vício do Produto ou do Serviço 324
3.1. Alternativas do Consumidor para Sanar o Vício
(= Defeito) 325
3.2. Prazo da Garantia 326
3.3. Antecipação de Tutela 326
3.4. A Substituição do Produto 326
3.5. Produto in Natura 327
3.6. Caracterização dos Vícios de Qualidade 327
3.7. Os Vícios de Quantidade 328
3.7.A. Sanções para os Vícios de Quantidade 329

3.8. Os Vícios dos Serviços 329
3.8.A. Sanções para os Vícios de Serviço 330
3.8.B. Componentes de Reposição 331
3.8.C. Serviços Públicos 331
3.8.C.1. Responsabilidade do Poder Público por seus Serviços 332
3.9. Ignorância do Fornecedor 332
3.10. Garantia Legal 332
3.11. Impossibilidade de Exoneração da Obrigação de
        Indenizar 333
3.12. Responsabilidade Solidária dos Causadores do Dano 333
3.13. Decadência e Prescrição 333
3.13.A. Prazos de Decadência 334
3.13.B. A Suspensão da Decadência 335
4. A Prescrição para a Reparação de Danos por Fato do
    Produto ou Serviço 335
5. Desconsideração da Personalidade Jurídica 336
6. Das Práticas Comerciais Abusivas e da Proteção Contra a
    Publicidade Enganosa e Abusiva 337
6.1. O Caráter Vinculativo da Oferta 337
6.2. O Princípio da Veracidade da Oferta e Apresentação 338
6.3. A Oferta das Peças de Reposição 339
6.4. A Oferta por Telefone ou Reembolso Postal 340
6.5. A Responsabilidade Solidária por Atos dos Prepostos 340
6.6. A Execução Específica da Oferta 340
6.7. A Publicidade 340
6.7.A. A Publicidade Enganosa e Abusiva 341
6.7.B. O Ônus da Prova pela Publicidade Enganosa e Abusiva 343
6.8. As Práticas Abusivas 343
6.8.A. Classificação das Práticas Abusivas 344
6.8.B. Condicionamento do Fornecimento de Produto ou
        Serviços 344
6.8.B.1. Venda Casada 345
6.8.B.2. Condição Quantitativa 346
6.8.C. Recusa de Atendimento à Demanda do Consumidor 346

XX Direito para Administradores – vol. III

6.8.D. Fornecimento não Solicitado 347
6.8.E. Aproveitamento da Hipossuficiência do Consumidor 347
6.8.F. Exigência de Vantagem Excessiva 347
6.8.G. Serviços sem Orçamento e Autorização do
Consumidor 348
6.8.H. Divulgação de Informações Negativas sobre o
Consumidor 348
6.8.I. Colocar no Mercado Produtos e Serviços em
Desacordo com as Normas Técnicas 349
6.8.J. Recusar a Venda de Bens ou a Prestação de Serviços ... 349
6.8.L. Elevar sem Justa Causa o Preço de Produtos ou
Serviços 350
6.8.M. Inexistência ou Deficiência de Prazo para
Cumprimento da Obrigação por Parte do Fornecedor ... 350
6.8.N. Aplicar Fórmula ou Índice de Reajuste Diverso do
Legal ou Contratualmente Estabelecido 350
6.8.O. A Amostra Grátis 351
6.9. O Orçamento Prévio do Fornecedor de Serviço 351
6.10. O Tabelamento de Preços 351
6.11. A Cobrança de Dívidas 352
7. Dos Bancos de Dados e Cadastros de Consumidores 352

Capítulo 12 – A Proteção Contratual do Consumidor 357
Introdução 358
1. Princípios Contratuais 358
2. Contratos que Regulam as Relações de Consumo 359
3. Necessidade do Conhecimento Prévio do Conteúdo do
Contrato 359
4. Necessidade de Redação Clara e Compreensível 360
5. As Cláusulas Contratuais Serão Interpretadas de Maneira
mais Favorável ao Consumidor 360
6. Efeito Vinculante das Declarações de Vontade 360
7. Denúncia Vazia do Contrato de Consumo (Direito de
Arrependimento) 361
7.1. Prazo de Reflexão 361

7.2. Relação de Consumo Fora do Estabelecimento
Comercial 362

7.3. Exceções ao Direito de Arrependimento 362

7.4. O Direito de Arrependimento e a Devolução das
Quantias Pagas 362

8. Garantia Contratual 363

9. As Cláusulas Abusivas 364

9.1. Nulidade de Pleno Direito 364

9.2. As Cláusulas Abusivas Relacionadas no CDC (Artigo 51)
São Exemplificativas 365

9.2.A. Cláusula de não Indenizar 365

9.2.B. Cláusula de Renúncia ou Disposição de Direitos 366

9.2.C. Cláusula de Limitação da Indenização com
Consumidor Pessoa Jurídica 366

9.2.D. Cláusula que Impeça Reembolso da Quantia Paga
pelo Consumidor 366

9.2.E. Transferência de Responsabilidade a Terceiros 366

9.2.F. Colocação do Consumidor em Desvantagem
Exagerada 367

9.2.G. Cláusula Incompatível com a Boa-fé e a Eqüidade 367

9.2.H. Inversão Prejudicial do Ônus da Prova 368

9.2.I. Arbitragem Compulsória 368

9.2.J. Representante Imposto para Concluir outro Negócio
Jurídico pelo Consumidor 368

9.2.K. Opção Exclusiva do Fornecedor para Concluir o
Contrato 369

9.2.L. Alteração Unilateral do Preço 369

9.2.M. Cancelamento Unilateral do Contrato por Parte do
Fornecedor 369

9.2.N. Ressarcimento Unilateral dos Custos de Cobrança 370

9.2.O. Modificação Unilateral de Contrato 370

9.2.P. Infração de Normas Ambientais 370

9.2.Q. Em Desacordo com o Sistema do CDC 370

9.2.R. Renúncia à Indenização de Benfeitorias Necessárias ... 371

XXII Direito para Administradores – vol. III

9.2.S. Presunção de Abusividade 371
9.3. O Princípio da Preservação do Contrato 372
9.4. Controle das Cláusulas Contratuais 372
10. Das Normas sobre o Crédito, o Financiamento e a
Compra e Venda à Prestação 373
11. Os Contratos de Adesão 374
11.1. As Regras Protetivas do Consumidor nos Contratos de
Adesão 375
12. As Sanções Administrativas 375

Terceira Parte – Direito Econômico 377

Capítulo 13 – O Direito Econômico 379
Introdução 379
1. Conceito de Direito Econômico 382
2. Principais Normas de Direito Econômico Contidas no
Ordenamento Jurídico Brasileiro 383
2.A. A Lei nº 8.137/90 384
2.A.1. A Criminalidade Econômica 387
3. Demais Fontes de Direito Econômico 388

**Capítulo 14 – A Ordem Econômica como Estabelecida na
Constituição Federal** 391
Introdução 392
1. Da Ordem Econômica e Financeira dos Princípios Gerais
da Atividade Econômica 392
1.A. Valorização do Trabalho Humano 393
1.B. Livre Iniciativa 393
1.C. Existência Digna (= Dignidade da Pessoa Humana) 394
1.D. Justiça Social 394
1.E. Soberania Nacional 395
1.F. Propriedade Privada 396
1.F.1. Função Social da Propriedade 397
1.G. Livre Concorrência 399
1.H. Defesa do Consumidor 401

1.I. Defesa do Meio Ambiente 402
1.J. Redução das Desigualdades Regionais e Sociais 403
1.L. Busca do Pleno Emprego 403
1.M.Empresa de Pequeno Porte 405
1.M.1. Empresa Brasileira 405
1.M.2. Microempresa 406
1.N. Liberdade de Atividade Econômica 406
1.O. Os Investimentos de Capital Estrangeiro e as Remessas
     de Lucros 406
1.P. Exploração de Atividade Econômica pelo Estado 407
1.Q. O Abuso do Poder Econômico 409
1.Q.1. A Formação de Preços no Mercado 409
1.Q.2. A Responsabilidade pelo Abuso do Poder Econômico 411
1.R. O Estado como Agente Normativo e Regulador da
     Atividade Econômica/empresarial 413
1.R.1. Estado – Agente Normativo 413
1.R.2. Estado – Função Reguladora 413
1.R.3. Estado – Função Normalizadora 417
1.R.4. Estado – Função de Fiscalização 418
1.R.5. Estado – Função de Incentivo 418
1.R.6. Estado – Função de Planejamento 420
1.R.6.1. Determinante para o Setor Público 421
1.R.6.2. Indicativo para o Setor Privado 422
1.R.7. O Planejamento Legal do Desenvolvimento Nacional 424
1.S. Os Serviços Públicos e a Atuação do Estado no
     Domínio Econômico 426
1.S.1. As Empresas Estatais 427
1.T. O Simples 428

Referências Bibliográficas 429

XXIV Direito para Administradores – vol. III

Sumário dos capítulos complementares na página deste livro no site: thomsonlearning.com.br

Capítulo I – Contratos Empresariais/Comerciais
Capítulo II – A Regulamentação da Publicidade
Capítulo III – A Lei Antitruste
Capítulo IV – Os Atos de Concentração e o Compromisso de
Desempenho

Prefácio

A idéia inicial seria de que esta série, intitulada *Direito para Administradores*, totalizasse três volumes.

Entretanto, com a crescente importância e interesse pelas relações internacionais, o Direito Internacional vem paulatinamente ocupando papel de destaque no ensino superior do País. Ademais, com a criação de organismos internacionais como a Organização Mundial do Comércio (OMC), e com a ampliação e o aprofundamento dos acordos econômicos/comerciais entre os países, dando surgimento aos blocos regionais como a União Européia, o Mercosul, o Nafta etc., o Direito Internacional apresenta novas facetas, cujo conhecimento é de fundamental importância ao profissional ligado à administração e áreas afins.

Isso sem falar na relevância que o respeito aos Direitos Humanos passa a ocupar na gestão das relações econômicas internacionais, fazendo que, por exemplo, as empresas multinacionais – as maiores operadoras das relações econômicas/comerciais no mundo – passem a focar suas atividades no respeito e na implementação desses direitos inerentes à dignidade da pessoa humana, talvez como uma estratégia de marketing, em virtude da maior conscientização da sociedade civil, que vem mais e mais adquirindo produtos e serviços de empresas cumpridoras de suas responsabilidades sociais.

Esses detalhes por si só justificam a concentração dos temas atuais de Direito Internacional em um volume específico, até mesmo porque os cursos superiores de administração e áreas afins têm incluído em suas grades curriculares referida disciplina para ser ministrada semestral ou até anualmente.

XXVI Direito para Administradores – vol. III

Por outro lado, a inclusão do estudo do Direito Econômico conjuntamente com o Direito Comercial e o Direito do Consumidor também em um volume específico é premente. Com efeito, o Direito Econômico vem mais e mais adquirindo destaque no cenário nacional. As constantes fusões e incorporações de grandes empresas – a da Brahma e da Antarctica é um bom exemplo – sob o controle do Conselho Administrativo de Direito Econômico (CADE), além da problemática existente na formação dos chamados "cartéis", são temas jurídicos que indiscutivelmente devem compor o estudo pelos futuros profissionais ligados à administração e áreas afins.

Nesse sentido, muitas faculdades e universidades vêm incluindo o estudo de Direito Econômico com a disciplina Direito Comercial/Consumidor e, às vezes, até de forma autônoma ante a inquestionável importância do tema para os futuros profissionais de administração e áreas afins.

Dessa forma, *Direito para Administradores*, que inicialmente seria dividido em três volumes, vol. I – *Introdução ao Direito, Direito Constitucional e Direito Civil*; vol. II – *Direito Comercial, Direito do Consumidor e Direito Internacional*; e vol. III – *Direito Tributário e Direito do Trabalho*, passa a ser dividido em quatro volumes:

- Vol. I – *Introdução ao Direito, Direito Constitucional e Direito Civil*;
- Vol. II – *Direito Internacional Público (Econômico, Comunitário e dos Direitos Humanos) e Direito Internacional Privado*;
- Vol. III – *Direito Empresarial/Comercial, Direito do Consumidor e Direito Econômico*;
- Vol. IV – *Direito Tributário e Direito do Trabalho*.

Lembramos que essa subdivisão tem como finalidade maximizar a utilização de cada um dos volumes, levando-se em conta a seqüência lógica das grades curriculares existentes. Com efeito, os temas foram dosados visando à plena utilização do volume durante o semestre ou o ano em que sejam ministradas as matérias correspondentes.

Para tanto, esse terceiro volume em especial abrirá a possibilidade de consulta de material didático suplementar via internet. Os quatro capítulos referentes às três disciplinas do livro (Direito Comercial/ Empresarial, Direito do Consumidor e Direito Econômico) serão de grande valia tanto para o aprofundamento dos temas quanto para a abordagem prática. Disponibilizamos esse material complementar na página deste livro no site www.thomsonlearning.com.br.

Cumpre destacar também que os volumes mantêm a idéia inicial que surgiu com a experiência adquirida no contato com nossos alunos, os quais normalmente se queixam com relação à dificuldade de compreensão dos termos jurídicos encontrados na literatura especializada.

É compreensível a existência da relatada dificuldade entre os estudantes, pois normalmente aqueles que cursam administração, economia, contabilidade, marketing, enfim, áreas nas quais o estudo do direito não é o objetivo principal, têm o contato com a disciplina somente uma vez por semana.

Além disso, determinados temas jurídicos são muito específicos e tornam-se sobremaneira complexos aos estudantes de outras áreas.

Nesse contexto, esta obra é principalmente direcionada aos estudantes das áreas nas quais o ensino do direito não é a finalidade principal.

Com esse objetivo, procuramos, na medida do possível, e embora atentos a não desvirtuar o entendimento de conceitos jurídicos já enraizados, simplificar a linguagem utilizada, além de subdividir os temas de maneira que a disciplina seja assimilada de forma clara e objetiva.

Ainda com a finalidade de facilitar o ensino pelo professor e o aprendizado do aluno, a obra trará em seu bojo os diplomas legais principais e correlacionados com a matéria ministrada, evitando-se, com isso, a aquisição concomitante de códigos.

Enfim, a obra, em seus quatro volumes, é especificamente direcionada aos estudantes que, embora não lidem diretamente com o direito, têm, sem dúvida, a necessidade de conhecer de uma maneira clara e objetiva a problemática jurídica que poderá surgir com o desempenho de sua futura profissão.

Primeira Parte

Direito Empresarial/Comercial

Capítulo 1

Compreendendo o Direito Comercial/Empresarial

OBJETIVO

Neste capítulo introdutório da primeira parte, trataremos de trazer ao leitor os conceitos básicos de Direito Comercial/Empresarial, de forma que possa compreender a delimitação desse ramo do direito.

Introdução. 1. Histórico. 2. Direito Comercial e Direito Empresarial. 3. Fontes do Direito Comercial. 3.1. Fontes Primárias do Direito Comercial. 3.2. Fontes Secundárias do Direito Comercial. 4. O Empresário e o Comerciante. 4.1. Atividades Econômicas Civis. 4.2. A Capacidade para Exercer a Atividade Comercial/Empresarial. 4.3. A Sociedade entre Marido e Mulher.

INTRODUÇÃO

Ab initio, é imperativo ressaltar o conceito de Direito Comercial: conjunto de regras jurídicas que regulam as atividades das empresas e dos empresários comerciais, bem como os atos considerados comerciais, mesmo que esses atos não se relacionem com as atividades das empresas.

Estruturar a produção ou a circulação de bens ou serviços implica reunir recursos financeiros (capital), humanos (mão-de-obra), materiais (insumo) e tecnológicos que viabilizem oferecê-los ao mercado consumidor com preço e qualidade competitivos.

4   Direito para Administradores – vol. III

O indivíduo que se propõe a realizar essa tarefa deve ter competência para isso, adquirida mais por experiência de vida que propriamente por estudos. Ademais, trata-se sempre de empreitada sujeita a risco. Com efeito, por mais cautela que adote o empresário, por mais seguro que esteja do potencial do negócio, os consumidores podem simplesmente não se interessar pelo bem ou serviço oferecido. Diversos outros fatores inteiramente alheios à sua vontade – crises políticas ou econômicas no Brasil ou no exterior, acidentes ou deslealdade de concorrentes, por exemplo – podem também obstar o desenvolvimento da atividade. Nessas hipóteses, todas as expectativas de ganho se frustram, e os recursos investidos se perdem. Não há como evitar o *risco* de insucesso, inerente a qualquer atividade econômica. Por conseguinte, boa parte da competência característica dos empresários vocacionados diz respeito à capacidade de mensurar e atenuar riscos.

Assim, "o *Direito Comercial* cuida do exercício dessa atividade econômica organizada de fornecimento de bens ou serviços, denominada *empresa*. Seu objeto é o estudo dos meios socialmente estruturados de superação dos conflitos de interesses envolvendo empresários ou relacionados às empresas que exploram. As leis e a forma pela qual são interpretadas pela jurisprudência e doutrina, os valores prestigiados pela sociedade, bem assim o funcionamento dos aparatos estatal e paraestatal, na superação desses conflitos de interesses, forma o objeto da disciplina".[1]

Nesse diapasão, Waldo Fazzio Júnior[2] nos ensina, *verbis*:

> De nossa parte, embora atentos à advertência aristotélica de que definir é sempre perigoso, e tendo em conta as peculiaridades da matéria, devemos concluir que o Direito Comercial, ao menos no

---

[1] COELHO, Fábio Ulhoa. In: *Manual de Direito Comercial*. São Paulo: Saraiva, 2003, p. 4.
[2] In *Manual de Direito Comercial*. São Paulo: Atlas, 2003, p. 34.

Brasil, como complexo normativo positivo, focaliza as relações jurídicas derivadas do exercício da atividade empresarial. Disciplina a solução de pendências entre empresários, bem como os institutos conexos à atividade econômica organizada de produção e circulação de bens (contratos, títulos de crédito, insolvência etc.). Tem por objeto a empresa, como unidade serviçal do mercado, cuja existência está amarrada ao intuito de lucro.

1. HISTÓRICO

O processo de consolidação do capitalismo tem início com o que os economistas denominam acumulação primitiva do capital, fonte inicial de lucros que levou à acumulação de capital ulterior, possibilitando a emergência da economia capitalista industrial. As quatro principais fontes da acumulação primitiva de capital mais citadas são:

a) *o rápido crescimento do volume do intercâmbio e do comércio de mercadorias no final da Idade Média;*

b) *o sistema de produção manufatureiro;*

c) *o regime de cerceamento dos campos;*

d) *a grande inflação de preços nos séculos XVIII e XIX.*

O processo de modernização da sociedade, a partir do fim da Idade Média, foi lento e gradual. O crescimento do comércio, a introdução de uma economia monetária e o crescimento das cidades a partir do século XIV enfraqueceram a economia feudal, baseada na terra e na baixa mobilidade social. O progresso das cidades, por meio da intensificação do comércio, permitiu aos artesãos especializados em algum ofício abandonar a agricultura e viver a partir da sua arte. Dessa forma, mestres-artesãos e profissionais, como padeiros, ourives, carpinteiros, fabricantes de armas, tecelões, artistas, entre outros, puderam abrir pequenos comércios em suas cidades, dedicando-se a abastecer um mercado interno pequeno em vias de crescimento e prestar serviços à comunidade.

6   Direito para Administradores – vol. III

Os mestres eram reconhecidos socialmente como iguais, e os aprendizes se submetiam à sua tutela, tendo, porém, alguns direitos próprios. A mobilidade social era prevista nesse sistema, uma vez que o aprendiz poderia se tornar mestre depois de alguns anos. As corporações, apesar de seus diversos níveis, eram comunidades com caráter de irmandade. Os membros de uma mesma corporação se preocupavam com o bem-estar dos outros membros da corporação, e estrangeiros não eram admitidos. Essa é a origem do termo "espírito corporativista", utilizado até hoje para expressar a solidariedade e, em alguns casos, o excesso de protecionismo entre os membros de uma mesma organização.

Inicialmente, o comércio de manufaturas não visava ao lucro. Tratava-se de uma economia baseada em trocas: os bens eram vendidos, inicialmente pelo seu "justo preço", ou seja, pelo seu custo de fabricação. Tratava-se de uma economia que mantinha ainda valores religiosos e éticos típicos da Idade Média e da religião católica predominante na época: o lucro era visto como usura, sinal de desonestidade. Dessa forma, quando as corporações cobravam mais do que era considerado justo, o que às vezes ocorria a partir do monopólio, as autoridades locais tinham o direito de dissolvê-las ou de impor-lhes penalidades.

Essa situação, predominante durante a Idade Média, mudou rapidamente. Com a ampliação do comércio, com o crescimento das exportações de manufaturas, a partir da organização de feiras e mercados regionais, consolidou-se uma economia de mercado que inviabilizou a manutenção do "justo preço". Este foi substituído pelo preço de mercado, fruto de negociação com o cliente e com a concorrência. *O comércio passou a visar ao lucro.*

Aliás, sobre o histórico do Direito Comercial em si, cabe destacar as assertivas de Maximilianus Cláudio Américo Führer,[3] *verbis:*

---

[3] In *Resumo de Direito Comercial (Empresarial).* São Paulo: Malheiros, 2003, p. 13-14 (Resumos).

Mesmo na Antigüidade, como não poderia deixar de ser, já existiam institutos pertinentes ao Direito Comercial, como o empréstimo a juros e os contratos de sociedade, de depósito e de comissão no Código de Hamurabi, ou o empréstimo a risco (*nauticum foenus*) na Grécia antiga, ou a avaria grossa da *Lex Rhodia de jactu*, dos romanos.

Como sistema, porém, a formação e o florescimento do Direito Comercial só ocorreram na Idade Média, a partir do século XII, através das corporações de ofícios, em que os mercadores criaram e aplicaram um Direito próprio, muito mais dinâmico do que o antigo Direito romano-canônico.

A evolução do Direito Comercial deu-se em três fases. A primeira fase, que vai do século XII até o século XVIII, corresponde ao período *subjetivo-corporativista*, no qual se entendeu o Direito Comercial como sendo um Direito fechado e classista, privativo, em princípio, das pessoas matriculadas nas corporações de mercadores.

Na época, as pendências entre os mercadores eram decididas dentro da classe, por cônsules eleitos, que decidiam sem grandes formalidades (*sine strepitu et figura iudicii*), apenas de acordo com usos e costumes, e sob os ditames da eqüidade (*ex bono et aequo*).

A segunda fase, chamada de *período objetivo*, inicia-se com o liberalismo econômico e se consolida com o Código Comercial francês, de 1808, que teve a participação direta de Napoleão. Abolidas as corporações e estabelecida a liberdade de trabalho e de comércio, passou o Direito Comercial a ser o Direito dos *atos de comércio*, extensivo a todos que praticassem determinados atos previstos em lei, tanto no comércio e na indústria como em outras atividades econômicas, independentemente de classe.

Durante a primeira fase, e com intensidade maior no início da segunda, houve aspectos *ecléticos*, que combinavam o critério subjetivo com o objetivo. Às vezes, os tribunais corporativistas julgavam também causas referentes a pessoas que não eram comerciantes, desde que o assunto fosse considerado de natureza comercial.

A terceira fase, marcada agora pelo Novo Código Civil, de 2002 (art. 966), corresponde ao Direito Empresarial (conceito subjetivo moder-

8   Direito para Administradores – vol. III

no), que engloba, além do comércio, qualquer atividade econômica organizada, para a produção ou circulação de bens ou serviços, exceto a atividade intelectual, científica, literária ou artística. Até mesmo essas últimas atividades serão empresariais, se organizadas em forma de empresa (art. 966, parágrafo único, do novo CC).

2. DIREITO COMERCIAL E DIREITO EMPRESARIAL

A grande modificação ocorrida no âmbito do Direito Comercial, em conseqüência da nova disciplina estabelecida pelo Novo Código Civil, altera a conceituação que até então vinha sendo debatida e proclamada.

Com efeito, o Código Comercial de 1850 aderiu ao conceito de comerciante como aquele que pratica atos de comércio, e essa idéia permaneceu positivada até os dias atuais, embora a realidade seja absolutamente diferente da que se apresentava naquele século.

O regime capitalista e sua evolução tornam clara a idéia de que a matéria comercial não pode ser vista e conceituada apenas como a prática de atos de comércio, de maneira esporádica e isolada, mas sim, parafraseando Rubens Requião, como *a organização dos fatores de produção, para a criação ou a oferta de bens ou de serviços em massa*.

Assim, o Novo Código Civil tão-somente explicita uma realidade que há muito tempo é corriqueira, e o conceito de Direito Comercial[4] passa a ser Direito de Empresa, deixando em desuso legal os termos comerciante e comércio, que passam a ser substituídos por empresário e empresa.

Vale ressaltar que a inserção desse Direito de Empresa no Código Civil não significa que não mais existe o Direito Comercial e sim que o legislador brasileiro aderiu à concepção moderna, conferindo-lhe um novo contorno em razão da modificação legislativa.

---

[4] Lembramos que *comércio é o complexo de atos de intromissão entre o produtor e o consumidor, que, exercidos habitualmente e com fins lucrativos, realizam, promovem ou facilitam a circulação dos produtos da natureza e da indústria, para tornar mais fácil e pronta a procura e a oferta.*

3. FONTES DO DIREITO COMERCIAL

A palavra fonte, em direito, tem dois sentidos:

a) Quando se trata de investigar, cientificamente, a origem histórica de um instituto jurídico, ou de um sistema, dá-se o nome de fonte aos monumentos ou documentos onde o pesquisador encontra os elementos de seu estudo; nesta acepção, fala-se em *fonte histórica*.

b) Quando se tem em vista um direito atual, a palavra fonte designa as diferentes maneiras de realização do direito objetivo (fonte criadora), por meio das quais se estabelecem e materializam as regras jurídicas, às quais o indivíduo se reporta para afirmar o seu direito, ou o juiz alude para fundamentar a decisão do litígio suscitado entre as partes. Nesse caso, trata-se de uma *fonte formal*.

Alguns juristas preferem classificar as fontes em *imediatas* e *mediatas*, conforme sejam suficientes para engendrar a ordem jurídica, ou, embora sem tal atributo, contribuam indiretamente para a elaboração da norma. A lei e o costume seriam as primeiras; a doutrina e a jurisprudência, as outras. Outros chamam-nas *primárias* (dotadas de obrigatoriedade direta) e *secundárias* (derivadas, ou seja, que haurem sua normatividade por atribuição explícita ou implícita das primárias).

Sintetizando:

- fonte primária ou imediata: lei;
- fontes secundárias ou mediatas: costumes, analogia e princípios gerais de direito.

3.1. FONTES PRIMÁRIAS DO DIREITO COMERCIAL

No Estado democrático de direito, a regência do princípio da legalidade determina a preponderância da lei como primeira resposta à pergunta sobre como o Estado manifesta-se diante de determinada situação jurí-

10 Direito para Administradores – vol. III

dica. A preponderância da lei é natural e compulsória, como *fonte principal*, ou seja, como expressão genérica da ordem jurídica.

A lei é a fonte do direito de maior importância em nosso país. Portanto, devemos, de regra, buscar na lei a forma pela qual procederemos em nossas relações sociais.

Estabelece o artigo 5º, inciso II, da Constituição Federal que "ninguém será obrigado a fazer ou deixar de fazer alguma coisa senão em virtude de lei".

Mas o que vem a ser lei no sentido exato do termo?

Lei é aquela regra de conduta editada pelo Poder Legislativo, poder este em que estão presentes os representantes do povo, ou seja, os vereadores (leis municipais), os deputados estaduais (leis estaduais) e os deputados federais (leis federais).

A lei tem como característica a generalidade, isto é, aplica-se de uma maneira geral a todos.

Assim, aqui, devemos compreender como fontes legais do direito comercial/empresarial:

a) o Código Comercial (na parte não revogada);
b) o Novo Código Civil;
c) as leis estravagantes;[5]
d) as normas pertinentes ao Direito Comercial previstas em diplomas de outros ramos da ordem jurídica;
e) a normação regulamentar derivada do Estado;
f) os tratados e as convenções internacionais.

3.2. FONTES SECUNDÁRIAS DO DIREITO COMERCIAL

No que tange às fontes secundárias, permanecem sendo, assim consideradas, a analogia, os costumes e os princípios gerais do direito.

É fato que nem sempre a lei oferece todas as respostas, mas também é verdade que sua eventual omissão não pode ensejar lacunas

---

[5] A Lei das Sociedades Anônimas e a Lei de Falências são bons exemplos.

no sistema jurídico. Em outras palavras, no caso concreto, o órgão judiciário não pode eximir-se de entregar a prestação jurisdicional a pretexto de falta de previsão legal. A solução é lançar mão do recurso a outros elementos acessórios, coadjuvantes de interpretação e expedientes integradores da norma jurídica, como alternativa para dirimir litígios e, assim, realizar-se a necessária densificação do direito.

3.2.A. COSTUMES

O costume é aquele comportamento praticado reiteradamente pela sociedade, que acaba se tornando lei. Mas, mesmo antes de tornar-se lei, é considerado por si mesmo fonte do direito.

O artigo 4º da Lei de Introdução ao Código Civil determina que o juiz deve julgar mesmo não havendo lei para aquele caso específico, sendo, portanto, o costume um dos meios pelos quais poderá esse mesmo juiz se socorrer para decidir a questão em litígio.

Como dito, a principal fonte do direito em nosso país é a lei; porém, há casos ainda não regulamentados por lei, para os quais é necessário buscar a solução nas regras que a sociedade vem reiteradamente praticando. Na área comercial é mais freqüente que isso aconteça, na medida em que as formas pelas quais as pessoas se relacionam no comércio são muito dinâmicas, e normalmente a lei não as acompanha na mesma velocidade.

Assim, "o *uso comercial* é a série longa de normas que, na falta de lei ou de disposição de contrato, são ordinariamente adotadas, no comércio, para regular relações de direito e casos de prática mercantil das praças, distritos e lugares comerciais; o *costume geral* é a série longa de normas que, na falta ou disposição de contrato, são ordinariamente adotadas, no comércio, para regular relações de direito e casos de prática, não só das praças, distritos e lugares comerciais, como de outros quaisquer lugares".[6]

---

[6] MENDES JÚNIOR, João. *Apud* FERREIRA, Waldemar. *Instituições de Direito Comercial.* Rio de Janeiro: Freitas Bastos, 1946, v. 64, p. 232.

12 Direito para Administradores – vol. III

Ressalte-se que são requisitos de aplicabilidade dos costumes comerciais:

a) continuidade;

b) uniformidade;

c) conformidade legal;

d) assentamento.

Os usos são assentados na Junta Comercial, com fulcro no artigo 32, inciso II, letra "e", da Lei nº 8.934/94. Existe um procedimento legal específico para seu reconhecimento formal.[7] Certamente, o costume comercial pode ser suscitado no curso de processo judicial, como elemento destinado a formar a convicção do magistrado. Para utilização em juízo como coadjuvante probatório, o interessado deverá demonstrar sua existência, mediante certidão da Junta Comercial. Essa é a regra. Contudo, precitado documento não se constitui em única prova, visto que o costume comercial pode ser provado, por exemplo, por declarações de associações comerciais, testemunhos de representantes de entidades comerciais etc. De uma forma ou de outra, deverá ser provada cabalmente a sua existência. É que a regra processual do artigo 337 do CPC[8] atribui, à "parte que alegar direito municipal, estadual, estrangeiro ou *consuetudinário,*

---

[7] Pelo teor do art. 87 do Decreto nº 1.800/96, o assentamento de uso ou prática mercantil é efetuado pela Junta Comercial, que os coligirá e assentará em livro próprio, *ex officio*, por provocação da Procuradoria ou de entidade de classe interessada (parágrafo 1º). Se não for *contra legem*, o Presidente da Junta Comercial solicitará a manifestação escrita das entidades diretamente interessadas, no prazo de 90 (noventa) dias, e fará publicar convite a todos os interessados, para que se manifestem no mesmo prazo (parágrafo 2º). A Junta Comercial decidirá sobre a veracidade e o registro do uso (parágrafo 3º), com anotação em livro especial, com a respectiva justificação, e publicação no órgão oficial. A cada 15 (quinze) anos, as Juntas Comerciais processarão a revisão e publicação da coleção dos usos ou práticas mercantis assentados.

[8] Código de Processo Civil.

provar-lhe o teor e a vigência, se assim o determinar o juiz". Por conseguinte, costume alegado é costume que deve ser provado.[9]

3.2.B. ANALOGIA

A analogia é o recurso utilizado na hipótese de não haver lei para determinado caso, quando se emprega a lei de um caso semelhante, para a solução da questão.

Com um exemplo, entenderemos melhor: quando surgiu o contrato de *leasing* no Brasil, não havia lei regulamentando tal instituto jurídico, embora nos dias de hoje já exista. Evidentemente que surgiram conflitos entre os contratantes, mas que regra jurídica deveria ser aplicada se, como dito, não existia lei disciplinando a questão? A solução foi o recurso à analogia. Com efeito, constatou-se que o contrato de *leasing* era, por assim dizer, a fusão entre um contrato de compra e venda e um contrato de locação. A partir daí passou-se, por analogia, a aplicar as leis existentes sobre compra e venda e locação para solucionar questões advindas de conflitos em contratos de *leasing*.

3.2.C. PRINCÍPIOS GERAIS DE DIREITO

As regras de relacionamento social que foram, no decorrer da evolução da humanidade, se incorporando à consciência geral como noção do que seja justo são denominadas princípios gerais do direito.

Por exemplo: a) a noção de boa-fé que deve estar presente nas relações contratuais; b) na dúvida com relação às provas, absolve-se o réu no direito penal; c) o pacto faz lei entre as partes. Essas e

---

[9] Assim, tratando-se de matéria pertinente à prova, impera a livre convicção do magistrado na valoração dos subsídios carreados pelas partes aos autos, quer dizer, na mensuração do contexto probatório. Ainda que não assentado formalmente, o costume comercial poderá ser demonstrado e admitido em juízo por qualquer meio probatório lícito.

muitas outras regras são consideradas princípios gerais de direito e, portanto, constituem fonte do direito.

4. O EMPRESÁRIO E O COMERCIANTE

O conceito de comerciante, até então utilizado, ficou suplantado pela nova disciplina comercial que passou a vigorar no País a partir de 10 de janeiro de 2003, dando lugar a um conceito que há muito tempo já está enraizado em nossa sociedade: o de empresário. Com efeito, vejamos o que dispõe o artigo 966 e seu parágrafo único, do Novo Código Civil:

> *Considera-se empresário quem exerce profissionalmente atividade econômica organizada para a produção ou a circulação de bens ou serviços.*
>
> *Parágrafo único. Não se considera empresário quem exerce profissão intelectual, de natureza científica, literária ou artística, ainda com o concurso de auxiliares ou colaboradores, salvo se o exercício da profissão constituir elemento de empresa.*

Para Fábio Ulhoa Coelho, "destacam-se da definição as noções de profissionalismo, atividade econômica organizada e produção ou circulação de bens ou serviços".[10] Lembramos, ademais, que *"ato de comércio é a interposição habitual na troca, com o fim de lucro"*.[11]

E mais:

> Com o advento do novo Código Civil, de 2002, o comércio passou a representar apenas uma das várias atividades reguladas por um Direito mais amplo, o Direito Empresarial, que abrange o exercício profissional de atividade econômica organizada para a produção ou a circulação de bens ou serviços (art. 966). Tudo, naturalmente, a partir da vigência do novo Código Civil, em 11/1/2003.

---

[10] Op. cit., p. 11.

[11] FÜHRER, Maximilianus Cláudio Américo, op. cit., p. 14.

O novo Código Civil revogou toda a Primeira Parte do Código Comercial, composta de 456 artigos. Com isso, o Código Comercial não mais regula as atividades comerciais terrestres, restando apenas a sua Segunda Parte, referente a atividades marítimas.[12]

4.1. ATIVIDADES ECONÔMICAS CIVIS

No que tange às atividades econômicas civis, chamamos a atenção para o que nos ensina Fábio Ulhoa Coelho,[13] *verbis*:

A teoria da empresa não acarreta a superação da bipartição do direito privado, que o legado jurídico de Napoleão tornou clássica nos países de tradição romana. Altera o critério de delimitação do Direito Comercial – que deixa de ser os *atos de comércio* e passa a ser a *empresarialidade* –, mas não suprime a dicotomia entre o regime jurídico civil e comercial. Assim, de acordo com o Código Civil de 2002, continuam excluídas da disciplina juscomercialista algumas atividades econômicas. São atividades civis, cujos exercentes não podem, por exemplo, impetrar concordata nem falir.

São quatro hipóteses de atividades econômicas civis. A primeira diz respeito às exploradas por quem não se enquadra no conceito legal de empresário. Se alguém presta serviços diretamente, mas não organiza uma empresa (não tem empregados, por exemplo), mesmo que o faça profissionalmente (com intuito de lucro e habitualidade), ele *não* é empresário e o seu regime será o civil. Aliás, com o desenvolvimento dos meios de transmissão eletrônica de dados, estão surgindo atividades econômicas de relevo exploradas sem empresa, nas quais o prestador dos serviços trabalha sozinho em casa.

As demais atividades civis são as dos profissionais intelectuais, dos empresários rurais não registrados na Junta Comercial e a das Cooperativas.

---

[12] Idem, ibidem, p. 15.
[13] Op. cit., p. 15-16.

16 Direito para Administradores – vol. III

4.2. A CAPACIDADE PARA EXERCER A ATIVIDADE COMERCIAL/EMPRESARIAL

Qualquer pessoa que esteja em pleno gozo de sua capacidade civil, o que quer dizer: que seja maior de 18 anos e não tenha doença ou deficiência que lhe cause falta de discernimento ou incapacidade de exprimir a vontade, pode exercer atividade comercial/empresarial. O menor, com idade entre 16 e 18 anos, poderá ser empresário, desde que emancipado.[14] Não pode ser empresário quem estiver legalmente impedido, por exemplo: estrangeiros com visto temporário ou certos funcionários públicos, como ministros e juízes. Com efeito, há determinadas pessoas plenamente capazes a quem a lei veda a prática profissional da empresa. A proibição funda-se em razões de ordem pública decorrentes das funções que exercem. Não se trata de incapacidade jurídica, mas de incompatibilidade da atividade negocial em relação a determinadas situações funcionais. Portanto, não são incapazes, mas praticam irregularmente atos válidos. Se, ainda, ao arrepio da

---

14 Com relação às regras sobre capacidade, vejamos o que dispõem os artigos 3º, 4º e 5º do Novo Código Civil:

"*Art. 3º São absolutamente incapazes de exercer pessoalmente os atos da vida civil: I – os menores de dezesseis anos; II – os que, por enfermidade ou deficiência mental, não tiverem o necessário discernimento para a prática desses atos; III – os que, mesmo por causa transitória, não puderem exprimir sua vontade.*

Art. 4º São incapazes, relativamente a certos atos, ou à maneira de os exercer: I – os maiores de dezesseis e menores de dezoito anos; II – os ébrios habituais, os viciados em tóxicos, e os que, por deficiência mental, tenham o discernimento reduzido; III – os excepcionais, sem desenvolvimento mental completo; IV – os pródigos. Parágrafo único. A capacidade dos índios será regulada por legislação especial.

Art. 5º A menoridade cessa aos dezoito anos completos, quando a pessoa fica habilitada à prática de todos os atos da vida civil. Parágrafo único. Cessará, para os menores, a incapacidade: I – pela concessão dos pais, ou de um deles na falta do outro, mediante instrumento público, independentemente de homologação judicial, ou por sentença do juiz, ouvido o tutor, se o menor tiver dezesseis anos completos; II – pelo casamento; III – pelo exercício de emprego público efetivo; IV – pela colação de grau em curso de ensino superior; V – pelo estabelecimento civil ou comercial, ou pela existência de relação de emprego, desde que, em função deles, o menor com dezesseis anos completos tenha economia própria."

lei, aquelas pessoas exercerem a empresa em nome próprio, praticarão atos válidos, embora fiquem sujeitas a diversas sanções.[15]

Trata-se de tarefa árdua a de relacionar todos os impedidos de exercer atividade empresarial. De qualquer forma, os percalços para se consolidar o referido elenco são superados desde que se sabe que, sendo a proibição uma restrição ao exercício de um direito, deve ser expressa. Em outras palavras, a lei diz quem está impedido de ser empresário. Se não vejamos:

a) **magistrados e membros do Ministério Público** – o que a lei impede, nesses casos, é a participação em sociedade empresária, entendida esta como exercício de funções administrativas e gerenciais susceptíveis de granjear-lhes responsabilidade penal e responsabilidade civil ilimitada. Realmente, o intuito de lucro e de aliciar clientela, inerentes ao exercício profissional da gestão empresarial, são inconciliáveis com os elevados misteres atribuídos aos juízes de direito e promotores de justiça;

b) **agentes públicos** – estes podem ser acionistas, cotistas ou comanditários, ou seja, sócios de responsabilidade limitada, mas não empresários nem administradores ou gerentes de empresa privada. É o texto do artigo 117, inciso X, da Lei nº 8.112/90;

c) **militares** – igualmente não podem ser empresários os militares da ativa, incluídos os corpos policiais. Nos termos do artigo 29 da Lei nº 6.880/80, não podem exercer a empresa ou integrar a administração ou gerência de sociedade empresária, ou ainda dela ser sócio, salvo como acionista ou cotista. Trata-se, ademais, de crime previsto no artigo 204 do Código Penal Militar;

d) **falidos não reabilitados** – aqui trata-se de efeito da condenação por crime falimentar a interdição para o exercício da empresa

---

[15] No plano penal, praticam a contravenção de exercício ilegal de profissão prevista no artigo 47 da Lei de Contravenções Penais, no qual fica claro que o exercício de atividade econômica ou o mero anúncio de seu exercício sem preenchimento das condições legais acarreta prisão simples ou multa. No âmbito administrativo, se agentes públicos, ficam expostas à demissão, nos termos do respectivo estatuto funcional.

18 Direito para Administradores – vol. III

(artigo 195 da Lei de Falências e Concordatas). Ressalte-se que tal penalidade não é perpétua. Com efeito, uma vez comprovada a extinção das obrigações e contados dois anos da extinção da pena ou término de sua execução, o empresário estará reabilitado (artigo 94 do Código Penal);

e) **deputados e senadores** – estes não poderão ser proprietários, controladores ou diretores de empresa que goze de favor decorrente de contrato com pessoa jurídica de direito público, nem exercer nela função remunerada ou cargo de confiança. A inobservância da vedação prevista no artigo 54 da Constituição Federal acarreta a perda do mandato (artigo 55 da CF);

f) **estrangeiro com visto provisório** – este não pode estabelecer-se com firma individual ou exercer cargo ou função de administrador, gerente ou diretor de sociedade empresária ou simples (artigo 98 da Lei nº 6.815/89). Se admitido na condição de temporário, sob regime contratual, só poderá atuar na entidade pela qual foi contratado, salvo autorização expressa do Ministério da Justiça, ouvido o Ministério do Trabalho;

g) **leiloeiros** – o artigo 36 do Decreto nº 21.891/32 proíbe, sob pena de destituição, os leiloeiros de exercerem a empresa direta ou indiretamente, bem como constituir sociedade empresária;

h) **despachantes aduaneiros** – estes não podem manter empresa de exportação ou importação de mercadorias nem podem comercializar mercadorias estrangeiras no país (artigo 10, inciso I, do Decreto nº 646/92);

i) **corretores de seguros** – o artigo 59 do Código Comercial veda aos corretores de seguros qualquer espécie de negociação, bem como contrair sociedade, o que é reiterado pelo artigo 20 da Lei nº 6.530/78;

j) **prepostos** – estes, salvo autorização expressa, não podem negociar por conta própria ou de terceiro, nem participar, ainda que indiretamente, de operação do mesmo gênero da que lhes foi cometida, sob pena de responder por perdas e danos e de serem retidos pelo preponente os lucros da operação (artigo 1.170 do Novo Código Civil);

l) **médicos** – a Lei nº 5.991/73 e o Decreto nº 20.877/31 proíbem que os médicos mantenham concomitantemente empresa farmacêutica.

Acrescente-se que o artigo 973 do Novo Código Civil é taxativo: a pessoa legalmente impedida de exercer atividade própria de empresário, se o fizer, responderá pelas obrigações contraídas. Nem seria lógica nenhuma solução em sentido contrário, pois equivaleria a permitir que o infrator se beneficiasse da própria infração.[16] Entretanto, a proibição em questão não chega a ponto de impedir a participação em sociedade empresária, mediante a subscrição de valores mobiliários de sociedades por ações ou aquisição de cotas em sociedades de responsabilidade limitada, à medida que não venham a integrar a administração social. Isso porque, se a sociedade empresária de capitais é uma pessoa jurídica distinta da pessoa física dos sócios, com capacidade e patrimônio próprios, ser acionista ou ser quotista não significa ser empresário. Claro, pois, que a incompatibilidade empresarial não alcança a condição de sócio de responsabilidade limitada, quer dizer, quotista ou acionista. Exemplificando, nada obsta que uma pessoa impedida de exercer a empresa seja acionista de determinada companhia. Todavia, a viabilidade de ser sócio encontra limites na proibição de exercer função ou cargo de direção e administração na sociedade.

4.3. A SOCIEDADE ENTRE MARIDO E MULHER

Marido e mulher podem ser sócios em uma empresa desde que não sejam casados no regime de comunhão universal de bens ou no de

---

[16] Nunca é demais repetir que os proibidos de exercer a empresa, embora sujeitos a sanções disciplinares na órbita administrativa e passíveis de ação criminal, não praticam atos nulos, uma vez que a proibição não é objetiva, mas diz respeito ao sujeito. Praticam atos válidos e, se exercerem profissionalmente a empresa, em nome próprio, receberão da lei o mesmo tratamento dispensado aos empresários irregulares, podendo incidir em falência, uma vez que o artigo 3º da Lei de Falências e Concordatas não faz distinção entre empresários regulares e irregulares. *In casu*, infringindo a proibição legal, tornam-se autênticos empresários informais.

separação obrigatória. Essa restrição tem gerado muita dúvida entre os advogados. Aparentemente, os redatores do Código quiseram evitar que marido e mulher casados em comunhão universal, cujos bens pertencem a ambos, pudessem tornar-se sócios em uma empresa em que cada parte deve entrar com uma parcela do capital. No caso de separação obrigatória de bens, que é o regime adotado compulsoriamente por maiores de 65 anos, a intenção por trás do novo Código parece ser evitar que o idoso forme uma empresa com o cônjuge como forma de lhe passar parte de seu patrimônio.

Capítulo 2

As Características Gerais das Sociedades Empresariais/ Comerciais

OBJETIVO

O objetivo deste capítulo é permitir ao leitor o entendimento de algumas das regras gerais que disciplinam a vida das sociedades empresariais/comerciais, matéria esta que se situa no centro das atenções do Direito Comercial/ Empresarial.

Introdução. 1. A Constituição da Sociedade Empresarial/Comercial. 1.1. Requisitos de Validade do Contrato Social. 2. Os Registros Empresariais. 2.1. Inscrição. 2.2. Efeitos da Inscrição. 2.3. O Sistema Nacional de Registro de Empresas Mercantis – Sinrem. 3. Livros Comerciais/Empresariais. 3.1. O Simples. 4. Os Prepostos. 4.1. O gerente. 4.2. O Contabilista e Outros Auxiliares. 5. O Estabelecimento Comercial/Empresarial. 5.1. O Ponto Comercial. 5.2. A Clientela. 5.3. A Alienação do Estabelecimento Comercial/Empresarial. 6. O Nome Empresarial. 6.1. Firma ou Razão Social. 6.2. Denominação. 6.3. Alteração do Nome Comercial. 6.4. Nome e Marca 6.5. Título de Estabelecimento 6.6. A Comercialização do Nome Comercial/Empresarial 6.7. A Microempresa (ME) e a Empresa de Pequeno Porte (EPP) 6.8. A Proteção do Nome Comercial 7. A Resolução e a Dissolvição das Sociedades.

INTRODUÇÃO

Antes de tratarmos das especificidades das sociedades empresariais/comerciais, é imperativo destacar o que se entende por pessoa jurídica.

Todo homem é dotado de capacidade jurídica, que o habilita a adquirir direitos. Todo homem é sujeito da relação jurídica, mas não é somente a ele que o ordenamento legal reconhece essa faculdade. A complexidade da vida civil e a necessidade da conjugação de esforços de vários indivíduos para a consecução de objetivos comuns ou de interesse social, ao mesmo passo que aconselham e estimulam a sua agregação e polarização de suas atividades, sugerem ao direito equiparar à própria pessoa humana certos agrupamentos de indivíduos e certas destinações patrimoniais e lhe aconselham atribuir personalidade e capacidade de ação aos entes abstratos assim gerados. Surgem, então, as pessoas jurídicas, que se compõem ora de um conjunto de pessoas, ora de uma destinação patrimonial, com aptidão para adquirir e exercer direitos e contrair obrigações.

Para a constituição ou o nascimento da pessoa jurídica, é necessária a conjunção de três requisitos: a vontade humana criadora, a observância das condições legais de sua formação e a liceidade de seus propósitos.

Ressalte-se que há controvérsias no que diz respeito à caracterização da pessoa jurídica. Tem, na verdade, profunda significação indagar como deve ser entendida a pessoa jurídica. Sintetizando o que une os diversos entendimentos acerca da pessoa jurídica, colocando-os em uma só linha, é a idéia da realidade do ente coletivo, que podemos expressar na exposição dos traços fundamentais da sua conceituação científica, abandonando a chamada realidade objetiva (organicismo) para abraçar a realidade técnica ou realidade jurídica. Com efeito, verifica o direito que, desde os tempos antigos, houve agrupamentos de indivíduos com a finalidade de realizar os seus interesses ou preencher as exigências sociais. O direito sempre encarou esses grupos destacadamente de seus membros, o que significa que a ordem jurídica considera essas entidades como seres dotados de existência própria ou autônoma, inconfundível com a vida das pessoas naturais que os criaram. O jurista moderno é levado, naturalmente, à aceitação da teoria da realidade técnica, reconhecendo a existência dos entes criados pela vontade do homem, os quais operam no mundo jurídico adquirindo direitos, exercendo-os, contraindo obrigações, seja pela declaração de vontade, seja por imposição da lei. Sua vontade é distinta da vontade individual dos membros componentes; seu patrimônio, constituído pela afetação de bens, ou pelos esforços dos criadores ou associados, é diverso do patrimônio de uns e de outros; sua capacidade, limitada à consecução de seus fins pelo fenômeno da especialização, é admitida pelo direito positivo. E, diante de todos os fatores de sua autonomização, o jurista e o ordenamento legal não podem fugir da verdade inafastável: as pessoas jurídicas existem no mundo do direito, e existem como seres dotados de vida própria, de vida real.

Assim, a capacidade das pessoas jurídicas é uma conseqüência natural e lógica da personalidade que lhes reconhece o ordenamento legal.

Ressalte-se que se têm aptidão genérica para adquirir direitos e contrair deveres, obviamente se lhes deve atribuir o poder necessário, e, mais ainda, a aptidão específica para exercê-los. O querer da pessoa jurídica, que é resultante das vontades individuais de seus membros, exige a presença de um representante para que seja manifestado externamente. Dispõe a lei que o instrumento ou carta constitutiva da pessoa jurídica, genericamente denominado seu estatuto (ou contrato social), designará quem a representa, e confere, portanto, a esta forma de expressão volitiva individual o poder de vontade para criar o órgão representativo.[1]

Destacamos também que pessoas jurídicas podem ser classificadas como:

---

[1] Voltaremos a este assunto com detalhes em momento oportuno.

24 Direito para Administradores – vol. III

a) *de direito público externo*: os Estados (= países) estrangeiros e todas as pessoas que forem regidas pelo direito internacional público (= organismos internacionais, como a ONU ou a OMC etc.);

b) *de direito público interno*: a União, os Estados, o Distrito Federal, os Territórios, os Municípios, as autarquias e as demais entidades de caráter público criadas por lei;

c) *de direito privado*: as sociedades simples (= civis) ou empresariais/comerciais,[2] as cooperativas, as associações e as fundações.

Há distinção nas designações sociedade e associação, que servem para denominar, de um lado, as pessoas jurídicas formadas por um grupo reduzido de pessoas, visando a uma finalidade econômica (= sociedades), e, de outro (= associações), as constituídas de um número mais avantajado de indivíduos, tendo em vista fins morais, pios, literários, artísticos, em suma, objetivos não-econômicos, ou ideais.

As pessoas jurídicas de direito privado podem, ademais, ser agrupadas em dois tipos fundamentais, em razão da sua constituição e ao mesmo tempo de suas finalidades. Com efeito, as associações e as sociedades civis (ou simples, de conformidade com a classificação adotada pelo Novo Código Civil) têm a sua vida e as suas atividades situadas no âmbito civil, no que se distinguem das sociedades mercantis, que têm tido o seu regime jurídico subordinado ao âmbito empresarial/comercial.[3]

1. A CONSTITUIÇÃO DA SOCIEDADE EMPRESARIAL/ COMERCIAL

Ab initio, cabe destacar o que estabelece o artigo 981 do Novo Código Civil, *verbis*:

---

[2] Lembramos que as sociedades de economia mista (p. ex., Banco do Brasil) e empresas públicas (p. ex., Caixa Econômica Federal) se enquadram no conceito de empresas, mas possuem algumas especificidades dada a formação de seu capital social com capital público.

[3] Já vimos este assunto no capítulo anterior, mas voltaremos a ele sempre que necessário.

Celebram contrato de sociedade as pessoas que reciprocamente se obrigam a contribuir, com bens ou serviços, para o exercício de atividade econômica e a partilha, entre si, dos resultados.

Parágrafo único. A atividade pode restringir-se à realização de um ou mais negócios determinados.

Assim, "a sociedade empresária nasce do encontro de vontades de seus sócios. Esse encontro, de acordo com o tipo societário que se pretende criar, será concretizado em um contrato social ou estatuto, em que se definirão as normas disciplinadoras da vida societária".[4]

1.1. REQUISITOS DE VALIDADE DO CONTRATO SOCIAL

No que tange à validade, o contrato social deve obedecer a alguns requisitos:

a) *primeiramente* – os requisitos de validade de qualquer ato jurídico, isto é, os **requisitos genéricos**: a validade do contrato social depende da observância dos elementos que validam os atos jurídicos em geral, elencados pelo artigo 104 do Novo Código Civil, isto é: agente capaz,[5] objeto possível e lícito,[6] além da forma prescrita ou não defesa em lei;[7]

b) *segundamente* – àqueles que o direito reservou especialmente para o ato constitutivo da sociedade comercial, isto é, os **requisitos específicos**. Além do atendimento aos requisitos dos atos jurídicos em geral, devem os contratos sociais atender aos requi-

---

[4] COELHO, Fábio Ulhoa. *Manual de Direito Comercial*. São Paulo: Saraiva, 2003, p. 130.

[5] É importante ressaltar que a contratação de sociedade limitada por menor, devidamente representado ou assistido, tem sido admitida pela jurisprudência, desde que não tenha poderes de administração e o capital social esteja totalmente integralizado.

[6] Assim, a validade do contrato social depende da possibilidade e licitude da atividade econômica explorada, sendo inválida, por exemplo, uma sociedade formada para a exploração de jogo do bicho.

[7] O contrato social deve ser escrito, por instrumento particular ou público, mas pode ser excepcionalmente oral.

sitos que lhes são característicos, ou seja: todos os sócios devem contribuir para a formação do capital social, seja com bens, créditos ou dinheiro;[8] e todos os sócios participarão dos resultados, positivos ou negativos, da sociedade.[9] Esses requisitos decorrem do próprio conceito de contrato social (Novo Código Civil, artigo 981).

Acrescentamos, ademais, os pressupostos fáticos da existência de qualquer sociedade comercial:

a) a *affectio societatis* – diz respeito à disposição, que toda pessoa manifesta ao ingressar em uma sociedade comercial, de lucrar ou suportar prejuízo em decorrência do negócio comum;[10]

b) a *pluralidade de sócios* – decorre da inexistência, no direito brasileiro, da sociedade unipessoal – salvo duas exceções: a subsidiária integral e a unipessoalidade incidental temporária.[11]

Ressalte-se que os pressupostos de existência da sociedade empresária não se confundem com os seus requisitos de validade. Com efeito, a falta dos primeiros compromete a existência do ente social; a dos últimos, a validade deste.

---

[8] Uma sociedade empresarial que dispense um dos sócios da contribuição para a formação de seu capital social não é válida, assim como aquela que exclua um ou alguns dos sócios dos lucros (sociedade chamada "leonina") ou das perdas sociais (CC/2002, artigo 1.008).

[9] É nula a sociedade em que se pactuar, por hipótese, que um dos sócios será indenizado pelos demais em caso de falência, porque isso equivaleria à exclusão daquele sócio das perdas sociais. Destacamos que a lei não veda a distribuição diferenciada dos lucros entre os sócios, nem a distribuição desproporcional à participação de cada um no capital social; a vedação, com efeito, recai sobre a exclusão de sócio da distribuição dos lucros.

[10] Essa disposição é pressuposto de fato da existência da sociedade, posto que, sem ela, não haverá a própria conjugação de esforços indispensável à criação e desenvolvimento do ente coletivo.

[11] Assim, sempre que uma sociedade *contratual* reduzir-se à unipessoalidade (por morte de um dos sócios, sucessão *inter vivos* ou *mortis causa*, na cota social, de um ao outro sócio etc.), e a pluralidade de sócios não se restabelecer no prazo de 180 dias, não poderá continuar existindo e deverá ser dissolvida (Novo Código Civil, artigo 1.033, IV).

1.1.A. FORMA DO CONTRATO SOCIAL

O contrato social deve ser escrito, mas excepcionalmente o direito admite a forma oral.

Nesse diapasão, nos termos do artigo 987 do Novo Código Civil, é possível a prova da existência da sociedade entre certas pessoas (sócios "de fato") por qualquer modo, inclusive testemunhas, cartas, perícias em contas bancárias. Nesses casos, provada a existência de negócios em comum, a sociedade terá sido oralmente contratada entre os sócios "de fato". É óbvio que uma sociedade contratada pela forma oral será, inevitavelmente, irregular, posto que o registro de seu ato constitutivo não é possível.

Destacamos que a prova da existência da sociedade contratada oralmente só pode beneficiar não-sócios. Ou seja, nas ações entre os sócios, ou destes contra terceiros, fundadas na existência da sociedade, a exibição do contrato escrito – mesmo que não registrado – é exigência legal (Novo Código Civil, artigo 987 e Código Comercial, artigo 303).

O contrato social poderá ser também, à vontade dos sócios, feito por instrumento público, lavrado por tabelião, ou instrumento particular. A forma das alterações contratuais não está vinculada à adotada pelo ato constitutivo (Lei de Registro de Empresas, artigo 53). Feito este por escritura pública, poderá ser alterado por instrumento particular e vice-versa.

1.1.B. CLÁUSULAS CONTRATUAIS

No que tange às cláusulas contratuais, cabe destacar que os requisitos necessários ao arquivamento do contrato social no Registro de Empresas Mercantis e Atividades Afins são os estabelecidos no artigo 56 da Lei nº 8.884/94 e no artigo 53, inciso III, do Decreto nº 1.800/96. Se não vejamos:

28 Direito para Administradores – vol. III

a) *tipo de sociedade mercantil adotado* – o tipo societário deve ser um dos admitidos no ordenamento positivo, inexistindo margem de liberdade para criação de modelo composto ou inédito. **As modalidades societárias aceitas pela legislação comercial não constituem mera enumeração; seu elenco é taxativo;**

b) *declaração precisa de seu objeto social* – o objeto social é a atividade que será explorada economicamente pela sociedade. É a empresa. Sua declaração precisa e objetiva serve para que o Registro de Empresas Mercantis avalie sua licitude e viabilidade. Delimita o campo de atuação dos administradores e orienta terceiros que negociam com a sociedade;[12]

c) *capital social, forma e prazo de sua integralização, e quinhão de cada sócio* – o capital social deve ser especificado no contrato, estipulando a parte de cada sócio, inclusive como e quando será integralizado, quer dizer, forma (em dinheiro e/ou bens) e prazo (concomitante com a constituição ou parcelado);

d) *responsabilidade dos sócios* – o contrato social deve estabelecer o grau de responsabilidade dos sócios, que, obviamente, será o fixado em lei para o tipo societário adotado;

e) *identificação e qualificação dos sócios, procuradores, representantes e administradores* – a qualificação dos nomes compreende o nome, a nacionalidade, o estado civil, o domicílio, o número do documento oficial de identidade e o de inscrição no CGC/MF.

---

[12] Se o objetivo da sociedade empresária é o lucro, seu objeto é a empresa. Com efeito, a sociedade tem por objeto o exercício da atividade negocial com objetivo de lucro. O objeto social é o gênero de atividade econômica (um ramo de indústria ou comércio) que a sociedade desenvolve para atingir seu escopo lucrativo, ao passo que cada ato ou negócio jurídico em particular é o instrumento ou meio para a realização do objeto. A distinção entre sociedade simples (civil) e sociedade empresária reside, pois, regra geral, no objeto. A pessoa jurídica de direito privado será empresária se seu objeto social for a empresa. O exercício efetivo da atividade econômica organizada só não define a índole da sociedade quando se trata de sociedade por ações. É que estas são empresárias por força de lei, mesmo quando não têm por fito a empresa (LSA, artigo 2º, § 1º).

A nomeação do(s) gerente(s) é também compulsória, porque fixa a representação legal da sociedade, o que não importa na impossibilidade de delegação funcional da gerência, desde que sob a responsabilidade do sócio. **Quem representa a sociedade, no contrato, é o sócio;**

f) *prazo de duração da sociedade* – como a sociedade pode ser contratada por tempo determinado ou indeterminado, o prazo de sua duração precisa ser esclarecido;[13]

g) *nome empresarial* – o contrato social deve mencionar o nome empresarial que identifica a sociedade, cláusula essencial, até porque dela decorre o direito ao seu uso exclusivo, independentemente de outra espécie de registro;

h) *endereço completo da sede e das filiais declaradas* – sede é a circunscrição territorial onde se localizam a sociedade (se tiver mais de um estabelecimento, o principal) e seu representante legal. O foro é a circunscrição judiciária eleita para a solução de eventuais pendências entre os sócios. Para responder processualmente perante terceiros, o foro será, ordinariamente, o da sede. Em ação de falência, o do principal estabelecimento, patrimonialmente aferida a principalidade.

1.1.C. ALTERAÇÃO DO CONTRATO SOCIAL[14]

Inicialmente, destacamos que é necessário o consentimento de todos os sócios para alterar as cláusulas obrigatórias do contra-

---

[13] A adoção de exercício social não coincidente com o ano civil reclama a estipulação do seu termo *ad quem*. O Novo Código Civil prevê a possibilidade de prorrogação tácita da sociedade por tempo determinado, que ocorrerá quando, sem oposição do sócio, esvair-se o prazo de duração sem que a sociedade entre em liquidação.

[14] Aqui trataremos das regras gerais de alteração contratual. As regras específicas de alteração contratual referentes às diversas sociedades (Ltda., S.A. etc.) serão tratadas em momento oportuno.

30 Direito para Administradores – vol. III

to (= aquelas previstas no artigo 997 do Novo Código Civil.[15] As demais podem ser alteradas mediante decisão por maioria absoluta dos votos, se o contrato não determinar a necessidade de deliberação unânime. Qualquer modificação no contrato deverá ser registrada em cartório.

Comentando a possibilidade de alteração do contrato social, assim se posiciona Fábio Ulhoa Coelho,[16] *verbis*:

> O ato constitutivo da sociedade empresária pode ser objeto de alteração, de acordo com a vontade dos sócios ou por decisão judicial. Se acaso as regras de convivência adotadas quando da constituição da sociedade não são mais satisfatórias, desde que se observem os requisitos de validade, os pressupostos de existência e as cláusulas essenciais, poderão os sócios livremente alterar as disposições contratuais.
>
> A regra é a de que as deliberações sociais, exceto as que importem alteração contratual, são tomadas por maioria de votos. Salvo em hipóteses excepcionais (...) a vontade majoritária dos sócios é eficaz para decidir os destinos da sociedade. A maioria societária é definida não em função da quantidade de sócios, mas da participação de cada um deles no capital social. O voto de cada sócio tem o peso proporcional à cota social correspondente. Um único sócio, então, pode representar a maioria societária, desde que a sua cota social represente

---

[15] "Artigo 997. A sociedade constitui-se mediante contrato escrito, particular ou público, que, além de cláusulas estipuladas pelas partes, mencionará: I – nome, nacionalidade, estado civil, profissão e residência dos sócios, se pessoas naturais, e a firma ou a denominação, nacionalidade e sede dos sócios, se jurídicas; II – denominação, objeto, sede e prazo da sociedade; III – capital da sociedade, expresso em moeda corrente, podendo compreender qualquer espécie de bens, suscetíveis de avaliação pecuniária; IV – a quota de cada sócio no capital social, e o modo de realizá-la; V – as prestações a que se obriga o sócio, cuja contribuição consista em serviços; VI – as pessoas naturais incumbidas da administração da sociedade, e seus poderes e atribuições; VII – a participação de cada sócio nos lucros e nas perdas; VIII – se os sócios respondem, ou não, subsidiariamente, pelas obrigações sociais. Parágrafo único. É ineficaz em relação a terceiros qualquer pacto separado, contrário ao disposto no instrumento do contrato."

[16] Op. cit., p. 138-140.

mais da metade do capital social. O número de sócios só importa em caso de desempate. Em uma sociedade de três sócios, em que um deles é titular de metade do capital social, ocorrendo divergência entre este e os dois outros, caracteriza-se o empate. Prevalecerá, contudo, a vontade destes, por serem em maior número (dois contra um). Em caso de não ser possível superar o empate pelo critério de quantidade de sócios, deverá observar-se o disposto no contrato social; se prevista cláusula de arbitragem, os sócios deverão socorrer-se da decisão do árbitro. Omisso o contrato social, caberá ao juiz decidir, no interesse da sociedade, fazendo prevalecer qualquer um dos votos proferidos pelos sócios. De se anotar que não pode o juiz impor uma terceira solução, não cogitada por nenhum dos sócios, como forma de superação do empate.

2. OS REGISTROS EMPRESARIAIS

Neste ponto, é oportuno citar o que dispõe o artigo 45, *caput*, do Novo Código Civil. Vejamos:

> *Começa a existência legal das pessoas jurídicas de direito privado com a inscrição do ato constitutivo no respectivo registro, precedida, quando necessário, de autorização ou aprovação do Poder Executivo, averbando-se no registro todas as alterações por que passar o ato constitutivo.*

Os efeitos que decorrem da aquisição da personalidade jurídica são:

a) a sociedade torna-se sujeito de direito, adquirindo direitos e obrigações e podendo estar em juízo ativa e passivamente;

b) adquire autonomia patrimonial, ou seja, qualquer que seja sua modalidade, o patrimônio responde ilimitadamente pelas obrigações contraídas em seu nome;

c) em decorrência de ser contrato plurilateral, poderá sofrer alterações, desde que registradas e de acordo com a lei e admitir o ingresso de novos sócios.

2.1. INSCRIÇÃO

Constatamos que a existência legal da pessoa jurídica tem início com o registro de seus atos constitutivos, e é a partir dessa publicidade que a lei lhe confere existência e personalidade jurídica.

O ato constitutivo, em síntese, significa a formalização da vontade dos sócios.

Ressaltamos que, sendo simples a sociedade, o registro do ato constitutivo deve ser efetuado no Registro Civil das Pessoas Jurídicas e, na hipótese de sociedade empresária, no Registro Público de Empresas Mercantis, a cargo das Juntas Comerciais.

2.2. EFEITOS DA INSCRIÇÃO

Em razão de sua personificação, os efeitos que daí decorrem dizem respeito à autonomia adquirida pela pessoa jurídica, pois todos os atos em seu nome serão considerados como sendo por ela praticados, desvinculados dos praticados pelos sócios.

Ressalte-se que a ausência de inscrição do contrato social no registro competente não gera efeitos em relação a terceiros (artigo 987), porque em se tratando de sociedade não personificada, ou seja, sem personalidade jurídica, não possui existência legal.

2.3. O SISTEMA NACIONAL DE REGISTRO DE EMPRESAS MERCANTIS – SINREM

Lembramos que o Registro do Comércio é um órgão de publicidade, habilitando qualquer pessoa a conhecer tudo o que diga respeito ao empresário. Qualquer pessoa tem o direito de consultar os assentamentos das Juntas, sem necessidade de provar interesse, e de obter as certidões que pedir.

A Lei nº 8.934, de 18/11/94, estabeleceu o *Sistema de Registro de Empresas Mercantis – SINREM*, o qual integra o *Departamento Nacional de Registro do Comércio – DNRC* e as *Juntas Comerciais*.

O DNRC integra o Ministério da Justiça, do Comércio e do Turismo, e é o órgão central do SINREM. Exerce função supervisora, orientadora, coordenadora e normativa, no plano técnico, e supervisora, no plano administrativo.

2.3.A. AS JUNTAS COMERCIAIS

As Juntas Comerciais são órgãos locais de execução e administração dos serviços de registro, havendo uma Junta em cada Estado da federação, sediada na Capital.

Conforme estabelece a Lei nº 8.934/94, cabe às Juntas Comerciais a realização do *registro público de empresas mercantis e atividades afins*.

Ressalte-se que a expressão *atividades afins* abrange os agentes auxiliares do comércio, como os leiloeiros, tradutores públicos e intérpretes comerciais, trapicheiros (= armazém geral de menor porte, na área de importação e exportação) e administradores de armazéns gerais.

Ademais, tendo em conta o novo conceito de empresário (artigo 1.150 do Novo Código Civil), cabe destacar que também às Juntas Comerciais incumbe o registro das empresas de prestação de serviço.

2.3.B. AS ESPÉCIES DE REGISTRO

O registro abrange, em síntese, a matrícula, o arquivamento, a autenticação de escrituração e documentos mercantis e o assentamento de usos e costumes comerciais.

A *matrícula* é o modo pelo qual se procede ao registro dos auxiliares do comércio, como leiloeiros, tradutores públicos e intérpretes comerciais, trapicheiros e administradores de armazéns gerais (= artigo 32, I, da Lei nº 8.934/94).

O *arquivamento* é o modo pelo qual se procede ao registro referente à constituição, alteração, dissolução e extinção de firmas mer-

34 Direito para Administradores – vol. III

cantis individuais e sociedades mercantis (= artigo 32, II, da Lei nº 8.934/94). Acrescentamos que o arquivamento igualmente engloba as cooperativas, não obstante estas não sejam entidades comerciais, mas civis.

2.3.C. EFEITOS DA FALTA DE REGISTRO

Neste ponto, chamamos a atenção para o que nos ensina Maximilianus Cláudio Américo Führer,[17] *verbis*:

> "As sociedades em contrato social escrito (sociedades de fato) ou com contrato não registrado na Junta Comercial (sociedades irregulares) não têm direito de obter concordata preventiva ou suspensiva. E seus sócios respondem sempre, de modo subsidiário e ilimitado, pelas dívidas sociais".

2.3.D. A PROTEÇÃO DO NOME COMERCIAL/ EMPRESARIAL COM O REGISTRO NAS JUNTAS COMERCIAIS

O *nome comercial/empresarial*, cujas especificidades trataremos adiante neste capítulo, é de imediato protegido com o registro na Junta, na área de sua jurisdição (= Estado da Federação), não se permitindo o arquivamento de nome idêntico ou semelhante a outro já existente (= princípio da anterioridade). Acrescentamos que a proteção pode ser estendida às demais Juntas, mediante requerimento do interessado.

2.3.E. A NECESSIDADE DE VISTO DE ADVOGADO

Saliente-se que os contratos sociais das sociedades somente podem ser registrados nas Juntas Comerciais com o visto de advogado, nos

---

[17] FÜHRER, Maximilianus Cláudio Américo. In: *Resumos de Direito Comercial (Empresarial)*. São Paulo: Malheiros Editores, 2003, p. 13-14 (Resumos).

termos do que exige o artigo 1º, parágrafo 2º, da Lei nº 8.906/94 (= Estatuto da Advocacia).[18]

3. LIVROS COMERCIAIS/EMPRESARIAIS

Neste ponto, novamente chamamos a atenção para o que nos ensina Maximilianus Cláudio Américo Führer,[19] *verbis*:

> Dividem-se os livros mercantis em comuns e especiais, bem como em obrigatórios e facultativos ou auxiliares. Os comuns são os referentes ao comércio em geral, e os especiais são os que devem ser adotados só por certos tipos de empresas.
>
> Entre os livros comuns, entende-se, unanimemente, que é obrigatório o *Diário*, ou o livro *Balancetes Diários* e *Balanços* (artigo 1.185 CC). E muitos julgados entendem que são também obrigatórios o *Registro de Duplicatas*, se houver vendas com prazo superior a 30 dias, o *Registro de Compras*, que pode ser substituído pelo Registro de Entrada de Mercadorias, e o *Registro de Inventário*. Podem os livros ser substituídos por registros em folhas soltas, por sistemas mecanizados ou por processos eletrônicos de computação de dados.
>
> Em regra, para os fins da lei comercial, a jurisprudência não menciona como obrigatórios os demais livros fiscais e trabalhistas.
>
> (...)
>
> Entre os livros obrigatórios especiais, ou específicos de determinadas empresas, contam-se, por exemplo, o Livro de Entrada e Saída de Mercadorias, dos armazéns gerais, o Livro de Balancetes Diários, das casas bancárias, o Livro de Registro de Despachos Marítimos, dos corretores de navios, os livros previstos no artigo 100 da lei das S/A etc.
>
> Entre os livros facultativos ou auxiliares estão os seguintes: Caixa, Razão, Contas Correntes, Borrador, Copiador de Cartas, Copiador de Faturas etc.

---

[18] Exceção a essa regra: Microempresa e Empresa de Pequeno Porte, nos termos da Lei nº 9.841/99 (= Estatuto da Microempresa).

[19] Op. cit., p. 16-17.

36 Direito para Administradores – vol. III

Devem os livros seguir formalidades *extrínsecas*, referentes à autenticação dos mesmos, bem como formalidades *intrínsecas*, referentes ao modo como devem ser escriturados.

Ressaltamos também o afirmado na revista *Exame – Novos Negócios*,[20] *verbis*:

(...)

Quais os deveres das sociedades em relação à contabilidade?

Todas as sociedades empresárias – não apenas as Limitadas – são obrigadas a seguir um sistema de contabilidade, ou escrito ou informatizado. É indispensável o uso do diário, em que devem ser lançadas diariamente as operações da empresa e anualmente o balanço patrimonial e o resultado econômico.

Qual a função do balanço patrimonial?

Exprimir com clareza a situação do patrimônio em função de seu passivo, ou seja, de onde vêm os recursos aplicados na empresa (por exemplo, lucros, capital dos sócios, empréstimos em bancos), e seu ativo, ou seja, no que estão empregados aqueles recursos (conta em banco, caixa, prédio da empresa, equipamentos etc.).

Para que serve o balanço de resultado econômico?

Dado o valor que a empresa vendeu no exercício, ele mostra quais custos e despesas foram descontados e quanto sobrou de lucro ou prejuízo no final do exercício.

Quem é responsável na sociedade pelos demonstrativos contábeis?

A elaboração ficará a cargo de contador legalmente habilitado, a menos que não exista nenhum na localidade. As informações lançadas nos livros contábeis pelo encarregado da contabilidade têm o mesmo valor que teriam se fossem lançadas pelo sócio que o nomeou, exceto no caso de má-fé do encarregado. O empresário é obrigado a guardar todos os documentos referentes à atividade da empresa enquanto não

---

[20] Revista *Exame*, nº 1, abril de 2003, p. 37-38.

vencerem os prazos legais. Os documentos relativos a pagamentos de impostos, por exemplo, devem ser mantidos por até dez anos.

A Justiça pode autorizar a abertura dos livros contábeis?

Um juiz só pode fazer isso em determinados casos, como os que envolvem falência, herança ou partilha de bens resultante de divórcio. Se o empresário se recusar a apresentar os livros, eles serão apreendidos judicialmente. As restrições para exame dos livros não se aplicam às autoridades que fiscalizam o pagamento de impostos.

3.1. O SIMPLES

A Lei nº 9.317/96 (SIMPLES) dispensou a microempresa e a empresa de pequeno porte da escrituração comercial, exigindo apenas o Livro Caixa e Registro de Inventário (artigo 7º).

Entretanto, antes disso, o Decreto-lei nº 486, de 3/3/69, regulamentado pelo Decreto nº 64.567, de 22/5/69, nos termos em que o qualifica, dispensa o pequeno comerciante da obrigação de manter e escriturar os livros adequados, bastando, em relação a ele, a conservação dos documentos e papéis relativos ao seu comércio.

4. OS PREPOSTOS

O Novo Código Civil dedicou capítulo exclusivo para tratar do preposto das sociedades, elencando suas atribuições, limitações e, de certa forma, deixando implícito o conceito dessa atividade. Podemos definir o preposto como sendo o representante da empresa judicial e extrajudicialmente, ou seja, a pessoa encarregada de responder pela sociedade comercial.

Assim, o preposto é aquele que representa a pessoa jurídica, podendo referida representação ocorrer judicialmente, como é o caso do comparecimento a audiências, ou extrajudicialmente, assinando ou recebendo documentos, por exemplo.

4.1. O GERENTE

Acrescente-se que o Novo Código Civil optou por conceituar o cargo de gerente, vinculando-o, diretamente, às atividades de preposto. Isto é, o gerente de uma empresa, necessariamente, deve ser preposto da mesma, no exercício de suas funções, não mais podendo separar as duas atividades. Outra conclusão diz respeito à multiplicidade de gerentes e, conseqüentemente, de prepostos, em uma mesma empresa, considerando que cada agência, filial ou sucursal pode possuir o seu quadro próprio.

Notamos, ademais, que qualquer ato praticado pelo gerente, em seu próprio nome, mas que importe em benefício para a empresa, deverá ser suportado, também, pela empresa preponente.

4.2. O CONTABILISTA E OUTROS AUXILIARES

Destacamos que o contabilista é figura essencial em qualquer empresa, posto que por intermédio de suas atividades toda a vida financeira e contábil de uma sociedade ficará lançada em livros próprios, podendo, em caso de irregularidades, ser suscetível de punições administrativas e judiciais.

Os funcionários encarregados da escrituração também serão investidos nessa função pela empresa e serão considerados prepostos, e toda informação por eles prestada ou lançada nos livros contábeis obrigará a preponente.

Em síntese, a empresa sempre responderá pelos atos praticados perante terceiros, não importando que se trate de ato culposo ou doloso; entretanto, caso seja doloso o ato praticado pelo funcionário encarregado pela contabilidade, este responderá solidariamente com a empresa perante terceiros. Dessa forma, qualquer ato praticado por prepostos obriga a empresa, mesmo que esta não tenha autorizado a sua prática por escrito.

A atividade dos prepostos indubitavelmente é de confiança, posto que a lei impõe responsabilidade objetiva à empresa por qualquer ato praticado.

Nesse diapasão, vejamos o que dispõem os artigos 1.177 a 1.178 do Novo Código Civil, *verbis*:

> *Artigo 1.177. Os assentos lançados nos livros ou fichas do preponente, por qualquer dos prepostos encarregados de sua escrituração, produzem, salvo se houver procedido de má-fé, os mesmos efeitos como se o fossem por aquele.*
>
> *Parágrafo único. No exercício de suas funções, os prepostos são pessoalmente responsáveis, perante os preponentes, pelos atos culposos; e, perante terceiros, solidariamente com o preponente, pelos atos dolosos.*
>
> *Artigo 1.178. Os preponentes são responsáveis pelos atos de quaisquer prepostos, praticados nos seus estabelecimentos e relativos à atividade da empresa, ainda que não autorizados por escrito.*
>
> *Parágrafo único. Quando tais atos forem praticados fora do estabelecimento, somente obrigarão o preponente nos limites dos poderes conferidos por escrito, cujo instrumento pode ser suprido pela certidão ou cópia autêntica do seu teor.*

5. O ESTABELECIMENTO COMERCIAL/ EMPRESARIAL

Ressalte-se que *estabelecimento* é o conjunto de bens operados pelo empresário. Tem a natureza jurídica de uma universalidade de fato, sendo objeto e não sujeito de direitos.

Compõe-se o estabelecimento de coisas:

a) corpóreas – os balcões, as vitrinas, as máquinas, os imóveis, as instalações, as viaturas etc.;

b) incorpóreas – o ponto, o nome, o título de estabelecimento, as marcas, as patentes, os sinais ou expressões de propaganda, o *know-how*, o segredo de fábrica, os contratos, os créditos, a clientela ou freguesia e o aviamento (*aviamento* é a capacidade de produzir lucros atribuída ao estabelecimento e à empresa em decorrência da organização).

40 Direito para Administradores – vol. III

Pode o empresário ter uma pluralidade de estabelecimentos, surgindo, então, o estabelecimento principal e as suas sucursais, filiais ou agências.

Aliás, no que tange à proteção do estabelecimento comercial/empresarial, lembramos que:

a) o direito civil e o penal compreendem normas pertinentes à proteção dos bens corpóreos (proteção possessória, responsabilidade civil, crime de dano, roubo etc.);

b) o direito industrial tutela a propriedade de marca, invenções etc.;

c) a Lei de Locações protege o ponto explorado pelo empresário;

d) a proteção do nome empresarial tem o seu estatuto próprio.

Dessa forma, cada elemento do estabelecimento empresarial tem a sua proteção jurídica específica. Entretanto, o direito comercial, enquanto conjunto de conhecimentos jurídicos, tradicionalmente se preocupou com a abordagem apenas da tutela dos bens incorpóreos do estabelecimento empresarial, uma vez que do regime dos corpóreos costumam cuidar outros ramos do saber jurídico (direito das coisas e direito penal).

Nesse diapasão, vejamos o que dispõe o artigo 1.142 do Novo Código Civil, *verbis*:

Artigo 1.142. Considera-se estabelecimento todo complexo de bens organizado, para exercício da empresa, por empresário, ou por sociedade empresária.

5.1. O PONTO COMERCIAL

Saliente-se que *ponto* é o lugar em que o comerciante se estabelece. Constitui um dos elementos incorpóreos do estabelecimento ou fundo de comércio. Alguns autores o consideram uma *propriedade comercial*, ou seja, um direito abstrato de localização.

5.1.A. A PROTEÇÃO DO PONTO COMERCIAL

A proteção do ponto comercial denomina-se tutela de garantia de inerência no ponto, ou seja, ampara-se o interesse do empresário de continuar estabelecido exatamente no local daquele imóvel locado.

Entretanto, para que uma locação possa ser considerada empresarial, isto é, para que se submeta ao regime jurídico da renovação compulsória, é necessário que satisfaça os seguintes três requisitos (LL,[21] artigo 51):

a) o locatário deve ser empresário (a lei, anterior ao Novo Código Civil, menciona comerciante ou sociedade civil com fim lucrativo). A lei cogita de atividade industrial também, mas trata-se de redundância, porque esta é uma das espécies da atividade empresarial. *Por esse requisito, ficam excluídos do regime da locação empresarial os profissionais liberais que individualmente exercem a sua atividade econômica, as associações civis sem fins lucrativos, as fundações etc.;*

b) a locação deve ser contratada por tempo determinado de, no mínimo, cinco anos, admitida a soma dos prazos de contratos sucessivamente renovados por acordo amigável. Soma esta, inclusive, que pode ser feita pelo sucessor ou cessionário do locatário (STF, Súmula 482);

c) o locatário deve encontrar-se na exploração do mesmo ramo de atividade econômica pelo prazo mínimo e ininterrupto de três anos, à data da propositura da ação renovatória. Requisito que a lei cria tendo em vista a necessidade de um tempo de estabelecimento em certo ponto para que este agregue valor minimamente apreciável à empresa lá explorada.

Assim, preenchidas as condições acima, tem o locatário o direito de pedir a renovação do aluguel, por intermédio de ação renovatória,

---

[21] Lei de Locação (Lei nº 8.245/91).

42 Direito para Administradores – vol. III

e terá preferência, em igualdade de condições, sobre eventual proposta de terceiros.

Referida ação deve ser proposta nos primeiros seis meses do último ano do contrato, nem antes nem depois. Se faltar mais de um ano ou menos de seis meses para o término do contrato a renovar, a ação não será admitida.

Ressalte-se ainda que:

a) se não houver acordo quanto ao novo valor do aluguel, o juiz nomeará perito para a fixação do mesmo;

b) se a ação renovatória não for proposta no prazo, pode o locador, findo o contrato, retomar o imóvel, independentemente de qualquer motivo especial. A Lei de Locação manteve a denúncia vazia nas locações para fins comerciais e industriais.

5.1.A.1. EXCEÇÕES À AÇÃO RENOVATÓRIA COMPULSÓRIA

O direito de inerência do locatário é relativo. Entretanto, o locatário que não puder exercer o seu direito de inerência deverá ser, em determinadas hipóteses, indenizado pelo valor que acresceu ao bem.

É a própria lei que define os casos em que o direito à renovação compulsória será ineficaz, em face da tutela do direito de propriedade. São os seguintes os fatores referidos pela legislação ordinária em que o locador pode suscitar a exceção de retomada:

a) insuficiência da proposta de renovação apresentada pelo locatário (LL, artigo 72, II) – Em sua ação renovatória, deverá o empresário apresentar uma proposta de novo aluguel. Se o valor locatício de mercado do imóvel for superior, a renovação do contrato pelo aluguel proposto importaria em desconsideração do direito de propriedade do locador. Por essa razão, se não melhorar o locatário a sua proposta, a locação não será renovada. Algumas decisões judiciais têm determinado a renovação pelo valor de aluguel apurado em perícia, compatibilizando-se, dessa forma, os interesses das partes;

b) proposta melhor de terceiro (LL, artigo 72, III) – Se o locatário oferece novo aluguel compatível com o mercado, mas o locador possui proposta melhor de outra pessoa, a renovação acarretaria ofensa ao seu direito de propriedade. Assim sendo, a menos que o locatário concorde em pagar o equivalente ao ofertado pelo terceiro, a locação não será renovada. Neste caso, o locatário terá direito à indenização pela perda do ponto (LL, artigo 52, parágrafo 3º);

c) reforma substancial no prédio locado (LL, artigo 52, I) – Se o Poder Público obriga o locador a introduzir reformas no imóvel ou se o proprietário mesmo quer reformá-lo, para valorização do seu patrimônio, então, o locatário não terá reconhecido o seu direito de inerência ao ponto. Nessa hipótese, será devida a indenização se o início das obras retardar por mais de três meses contados da desocupação;

d) uso próprio (LL, artigo 52, II) – O proprietário pode querer utilizar o imóvel, seja para finalidades econômicas ou não. A lei restringe essa exceção, vedando-a no caso de pretender o locador explorar no prédio a mesma atividade explorada pelo locatário (salvo se a locação compreendia o prédio e também o estabelecimento empresarial nele existente, a chamada locação-gerência). Essa limitação é inconstitucional, incompatível com o direito de propriedade. O locador pode, em qualquer caso, pretender a retomada para uso próprio, ainda que o seu objetivo seja o de competir com o locatário. Claro que, assim sendo, será devida a indenização pela perda do ponto, para que não se caracterize o enriquecimento indevido do locador. Exceção feita, no tocante à indenização, quando se tratar de locação-gerência, na medida em que, neste caso, o ponto de referência dos consumidores foi constituído pelo próprio locador e não pelo locatário;

e) transferência de estabelecimento empresarial existente há mais de um ano e titularizado por ascendente, descendente ou cônjuge (ou sociedade por eles controlada), desde que atue em ramo diverso do do locatário (LL, artigo 52, II) – Terá este direito à indenização apenas se, a despeito da restrição legal, o novo usuário do prédio explorar atividade igual ou semelhante à sua,

44   Direito para Administradores – vol. III

ou, entendo, se não se realizar o uso nas condições alegadas que impediram a renovação (se o imóvel é locado a terceiros, p. ex.).

5.1.A.2. O *SHOPPING CENTER*[22]

O empresário que se dedica ao ramo dos *shopping centers* exerce uma atividade econômica peculiar, pois não se limita a simplesmente manter um espaço apropriado à concentração de outros empresários atuantes em variados ramos de comércio ou serviço. Sua atividade não se resume à locação de lojas aleatoriamente reunidas em um mesmo local. Ele, decididamente, não é um empreendedor imobiliário comum. O que distingue o empresário do *shopping center* dos empreendedores imobiliários em geral é a organização da distribuição da oferta de produtos e serviços centralizados em seu complexo (*tenant mix*). A idéia básica do negócio é pôr à disposição dos consumidores, em um mesmo local, de cômodo acesso e seguro, a mais ampla gama de produtos e serviços.[23] Em outras palavras, deve haver um planejamento da distribuição da oferta, uma relativa organização da competição interna. Assim, as locações dos espaços devem atender às múltiplas necessidades do consumidor, de sorte que não faltem certos tipos de serviço (banco, correio, cinema, lazer etc.) ou

---

[22] Em tempos de recessão econômica, surgem formas específicas de ocupação de estabelecimentos comerciais que guardam semelhança com os *shopping centers* apenas em aspecto externo, isto é, somente enquanto espaço de concentração de diferentes empresários. Trata-se dos chamados *outlet centers,* estabelecimentos em que os próprios fabricantes, grandes distribuidores e, por vezes, alguns varejistas instalam-se em pequenos *stands,* para a venda de seus produtos por preços atrativos, com vistas a propiciar o escoamento de estoque. A locação desses espaços é feita, em geral, por curtíssimo prazo, e os locatários assumem obrigação contratual de praticar preços inferiores aos de mercado.

[23] Um mero empreendedor imobiliário apenas loca os seus prédios comerciais a quem se propuser a pagar o aluguel que ele considera adequado. Sua preocupação volta-se unicamente ao valor locatício de mercado do seu imóvel e à solvência do locatário. Um empreendedor de *shopping center,* por sua vez, organiza o *tenant mix,* isto é, fica atento às evoluções do mercado consumidor, à ascensão ou decadência das marcas, às novidades tecnológicas e de *marketing,* bem como ao potencial econômico de cada negociante instalado no seu complexo. Tudo isso com o objetivo de atrair o consumidor. Se ele descuidar-se da organização da distribuição dos produtos e serviços abrigados no seu empreendimento, poderá perder valiosos pontos na competição entre os *shopping centers.*

de comércio (restaurante, papelaria, farmácia etc.), mesmo quando há uma atividade central desenvolvida pelo *shopping center* (moda, utilidades domésticas, material de construção etc.).

Em razão dessas particularidades, discutiu-se muito a tutela do interesse de inerência ao ponto dos locatários de espaços em *shopping*. A dinâmica característica desse tipo de empreendimento, em certas ocasiões, revela-se incompatível com a permanência de alguns negociantes. Se, por exemplo, uma determinada marca de produtos de perfumaria tem recebido uma aceitação entre os consumidores maior que outra, o *shopping center* com espaço locado pelo titular desta última tem interesse, partilhado por todos os demais locatários, em substituí-lo pelo titular daquela primeira, em ascensão. A lei reconhece o direito de inerência ao ponto aos locatários de espaços em *shopping centers* (Lei de Locação, artigo 52, § 2º), mas, em determinadas situações, a renovação compulsória do contrato de locação pode representar um entrave ao pleno desenvolvimento do complexo. Atentos a essa circunstância e meditando sobre a intrincada relação jurídica que se estabelece entre o empreendedor do *shopping* e o lojista, muitos autores procuraram discutir se a sua natureza seria mesmo a de uma locação.[24]

O fato é que, reconhece-se a existência de aspectos bem específicos na relação contratual em questão, mas não a ponto de descaracterizar a sua natureza locatícia.[25]

---

[24] Orlando Gomes, por exemplo, considera-a como a de um contrato atípico misto. Requião vê nessa relação uma coligação de contratos, entre os quais a locação. Para Buzaid, trata-se de um contrato de "estabelecimento", ao passo que Villaça Azevedo o denomina contrato de "centro comercial".

[25] E, neste sentido, o direito de inerência do lojista não pode implicar o esvaziamento do direito de propriedade do empreendedor do *shopping*. Se ficar provado que esse último não poderia estar organizando, plenamente, o *tenant mix* na hipótese de acolhimento da ação renovatória, então esta deve ser rejeitada, para que seja efetiva a tutela constitucional do direito de propriedade. Nessa equação, nenhuma especificidade se nota quanto ao contrato de locação entre o empreendedor de *shopping* e o lojista, posto que, conforme assinalado anteriormente, sempre que o reconhecimento do direito de inerência do locatário, na locação empresarial, redundar em desrespeito ao direito de propriedade do locador, deve-se prestigiar este último, porque sua proteção tem natureza constitucional, ao passo que aquele tem sua origem na lei ordinária.

46 Direito para Administradores – vol. III

Ademais, o contrato de locação desse tipo costuma contemplar um aluguel com características bastante peculiares, desdobrado em parcelas fixas, reajustáveis de acordo com o índice e a periodicidade definidos no instrumento contratual, e em parcelas variáveis, geralmente um percentual do faturamento obtido pelo locatário no estabelecimento locado. Para mensurar o valor da parcela variável do aluguel, o locador pode auditar as contas do locatário, bem como vistoriar suas instalações ou fiscalizar seu movimento econômico. Além do aluguel, há outras obrigações pecuniárias assumidas pelo locatário de loja em *shopping center*. Em geral, paga-se uma prestação conhecida por *res sperata*, retributiva das vantagens de estabelecer-se em um complexo comercial que já possui clientela própria. Deve o locatário também filiar-se à associação dos lojistas, pagando a mensalidade correspondente. Essa associação suporta as despesas de interesse comum, como as de publicidade. É, igualmente, usual a cobrança do aluguel em dobro no mês de dezembro, em decorrência do extraordinário movimento econômico que se costuma verificar nessa época do ano. Esses e outros encargos podem ser livremente pactuados, prevendo a lei apenas a proibição de cobrança de despesas extraordinárias de condomínio e os gastos com obras ou substituição de equipamentos modificativos do projeto originário, bem como as despesas não previstas em orçamento prévio (Lei de Locação, artigo 54, §§ 1º e 2º).

5.1.B. A AÇÃO REVISIONAL DE ALUGUEL

O locador, por sua vez, tem o direito de promover a revisão do preço estipulado, decorridos três anos da data do contrato, ou da data do último reajuste judicial ou amigável, ou da data do início da renovação do contrato. Em caso de locação mista, residencial e comercial, o assunto será regulado conforme a área ou a finalidade predominante for de uso comercial ou residencial.

5.2. A CLIENTELA

Diferenciam-se, teoricamente, *clientela* e *freguesia*. A primeira, como o conjunto de pessoas que habitualmente negociam com o estabelecimento, contingente humano que o empresário sabe consumidor de suas mercadorias. Já a freguesia supõe a viabilidade de atrair futuros clientes, em decorrência da organização dos fatores que compõem o estabelecimento.

Entretanto, é só teórica a distinção. A lei brasileira trata, indistintamente, freguês e cliente; significam a mesma coisa: os que, continuadamente, buscam bens e serviços no estabelecimento. A proteção à clientela faz-se presente no Código de Propriedade Industrial, quando reprime a concorrência desleal.

Também é inegável o abrigo indireto da clientela no artigo 52, parágrafo 3º da Lei nº 8.245/91, que trata da indenização devida pelo locador ao empresário-locatário na hipótese de não renovação do contrato de locação do estabelecimento.

Não é raro que a busca pela clientela implique a oferta de melhores condições de atendimento pelo empresário. Nessa linha de otimização de serviços, avulta a questão dos estacionamentos de veículos e da responsabilidade por sua guarda. Como já se decidiu,[26] "na disputa da clientela pelo estabelecimento comercial, um bom estacionamento constitui fator de muita importância, e quem tira proveito das dependências de que dispõe há de responder pelos riscos de quem deixa o veículo lá. Trata-se de responsabilidade objetiva, somente elidida por eventual intercessão de outro fluxo causal autônomo (caso fortuito)".

5.3. A ALIENAÇÃO DO ESTABELECIMENTO COMERCIAL/EMPRESARIAL

Sobre a alienação do estabelecimento, podemos ressaltar:

a) os *débitos anteriores*, desde que contabilizados, são da responsabilidade do adquirente, mas o devedor primitivo continua solidariamente obrigado pelo prazo de um ano;

---

[26] *RT* 671/89.

48 Direito para Administradores – vol. III

b) no que tange aos *créditos vencidos*, esse prazo é contado a partir da publicação do contrato;

c) quanto aos *outros créditos* (*vincendos*), da data do vencimento,[27]

d) a *cessão dos créditos* do alienante será eficaz a partir da publicação da alienação (entretanto, nos termos do artigo 1.149 do Novo Código Civil, o devedor de boa-fé que pagar ao cedente ficará exonerado);

e) no silêncio do contrato,[28] a venda do estabelecimento implica, automaticamente, a obrigação imposta ao alienante de não se estabelecer, nos anos seguintes, com o mesmo ramo de negócio;[29]

f) a alienação do estabelecimento pode, eventualmente, caracterizar sinal de insolvência porque, em determinadas circunstâncias, significa a supressão da garantia comum dos credores.[30] Será motivo para decretação da quebra, se encetada sem o assentimento dos credores, restando o devedor com patrimônio insuficiente para fazer frente a seu passivo. Caso contrário, isto é, ficando com bens suficientes, o consentimento dos credores é dispensável. A prova da insuficiência do ativo remanescente incumbe ao autor do pedido de quebra;[31]

---

[27] Claro que o adquirente já responde pelo passivo do alienante, no que se refere aos débitos da natureza trabalhista (artigo 448 da Consolidação das Leis do Trabalho) e tributária (artigo 133 do Código Tributário Nacional).

[28] Quem adquire um estabelecimento quer também sua clientela. Essa preocupação justifica a inserção de cláusula protetiva no pacto de venda, sem embargo da dicção legal. Impõe-se ao empresário alienante o dever de não se restabelecer, assinalando-se até mesmo os limites territoriais da vedação, de modo a prevenir a concorrência.

[29] Não se trata mais de cláusula implícita na alienação, mas de mandamento legal (artigo 1.147 do Novo Código Civil).

[30] O artigo 1.145 do Novo Código Civil estabelece que, se ao alienante não sobrarem bens capazes de fazer frente a seu passivo, a alienação do estabelecimento será ineficaz, salvo se pagar todos os credores ou se estes concordarem, expressa ou tacitamente, com o negócio, no prazo de 30 dias após notificados.

[31] A condição do alienante que enfrenta situação patrimonial deficitária resume-se em uma indesejável escolha: preservar o estabelecimento empresarial, como garantia do pagamento de seus débitos, ou notificar seus credores em busca de anuência para o trespasse. Nessa conjuntura, a concordância dos credores passa a ser condição de eficácia da alienação.

g) os *efeitos do contrato de alienação* só alcançam terceiros após a devida averbação no registro empresarial e a respectiva publicação oficial.

Acrescentamos que, sob o ponto de vista fiscal, a transferência do estabelecimento dá-se quando o contribuinte do ICMS transmite seu estabelecimento a outrem, pessoa física ou jurídica, bem como nos casos de sucessão por falecimento do titular da firma individual, fusão e incorporação de estabelecimentos.

A regularização da transferência obriga o novo titular do estabelecimento a oferecer ao fisco os seguintes documentos:

a) Declaração Cadastral (Deca) e declaração anterior;
b) prova de inscrição no CGC/MF;
c) provas de identidade e residência do signatário do Deca;
d) ficha de inscrição cadastral;
e) comprovante de pagamento da taxa de fiscalização;
f) comprovantes de entrega das guias de informação e apuração do ICMS (GIA) pertinentes aos 12 últimos períodos (para os contribuintes por estimativa, a do último período);
g) registro de firma individual, contrato social ou estatuto arquivados na Junta Comercial;
h) no caso de fusão ou incorporação, cópia de publicação no *Diário Oficial* da ata de aprovação daquela operação;
i) os livros fiscais em uso nos últimos cinco anos;
j) último talão de notas fiscais total ou parcialmente utilizado;
l) talões de notas fiscais não usados, devidamente inutilizados por impressos, acompanhados de relação discriminativa assinada pelo transmitente e pelo sucessor ou seus representantes legais;
m) relação, em duas vias, do *ativo fixo* assinada pelo transmitente e sucessor;
n) relação, em duas vias, assinada pelo transmitente e pelo sucessor, do estoque de mercadorias existentes no estabelecimento ou em estabelecimentos de terceiros, substituível por menção no Deca,

50 Direito para Administradores – vol. III

do número e da folha do livro Registro de Inventário em que
estão escriturados;
o) tratando-se de ambulantes ou feirantes, a matrícula e a licença
municipais, bem como a ficha de sanidade médica;
p) tratando-se de sucessão *causa mortis,* os herdeiros deverão
ostentar o respectivo alvará judicial.

6. O NOME EMPRESARIAL

O direito brasileiro adotou o sistema suíço para regulamentar o nome
empresarial. Caracteriza-o, formalmente, o princípio da regulamentação, pelo qual o nome tem sua proteção jurídica condicionada ao
registro, que se faz na Junta Comercial. Em termos substanciais vige
o princípio da veracidade, ou seja, o nome deve indicar quem realmente exerce o comércio, com clareza, quem responde pelos encargos
sociais.[32]

Nesse diapasão, vejamos o que dispõem os artigos 33 e 34 da Lei
nº 8.934/94, *verbis:*

> *Artigo 33. A proteção ao nome empresarial decorre automatica-*
> *mente do arquivamento dos atos constitutivos de firma individual e*
> *de sociedades, ou de suas alterações.*
>
> *Artigo 34. O nome empresarial obedecerá aos princípios da veraci-*
> *dade e da novidade.*

Ressaltamos, ademais, que "a sociedade tem por nome uma *firma*
(também chamada *razão social*) ou uma *denominação social.* É a lei, em
cada caso, que determina quando devemos usar uma ou outra (...)".[33]

Firma individual é o nome usado pelo empresário individual.
Firma social ou razão social designa a sociedade contratual, quer
dizer, a sociedade em nome coletivo, a sociedade em comandita simples e, em caráter excepcional, a sociedade limitada e a comandita

---

[32] FAZZIO JÚNIOR, Waldo. *Manual de Direito Comercial.* São Paulo: Atlas, 2003, p. 84.
[33] FÜHRER, Maximilianus Cláudio Américo, op. cit., p. 37.

por ações. A denominação é o nome da sociedade anônima ou companhia e, também em caráter excepcional, da sociedade limitada e da comandita por ações.[34]

6.1. FIRMA OU RAZÃO SOCIAL

Neste ponto, chamamos a atenção para o que nos ensina Maximilianus Cláudio Américo Führer,[35] *verbis*:

> A firma ou razão social deve ser formada por uma combinação dos nomes ou prenomes dos sócios. Pode ser formada pelos nomes de todos os sócios, de vários deles ou de um somente. Mas, se for omitido o nome de um ou mais sócios, deve-se acrescentar "& Cia.", por extenso ou abreviadamente.

> Digamos que José Pereira, Manuel Gonçalves e Abílio Peixoto organizaram uma sociedade do tipo em que se deve empregar firma ou razão social. O nome da sociedade poderá, então, ser formado da seguinte maneira:

> PEREIRA, GONÇALVES & PEIXOTO
> JOSÉ PEREIRA & CIA.
> GONÇALVES, PEREIRA & CIA.
> A. PEIXOTO & CIA.
> etc.

> Uma última observação: a firma ou razão social é não só o nome, mas também a assinatura da sociedade. Assim, o José Pereira, sócio-gerente da empresa acima mencionada, ao emitir um cheque, lançará nele a assinatura coletiva (Gonçalves, Pereira & Cia.) e não a sua assinatura individual.

E arrematamos com as assertivas de Waldo Fazzio Júnior,[36] *verbis*:

> Assim, o nome empresarial do livreiro Elias Rosa poderá ser seu patronímico ou a abreviatura "E. Rosa", ou, ainda, "Elias Rosa –

---

[34] FAZZIO JÚNIOR, Waldo, op. cit., p. 84.
[35] Op. cit., p. 37-38.
[36] Op. cit., p. 84-85.

Livreiro". Se já existir nome idêntico, cabe adotar designação mais precisa de sua pessoa ou atividade, por exemplo, "Elias Rosa – Livreiro Jurídico".

(...)

O sistema da veracidade adotado no Brasil obsta à adoção de pseudônimo ou de denominação. Não valem, pois, os apelidos (Tico, Sinhô, Cuca etc.) e os hipocorísticos (Chico por Francisco, Tonico por Antônio, Zé por José, Tião por Sebastião etc.). É que o pseudônimo e o hipocorístico ocultam o nome, quando o propósito é precisamente o contrário, isto é, fazer coincidir nome civil e nome empresarial, no interesse de terceiros.

Pelo princípio da novidade, não poderão coexistir, na mesma unidade federativa (estado-membro), dois nomes empresariais semelhantes ou idênticos. Se a firma ou a razão social que se pretende adotar for idêntica ou semelhante a outra já registrada, deverá ser modificada e aditada de designação distintiva."

6.2. DENOMINAÇÃO

Novamente chamamos a atenção para o que nos ensina Maximilianus Cláudio Américo Führer,[37] *verbis*:

> Na denominação social não se usam os nomes dos sócios, mas uma expressão qualquer, de fantasia, indicando facultativamente o ramo de atividade, como, por exemplo, Tecelagem Moinho Velho Ltda.
>
> Poder-se-á usar até um nome próprio, de gente, sem que isso signifique, contudo, que exista no quadro social um sócio com esse nome. Ex.: Fiação Augusto Ribeiro S/A. Neste caso, o nome próprio representa apenas uma homenagem a um fundador da empresa, ou a outra pessoa grada, equiparando-se ao nome de fantasia. Ao contrário da firma ou razão social, a denominação é só nome, não podendo ser usada com assinatura. Assim, ao emitir um cheque, em nome da sociedade, o sócio-gerente lançará sua assinatura individual, como representante da sociedade.

---

[37] Op. cit., p. 38.

6.3. ALTERAÇÃO DO NOME COMERCIAL

"A alteração do nome empresarial pode ser voluntária ou obrigatória, ou vinculada. Neste último caso, determinada pela retirada, exclusão ou morte de sócio cujo nome constava da firma, ou, ainda, pela alienação do estabelecimento. Tanto a firma como a denominação serão alteradas em caso de transformação da sociedade ou de lesão a direito de outrem."[38]

6.4. NOME E MARCA

O nome e a marca são institutos diversos que não se confundem. Com efeito, se não vejamos as seguintes decisões judiciais:

• *Revista dos Tribunais,* **685: 188**
(...) não há confundir-se marca e nome comercial. A primeira, cujo registro é feito junto ao INPI, destina-se a identificar produtos, mercadorias e serviços. O nome comercial, por seu turno, identifica a própria empresa, sendo bastante para legitimá-lo e protegê-lo, em âmbito nacional e internacional, o arquivamento dos atos constitutivos no Registro do Comércio. Sobre eventual conflito entre uma e outra, tem incidência, por raciocínio integrativo, o princípio da especificidade (...). Fundamental, assim, a determinação dos ramos de atividades das empresas litigantes. Se distintos, de molde a não importar confusão, nada obsta, possam conviver concomitantemente no universo mercantil.

• *Revista dos Tribunais,* **671: 151**
(...) não se confunde o nome comercial com a marca. O nome comercial identifica o comerciante, a pessoa jurídica, a empresa. Para a proteção de seu uso exclusivo basta o recurso na junta comercial. A marca assinala produtos, artigos, mercadorias e serviços, sujeitando-se ao código de propriedade industrial.[39]

---

[38] FAZZIO JÚNIOR, Waldo, op. cit., p. 84.
[39] Trataremos do Código de Propriedade Industrial com mais profundidade em capítulo específico.

6.5. TÍTULO DE ESTABELECIMENTO

O nome comercial/empresarial também não se confunde com o que se denomina *título de estabelecimento*. Com efeito, como nos ensina Maximilianus Cláudio Américo Führer,[40] *verbis*:

> O "título de estabelecimento" é o nome que se dá ao estabelecimento comercial (fundo de comércio) ou a um local de atividades. É nome de coisa, e não de pessoa natural ou jurídica. Não se confunde, portanto, o nome da sociedade com o título de estabelecimento. O título de estabelecimento pode também ser considerado como sendo um apelido ou cognome da empresa. Exemplo de título de estabelecimento: Livraria São Tomé, Esquina das Batidas, o Beco das Loucuras etc.

Como exemplo, acrescentamos ainda o Mappin, cujo nome comercial era Casa Anglo Brasileira. Portanto, no caso, Mappin era o título de estabelecimento.

6.5.A. A INTERNET

No que tange ao título de estabelecimento das empresas que realizam comércio eletrônico via Internet,[41] é interessante destacar as observações de Fábio Ulhoa Coelho,[42] *verbis*:

> Os estabelecimentos virtuais possuem endereço eletrônico, que é o seu *nome de domínio*. O da livraria Saraiva, por exemplo, é "www.saraiva.com.br". O nome de domínio cumpre duas funções. A primeira é técnica: proporciona a interconexão dos equipamentos. Por meio do endereço eletrônico, o computador do comprador põe-se em rede com os equipamentos que geram a página do empresário (vendedor). É esta função similar à do número do telefone. A segunda função tem sentido jurídico: identifica o estabelecimento virtual na rede. Cumpre, assim, em relação à página acessível via Internet, igual função à do *título de estabelecimento* em relação ao ponto.

---

[40] Op. cit., p. 38.
[41] Em capítulo específico trataremos dos contratos via Internet.
[42] Op. cit., p. 72.

As Características Gerais... Henrique M. dos Reis / Claudia N. P. dos Reis   55

Os nomes de domínio são registrados, no Brasil, pela Fundação de Amparo à Pesquisa do Estado de São Paulo – FAPESP.

6.6. A COMERCIALIZAÇÃO DO NOME COMERCIAL/ EMPRESARIAL

"Com respeito à alienabilidade do nome empresarial, vigente o princípio da veracidade, é claro que, em se tratando de firma ou razão social, a alienação não será possível, se tais nomes são construídos sobre os patronímicos[43] dos sócios. No que se refere à denominação, nada impede que seja transmitida a outrem, seja como elemento integrante da empresa, seja de forma autônoma.

Quanto às sociedades de pessoas, o que se permite é que a nova razão social contenha a declaração *sucessor* seguida da antiga firma."[44]

6.7. A MICROEMPRESA (ME) E A EMPRESA DE PEQUENO PORTE (EPP)

A Lei nº 9.841/99 (= Estatuto da Microempresa) define o que seja microempresa ou empresa de pequeno porte, com base na receita bruta anual, cujos valores são atualizados periodicamente.

A microempresa acrescentará ao seu nome a expressão "Microempresa", ou abreviadamente, "ME", como, por exemplo, Casa Anglo Brasileira Ltda ME. A empresa de pequeno porte (EPP) acrescentará à sua qualificação "Empresa de Pequeno Porte" ou, abreviadamente, "EPP", como, por exemplo, Livraria São Judas Ltda. EPP.

Ressaltamos que o enquadramento como "ME" ou "EPP", bem como o desenquadramento, faz-se por simples comunicação da empresa à Junta Comercial, ou, se for o caso, ao Registro Civil das Pessoas Jurídicas, nos termos da Lei nº 9.841/99.

---

[43] Nome próprio da pessoa natural.
[44] FAZZIO JÚNIOR, Waldo, op. cit., p. 91.

56   Direito para Administradores – vol. III

6.8. A PROTEÇÃO DO NOME COMERCIAL

No que tange à proteção do nome comercial, podemos destacar:

a) a proteção decorre, automaticamente, do arquivamento, nas Juntas Comerciais, da declaração de firma individual, do ato constitutivo de sociedade ou de alterações desses atos que impliquem mudança de nome;

b) a proteção circunscreve-se à unidade federativa de jurisdição da Junta Comercial que procedeu ao arquivamento;

c) a proteção poderá ser estendida a outras unidades da federação. A requerimento da empresa interessada, observada instrução normativa do Departamento Nacional de Registro do Comércio (DNRC);

d) expirado o prazo da sociedade celebrada por tempo determinado, esta perderá a proteção de seu nome empresarial;

e) o nome empresarial atenderá aos princípios da veracidade e da novidade e identificará, quando assim o exigir a lei, o tipo jurídico da sociedade;

f) havendo indicação de atividades econômicas no nome empresarial, essas deverão estar contidas no objeto da firma individual ou sociedade;

g) não poderá haver colidência por identidade ou semelhança do nome empresarial com outro já protegido;

h) ao DNRC, por meio de instruções normativas, compete estabelecer critérios para verificação da existência de identidade ou semelhança entre os nomes empresariais.

6.8.A. A EXCLUSIVIDADE

Como visto, o empresário tem direito ao uso exclusivo do nome pelo fato da inscrição na Junta Comercial. Assim, a proteção ao nome empresarial decorre, simplesmente, do registro, sem necessidade de outras formalidades. Lembrando que, como já decidiu o Egrégio Tribunal de Justiça de São Paulo, "o nome comercial é protegido pelo arquivamento na Junta Comercial, ao contrário da marca, que deve ser registrada no Instituto Nacional da Propriedade Industrial".[45]

Dessa forma, a Junta Comercial não pode arquivar os atos de empresas com nome idêntico ou semelhante a outro já existente. Entretanto, se assim o fizer, omitindo o dever legal de diligência, poderá responder judicialmente pelo ato negligente. Se não, vejamos o seguinte julgado, *verbis*:

> • *Revista dos Tribunais*, **670: 151**
>
> (...) tendo a Junta Comercial concorrido para a concretização do conflito de interesse, ao deixar de observar as normas próprias, referentes ao arquivamento dos contratos de sociedades mercantis, não pode ser excluída da lide, devendo responder pela inobservância dos dispositivos legais, sendo, pois, parte legítima.

Ademais, vejamos o que nos ensina Waldo Fazzio Júnior,[46] *verbis*:

> (...) o direito da exclusividade do nome deriva do princípio da novidade, conforme o qual devem ser prevenidos o engano e a confusão, bem como a concorrência desleal, desnecessário pois que se trate de nomes idênticos; é suficiente, pois, a mera possibilidade de induzir a erro ou equívoco, para que se não registre o nome comercial.
>
> É bom ponderar que a proteção ao nome empresarial não é absoluta, pois visa, apenas, diante da semelhança ou identidade de nomes de competidores, prevenir prejuízos para quem detém o registro. (...) Por exemplo, apresentando-se entre duas pessoas jurídicas enganosa semelhança de nomes, de forma que provoque confusão na identidade de cada uma delas, e estando ambas exercendo atividades dentro de uma mesma área, em decorrência do desvirtuamento de atuação de uma delas, aquela que se desviou, invadindo o campo de ação da outra, causando-lhe prejuízos, tendo tido seu registro feito posteriormente, deverá abster-se do uso do nome.

Arremate-se com o seguinte julgado, *verbis*:

---

[45] TJSP, 3º C. – Ap. 236.570-1/0 – Rel. Des. Matos Faria.
[46] Op. cit., p. 88-89.

58 Direito para Administradores – vol. III

• *Revista dos Tribunais,* 723: 308

(...) não importa que a apropriação se dê apenas de parte do nome, porque abrange, exatamente, a sigla principal, donde a conclusão de concorrência desleal dado abuso para captação de clientela; não se podendo dizer, senão, que houve invasão na esfera patrimonial alheia.

6.8.B. A CONCORRÊNCIA

Para a proteção do nome empresarial, afigura-se irrelevante o elemento concorrência, como ainda despicienda a eventual coincidência dos ramos de atividade. Com efeito:

a) a concorrência desleal é apenas uma conseqüência extrema da confundibilidade (Pontes de Miranda);

b) o nome representa também um direito cuja proteção não fica restrita ao ramo de atividade, por implicar a própria identificação do empresário em suas relações negociais e de crédito, nunca se limitando ao aspecto concorrencial (Newton Silveira);

c) projetando a própria identidade da empresa, o nome empresarial influencia incisivamente o público consumidor, tornando-a imediatamente conhecida, bem assim, a seus produtos e serviços.

Assim, não é imprescindível que o conflito onomástico se verifique entre pessoas físicas ou jurídicas que exercitam atividades idênticas, semelhantes, relativas ou afins.

Nesse diapasão, Pontes de Miranda[47] afirma que:

Ninguém ignora a força atrativa ou repulsiva – hoje potenciada pelos veículos de comunicação em massa – exercida por termo preponderante de difundido nome comercial. Basta pensar-se em que muitos artigos são preferidos, não pela marca de fábrica, ou por algum outro sinal distintivo, inclusive o título de estabelecimento, mas pelo nome de comerciante individual, ou da pessoa jurídica.

---

[47] In: *Tratado de direito privado*. Rio de Janeiro: Borsoi, 1971, v. 16, p. 231.

7. A RESOLUÇÃO E A DISSOLVIÇÃO DAS SOCIEDADES

Vejamos o que estabelecem alguns artigos do Novo Código Civil acerca da resolução e da dissolução das sociedades:

Da Resolução da Sociedade em Relação a um Sócio[48]

Art. 1.028. No caso de morte de sócio, liquidar-se-á sua quota, salvo:

I – se o contrato dispuser diferentemente;

II – se os sócios remanescentes optarem pela dissolução da sociedade;

III – se, por acordo com os herdeiros, regular-se a substituição do sócio falecido.

Art. 1.029. Além dos casos previstos na lei ou no contrato, qualquer sócio pode retirar-se da sociedade; se de prazo indeterminado, mediante notificação aos demais sócios, com antecedência mínima de sessenta dias; se de prazo determinado, provando judicialmente justa causa.

Parágrafo único. Nos trinta dias subseqüentes à notificação, podem os demais sócios optar pela dissolução da sociedade.

Art. 1.030. Ressalvado o disposto no artigo 1.004 e seu parágrafo único, pode o sócio ser excluído judicialmente, mediante iniciativa da maioria dos demais sócios, por falta grave no cumprimento de suas obrigações, ou, ainda, por incapacidade superveniente.

Parágrafo único. Será de pleno direito excluído da sociedade o sócio declarado falido,[49] *ou aquele cuja quota tenha sido liquidada nos termos do parágrafo único do artigo 1.026.*

Art. 1.031. Nos casos em que a sociedade se resolver em relação a um sócio, o valor da sua quota, considerada pelo montante efeti-

---

[48] Ressalte-se que o direito de retirada e a possibilidade de liquidação parcial da quota estão fundamentados no princípio que apregoa a possibilidade de continuação da sociedade e atendem às tendências modernas que repudiam a obrigatoriedade de dissolução da sociedade, caso verificadas algumas das situações aqui debatidas, permitindo sua continuidade como forma de melhor atender aos interesses gerais e particulares.

[49] Note-se que, em relação à declaração de falência do sócio, existe debate na doutrina a respeito da necessidade de inclusão de referido dispositivo, pois poderia haver acordo dos sócios no sentido de manter o falido na sociedade, sendo desnecessário o comando legal.

60 Direito para Administradores – vol. III

vamente realizado, liquidar-se-á, salvo disposição contratual em contrário, com base na situação patrimonial da sociedade, à data da resolução, verificada em balanço especialmente levantado.

§ 1º O capital social sofrerá a correspondente redução, salvo se os demais sócios suprirem o valor da quota.

§ 2º A quota liquidada será paga em dinheiro, no prazo de noventa dias, a partir da liquidação, salvo acordo, ou estipulação contratual em contrário.

Art. 1.032. A retirada, exclusão ou morte do sócio, não o exime, ou a seus herdeiros, da responsabilidade pelas obrigações sociais anteriores, até dois anos após averbada a resolução da sociedade; nem nos dois primeiros casos, pelas posteriores e em igual prazo, enquanto não se requerer a averbação.

Da Dissolução

Art. 1.033. Dissolve-se a sociedade quando ocorrer:

I – o vencimento do prazo de duração, salvo se, vencido este e sem oposição de sócio, não entrar a sociedade em liquidação, caso em que se prorrogará por tempo indeterminado;

II – o consenso unânime dos sócios;

III – a deliberação dos sócios, por maioria absoluta, na sociedade de prazo indeterminado;

IV – a falta de pluralidade de sócios, não reconstituída no prazo de cento e oitenta dias;

V – a extinção, na forma da lei, de autorização para funcionar.

Art. 1.034. A sociedade pode ser dissolvida judicialmente, a requerimento de qualquer dos sócios, quando:

I – anulada a sua constituição;

II – exaurido o fim social, ou verificada sua inexeqüibilidade.

Art. 1.035. O contrato pode prever outras causas de dissolução, a serem verificadas judicialmente quando contestadas.

Art. 1.036. Ocorrida a dissolução, cumpre aos administradores providenciar imediatamente a investidura do liquidante, e restringir a gestão própria aos negócios inadiáveis, vedadas novas operações, pelas quais responderão solidária e ilimitadamente.

Parágrafo único. Dissolvida de pleno direito a sociedade, pode o sócio requerer, desde logo, a liquidação judicial.

(omissis)

Art. 1.038. Se não estiver designado no contrato social, o liquidante será eleito por deliberação dos sócios, podendo a escolha recair em pessoa estranha à sociedade.

§ 1º O liquidante pode ser destituído, a todo tempo:

I – se eleito pela forma prevista neste artigo, mediante deliberação dos sócios;

II – em qualquer caso, por via judicial, a requerimento de um ou mais sócios, ocorrendo justa causa.

§ 2º A liquidação da sociedade se processa de conformidade com o disposto no Capítulo IX, deste Subtítulo.

Capítulo 3
O Empresário Individual, as Sociedades Não Personificadas e as Sociedades Personificadas (Simples e Empresariais/ Comerciais) do Novo Código Civil

OBJETIVO

O objetivo deste capítulo é tratar das regras de algumas das sociedades previstas na legislação, além de tecer comentários sobre a caracterização do empresário individual.

Introdução. 1. O Empresário Individual. 2. Classificação das Sociedades do Novo Código Civil. 2.1. Em Relação à Estrutura Econômica. 2.2. Em Relação à Responsabilidade dos Sócios. 2.3. Em Relação ao Objeto. 2.4. Em Relação à Personalidade Jurídica.

INTRODUÇÃO

Em 11 de janeiro de 2003, o Novo Código Civil entrou em vigor. "O novo Código tem efeito direto sobre as empresas – sobretudo pequenas e médias –, já que engloba, além do conteúdo do antigo Código, normas que antes estavam dispersas por leis empresariais, como o Código Comercial de 1850 e o Decreto nº 3.708, de 1919, que regia as Sociedades Limitadas. As mudanças são enormes. Entendê-las é fundamental para a sobrevivência e o crescimento do negócio."[1]

---

[1] In: Novo Código Civil para as pequenas e médias empresas. Revista *Exame, Novos Negócios*, ano 1, nº 1, abril de 2003, p. 7.

64 Direito para Administradores – vol. III

"As empresas já em operação têm até janeiro de 2004 para se adaptar ao novo Código. Mas aquelas que precisarem alterar o contrato social antes desse prazo têm de fazer isso já respeitando as novas regras. Os negócios criados a partir de 11 de janeiro de 2003 já estão nascendo obrigatoriamente sob as normas do novo Código."[2]

Entretanto, o *Diário Oficial da União* publicou, no dia 2 de fevereiro de 2004, a Lei nº 10.838/04, de apenas dois artigos, que altera o artigo 2.031 do novo Código Civil e concede mais um ano de prazo para que sociedades, associações e fundações façam a adequação de seus contratos sociais à nova lei. O novo prazo também se aplica aos empresários. O prazo para a adaptação, que se esgotaria em 11 de janeiro de 2004, foi prorrogado para 11 de janeiro de 2005.[3]

1. O EMPRESÁRIO INDIVIDUAL

O comerciante/empresário individual tem de usar necessariamente firma ou razão individual, formada com o nome pessoal do titular. O nome do empresário individual pode ser registrado completo ou abreviado, com o acréscimo, ou não, de alguma designação pessoal ou do gênero de atividade (artigo 1.156 do Novo Código Civil).

A sua responsabilidade é sempre ilimitada, isto é, responde ele não só com os bens da empresa, mas também com todos os seus bens particulares.

---

[2] Idem, p. 9.

[3] Para o Serviço Brasileiro de Apoio às Micro e Pequenas Empresas (Sebrae), a prorrogação do prazo é bem-vinda. O Sebrae entende que as mudanças introduzidas pelo novo Código Civil atingem em especial as sociedades limitadas, que representam a maioria das empresas formais do País, e implicarão aumento dos custos principalmente para as microempresas, que têm menor faturamento. A entidade luta agora pela aprovação da Lei Geral das Pequenas Empresas, cujo objetivo é corrigir todas as distorções que impedem o avanço das micro e pequenas empresas no País. Pretende, ainda, aproveitar o novo prazo de adaptação ao Código Civil para pleitear, no Congresso, mudanças que reduzam a burocracia para o segmento, que representa 99% do total de empresas brasileiras, ou 4,6 milhões, de acordo com o Instituto Brasileiro de Geografia e Estatística (IBGE).

Ademais, o empresário individual não constitui pessoa jurídica, não havendo, portanto, separação entre o patrimônio pessoal do titular e o patrimônio da empresa, ou entre dívidas pessoais e dívidas da empresa. Somente para fins tributários tem-se empregado a expressão "pessoa jurídica" (impropriamente) para designar a parte do patrimônio individual aplicada na empresa. Entretanto, no caso de execução, serão penhorados todos os bens do titular, e não somente os aplicados no seu comércio.

2. CLASSIFICAÇÃO DAS SOCIEDADES DO NOVO CÓDIGO CIVIL

Existem alguns critérios para a classificação das sociedades. Se não vejamos:

2.1. EM RELAÇÃO À ESTRUTURA ECONÔMICA

No que tange à estrutura econômica, podem ser as sociedades:

a) *de pessoas* – compreende as sociedades em nome coletivo, em comandita simples e limitada, porque dizem respeito ao relacionamento que os sócios possuem entre si, sendo a convivência harmônica dos mesmos fundamental para o perfeito funcionamento da sociedade;

b) *de capital* – compreendem a sociedade anônima e em comandita por ações, independentemente do relacionamento que os sócios possuem entre si, pois o que basta é a reunião de esforços para atingir a finalidade comum.

2.2. EM RELAÇÃO À RESPONSABILIDADE DOS SÓCIOS

A responsabilidade dos sócios pode ser: a) *limitada* – quando a responsabilidade de cada um dos sócios se restringir ao valor com que os mesmos contribuíram para formar o capital social ou a soma do

66 Direito para Administradores – vol. III

mesmo. Nessa categoria estão incluídas as sociedades limitadas e as sociedades anônimas; b) *ilimitada* – quando o patrimônio pessoal dos sócios responde pelas dívidas da sociedade, enquadrando-se as sociedades comuns e em nome coletivo; e c) *mista* – quando existirem sócios que respondam solidária e subsidiariamente e outros que não possuam nenhuma responsabilidade. É o caso das sociedades em comandita, simples e por ações.

2.3. EM RELAÇÃO AO OBJETO[4]

Preceitua o Novo Código Civil que, em relação ao objeto, as sociedades podem ser simples ou empresárias.[5] Assim, o Novo Código Civil divide as sociedades em empresárias e em não-empresárias. Como assim? A idéia é diferenciar, por exemplo, um consultório médico – sociedade não-empresária – de um hospital – sociedade empresária. Ou seja, a lei diz que o indivíduo que trabalha por conta própria, como o médico que tem um consultório, é diferente da empresa organizada para obter lucro, como o hospital. Trata-se de uma diferença de conceito apenas, porque na prática o médico também pode montar seu consultório como sociedade empresária, digamos, como uma sociedade limitada, e seguir as regras prescritas no Código para esse tipo de empresa. Há uma restrição: quando os profissionais se organizam em cooperativas – como as de agricultores ou de taxistas – devem adotar sempre a forma de sociedade não-empresária, também chamada no Código de sociedade simples. Assim:

a) *sociedades empresárias* são aquelas que exercem atividade econômica organizada que tem por objetivo auferir lucro, produzindo ou fazendo circular bens ou serviços e podem assumir as seguintes formas: em nome coletivo (artigos 1.039 a 1.044),

---

[4] Lembramos que as cooperativas, regidas pelos artigos 1.093 a 1.096, são associações sob a forma de sociedades simples.

[5] As sociedades simples e empresárias são também consideradas sociedades personificadas, como veremos a seguir.

em comandita simples (artigos 1.045 a 1.051), limitada (artigos 1.052 a 1.087), anônima (artigos 1.088 e 1.089 e Lei nº 6.404/76) e em comandita por ações (artigos 1.090 a 1.092);

b) *sociedades simples* ou *não-empresárias* são aquelas que não exercem atividade econômica, mas a lei permite, no artigo 983, segunda parte, que venham a adotar quaisquer das formas empresárias, exceto no caso de sociedade anônima, que por força de lei será sempre empresária.

2.4. EM RELAÇÃO À PERSONALIDADE JURÍDICA

Ademais, o Novo Código Civil trata da sociedade não personificada e da sociedade personificada. Se não vejamos:

2.4.A. SOCIEDADE NÃO PERSONIFICADA (= SOCIEDADE EM COMUM)

Como ocorre com o empresário individual, a sociedade empresária deve ser registrada na Junta Comercial. O seu ato constitutivo (contrato social ou estatuto) é que será objeto de registro. O registro deve ser anterior ao início das atividades sociais.

A sociedade sem registro é chamada de sociedade irregular, ou "de fato". *Irregular* é a sociedade que tem ato constitutivo escrito, embora não registrado, e *de fato* é a sociedade que sequer ato constitutivo escrito possui.[6]

No Novo Código Civil, a *sociedade empresária irregular* ou *de fato* é denominada "sociedade em comum".

Vejamos quais são as sanções para uma *sociedade irregular* ou *de fato*:

a) ilegitimidade ativa para o pedido de falência e de concordata;

b) ineficácia probatória dos livros comerciais;

---

[6] Lembramos que aquele que integra uma sociedade "de fato" não tem ação para o reconhecimento do vínculo societário; mas o que integra uma sociedade irregular tem.

68 Direito para Administradores – vol. III

c) de conformidade com o artigo 990 do Novo Código Civil, os sócios da sociedade sem registro responderão sempre ilimitadamente pelas obrigações sociais, sendo ineficaz eventual cláusula limitativa dessa responsabilidade no contrato social.

2.4.A.1. SOCIEDADE EM CONTA DE PARTICIPAÇÃO

A sociedade em conta de participação, denominada "conta da metade" no Direito português, não é uma sociedade como as outras, pois na verdade não passa de um contrato para utilização interna entre os sócios. Somente existe entre os sócios e não aparece perante terceiros. Não tem nome nem capital. Não tem personalidade jurídica. Nem sede, nem estabelecimento.

Há um *sócio ostensivo,* em nome do qual são feitos os negócios, e um *sócio oculto,* que não aparece perante terceiros.

Assim, X e Y resolvem empreender uma série de negócios em sociedade. Por motivos vários, porém, não lhes interessa constituir uma empresa comercial com nome próprio. Assim, fazem entre si um contrato de sociedade em conta de participação, estabelecendo que os negócios serão todos feitos em nome de X, que é empresário, enquanto que Y não aparecerá perante terceiros.

Trata-se de uma sociedade oculta, mas não ilegal, pois é admitida pela lei. O sócio ostensivo terá de ser um empresário que responderá perante terceiros. Pode ser constituída para a realização de um negócio apenas, ou para toda uma série de negócios.

2.4.B. SOCIEDADE PERSONIFICADA

Ao tratar das sociedades personificadas, o Novo Código Civil inclui nessa modalidade as simples e as empresárias.

2.4.B.1. SOCIEDADE SIMPLES

Inicialmente destacamos que, nessa espécie societária, a responsabilidade dos sócios é subsidiária e ilimitada, isto é, caso os bens sociais

O Empresário Individual... Henrique M. dos Reis / Claudia N. P. dos Reis   69

sejam insuficientes para o pagamento dos débitos da sociedade, cada um dos sócios será pessoalmente responsabilizado, na proporção de sua participação na sociedade (artigo 1.023 do Novo Código Civil). *In casu*, vigora o que se denomina "benefício de ordem", que consiste na prerrogativa de que, antes da realização dos bens pessoais, seja exaurido todo o patrimônio da sociedade, antes que se busque o patrimônio particular dos sócios (artigo 1.024 do Novo Código Civil).

Lembramos que, nos termos do artigo 982 do Novo Código Civil, sociedade empresária é aquela que tem por objeto o exercício de atividade própria de empresário (artigo 967); e simples, as demais.

Assim, por exclusão, a lei nos revela que todo aquele que não se enquadra no conceito de sociedade empresária deverá constituir uma sociedade simples.

Acrescentamos que as normas das sociedades simples são aplicadas subsidiariamente às sociedades empresárias (artigos 1.039 e 1.053) e as normas das sociedades empresárias podem ser aplicadas às simples, se estas adotarem uma de suas formas (artigo 982) e no que tange a disposições referentes ao estabelecimento, institutos complementares, prepostos e escrituração. Dessa forma, caso qualquer dessas hipóteses aconteça, é forçoso concluir que a única conseqüência jurídica de ser uma sociedade simples ou empresária é que a primeira sujeita-se ao regime da insolvência civil e a segunda, ao da falência.

Aliás, sobre a sociedade simples, muito esclarecedor é o artigo denominado "Novo Código Civil para as pequenas e médias empresas", publicado pela revista *Exame, Novos Negócios*.[7] Se não vejamos:

Qual o prazo para registro da Sociedade Simples num cartório de títulos e documentos (Registro Civil das Pessoas Jurídicas)?

O registro deve ser feito num prazo de 30 dias após os sócios constituírem a empresa (quando assinarem o contrato social). O pedido de inscrição deve ser acompanhado do contrato autenticado. Se algum

---

[7] Ano 1, nº 1, abril de 2003, p. 15-19.

70 Direito para Administradores – vol. III

sócio for representado por procurador, a procuração também deve ser anexada.

Como deve ser o contrato social das Sociedades Simples?

Além das cláusulas estipuladas pelos sócios, o contrato deve conter obrigatoriamente:

1) Nome, nacionalidade, estado civil, profissão e residência dos sócios, se forem pessoas físicas; e nome, nacionalidade e sede dos sócios, se forem pessoas jurídicas.

2) Nome, objetivo, sede e prazo para funcionamento da Sociedade Simples.

3) Capital da sociedade expresso em moeda corrente (reais). Isso pode compreender qualquer das espécies de bens, desde que seja possível avaliar o seu valor em dinheiro.

4) A cota de cada sócio com participação em serviços.

5) As pessoas físicas incumbidas da administração e seus poderes e atribuições.

6) A participação de cada sócio nos lucros e nas perdas.

Qual o quórum de sócios necessário para alterar o contrato social?

É necessário o consentimento de todos os sócios para alterar as cláusulas obrigatórias do contrato (as mencionadas na questão anterior). As demais podem ser decididas por maioria absoluta dos votos, se o contrato não determinar a necessidade de deliberação unânime. Qualquer modificação no contrato deverá ser registrada no cartório.

Como a sociedade deve fazer no caso de abrir uma filial em outro local?

Ela deve se registrar no registro Civil das Pessoas Jurídicas (cartório) desse novo local, com a prova da inscrição no local de origem (por exemplo, o contrato social). A despeito disso, a abertura da sucursal deverá ser registrada também no cartório da sede da empresa.

Um sócio pode ser substituído por outra pessoa?

Isso só pode ser feito com o consentimento dos demais sócios, mediante modificação no contrato social. Nos dois anos seguintes à oficialização (registro em cartório) de sua saída, o sócio continua responsável perante a sociedade e terceiros, juntamente com quem recebeu a cota, pelas obrigações que tinha enquanto ainda era sócio.

Há uma restrição imposta ao sócio cuja participação na sociedade consiste em serviços. Qual é?

Ele não pode, a menos que tenha combinado algo diferente com seus pares, empregar-se em atividade que não esteja relacionada à sociedade. Se fizer isso, poderá ser privado de seus lucros e excluído da sociedade.

O que o Código diz sobre a distribuição de lucros e perdas na Sociedade Simples?

O Código ressalta que o sócio participa de lucros e perdas na proporção da cota que possui, e diz que é nula a estipulação contratual que exclua qualquer sócio de participar de lucros e perdas. A distribuição de lucros ilícitos ou fictícios acarreta a responsabilidade solidária dos administradores que distribuem esses lucros e dos sócios que os recebem.

Quais as atribuições dos administradores da sociedade?

Se o contrato não disser nada diferente, eles podem praticar todos os atos relacionados à gestão da sociedade. A negociação de imóveis (por exemplo, venda) depende da aprovação da maioria dos sócios, a menos que isso faça parte do negócio da empresa. Os administradores respondem perante a sociedade e pessoas de fora dela por danos causados no desempenho de suas funções.

O que ocorre nos casos em que a administração da sociedade compete separadamente a várias pessoas?

Cada um pode impedir medidas que o outro pretenda tomar. Ocorrendo isso, o desempate fica a cargo dos sócios, por maioria de votos. O administrador que agir em desacordo com a maioria pode ser obrigado a pagar os prejuízos que venha a causar mais o que a Justiça entender que a sociedade deixou de ganhar por causa de sua decisão isolada (o que é conhecido como perdas e danos). Se o contrato não disser nada sobre o assunto, a administração da sociedade cabe separadamente a cada um dos sócios.

O que acontece se o administrador aplicar, por exemplo, dinheiro do caixa da sociedade em proveito próprio?

Se isso for feito sem consentimento por escrito dos sócios, ele terá de restituir o valor à sociedade, com todos os lucros resultantes. Se houver prejuízo, o administrador responderá por ele também.

O administrador pode colocar alguém para substituí-lo?

Não. O que ele pode fazer é, dentro de suas atribuições, passar a outra pessoa procuração que discrimine os atos e operações que ela está autorizada a realizar.

Os poderes de administrador conferidos a um sócio podem ser revogados?

Se forem conferidos por meio do contrato social, eles não podem ser revogados, a não ser que algum dos demais sócios alegue justa causa (por exemplo, corrupção do sócio administrador) e faça o pedido judicialmente. Os poderes conferidos em documento separado do contrato social podem ser revogados a qualquer momento por decisão dos demais sócios.

Os bens particulares dos sócios podem ser executados por causa de dívidas da sociedade?

Isso só pode ser feito depois de executados os bens da própria sociedade. Um novo sócio admitido na sociedade não está livre de dívidas contraídas antes de sua admissão.

O credor particular de um sócio (ou seja, credor do sócio pessoa física) pode executar seus lucros na sociedade?

Sim, se outros bens do devedor não forem suficientes para pagar a dívida. Além dos lucros, o credor pode pedir a parte que o sócio tiver para receber, se a empresa estiver sendo liquidada. Se a sociedade não estiver dissolvida, o credor pode pedir a liquidação apenas da cota do devedor. O valor é depositado em juízo em dinheiro, até 90 dias após a liquidação.

O que acontece se um sócio morrer?

Sua cota é liquidada, a menos que:

- o contrato determine algo diferente;
- os sócios restantes resolvam dissolver a sociedade;
- ou, por acordo com os herdeiros, seja decidido substituir o sócio falecido.

Como o sócio pode se retirar de uma Sociedade Simples?

Se a sociedade não tiver prazo determinado no contrato social para funcionar, basta notificar os demais sócios, com uma antecedência mínima de 60 dias. Se ela tiver prazo determinado, a saída do sócio requer autorização judicial, mediante prova de que ele tem justa causa para sair.

2.4.B.1.1. AS REGRAS GERAIS DA ADMINISTRAÇÃO SOCIETÁRIA

No que tange às regras gerais que devem nortear a administração das sociedades – as quais se aplicam subsidiariamente no caso de as normas específicas das diversas sociedades nada disporem ou, ainda, não disporem de maneira diversa –, cabe destacar o que nos ensina Waldo Fazzio Júnior,[8] *verbis*:

> A condução da vida societária depende, nas sociedades contratuais, da vontade da maioria. As regras sobre a matéria são as contidas no artigo 1.010 e seus parágrafos do CC de 2002:[9]
> - as deliberações sociais são adotadas por maioria de votos, contados segundo o valor das cotas de cada sócio;
> - a maioria absoluta equivale a votos que representam mais da metade do capital;
> - no caso de empate nas deliberações, prevalece o maior número de sócios;
> - persistindo o empate, a matéria deverá receber deliberação judicial;
> - o sócio ou administrador cujo voto aprove deliberação sobre operação contrária ao interesse social responde por perdas e danos;
> - a oneração ou a venda de bens imóveis depende da vontade da maioria.
>
> Normalmente, o contrato social regula a matéria atinente à administração da sociedade empresária. Entretanto, quando isso não ocorre, a administração social incumbe separadamente a cada um dos sócios. É a chamada *administração disjuntiva*. Nessa conjuntura, eventuais impugnações de um sócio a operações cogitadas por outro serão

---

[8] FAZZIO JÚNIOR, Waldo. *Manual de Direito Comercial*. São Paulo: Atlas, 2003, p. 177-178.
[9] Novo Código Civil.

74 Direito para Administradores – vol. III

decididas pela maioria social. A realização de negócios com inobservância da maioria acarreta a responsabilidade por perdas e danos.

Nada dispondo o contrato social, os administradores podem praticar todos os atos de gestão necessários à realização do objeto social. A regra é que o excesso de mandato não pode ser oposto a terceiros, salvo se houver limitação de poderes inscrita ou averbada em registro social e do conhecimento do terceiro, ou quando tratar-se de operação estranha ao objeto social.

Nos atos que reclamam decisão conjunta de vários administradores, a adoção de providências depende de todos, exceto na iminência de dano irreparável decorrente da omissão ou protelação.

Contudo, o administrador que, sem a anuência escrita dos sócios, aplicar créditos ou bens sociais com desvio de poder, beneficiando-se ou favorecendo terceiros, deverá reparar o dano social causado, seja pela restituição, seja pelo pagamento do valor equivalente, com os lucros resultantes. No caso de prejuízo, responderá pelo valor correspondente.

Os administradores da sociedade têm responsabilidade solidária perante a sociedade e terceiros prejudicados, quando agirem com culpa funcional. É que domina a administração societária o dever da boa administração sintetizado no artigo 1.011 do CC de 2002, ao asseverar que o administrador deverá ter o cuidado e a diligência que todo homem ativo e probo costuma empregar na gestão de seus próprios negócios.

Se o administrador for nomeado por instrumento em separado e não averbá-lo à margem da inscrição da sociedade, responderá pessoal e solidariamente perante a sociedade pelos atos que praticar.

Orientam a atividade administrativa as regras pertinentes ao mandato. Também assim quanto à delegação de poderes, que devem ser especificados no instrumento de constituição do mandatário.

O dever de prestar contas devidamente justificadas de sua administração impõe ao administrador a apresentação ao corpo social, anualmente, do inventário, do balanço patrimonial e do balanço de resultado econômico. Sem embargo dessa norma geral, inscreve-se entre os direitos inerentes à condição de sócio o de examinar a escrituração, os documentos, o estado de caixa e a carteira da sociedade.

Não podem exercer a administração social as pessoas impedidas por lei especial e as condenadas à pena que obste o acesso, ainda que temporário, a cargos públicos. Também assim, enquanto perdurarem os efeitos da condenação por crime falimentar, contra a administração pública, contra a economia popular, contra o sistema financeiro nacional, contra as normas protetivas da concorrência, contra as relações de consumo, contra a fé pública ou a propriedade.

2.4.B.1.2. SOCIEDADE COOPERATIVA[10]

Inicialmente, cabe destacar o que estabelece o artigo 982 e seu parágrafo único do Novo Código Civil:

Salvo as exceções expressas, considera-se empresária a sociedade que tem por objeto o exercício de atividade própria de empresário sujeito a registro (artigo 967); e, simples, as demais.

Independentemente de seu objeto, considera-se empresária a sociedade por ações; e, simples, a cooperativa.

As cooperativas possuem legislação específica (Lei nº 5.764/71, com as alterações da Lei nº 7.231/84) e pelos artigos 1.093 a 1.096 do Código Civil. Ademais, o artigo 1.096 estabelece que, em caso de omissão, devem ser aplicadas as disposições que regulam as sociedades simples (artigos 997 a 1.038).

As sociedades cooperativas são pessoas jurídicas de direito privado e constituem uma espécie do gênero associação, compostas de um número indeterminado de pessoas e que visam a exercer atividades que busquem benefícios para seus associados, primando pelo seu atendimento.[11] As atividades exercidas pelas cooperativas podem

---

[10] A sociedade cooperativa está sendo tratada em um subitem da sociedade simples, em especial diante do que estabelece o artigo 1.096 do Novo Código Civil: "No que a lei for omissa, aplicam-se as disposições referentes à sociedade simples, resguardadas as características estabelecidas no artigo 1.094".

[11] O artigo 3º da Lei nº 5.764/71 fornece o seguinte conceito "celebram contrato de sociedade cooperativa as pessoas que reciprocamente se obrigam a contribuir com bens ou serviços para o exercício de uma atividade econômica de proveito comum, sem objetivo de lucro".

76 Direito para Administradores – vol. III

ser de consumo, crédito, compra e venda, prestação de serviços ou mistas, quando conjugam mais de uma dessas atividades.[12]

Além de não possuírem o objetivo de lucro inerente às sociedades comuns e empresárias, as sociedades cooperativas possuem outras características peculiares, descritas nos incisos do artigo 1.094 do Novo Código Civil.[13] Se não vejamos:

a) variabilidade ou dispensa do capital social;
b) concurso de sócios em número mínimo necessário para compor a administração da sociedade, sem limitação de número máximo;
c) limitação de quotas que cada sócio pode tomar;
d) impossibilidade de transferir quotas do capital a terceiros estranhos à sociedade, ainda que por herança;
e) *quorum* fundado no número de presentes e não do capital social representado;
f) direito de cada sócio a um só voto, independentemente de possuir capital a sociedade ou qualquer que seja o valor de sua participação;
g) distribuição dos resultados;
h) indivisibilidade do fundo de reserva entre os sócios.

Ademais, no que tange à sociedade cooperativa, acrescentamos as seguintes características:

a) *nome* – deverá adotar denominação integrada pela expressão "cooperativa";

---

[12] Fica evidente que o objetivo principal é buscar vantagens aos associados, sem preocupação em aferir lucros, e utilizando, para tanto, a colaboração das pessoas, que contribuem com bens ou serviços para a consecução da finalidade perquirida.

[13] Referidas peculiaridades deixam claro que a cooperativa visa a proporcionar a seus associados condições de melhoria, aparentando não possuir interesse social próprio, pois seu objeto consiste em conferir vantagens econômicas mediante a prestação de serviços a preços reduzidos. Embora muito se tenha discutido a possibilidade de considerar a cooperativa como sociedade, parece ser aceitável seu enquadramento nessa modalidade, considerando que a reunião de pessoas que juntam esforços em busca de um interesse comum, ainda que sem intuito do lucro, é perceptível nessa espécie.

b) responsabilidade – na cooperativa, pode existir a responsabilidade limitada ou ilimitada, dependendo do que estiver disposto no ato constitutivo. Se limitada, o sócio apenas responderá pelas dívidas no limite do valor de suas quotas, e, se ilimitada, possuirá responsabilidade subsidiária e ilimitada frente às obrigações sociais.

2.4.B.2. SOCIEDADES EMPRESÁRIAS[14]

Ab initio, novamente destacamos o que estabelece o artigo 982 e seu parágrafo único do Novo Código Civil:

> *Salvo as exceções expressas, considera-se empresária a sociedade que tem por objeto o exercício de atividade própria de empresário sujeito a registro (artigo 967); e, simples, as demais.*
>
> *Independentemente de seu objeto, considera-se empresária a sociedade por ações; e, simples, a cooperativa.*

Ademais, chamamos a atenção para o que nos ensina Waldo Fazzio Júnior,[15] *verbis*:

> Identifica-se como sociedade empresária a pessoa jurídica de direito privado, implementada por um contrato, cujo objeto social é a exploração de atividade empresarial, ou que, independentemente de seu objeto, adota a forma societária por ações.
>
> No direito brasileiro, a sociedade empresária é um ente que vem à luz em decorrência de um contrato. Seja o contrato social da sociedade constituída em razão da pessoa dos sócios, seja o contrato social ínsito no estatuto da sociedade por ações. A sociedade empresária sempre é produzida por um contrato; é uma sociedade contratual, cuja personalidade jurídica surge quando devidamente registrada na Junta Comercial.

---

[14] A sociedade limitada (= Ltda.) e as sociedades por ações (anônima e comandita), embora empresárias, por motivos didáticos e dada a sua importância, serão tratadas em capítulos específicos.

[15] Op. cit., p. 152.

78 Direito para Administradores – vol. III

Todo o regramento da matéria societária observa alguns princípios, para os quais impõe-se redobrada atenção. Há princípios explícitos e implícitos.

Os dois princípios explícitos comportam menção especial, porque deles decorrem todos os demais. São princípios reitores que, necessariamente, se interpenetram: 1. a sociedade empresária é fruto de um contrato plurilateral de organização; e 2. a sociedade empresária é uma pessoa jurídica de direito privado.

Os demais são princípios de orientação; existem de forma implícita no contexto legislativo, continuamente realimentados pela doutrina e acolhidos pela jurisprudência, como parâmetros de interpretação e atualização das normas regentes da atividade negocial: 1. conservação da empresa; 2. defesa da minoria societária; 3. tutela da pequena e média empresa; 4. liberdade de contratar e autonomia da vontade; 5. legalidade; 6. controle jurisdicional; e 7. responsabilidade societária.

Lembramos, ademais, que: a) a dissolução e a liquidação das sociedades empresárias, quando iniciadas antes da vigência do Novo Código Civil (= 2002), devem respeitar as disposições das leis anteriores; e b) as normas relacionadas às sociedades comerciais, não revogadas pelo Novo Código Civil (por exemplo, a Lei das Sociedades Anônimas), permanecem sendo aplicadas às sociedades empresárias.

Vejamos neste capítulo alguns detalhes das seguintes sociedades empresárias: sociedade em nome coletivo e sociedade em comandita simples.[16] Lembramos que as sociedades empresárias – limitada, anônima e comandita por ações – dada a sua importância, serão tratadas nos próximos capítulos.

---

[16] Ressaltamos que a sociedade em conta de participação, embora também empresária, mas por ser considerada *sociedade despersonalizada*, para efeitos didáticos foi anteriormente tratada neste capítulo, no item específico.

2.4.B.2.1. SOCIEDADE EM NOME COLETIVO[17]

Nesse tipo de sociedade todos os sócios respondem ilimitadamente com os seus bens particulares pelas dívidas sociais. Se a sociedade não saldar seus compromissos, os sócios poderão ser chamados a fazê-lo. O nome só pode ter a forma de firma ou razão social.

É a primeira modalidade de sociedade conhecida, e costuma ser chamada também de sociedade geral, sociedade solidária ilimitada ou sociedade de responsabilidade ilimitada.

Surgiu na Idade Média e compunha-se, inicialmente, dos membros de uma mesma família, que sentavam à mesma mesa e comiam do mesmo pão. Daí teve origem a expressão "& Companhia". O grupo usava uma assinatura só, coletiva e válida para todos (um por todos, todos por um), sendo esta a origem da firma ou razão social.

Aliás, sobre a sociedade em nome coletivo, muito esclarecedor é o artigo denominado "Novo Código Civil para as pequenas e médias empresas", publicado pela revista *Exame, Novos Negócios*.[18] Se não vejamos:

O que é Sociedade em Nome Coletivo?

Essa sociedade, em que os sócios só podem ser pessoas físicas, opera com nomes como Fulano & Sicrano ou Beltrano & Cia. Trata-se de um tipo societário pouquíssimo utilizado porque nele os sócios são responsáveis ilimitadamente por todas as dívidas da empresa. A res-

---

[17] Vale destacar o que se considera **sociedade de capital e indústria**. Nessa sociedade também existem dois tipos de sócios. O *capitalista*, que entra com o capital e responde pelas obrigações sociais de modo ilimitado, e o sócio *de indústria*, que entra apenas com o seu trabalho ou com os seus conhecimentos e não responde por nada. A sociedade de capital e indústria não foi tratada pelo Novo Código Civil. Entretanto, para Maximilianus Cláudio Américo Führer (Op. cit., p. 41-42), *verbis*: "nada impede, porém, sua constituição, por ser mera variante da sociedade em conta de participação ou da sociedade em nome coletivo (em relação aos sócios capitalistas). Tal sociedade pode constituir-se por contrato, sob o nome individual do sócio capitalista. Mas, se forem dois ou mais sócios capitalistas, a firma ou razão social seguirá as normas das sociedades em nome coletivo, proibida qualquer referência ao sócio de indústria". Ver artigo 997, V, do Novo Código Civil.

[18] Ano 1, nº 1, abril de 2003, p. 21.

80 Direito para Administradores – vol. III

ponsabilidade não se limita ao valor das cotas que cada um possui. Um credor pode, por exemplo, ir além do patrimônio da empresa e pedir como pagamento os bens particulares dos sócios – sem precisar de autorização judicial, como ocorre em outros tipos de sociedade, como as Limitadas. Os sócios também são devedores solidários, ou seja, se um não pagar sua parte, os outros têm de saldar o débito.

2.4.B.2.2. SOCIEDADE EM COMANDITA SIMPLES

Nessa sociedade existem dois tipos de sócios. Os *comanditários* ou capitalistas respondem apenas pela integralização das cotas subscritas, prestam só capital e não trabalho, e não têm nenhuma ingerência na administração da sociedade. Os sócios *comanditados* (que seriam mais bem denominados "comandantes"), além de entrarem com capital e trabalho, assumem a direção da empresa e respondem de modo ilimitado perante terceiros.

A firma ou razão social só poderá ser composta com os nomes dos sócios solidários (comanditados). Se, por distração, o nome de um sócio comanditário figurar na razão social, este se tornará, para todos os efeitos, um sócio comanditado.

Aliás, sobre a sociedade em comandita simples, muito esclarecedor é o artigo denominado "Novo Código Civil para as pequenas e médias empresas, publicado pela revista *Exame, Novos Negócios*.[19] Se não vejamos:

O que é Sociedade em Comandita Simples?

É outro tipo raro de sociedade. Ao lado dos sócios ilimitada e solidariamente responsáveis (sócios comanditados), há sócios que entram apenas com capitais (sócios comanditários), não participando na gestão dos negócios cuja responsabilidade se restringe ao valor das cotas que possuem. Atenção: se um sócio comanditário Fulano de Tal, por exemplo, aparecer no nome da empresa (Fulano, Sicrano & Cia.) ou participar da gestão, ele passará a ser considerado também responsável ilimitada e solidariamente perante a lei.

---

[19] Ano 1, nº 1, abril de 2003, p. 21-22.

Capítulo 4

A Sociedade por Cotas de Responsabilidade Limitada (Ltda.)

OBJETIVO

O objetivo deste capítulo é tratar das regras do tipo societário de maior freqüência no País. Com efeito, neste capítulo veremos as especificidades da sociedade por cotas de responsabilidade limitada (Ltda.).

Introdução. 1. Sociedade de Pessoas ou de Capital? 2. Legislação Reguladora. 3. A Formação do Capital Social. 4. Regime das Cotas. 4.1. Número de Cotas. 4.2. Exclusão do Sócio Remisso. 4.3. Demais Hipóteses de Exclusão. 4.4. Cessão de Cotas. 4.5. Penhorabilidade das Cotas. 4.6. Cotista Menor de Idade. 4.7. Sucessão nas Cotas. 5. Responsabilidade dos Sócios. 5.1. Exceção à Regra Geral da Responsabilidade dos Sócios. 6. Nome Comercial. 7. Deliberação dos Sócios. 7.1. Alteração Contratual e Recesso. 8. Administração da Sociedade Limitada. 9. Síntese das Características da Sociedade Limitada.

INTRODUÇÃO

A sociedade limitada tem como nota predominante uma elástica margem de liberdade de estruturação, principalmente em cotejo com a burocrática formatação das companhias e os riscos da responsabilidade ilimitada típica das sociedades em nome coletivo.

82 Direito para Administradores – vol. III

A sociedade limitada é o tipo societário de maior presença na economia brasileira. Introduzida no nosso direito em 1919, representa hoje mais de 90% das sociedades empresárias registradas nas Juntas Comerciais. Deve-se o sucesso a duas de suas características: a limitação da responsabilidade dos sócios e a contratualidade. Em razão da primeira, os empreendedores e investidores podem limitar as perdas, em caso de insucesso da empresa, como veremos adiante.

Assim, a sociedade limitada é uma pessoa jurídica constituída por sócios de responsabilidade limitada à integralização do capital social, individualizada por nome empresarial que contém a expressão *limitada*.

Lembramos que limitada é a responsabilidade do cotista, não da sociedade.

Dessa forma, a característica essencial desse tipo societário é a limitação da responsabilidade subsidiária dos sócios à integralização do capital social. Cada sócio responde, solidariamente, pela integralização de todas as cotas sociais. Uma vez completo o capital social, o patrimônio particular dos sócios não será afetado por débitos da sociedade. Esta responderá ilimitadamente, com seu próprio patrimônio, pelas obrigações sociais. Em síntese, não integralizado o capital social, é válida a penhora que recai sobre os bens de sócios por dívida de sociedade por cotas de responsabilidade limitada, se não houver bens sociais que respondam pela obrigação.

1. SOCIEDADE DE PESSOAS OU DE CAPITAL?

Existem divergências doutrinárias sobre a caracterização da sociedade limitada como de pessoas ou de capital.

Inicialmente destacamos que a observância subsidiária das normas da sociedade simples pode conferir-lhe caráter personalístico, mas nada obsta que seja formatada como sociedade de capitais, uma vez que o artigo 1.053 do CC de 2002 enseja aos sócios prever a disciplina supletiva da sociedade limitada pelas regras da sociedade anônima.

A Sociedade por Cotas... Henrique M. dos Reis / Claudia N. P. dos Reis 83

Entretanto, independentemente da opção às precitadas normas subsidiárias, a sociedade limitada será uma sociedade *intuitu personae* (= de pessoas), quando:[1]

- o contrato social estipular cláusula que condicione a cessão de cotas sociais à anuência dos demais cotistas; ou
- o contrato social silenciar sobre a cessão de cotas, mas declarar a impenhorabilidade; ou ainda
- caso omisso quanto a essas matérias, o contrato social estipular que, no caso de morte de um dos cotistas, os sócios supérstites decidirão sobre a apuração de seus haveres.

2. LEGISLAÇÃO REGULADORA

A sociedade limitada é disciplinada em capítulo próprio do Novo Código Civil (artigos 1.052 a 1.087). Entretanto, essas normas não são suficientes para disciplinar a imensa gama de questões jurídicas relativas às limitadas. Outras disposições e diplomas legais, portanto, também se aplicam a esse tipo societário.

Com efeito, se o contrato social da limitada é omisso ou define a disciplina das sociedades simples como seu regime jurídico de aplicação subsidiária, aplicam-se-lhe os artigos 997 a 1.032 do Novo Código Civil, sempre que a matéria não estiver disciplinada nos artigos 1.052 a 1.087 do mesmo código. Se, contudo, os sócios estipularem expressamente no contrato social que o regime de regência supletiva de sua sociedade limitada será o das sociedades anônimas, nas matérias não reguladas pelos artigos 1.052 a 1.087 do Novo Código Civil, aplicam-se as normas da LSA (= Lei das S/A).

Note-se, finalmente, que, em virtude da natureza contratual das limitadas, a constituição e dissolução de sociedades desse tipo seguem

---

[1] Fora das referidas hipóteses, em que é relevante o elemento "pessoa do sócio", a sociedade em questão terá uma configuração mais próxima da das sociedades de capital. Assim, o hibridismo da sociedade limitada e as lacunas de sua regulamentação permitem-na oscilar entre o *intuitu personae* e o *intuitu pecuniae*.

84 Direito para Administradores – vol. III

sempre as regras do Novo Código Civil. Dessa forma, mesmo que a regência supletiva seja a da LSA, porque assim quiseram os sócios no contrato social, o regime constitutivo e dissolutório da limitada será o das sociedades contratuais (arts. 1.033 a 1.038 e 1.102 a 1.112 do Novo Código Civil).

3. A FORMAÇÃO DO CAPITAL SOCIAL

Todos os sócios respondem solidariamente pela integralização do capital social (artigo 1.052 do Novo Código Civil), cada sócio responde pelo valor de suas cotas e veda-se a participação de sócio de indústria (artigo 1.055, § 2º, do CC de 2002).

Dessa forma, em relação ao capital social, é possível sintetizar:

a) o ato constitutivo da sociedade limitada deve conter a designação específica da cota com que cada um dos sócios entra para o capital social e o modo de realizá-la;

b) cada sócio deve contribuir para o capital social com alguma cota, seja em dinheiro, seja em bens;

c) a contribuição de cada sócio deve observar os prazos e a forma estipulados no contrato social;

d) a responsabilidade dos sócios é limitada à importância total do capital social.

Lembramos que o capital social pode ser integralizado com dinheiro, com bens ou com ambos.

No que tange ao momento de realização do capital social, não há exigência de que a constituição da sociedade e a realização do capital ocorram simultaneamente. Admite-se, assim, a integralização parcial e a realização fracionada no tempo, conforme deliberem os sócios. Estes, com efeito, decidirão quanto ao montante do capital e o prazo de sua integralização ou totalização. Importante é que a sociedade poderá, validamente, praticar a empresa a que se propõe, independentemente de estar ou não plenamente pago o capital social.

4. REGIME DAS COTAS

O capital da sociedade limitada é dividido em cotas. Cota é o quinhão em dinheiro ou bens com que cada sócio contribui para a constituição do capital social. Em outras palavras, é a entrada ou contingente de bens, coisas ou valores com que cada um dos sócios contribui ou se obriga a contribuir para a formação do capital social.

A cota social é fração do capital da sociedade. Sua titularização, pelo cotista, ocasiona um duplo efeito. Ou seja, confere ao sócio: a) direitos patrimoniais – traduzidos no direito à percepção de lucros e no direito à partilha da massa residual (ativo líquido) depois da liquidação; e b) direitos pessoais – consistem na participação em sentido estrito (como administrador) e em sentido amplo (na fiscalização inerente à condição de sócio).

Ressalte-se que, no caso de integralização em bens, não é necessária sua avaliação se todos os sócios estiverem de acordo quanto a seu valor. Entretanto, eventual fraude na determinação desse valor poderá ser demonstrada em juízo pelos credores ou por terceiros interessados, mediante processo próprio. Evidenciada a superestimação dos bens, o capital não estará integralizado na parte correspondente à redução do valor desses bens. Por conseqüência, os sócios serão responsáveis solidários, em caso de falência, pela integridade do capital social.

4.1. NÚMERO DE COTAS

O capital social, atualmente, divide-se em cotas de igual valor. Em outras palavras, as cotas das sociedades limitadas identificam-se com as ações das companhias. Por isso, hoje, adota-se a divisão do capital social em cotas de mesmo valor nominal, atribuindo-as em quantidades diversas a cada sócio, conforme a parcela de contribuição que realizou.

O artigo 1.055 do Novo Código Civil admite cotas desiguais.

86 Direito para Administradores – vol. III

4.2. EXCLUSÃO DO SÓCIO REMISSO

Se o sócio não integralizar suas cotas, ficando totalmente ou em parte inadimplente em relação à sociedade, torna-se *remisso*. Caracterizada essa condição, podem os demais sócios cobrá-lo e/ou excluí-lo, não sem antes constituí-lo em mora, mediante interpelação judicial.

4.3. DEMAIS HIPÓTESES DE EXCLUSÃO

Não apenas na hipótese de inadimplência relativa à integralização de cota é que o sócio pode ser excluído. Além dessa conduta, outras causas poderão determinar a medida extrema, em atenção ao princípio da preservação da empresa. Se não vejamos:

a) havendo causa justificada, não há obstáculos a que um sócio seja excluído da sociedade, por vontade da maioria dos consócios,[2] assistindo-lhe tão-somente o direito de ajuizar ação anulatória da deliberação social;[3]

b) entretanto, existem situações de exclusão que se justificam, independentemente de expressa disposição contratual, pois seus fatos geradores tomam impossível a convivência societária e a realização do objeto contratual. Por exemplo, a do sócio prevaricador (= que utiliza a sociedade para satisfazer interesses exclusivamente pessoais). Acrescentamos: a ruptura do dever elementar de fidelidade, a omissão de diligência na defesa dos interesses sociais, a falta grave no desempenho de funções etc.,

---

[2] Essa hipótese depende de prévia estipulação no contrato social. A maioria dos sócios (mais da metade do capital social), entendendo que um ou mais sócios estão colocando em risco a continuidade regular da empresa, pela prática de atos de indiscutível gravidade, poderá excluí-los da sociedade. Assim, conforme o que constar do contrato social e sua regência subsidiária, a maioria dos sócios poderá excluir judicialmente o consócio que incidir em falta grave no cumprimento de seus deveres ou ainda em caso de incapacidade superveniente.

[3] Por óbvio que a exclusão por justa causa não deve ser entendida como expressão do arbítrio da maioria. Com efeito, a eliminação do sócio deverá ser determinada em assembléia ou reunião convocada para esse fim específico, oferecendo-se-lhe oportunidade e prazo para comparecer e exercer o direito de defesa.

por certo constituem justa causa para o afastamento.[4] Ademais, também a desarmonia entre os sócios é suscetível de acarretar a exclusão de um deles por deliberação da maioria, independentemente de previsão contratual ou de pronunciamento judicial;[5]

c) outra hipótese de exclusão, agora de pleno direito, é a do sócio que em sua empresa particular for declarado falido;

d) finalmente, também será excluído de pleno direito o sócio cuja cota for liquidada para pagamento de credor em execução (artigo 1.026, parágrafo único c/c artigo 1.030, parágrafo único, ambos do Novo Código Civil).

4.4. CESSÃO DE COTAS

O Novo Código Civil trata da matéria. Com efeito, o artigo 1.057 começa a disciplinar o tema referindo-se à omissão do contrato social. Assim, com o advento desse diploma, a matéria tem sua solução dependente do que rezar o contrato social. Omisso o pacto inicial, não se poderá lançar mão de regra subsidiária, porque a hipótese está expressamente prevista no Novo Código Civil. Em virtude do Código, o sócio:

a) pode ceder sua cota, total ou parcialmente a consócio, independentemente de audiência dos outros sócios;

b) pode ceder a cota a terceiro, mas, nesse caso, precisará da anuência de titulares de 3/4 do capital social. Quer dizer, se não houver oposição de mais de 1/4 do capital.

---

[4] "Sociedade por quotas – Responsabilidade limitada – Sócio – Exclusão por deliberação unilateral do sócio com maioria de capital – Legalidade – Falta de previsão contratual – Irrelevância – Existência de justa causa não contestada – Quebra da *affectio societatis* – Artigos 339 do CCo, 7º e 15 do Decreto-lei nº 3.708, de 1919 – Segurança denegada. EMENTA: É interativo o posicionamento doutrinário e jurisprudencial sobre a possibilidade de exclusão de sócio por deliberação da maioria, ainda que ausente previsão contratual a esse respeito, uma vez presente justa causa" (TJSP – MS 231.990-2 – Rel. Des. Marrey Neto).

[5] "Sociedade por quotas – Contrato – Alteração – Exclusão de sócio – Possibilidade – Desnecessidade de anuência deste ou mesmo de provimento judicial – Ordem denegada. Os sócios que detêm a maioria do capital social podem promover a exclusão de sócio mediante deliberação própria, independentemente da concordância deste ou de provimento judicial" (TJSP – MS 29.390-0 – O. Esp. – Rel. Des. Viseu Júnior).

88 Direito para Administradores – vol. III

Enfim, consignamos que, se o contrato de cessão não estiver registrado na Junta Comercial, não lhe poderá ser reconhecida eficácia *erga omnes*, posto que sem a publicidade necessária a propiciar a ciência produtiva de terceiros. E a publicidade surge da averbação do instrumento.

4.5. PENHORABILIDADE DAS COTAS

Inicialmente lembramos que, nos termos do artigo 591 do CPC,[6] para o cumprimento de suas obrigações, o devedor responde com todos os seus bens presentes e futuros, salvo as exceções expressamente fixadas na legislação. Assinalamos, outrossim, que a cota social é um bem penhorável, na medida em que não integra as relações de bens impenhoráveis contidas nos artigos 649 e 655 do CPC.

Nesse diapasão, o artigo 1.026 do Novo Código Civil preceitua que o credor particular de sócio pode, na insuficiência de outros bens do devedor, fazer recair a execução sobre o que a este couber nos lucros da sociedade, ou na parte que lhe tocar na liquidação.

Ademais, o credor pode, se a sociedade não estiver dissolvida, requerer a liquidação da cota do devedor, depositando-se seu valor em dinheiro, no juízo da execução, no prazo de 90 dias.

4.6. COTISTA MENOR DE IDADE

Não há impedimento para o menor participar de sociedade limitada,[7] desde que: a) devidamente assistido por seu representante legal; b) uma vez que o capital social tenha sido inteiramente integralizado; c) que não sejam atribuídos ao menor poderes de gerência ou administração.

4.7. SUCESSÃO NAS COTAS

Na hipótese de morte do sócio, suas cotas se transferem a seus herdeiros, por força da sucessão. Entretanto, estes igualmente são con-

---

[6] Código de Processo Civil.

[7] Os herdeiros menores dos sócios poderão possuir cotas das sociedades limitadas pela mesma razão que podem ser acionistas das sociedades por ações.

siderados cotistas? Há várias hipóteses de solução para conjuntura instaurada em virtude do falecimento do sócio. Com efeito:

a) a matéria poderá ter previsão expressa no contrato social;
b) se o contrato nada dispuser (= omisso), os sócios remanescentes poderão optar pela dissolução da sociedade ou compor-se com os herdeiros para regular a substituição do sócio falecido;
c) em último caso, promove-se a liquidação da respectiva cota.

Essas são as hipóteses previstas no artigo 1.028 e seus incisos do Novo Código Civil.

Assim, em princípio, se os herdeiros participarão ou não da sociedade dos consócios remanescentes é questão dependente do exame do contrato. Dessa forma, caso o contrato social estabeleça peremptoriamente a vedação do ingresso de sócio(s) em virtude de sucessão, conferindo à sociedade o perfil *intuitu personae*, entendemos que os sócios remanescentes terão de optar pela liquidação da parte do prémorto com o reembolso aos herdeiros de seus haveres.

5. RESPONSABILIDADE DOS SÓCIOS

Como visto, na sociedade limitada, cada cotista, ou sócio, entra com uma parcela do capital social, ficando responsável diretamente pela integralização da cota que subscreveu, e indiretamente pela integralização das cotas subscritas por todos os outros sócios. Uma vez integralizadas as cotas de todos os sócios, nenhum deles pode mais ser chamado para responder com seus bens particulares pelas dívidas da sociedade. A responsabilidade, portanto, é limitada à integralização do capital social.

Por hipótese, supomos uma sociedade limitada entre X e Y, com um capital de R$ 100.000,00, subscrevendo cada sócio uma cota de 50 mil. O sócio X integraliza, isto é, entrega efetivamente os 50 mil à sociedade. O sócio Y, entretanto, embora tenha subscrito também 50 mil, integraliza apenas 30 mil. Em caso de insolvência da sociedade, Y terá de responder com os seus bens particulares por 20 mil.

90 Direito para Administradores – vol. III

Contudo, se Y não tiver bens, nem com o que pagar, o sócio X terá de cobrir o débito, pois na limitada um sócio é fiador do outro pela integralização das cotas.

Assim, "se todas as cotas foram integralizadas, isto é, liberadas, pouco importa que a sociedade, falindo, dê integral prejuízo a seus credores. O sócio, como tal, não pode ser compelido a qualquer outra prestação suplementar".[8]

Por conseguinte, no que tange à responsabilidade do sócio das sociedades limitadas, a regra geral é que a responsabilidade dos sócios pelas obrigações sociais seja limitada e solidária, inclusive perante terceiros dos sócios pelas obrigações sociais. O limite da responsabilidade dos sócios equivale ao total do capital social subscrito e não integralizado (artigo 1.052 do Novo Código Civil).[9]

5.1. EXCEÇÃO À REGRA GERAL DA RESPONSABILIDADE DOS SÓCIOS

Entretanto, existem exceções a essa regra. Se não vejamos:

a) *responsabilidade ilimitada e não solidária* do sócio que expressamente aprovar decisões que violem o contrato social ou a lei (artigo 1.080 do Novo Código Civil);

b) *créditos tributários* – no caso de liquidação de sociedade de pessoas, os sócios respondem solidariamente com a sociedade, nos atos em que intervirem ou pelas opiniões de que forem respon-

---

[8] BORGES, João Eunápio. In: *Curso de Direito Comercial Terrestre*, Rio de Janeiro: Forense, 1975, p. 22.

[9] Ressaltamos que a limitação da responsabilidade dos sócios pelas obrigações sociais pode parecer, à primeira vista, uma regra injusta, mas não é. Como o risco de insucesso é inerente a qualquer atividade empresarial, o direito deve estabelecer mecanismos de limitação de perdas, para estimular empreendedores e investidores à exploração empresarial dos negócios. Se o insucesso de certa empresa pudesse sacrificar a totalidade do patrimônio dos empreendedores e investidores (pondo em risco o seu conforto e o de sua família, as reservas para futura educação dos filhos e sossego na velhice), é natural que eles se mostrariam mais reticentes em participar dela. O prejuízo seria de todos nós, já que os bens necessários ou úteis à vida dos homens e mulheres se produzem em empresas.

sáveis, se estiverem na administração da sociedade e os respectivos bens não forem suficientes para saldar a dívida (artigo 134, VII do Código Tributário Nacional – CTN);

c) *créditos da seguridade social* – o titular da firma individual e os sócios das empresas por cotas de responsabilidade limitada respondem solidariamente e independentemente de culpa, com seus bens pessoais, pelos débitos junto à seguridade social (artigo 13 da Lei nº 8.620/93);

d) *desconsideração da personalidade jurídica da empresa*[10] – fraude do sócio, envolvendo confusão dos seus bens com os da empresa; abuso do poder do sócio; desvio dos objetivos da sociedade (artigo 28 do Código de Defesa do Consumidor[11] e artigo 50 da Lei nº 10.406/2002);

e) *atos praticados com abuso de poder, em desacordo com o fim social* – a responsabilidade dos sócios que aprovam deliberação ofensiva ao contrato social da sociedade é ilimitada (artigos 116 e 117 da Lei das S.A.;[12] artigo 28 do Código de Defesa do Consumidor e artigo 1.080 do Novo Código Civil);

f) *em se tratando de relação de consumo*, os sócios poderão ser responsabilizados pelo ressarcimento de prejuízos causados aos consumidores se a pessoa jurídica for levada à falência, estado de insolvência, encerramento ou inatividade, sem deixar patrimônio suficiente para fazer frente às indenizações por prejuízos provocados aos consumidores ou a terceiros;

g) *com base na legislação do abuso de poder econômico – Lei Antitruste*, os sócios da sociedade limitada podem ser responsabili-

---

[10] Veremos em capítulo específico mais detalhes sobre o referido instituto.

[11] Veremos, na parte correspondente ao Direito do Consumidor desta obra, que a responsabilidade, com base no Código de Defesa do Consumidor, é objetiva, independentemente de culpa, do fornecedor, pela reparação dos danos causados aos consumidores, por defeitos do fornecimento do produto ou serviço. Assim, como estabelece o artigo 12 do Código de Defesa do Consumidor (CDC), segundo o qual cabe ao empresário fornecedor comprovar, para eximir-se de responsabilidade, que: (a) não colocou o produto no mercado; (b) embora o tenha colocado no mercado, o defeito inexiste, ou (c) trata-se de culpa exclusiva do consumidor.

[12] Lei das S.A.

92   Direito para Administradores – vol. III

zados, em caso de prática de atos fraudulentos, quando agirem com abuso de direito, excesso de poder, infração à lei ou ao contrato social. Nesse caso, a responsabilidade do sócio torna-se ilimitada e subsidiária, por desvio de finalidade da pessoa jurídica, de acordo com o disposto no artigo 18 da Lei Antitruste (Lei nº 8.884/94);

h) *na hipótese de infração à legislação ambiental* – de conformidade com o artigo 4º da Lei nº 9.605/98, por manipulação fraudulenta ou abuso de direito da autonomia patrimonial, os sócios poderão ser responsabilizados a ressarcir os prejuízos causados ao meio ambiente;

i) *responsabilidade do sócio por concorrência desleal* – as empresas do mesmo ramo de atividade, em caso de publicação, por qualquer meio, de falsa afirmação, em detrimento de concorrente, com o fim de obter vantagem, ou de divulgação de falsa informação, com o fim de obter vantagem, dentre outros atos criminais tipificados em lei (artigo 195 da Lei nº 9.279/96);

j) *a responsabilidade trabalhista* – do sócio da sociedade limitada, inclusive na Consolidação das Leis do Trabalho – CLT – não é prevista. Contudo, em razão da hipossuficiência do empregado, a jurisprudência predominante dos tribunais tem entendido que, em caso de cobrança dos créditos trabalhistas, os sócios das sociedades limitadas devem se responsabilizar pessoal, ilimitada e subsidiariamente à sociedade, para satisfazer a respectiva dívida, caso o patrimônio da sociedade seja insuficiente para tanto.

6. NOME COMERCIAL

O nome da sociedade por cotas pode ser formado por firma ou razão social (Barros, Rogério & Cia. Ltda.) ou por denominação (Mercearia Estrela do Mar Ltda.), sendo, neste último caso, que a denominação deve indicar o ramo explorado (artigo 1.158, § 2º, do Novo Código Civil). Em regra, é preferível usar denominação, pois esta é mais duradoura do que a razão social ou firma, que precisa ser alterada cada vez que sair um sócio cujo nome nela figure.

Ademais, é indispensável que, em todo caso, se acrescente sempre ao nome a palavra "Limitada", por extenso ou abreviadamente (Ltda.). Se for omitida essa palavra, na razão social ou na denominação, serão considerados como ilimitadamente responsáveis os sócios-gerentes e os que fizerem uso da firma social, criando-se, sem querer, uma sociedade geral ou em nome coletivo.

7. DELIBERAÇÃO DOS SÓCIOS

A sociedade por cotas de responsabilidade limitada pode ser alterada pelos sócios, deliberando-se pela maioria, baseada no valor do capital, se o contrato não disser o contrário, podendo-se alterar cláusulas, modificar a administração, aumentar o capital, admitir novos sócios etc. Entretanto, os nossos Tribunais já decidiram que "não pode, porém, a maioria transformar o objeto ou o tipo da sociedade".[13] Acrescente-se também que não pode a maioria alterar o contrato se houver cláusula restritiva, nos termos da Lei nº 8.934/94,[14] artigo 35, inciso VI. E mais, nos termos do artigo 1.057 do Novo Código Civil, "na omissão do contrato, o sócio pode ceder sua quota, total ou parcialmente, a quem seja sócio, independentemente de audiência dos outros, ou a estranho, se não houver oposição de titulares de mais de um quarto do capital social".

Com relação à deliberação dos sócios, podemos destacar:

a) em relação a determinadas matérias, isto é, em razão da maior importância para a sociedade e repercussão nos direitos dos sócios e de terceiros, a lei prevê algumas formalidades. São elas: 1) designação e destituição de administradores; 2) remuneração dos administradores; 3) votação das contas anuais dos administradores; 4) modificação do contrato social; 5) operações societárias, dissolução e liquidação da sociedade; 6) impetração de

---

[13] *Revista dos Tribunais* – RT 695/98.
[14] Dispõe sobre o Registro Público de Empresas Mercantis e Atividades Afins.

94 Direito para Administradores – vol. III

concordata (artigo 1.071 do Novo Código Civil); 7) expulsão de minoritário (artigo 1.085 do Novo Código Civil);

b) caso pretendam tratar de qualquer das matérias tratadas no item anterior, os sócios devem reunir-se em *assembléia* e cumprir exigência relativa ao *quorum* deliberativo legalmente previsto para validade da decisão que tomarem;

c) a assembléia deve ser convocada mediante avisos publicados por três vezes na imprensa oficial e em jornal de grande circulação, com antecedência mínima de oito dias;

d) a assembléia só poderá deliberar validamente se atenderem à convocação sócio ou sócios titulares de pelo menos três quartos do capital social. Caso não atendido esse *quorum* de instalação, deve-se proceder à segunda convocação, com três outras publicações de avisos e antecedência de cinco dias;

e) atendidas estas formalidades, a assembléia se instala validamente com qualquer número;

f) o funcionamento da assembléia deve observar rituais específicos, dirigidos pela mesa (composta de dois sócios, um presidente e o outro secretário), destinados a garantir o exercício do direito de voz e voto a todos os sócios presentes. Ao término dos trabalhos, é redigida ata que reproduza com fidelidade o ocorrido, com as votações manifestadas e deliberações decorrentes;

g) é obrigatória a realização de uma assembléia a cada ano, para tomar as contas dos administradores, votar o balanço patrimonial e de resultados e eleger administradores, caso se tenha exaurido o mandato por prazo determinado. Se a sociedade possuir conselho fiscal, os seus membros serão eleitos também nessa oportunidade. É a assembléia anual ou ordinária dos sócios da limitada;

h) se a sociedade tem, no máximo, dez sócios, o contrato social pode prever que as deliberações sobre as matérias indicadas serão adotadas em *reunião de sócios* e não em assembléia;

i) a diferença entre as duas modalidades de encontro (reunião e assembléia) não está só na designação. O contrato social é livre para dispor sobre a periodicidade, convocação, realização e registro da reunião dos sócios. Como diz a lei que as normas sobre a assembléia só se aplicam às reuniões, nas omissões do contrato social, entende-se que este pode disciplinar com ampla liberdade a instalação, o funcionamento e o assentamento da reunião. Pode prever, por exemplo, que a reunião dos sócios será convocada por telefone e instalada com qualquer número desde logo;

j) a assembléia ou reunião dos sócios pode sempre ser substituída por documento que explicite a deliberação adotada, desde que assinado pela *totalidade* dos sócios. Sempre que houver consenso entre os sócios relativamente às deliberações sociais que exigem a formalidade da lei, deverá ser menos custoso adotar o documento substitutivo;

k) a ata da assembléia dos sócios ou da reunião regulada no contrato social, ou, ainda, o documento assinado por todos devem ser levados a arquivamento na Junta Comercial;

l) em geral, os sócios deliberam por maioria de votos dos sócios presentes à assembléia ou reunião, computados proporcionalmente ao valor das quotas que titularizam. Quem subscreveu maior parte do capital social, portanto, tem maior poder de interferência nas decisões de interesse da sociedade;

m) em certos casos, porém, a maioria do capital social presente ao encontro dos sócios não é suficiente para aprovar a matéria, devendo observar-se, então, o *quorum* deliberativo exigido por lei. São estes casos: 1) *unanimidade,* para destituir administrador sócio nomeado no contrato social, se não previsto neste um *quorum* diverso (menor, por óbvio); 2) *unanimidade,* para designar administrador não-sócio, se o capital social não está totalmente integralizado; 3) *unanimidade,* para dissolver a sociedade com prazo determinado; 4) *três quartos do capital social,* para modificação do contrato social, salvo nas matérias sujeitas a *quorum* diferente; 5) *três quartos,* para aprovar incorporação, fusão, dissolução da sociedade ou levantamento da liquidação; 6) *dois terços,* para designar administrador não-sócio, se o capital social está totalmente integralizado; 7) *mais da metade do capital,* para designar administrador em

96 Direito para Administradores – vol. III

ato separado do contrato social; 8) *mais da metade do capital,* para destituir administrador sócio designado em ato separado do contrato social; 9) *mais da metade do capital,* para destituir administrador não sócio; 10) *mais da metade do capital,* para excluir sócio minoritário, se permitido no contrato social; 11) *mais da metade do capital,* para dissolver a sociedade contratada por prazo indeterminado.

7.1. ALTERAÇÃO CONTRATUAL E RECESSO

O sócio não é refém da sociedade.[15] Por isso, ao lado das causas de dissolução da sociedade (parcial ou total), o Novo Código Civil prevê uma causa de dissociação: o recesso.

O artigo 1.077 do Novo Código Civil o consagra ao outorgar ao sócio que divergir da alteração do contrato social ou de deliberação modificativa da estrutura da sociedade o direito de retirar-se nos 30 dias subseqüentes. Aqui, trata-se de retirada, não de exclusão. Quer dizer, o sócio sai porque quer, não porque seja afastado, mas porque a lei o autoriza. Não querendo se submeter às alterações do contrato social, retira-se da sociedade. O direito de recesso é instrumento protetivo da minoria social perante a maioria. Tem como pressuposto a deliberação, pela maioria, sobre matéria que a estipula como propiciadora do recesso. Ressaltamos que nem precisa ocorrer modificação contratual ou transformação societária.

Assim, tratando-se de sociedade de prazo indeterminado, qualquer sócio pode se retirar da sociedade, mediante notificação aos

---

15 "Sociedade por quotas – Dissolução parcial – Admissibilidade – Hipótese em que a dissolução deu-se por vontade de um dos sócios – Ausência de *affectio societatis* – recurso provido. EMENTA: desejando os sócios remanescentes prosseguirem a vida social, e tendo, a sociedade, condições de continuar operando, será a dissolução parcial, apurando-se os haveres do sócio que a deixa" (TJSP – Ap. 247.268-2 – Rel. Des. Gildo dos Santos).
"Sociedade por quotas – Dissolução parcial – Ocorrência – Alegado desaparecimento da *affectio societatis* desde que um dos sócios passou a emitir cheques da empresa em proveito próprio – Recurso provido. Desaparecendo a *affectio societatis,* podem os sócios dissidentes afastar-se, recebendo os seus haveres, sem que isto importe no desaparecimento da sociedade, não obstante sua constituição *intuitu personae*" (TJSP-Ap. 176.181-2 – Rel. Des. Accioli Freire).

demais sócios com antecedência mínima de 60 dias. Estes têm 30 dias, após a notificação, para optar pela dissolução da sociedade.

Em se tratando de sociedade limitada com prazo determinado, o sócio recedente deverá provar, em processo judicial, justa causa para a retirada.

Portanto, o sócio dissidente de qualquer deliberação que implique alteração contratual tem o direito de *recesso*, assistindo-lhe recolher o valor patrimonial (não apenas nominal) de sua cota. O valor para reembolso da cota do sócio recedente será apurado em balanço específico, denominado *balanço de determinação*, destinado a determinar o valor real atual da cota.

Quanto ao prazo de pagamento da referida importância, a matéria deve estar regulada no contrato social. Se este for omisso quanto ao prazo de reembolso daquele valor, ou se não houver acordo, a cota será paga em dinheiro no prazo de 90 dias.

Finalmente, frise-se que, em se tratando de sociedade empresária constituída por apenas dois sócios, se o contrato social prevê a hipótese de retirada de um deles, qualquer dos sócios poderá retirar-se sem que isso implique extinção da empresa, sendo lícito dar-se ao sócio remanescente a faculdade de aguardar a aquisição, por terceiros, das cotas do retirante. Dessa forma, com fulcro no artigo 1.033, inciso IV, do Novo Código Civil, é lícito afirmar que o sócio remanescente terá o prazo de 180 dias para reconstituição da pluralidade social.

8. ADMINISTRAÇÃO DA SOCIEDADE LIMITADA

A administração da sociedade cabe a uma ou mais pessoas, sócias ou não, designadas no contrato social ou em ato separado. Elas são escolhidas e destituídas pelos sócios, observando-se, em cada caso, a maioria qualificada exigida por lei para a hipótese.[16] Se não vejamos suas peculiaridades:

---

[16] Ver item "Deliberação dos Sócios" (p. 93).

98 Direito para Administradores – vol. III

a) para a sociedade ser administrada por não-sócio, é necessária expressa autorização no contrato social. Inexistente esta, só a sócio podem ser atribuídos poderes de administrador;

b) o mandato do administrador pode ser por prazo indeterminado ou determinado;[17]

c) os administradores devem, anualmente, prestar contas aos sócios reunidos em assembléia anual (ou por outro modo previsto no contrato social);[18]

d) no tocante aos débitos da sociedade enquadráveis como dívida ativa, de natureza tributária ou não tributária (Lei nº 6.830/80), os administradores, sócios ou não, respondem por inadimplemento da sociedade limitada. É o que dispõe o artigo 135, III, do CTN. Sendo ato administrativo e, portanto, presumivelmente verdadeiro, a Certidão da Dívida Ativa emitida contra a sociedade pode ser executada diretamente no patrimônio particular do administrador, a quem cabe demonstrar, por embargos do devedor, que o inadimplemento não teria importado descumprimento de lei ou contrato;

e) na hipótese de a sociedade limitada estar sujeita à regência supletiva do regime das sociedades simples, ela não responde pelos atos praticados em seu nome que forem evidentemente estranhos ao objeto social ou aos negócios que ela costuma desenvolver. Estabelece a irresponsabilidade o artigo 1.015, parágrafo único, III, do Novo Código Civil;[19]

---

[17] O contrato social ou o ato de nomeação em separado definem, para cada administrador ou em termos gerais, se há termo ou não para o exercício do cargo. Na Junta Comercial devem ser arquivados os atos de condução, recondução e cessação do exercício do cargo de administrador. Em caso de renúncia, que deve ser feita por escrito, o ato só produz efeitos em relação a terceiros, após arquivamento na Junta Comercial e publicação, mas, para a sociedade, é eficaz desde o momento em que dele tomou conhecimento.

[18] Junto com as contas, apresentarão aos sócios os balanços patrimonial e de resultados que a sociedade limitada, na condição de empresária, é obrigada a levantar. O prazo para essas providências é de quatro meses seguintes ao término do exercício social.

[19] É a primeira manifestação, no direito positivo brasileiro, da teoria *ultra vires* (que, aliás, não é mais adotada em nenhum outro lugar no mundo, nem mesmo na Inglaterra, onde nascera há mais de um século). Por essa teoria, a pessoa jurídica só responde pelos atos praticados em seu nome, quando compatíveis com o seu objeto. Se estranho às finalidades da pessoa jurídica, o ato deve ser imputado à pessoa física de quem agiu em nome dela.

f) quando a sociedade limitada estiver sujeita à regência supletiva do regime das anônimas (porque assim previsto em contrato social), ela responde por todos os atos praticados em seu nome, podendo, por certo, ressarcir-se dos prejuízos em regresso contra o administrador que excedeu seus poderes.

9. SÍNTESE DAS CARACTERÍSTICAS DA SOCIEDADE LIMITADA

Aliás, sobre a sociedade limitada, muito esclarecedor é o artigo denominado "Novo Código Civil para as pequenas e médias empresas", publicado pela revista *Exame*.[20] Se não vejamos:

"(...)

AS SOCIEDADES LIMITADAS

O que é Sociedade Limitada?
Mais de 90% das empresas no Brasil são Sociedades Limitadas. Nelas a responsabilidade de cada sócio é restrita ao valor de suas cotas, mas todos respondem solidariamente pela integralização do capital social. Como assim? Suponha que João e Pedro sejam sócios em uma empresa cujo capital é 100.000 reais – cada um tem 50.000. João já injetou sua parte na empresa em dinheiro e equipamentos. Pedro teve problemas financeiros e não pôde colocar sua parte no capital da empresa. Nesse caso, João torna-se uma espécie de fiador, ou seja, ele também é responsável pela parcela do capital que Pedro não integralizou. A Sociedade Limitada deve adotar no final de seu nome a palavra "Limitada" ou sua abreviatura. A omissão dessa palavra determina a responsabilidade solidária e ilimitada dos administradores que empregarem dessa maneira o nome da sociedade.

Quais leis regem as Sociedades Limitadas?
Originalmente, as Limitadas eram regidas pelo Decreto nº 3.708, promulgado em 1919. A partir de janeiro de 2002, o Novo Código Civil passou a ditar as regras para esse tipo de empresa. E trouxe complicações que não existiam antes. Por exemplo, certas decisões precisam

---

[20] *Novos Negócios*, ano 1, nº 1, abril de 2003, p. 15-19.

100 Direito para Administradores – vol. III

ser tomadas em assembléias convocadas por anúncio em jornal e com quórum superior a três quartos dos sócios. As atas dessas assembléias também precisam ser publicadas no *Diário Oficial* e em um jornal de grande circulação e registradas na Junta Comercial para que as decisões passem a valer. Isso tudo encarece e complica a vida do empresário, especialmente do pequeno e do médio.

O que acontece nos casos omissos, ou seja, quando não há regras na legislação das Limitadas para resolver determinado problema?

Passam a valer as normas que se referem às Sociedades Simples, também contidas no Novo Código Civil. Como alternativa, o Código diz que as Sociedades Limitadas podem adotar nos casos omissos a Lei das Sociedades Anônimas (S.A.), desde que isso seja colocado no contrato social. Muitos advogados têm recomendado a seus clientes que adotem a Lei das S.A. porque ela é mais madura – foi promulgada em 1976 e alterada em 2001 – e já se sabe como ela tem sido interpretada nos tribunais, o que não ocorre com as normas para Sociedade Simples do Novo Código Civil.

O capital social das Limitadas pode ser aumentado?

Os sócios podem aumentar o capital mediante modificação no contrato, desde que suas cotas estejam integralizadas. Os sócios têm 30 dias de preferência para participar do aumento, na proporção das cotas que detêm. O direito de preferência pode ser cedido a outros sócios, independentemente de aprovação dos demais, ou a pessoas de fora da empresa, desde que não haja oposição de titulares de mais de um quarto do capital social.

Os sócios podem reduzir o capital social?

Sim, isso pode ser feito em dois casos. O primeiro: se houver perdas irreparáveis, por exemplo, se a empresa tiver prejuízos seguidos e resolver compensar isso reduzindo seu capital – é como se os prejuízos corroessem o capital da empresa. O segundo caso: se o capital for considerado excessivo em relação ao negócio da empresa. O que isso quer dizer? Suponha que um açougue de esquina tenha um capital social de 500.000 reais. Esse valor pode ser considerado alto demais para um negócio tão pequeno, porque ele deve refletir o patrimônio da empresa, e um açougue dificilmente terá um patrimônio desse porte. Um capital alto demais também é desvantajoso porque ele é o limite das obrigações (ou dívidas) dos sócios. Isso quer dizer que baixar o capital de 500.000 reais para 100.000 reais pode ser mais seguro para os donos da empresa. Nesse último caso, um credor que se sentir prejudicado – já que estão diminuindo o capital social, que é uma espécie de garantia de que ele vai receber o que a empresa lhe deve – tem 90 dias para se opor, a partir da publicação obrigatória na imprensa na ata da assembléia em que se decidiu pela redução.

A ADMINISTRAÇÃO DA LIMITADA

Quem pode administrar uma Sociedade Limitada?

Podem ser um ou mais administradores, sócios ou não, designados no contrato social ou em ato separado. O administrador não é mais chamado de sócio-gerente ou gerente delegado (administrador não sócio), como acontecia na legislação anterior. A administração atribuída no contrato a todos os sócios não se estende automaticamente aos que entrarem na sociedade posteriormente. Se o contrato permitir administradores não sócios, a designação deles dependerá da aprovação unânime dos sócios, caso o capital não esteja integralizado, ou de um mínimo de dois terços dos sócios, após a integralização.

Quando termina o exercício do cargo de administrador?

Quando é destituído pelos sócios ou quando termina seu mandato e ele não é reconduzido ao cargo. No caso de sócio nomeado administrador no contrato social, sua destituição só pode ser feita com a aprovação de titulares de cotas correspondentes a dois terços do capital social, a menos que o contrato determine algo diferente. Atenção para uma contradição do Código: esse quorum vale para decidir sobre a destituição. Para mudar o contrato e substituir o nome do administrador, são necessários três quartos do capital social.

Quando se torna oficial o afastamento do administrador?

Ao ser registrado na Junta Comercial, o que deve ser feito até dez dias após o afastamento. Em caso de renúncia, ela passa a valer depois que o administrador comunica sua saída por escrito à sociedade, e o fato é registrado na Junta Comercial e publicado na imprensa.

O que é o Conselho Fiscal?

Trata-se de uma novidade do atual Código Civil. Se a empresa quiser, ela pode instituir esse conselho por meio do contrato social. Com-

102　Direito para Administradores – vol. III

posto por três membros, sua função é analisar as demonstrações financeiras da empresa apresentadas pelo administrador. O conselho emite um parecer que deve auxiliar na aprovação das contas da empresa durante a assembléia anual dos sócios.

Como são escolhidos os membros do conselho?

Eles são eleitos anualmente entre os sócios ou pessoas de fora da empresa durante a assembléia dos cotistas. É assegurado aos minoritários, que representarem pelo menos um quinto do capital social, o direito de indicar um dos membros do conselho.

OS SÓCIOS DA LIMITADA

Quais as decisões que devem ser tomadas pelos sócios – e não pelo administrador?

Além de outras deliberações que eventualmente sejam atribuídas aos sócios pela lei ou pelo contrato social, o Novo Código determina que eles devem:

1) aprovar as contas da administração;
2) designar, definir o modo de remuneração e destituir os administradores;
3) modificar o contrato social;
4) decidir pela incorporação, fusão e dissolução, ou pelo encerramento do processo de liquidação da sociedade;
5) nomear, destituir e julgar as contas dos encarregados da liquidação;
6) pedir concordata (em caso de urgência, os administradores podem pedir concordata preventiva,[21] desde que tenham autorização de titulares de mais da metade do capital social).

Os sócios devem se juntar em reunião ou assembléia para tomar decisões?

Sim. Em empresas com até dez sócios pode ser feita uma reunião comum, com regras estipuladas pelo contrato social. Se a sociedade tiver mais de dez sócios, é obrigatória a realização de assembléia, cujas normas estão prescritas no Código Civil. A reunião ou assembléia é dispensável se todos os sócios chegarem a um acordo, por escrito

---

[21] Com relação à concordata, ver o capítulo referente à alteração da Lei de Falências (Capítulo 9).

e assinado, sobre o assunto que seria debatido. É bom ficar atento: se o contrato social não definir regras para as reuniões dos sócios, passam a valer automaticamente as burocráticas normas estipuladas pelo Código para as assembléias.

Como é feita a convocação para a assembléia?

Assim como acontece com outros tipos de empresa que têm por obrigação convocar assembléias, como as Sociedades Anônimas, as Limitadas com mais de dez sócios devem fazer a convocação por meio do *Diário Oficial* e de um jornal de grande circulação. O anúncio de convocação deverá ser publicado pelo menos três vezes: a primeira delas oito dias antes da assembléia e as demais cinco dias antes.

Como funciona a assembléia?

Ela começa, em primeira convocação, com a presença de no mínimo titulares de três quartos do capital. Em segunda convocação, começa com qualquer número de sócios. É presidida e secretariada por sócios escolhidos entre os presentes. A ata é assinada pelos membro da mesa e pelos sócios, em número suficiente para validar as decisões tomadas. Cópia autenticada da ata deverá ser registrada na Junta Comercial. O sócio que quiser também pode receber uma cópia.

Quantos votos são necessários para aprovar medidas na assembléia?

São necessários:

1) votos correspondentes a, no mínimo, três quartos do capital nos casos de modificação do contrato social. Isso é muito sério, porque mesmo alterações simples, como as de nome ou endereço da empresa, implicam mexer no contrato;

2) votos correspondentes, também, a pelo menos três quartos do capital nos casos de incorporação, fusão, dissolução ou encerramento do processo de liquidação da sociedade;[22]

3) votos correspondentes a mais da metade do capital nos casos de designação, definição do modo de remuneração e destituição dos administradores – quando nomeados em ato separado do contrato social –, e de pedido de concordata;

4) a maioria de votos dos presentes nos demais casos, salvo se o contrato exigir número mais elevado.

---

[22] Em capítulo específico desta parte da obra, trataremos desses institutos com detalhes.

104 Direito para Administradores – vol. III

Quando se deve realizar a assembléia dos sócios?

Sempre que for preciso que os sócios tomem alguma decisão, mas é obrigatória a realização de pelo menos uma reunião anual, nos quatro meses seguintes ao término do exercício social. Os objetivos são: aprovação das contas do exercício, análise dos resultados da empresa e nomeação dos administradores, quando for o caso. Os demonstrativos financeiros devem ser postos à disposição dos sócios não administradores até 30 dias antes da assembléia. A aprovação em assembléia das contas da empresa isenta de responsabilidade os administradores e membros do conselho fiscal, a menos que eles tenham cometido algum erro ou alguma fraude.

Um sócio pode participar do capital social por meio de prestação de serviços?

Não. Ao contrário do que acontece na Sociedade Simples, na Limitada o sócio tem de integralizar o capital em dinheiro ou bens.

Um sócio pode ceder sua cota, total ou parcialmente, a outra pessoa?

Pode, desde que o contrato social não diga o contrário. Se o beneficiário for um indivíduo já sócio, a cessão pode ser feita sem consulta aos demais sócios. Se for alguém de fora da sociedade, pode ser feita desde que não haja oposição de titulares de mais de um quarto do capital social.

A responsabilidade do sócio termina quando ele passa sua cota para a frente?

Não. Até dois anos depois de oficializada a transferência de cota, ele responde juntamente com o beneficiário, por exemplo, em relação a dívidas que a empresa contraiu quando ele ainda fazia parte da sociedade.

Os sócios das Limitadas podem excluir uns aos outros da sociedade sem precisar recorrer à Justiça?

Podem, desde que a maioria dos sócios, ou seja, mais da metade do capital social, entenda que o sócio a ser expulso está pondo em risco a continuidade da empresa – e que a exclusão por justa causa esteja prevista no contrato social. A justa causa ocorre, por exemplo, quando o sócio deixa de integralizar o valor referente à sua cota no capital social. Como assim? Os sócios podem injetar o valor total de cotas, o que se chama integralizar o capital social, quando constituem a empresa. Ou podem estabelecer um prazo para que isso seja feito. Com isso, pode acontecer de um sócio deixar de participar com o valor total correspondente à sua cota no capital. Os demais sócios podem tomá-la para si ou repassá-la a terceiros. O sócio inadimplente é excluído e recebe o valor referente à parcela que eventualmente tiver pago. Desse valor são descontadas despesas como os juros pelo atraso na integralização da cota. E exclusão só pode ser determinada em assembléia convocada exclusivamente para isso. O acusado deve estar ciente em tempo hábil para comparecer e se defender. Vale ressaltar que o Código é contraditório quando se trata desse assunto: diz que basta a maioria dos sócios para excluir um de seus pares, mas são necessários três quartos para alterar o contrato social e retirar dele o nome do sócio indesejado."

Capítulo 5

As Sociedades por Ações: Anônima e Comandita

OBJETIVO

O objetivo deste capítulo será o de tratar das normas que regem um tipo societário de fundamental importância, tendo em vista que, de regra, está atrelado a grandes empreendimentos que influem consideravelmente na política econômica. Com efeito, neste capítulo veremos as especificidades da sociedade anônima (S.A.), além de verificarmos algumas regras das chamadas comanditas por ações.

Introdução. 1. A Sociedade Anônima. 1.1. Características Gerais da Sociedade Anônima. 1.2. Constituição da Sociedade Anônima. 1.3. Valores Mobiliários Emitidos pela Sociedade Anônima. 1.4. Capital Social. 1.5. O Acionista da Sociedade Anônima. 1.6. Órgãos Sociais de Administração e Controle da Sociedade Anônima. 1.7. Demonstrações Financeiras. 2. A Sociedade em Comandita por Ações.

INTRODUÇÃO

São as sociedades por ações, também classificadas como institucionais: a *sociedade anônima* e a *sociedade em comandita por ações*. No seu estudo, cuida-se primeiro das normas relativas à sociedade anônima (também chamada de "companhia"), que são gerais para as socieda-

108 Direito para Administradores – vol. III

des por ações, reservando um item próprio para as especificidades da sociedade em comandita por ações.

Cumpre destacar que a sociedade anônima sujeita-se às regras da Lei das Sociedades por Ações (LSA), de nº 6.404, de 1976. O Código Civil de 2002 seria aplicável apenas nas omissões desta (artigo 1.089). Já a sociedade em comandita por ações é referida nos artigos 1.090 a 1.092 do Novo Código Civil, e se submete, em caso de omissão dessas normas, ao regime da sociedade anônima.

1. A SOCIEDADE ANÔNIMA

Ab initio, iremos estudar os meandros da sociedade anônima.

1.1. CARACTERÍSTICAS GERAIS DA SOCIEDADE ANÔNIMA

A sociedade anônima é uma sociedade de capital. Os títulos representativos da participação societária (ação) são livremente negociáveis. Nenhum dos acionistas pode impedir, por conseguinte, o ingresso de quem quer que seja no quadro associativo. Por outro lado, será sempre possível a penhora da ação em execução promovida contra o acionista. Nesse diapasão, em falecendo o titular de uma ação, não poderá ser impedido o ingresso de seus sucessores no quadro associativo. Até mesmo, por se tratar de sociedade institucional, nem será lícito aos sucessores do acionista morto pleitear a apuração dos seus haveres. O herdeiro ou legatário de uma ação transforma-se, queira ou não, em acionista da sociedade anônima.

1.1.A. CAPITAL DIVIDIDO EM AÇÕES

O capital social desse tipo societário é fracionado em unidades representadas por ações. Os seus sócios, por isso, são chamados de acionistas, e eles respondem pelas obrigações sociais até o limite do que falta para a integralização das ações de que sejam titulares. Isto é: o

As Sociedades por Ações:... Henrique M. dos Reis / Claudia N. P. dos Reis

acionista responde pelo preço de emissão das ações que subscrever ou adquirir (LSA, artigo 1º).

1.1.B. SOCIEDADE SEMPRE EMPRESÁRIA

A sociedade anônima é sempre empresária, mesmo que seu objeto seja atividade econômica civil (Novo Código Civil, artigo 982, parágrafo único; LSA, artigo 2º, § 1º). Assim, uma companhia constituída só por arquitetos para a prestação de serviços de arquitetura pelos próprios acionistas, embora tenha por objeto uma atividade não empresarial (artigo 966, parágrafo único, do Novo Código Civil), será empresária e estará sujeita ao regime jurídico-comercial, pela só adoção do tipo societário, o que, salvo no caso das cooperativas, não ocorre com as demais sociedades tipificadas em lei que podem, em função da natureza de sua atividade, ser simples ou empresárias.

1.1.C. FORMAÇÃO DO NOME DA S.A.

A companhia adota denominação obrigatoriamente. Desta constará referência ao tipo societário, pelas expressões "sociedade anônima" ou "companhia", por extenso ou abreviadamente (S.A. ou Cia.), sendo esta última expressão utilizada somente no início ou no meio do nome empresarial. A menção ao ramo do comércio na denominação é essencial (artigo 1.160 do Novo Código Civil).

1.2. CONSTITUIÇÃO DA SOCIEDADE ANÔNIMA

Podemos subdividir a constituição das companhias em três níveis distintos:[1]

a) requisitos preliminares (artigos 80 e 81)

---

[1] Observamos que não se trata, a rigor, de etapas da constituição, uma vez que se intercruzam as medidas disciplinadas em cada uma dessas seções.

110 Direito para Administradores – vol. III

Toda companhia, para constituir-se, deve observar os seguintes três requisitos preliminares:

1. *subscrição* de todo o capital social por, pelo menos, duas pessoas. Não se exige mais, como antigamente, o mínimo de sete subscritores para validade da constituição. É imprescindível, contudo, que todas as ações representativas do capital social estejam subscritas;[2]

2. *realização*, como entrada, de, no mínimo, 10% do preço de emissão das ações subscritas em dinheiro. Na subscrição a prazo em dinheiro, pelo menos 1/10 do preço da ação deve ser integralizado como entrada;[3]

3. *depósito* das entradas em dinheiro no Banco do Brasil ou estabelecimento bancário autorizado pela CVM[4] (CVM-AD nº 2/78). Esse depósito deverá ser feito pelo fundador, até 5 dias do recebimento das quantias, em nome do subscritor e em favor da companhia em constituição. Concluído o processo de constituição, a companhia levantará o montante depositado; se esse processo não se concluir em 6 meses do depósito, o subscritor é que levantará a quantia por ele paga.

b) modalidades de constituição (artigos 82 a 93)

A lei prevê duas modalidades de constituição de sociedade anônima, de acordo com a existência ou não de apelo ao público investidor:

1. *constituição por subscrição pública*[5]

---

[2] Ressaltamos que a *subscrição* é contrato plurilateral complexo, por meio do qual uma pessoa se torna titular de ação emitida por uma sociedade anônima. A subscrição é irretratável.

[3] Em se tratando de instituição financeira, a porcentagem sobe para 50%, nos termos do artigo 27 da Lei nº 4.595, de 1964.

[4] Ressaltamos que a Comissão de Valores Mobiliários – CVM – é órgão oficial, governamental, isto é, uma autarquia federal ligada ao Ministério da Fazenda, como preceitua a Lei nº 6.385/76, artigo 5º. Sua principal função gira em torno da fiscalização das atividades do mercado de valores mobiliários.

[5] Na qual os fundadores buscam recursos para a constituição da sociedade junto aos investidores.

Ressalte-se que, para a caracterização de emissão pública de ações, se encontra definida no artigo 19, § 3º, da Lei nº 6.385/76, que elege os seguintes elementos para a sua configuração:

- a utilização de listas ou boletins de venda ou subscrição, folhetos, prospectos ou anúncios destinados ao público;
- a procura de subscritores ou adquirentes para os títulos, por meio de empregados, agentes ou corretores;
- a negociação feita em loja, escritório ou estabelecimento aberto ao público, ou com a utilização dos serviços públicos de comunicação.

Notamos que sempre que o fundador de uma companhia pretender lançar mão de expedientes como os referidos pelo precitado dispositivo legal, deverá observar as normas relativas à constituição por subscrição pública, também denominada *constituição sucessiva*, posto compreender várias etapas ou fases.[6] Essas etapas são basicamente três:

I. registro da emissão e da sociedade na CVM;[7]
II. subscrição das ações representativas do capital social. O investimento é oferecido ao público pela instituição financeira intermediária.[8] Quem pretender subscrever ações dessa com-

---

[6] Caso não pretenda lançar mão desses expedientes, deverá o fundador optar pela constituição por subscrição particular, conhecida por *constituição simultânea*.

[7] A *constituição sucessiva* tem início com o registro na CVM, cujo pedido deve estar instruído com o estudo de viabilidade econômica e financeira do empreendimento, o projeto dos estatutos e o prospecto. Aquela autarquia poderá condicionar a concessão do registro a alterações no prospecto ou no projeto de estatuto que não se revelarem satisfatórios. Se o estudo de viabilidade econômica e financeira do empreendimento, no entanto, não satisfizer aos critérios técnicos da CVM – revelando-se, segundo tais critérios, a inviabilidade ou temeridade da empresa –, não será o caso de se proceder a alterações nele, uma vez que este deve retratar uma realidade, e não dispor sobre ela, como é o caso dos outros dois instrumentos. Nesta hipótese, o único caminho a seguir é o indeferimento do registro. A CVM poderá, também, negar o registro baseada na inidoneidade dos fundadores.

[8] Para requerer o registro junto à CVM, o fundador da companhia deverá, necessariamente, contratar uma instituição financeira para intermediar a colocação das ações no mercado. O prospecto deverá, até, conter a sua assinatura.

112 Direito para Administradores – vol. III

panhia deve procurar a instituição financeira para assinar o boletim ou a lista de subscrição, que instrumentalizam o negócio jurídico. Também será possível a subscrição por carta que atenda aos requisitos fixados no prospecto. Em uma ou outra hipótese, sendo em dinheiro a integralização, o subscritor pagará a entrada;

III. quando todo o capital social estiver subscrito, os fundadores convocarão a assembléia de fundação para avaliar os bens oferecidos para a integralização, se for o caso, e deliberar sobre a constituição da companhia. Nessa assembléia, todas as ações, de qualquer espécie ou forma, conferirão ao seu titular o direito de voto. Confirmada a observância de todas as formalidades legais e não se opondo subscritores representativos de mais da metade do capital social, será proclamada a sua constituição, elegendo-se, em seguida, os administradores e fiscais. O projeto de estatuto somente poderá ser alterado por deliberação unânime dos subscritores.

2. *constituição por subscrição particular*[9]

A constituição por subscrição particular é mais simples. Com efeito, poderá processar-se: 1. por deliberação dos subscritores reunidos em assembléia de fundação;[10] ou 2. por escritura pública.[11]

c) *providências complementares* (artigos 94 a 99)

Na seção relacionada às providências complementares, que são comuns a ambas as modalidades de constituição, fixa a lei a necessidade de registro e publicação dos atos constitutivos da companhia.

Somente após essas providências é que a companhia poderá dar início à exploração de suas atividades comerciais, de forma regular.

---

[9] Na qual não existe a preocupação por parte dos fundadores em buscar recursos para a constituição da sociedade junto aos investidores.

[10] Nesta hipótese, todos os subscritores deverão assinar o projeto de estatuto.

[11] A qual conterá os requisitos fixados em lei (LSA, artigo 88, § 2º).

Ademais, caso haja incorporação de bem ao capital social, deverá ser providenciada, por seus primeiros administradores, a transferência da titularidade desse bem para a companhia, por transcrição no registro público competente (se bem imóvel, o Registro de Imóveis; se marca, o registro no INPI etc.).[12]

1.3. VALORES MOBILIÁRIOS EMITIDOS PELA SOCIEDADE ANÔNIMA

Ressalte-se que *valor mobiliário* consubstancia-se em título de investimento que a sociedade anônima emite para a obtenção de recursos. Trata-se de investimento social oferecido ao público pela companhia.

Cumpre frisar que, além das *ações*, a LSA prevê como suas modalidades as partes beneficiárias e as debêntures. Igualmente, cuida dos valores considerados como *subprodutos*[13] de valores mobiliários: os *bônus de subscrição* e os *certificados de emissão de garantia*.

Se não vejamos algumas especificidades desses valores mobiliários:

1.3.A. AÇÕES DA SOCIEDADE ANÔNIMA

Inicialmente destacamos que *ação* é um título de investimento representativo de unidade do capital social da sociedade anônima, que confere a seu titular um regime próprio de direitos e deveres. Dessa forma, a *ação* é, simultaneamente, um conjunto de direitos atribuídos a seu titular e um título representativo do direito do acionista.

Em síntese, a *ação* é um valor mobiliário (= bem móvel) que representa uma fração (= parte) do capital social, tendo o condão de atribuir, também, a condição de sócio.

---

[12] A certidão dos atos constitutivos expedida pela Junta Comercial é documento hábil para instrumentalizar essa transferência.

[13] Na realidade, são *valores mobiliários derivados*.

114 Direito para Administradores – vol. III

Conforme a natureza dos direitos que conferem, as ações podem ser ordinárias ou comuns, preferenciais e de gozo ou fruição. E, quanto à forma, podem ser nominativas, nominativas endossáveis, ao portador, escriturais e com ou sem valor nominal. Veja-se:

1.3.A.1. CONFORME A NATUREZA DOS DIREITOS QUE CONFEREM

- *Ações ordinárias ou comuns* são as que conferem os direitos comuns de sócio, sem restrições ou privilégios. Conferem a seus possuidores a plenitude dos direitos sociais, isto é, a participação nos dividendos e o voto nas deliberações sociais. São igualmente denominadas *ações de direção*.
- *Ações preferenciais* são as que dão aos seus titulares algum privilégio ou preferência, como, por exemplo, dividendos fixos ou mínimos, ou prioridade no recebimento dos dividendos.[14] Contudo, em troca, tais ações podem ser privadas de alguns direitos, como o de voto.[15]
- *Ações de gozo ou fruição*. Há situações em que sobram lucros em caixa, podendo, neste caso, a direção da S.A., em vez de distribuir dividendos, amortizar um lote de ações, normalmente por sorteio, pagando o valor nominal aos seus titulares. Em seguida, autoriza-se que aqueles antigos titulares adquiram outras ações, em substituição. Estas últimas são as de *gozo ou fruição*. Dessa forma, o acionista já obteve o retorno de seu investimento, e continua usufruindo dos demais direitos de sócio inerentes às ações ordinárias ou preferenciais que tinha, exceto, por óbvio, o de reembolso de seu capital.

---

[14] Ressalte-se que a companhia somente pode pagar dividendos: a) à conta do lucro líquido do exercício; b) de lucros acumulados; e c) de reserva de lucros.

[15] O número de ações preferenciais não pode ultrapassar 50% do total das ações emitidas (artigo 15, § 2º, da Lei nº 6.404/76, na redação da Lei nº 10.303, de 31/10/2001).

1.3.A.2. QUANTO À FORMA

No que tange à forma, as ações diferem conforme sua transmissibilidade. Podem ser:[16]

- *Ações nominativas* são aquelas em que se declara o nome de seu proprietário. São transferidas por termo lavrado no Livro de Registro de Transferência de Ações Nominativas, recebendo o cessionário novas ações, também com a indicação de seu nome.[17]
- *Ações escriturais* são aquelas em que não há emissão de certificado. São mantidas em conta de depósito, em nome de seus titulares, em uma instituição financeira autorizada pela Comissão de Valores Mobiliários. A transferência da ação escritural opera-se pelo lançamento efetuado pela instituição depositária em seus livros, a débito da conta de ações do alienante e a crédito da conta de ações do adquirente, à vista de ordem escrita do alienante, ou de autorização ou ordem judicial, em documento hábil que ficará em poder da instituição.

1.3.A.3. CONVERSIBILIDADE DAS AÇÕES DA SOCIEDADE ANÔNIMA

Lembramos que as ações podem ser convertidas de um tipo em outro, nos termos do estatuto, como, por exemplo, de ao portador em nominativas, ou de ordinárias em preferenciais, ou vice-versa (artigo 22 da LSA).

---

[16] Ressalte-se que as formas *ao portador* e *endossáveis* foram extintas pela Lei nº 8.021/90. *Ações nominativas endossáveis* eram aquelas que traziam também o nome de seu proprietário, mas podiam ser transferidas por simples endosso passado no verso ou no dorso da ação. *Ações ao portador* eram as que não tinham declarado no seu texto o nome do seu titular. Sua transferência operava-se pela simples tradição manual. As ações ao portador não davam direito a voto (artigo 112 da Lei das S.A.).

[17] A partir da Lei nº 8.021/90, que alterou o artigo 20 da Lei das S.A., não apenas as ações de certas empresas, mas todas as ações, de todas as companhias, devem ser nominativas.

116 Direito para Administradores – vol. III

1.3.A.4. O VALOR DAS AÇÕES DA SOCIEDADE ANÔNIMA

Inicialmente cabe destacar que *preço de emissão* não se confunde com o valor nominal ou de negociação. Dessa forma, se for indagado quanto vale uma ação de determinada companhia, a resposta dependerá de um esclarecimento: a respeito de que valor estará sendo feita a pergunta.

Com efeito, a ação de uma sociedade anônima vale diferentemente de acordo com os objetivos da avaliação. Assim, no que tange ao valor das ações, podemos considerar os seguintes aspectos:

a) *valor nominal* – estabelecido pela S.A., é o que resulta da operação matemática de divisão do valor do capital social pelo número de ações. O estatuto da sociedade pode expressar esse valor ou não; no primeiro caso, ter-se-á ação com valor nominal; no segundo, ação sem valor nominal;

b) *valor de mercado* – é o alcançado na Bolsa ou no Balcão. Trata-se do preço que o titular da ação consegue obter na sua alienação. O valor pago pelo adquirente é definido por uma série de fatores econômicos, como as perspectivas de rentabilidade, o patrimônio líquido da sociedade, o desempenho do setor em que ela atua, a própria conjuntura macroeconômica etc.;

c) *valor patrimonial ou real*[18] – em que se calcula o acervo econômico global da companhia em relação ao número de ações emitidas. Trata-se do valor da participação do titular da ação no patrimônio líquido da companhia. Resulta da operação matemática de divisão do patrimônio líquido pelo número de ações em que se divide o capital social. É o valor devido ao acionista em caso de liquidação da sociedade ou amortização da ação;

---

[18] Ressalte-se que o *valor nominal*, quando existente, é previsto nos estatutos. Já o *valor patrimonial* se pode conhecer pelas demonstrações contábeis que a sociedade anônima é obrigada a levantar ao término do exercício social. Quando esses instrumentos estão defasados no tempo, a lei estabelece mecanismos para a sua atualização (LSA, artigo 45, §§ 1º a 4º), de modo que o valor patrimonial da ação corresponda à parcela do patrimônio líquido atualizado da sociedade cabível a cada ação.

As Sociedades por Ações:... Henrique M. dos Reis / Claudia N. P. dos Reis 117

d) *valor econômico* – é a capacidade de gerar lucro pela S.A. Trata-se do valor calculado por avaliadores de ativos, por intermédio de técnicas específicas (por exemplo, a do "fluxo de caixa descontado"), e representa o montante que é racional pagar por uma ação, tendo em vista as perspectivas de rentabilidade da companhia emissora;

e) *preço de emissão* – é o preço pago por quem subscreve a ação, à vista ou parceladamente. Destina-se a mensurar a contribuição que o acionista dá para o capital social (e, eventualmente, para a reserva de capital) da companhia, bem como o limite de sua responsabilidade subsidiária. O preço de emissão é fixado pelos fundadores, quando da constituição da companhia, e pela Assembléia Geral ou pelo Conselho de Administração, quando do aumento do capital social com emissão de novas ações. Se a companhia tem o seu capital social representado por ações com valor nominal, o preço de emissão das ações não poderá ser inferior ao seu valor nominal. E, se for superior, a diferença, chamada ágio, constituirá reserva de capital, que poderá posteriormente ser capitalizada (LSA, artigos 13 e 200, IV).[19]

---

[19] A fixação do preço de emissão de ações emitidas por força de aumento do capital social deve obedecer a determinados critérios previstos em lei (artigo 170, § 1º), dos quais se destaca: não se poderá impingir aos antigos acionistas uma diluição injustificada do valor patrimonial de suas ações. Com efeito, sempre que as novas ações forem subscritas por preço inferior ao valor patrimonial das existentes, este sofrerá uma redução (diluição). Tal redução poderá ser justificada ou não. Isto é: se a companhia efetivamente necessita dos recursos provenientes da emissão das novas ações, os acionistas antigos devem suportar a diluição do valor patrimonial de seus títulos. Entretanto, se não existe tal necessidade ou se os recursos de que carece a sociedade poderiam ser obtidos por outros meios, não se justifica a diluição. Essa regra vigora para a sociedade por ações com ou sem valor nominal. O acionista de qualquer companhia não pode sofrer, injustificadamente, diluição do valor patrimonial de suas ações. Contudo, o acionista de sociedade por ações com valor nominal encontra-se mais protegido contra essa diluição, mesmo justificada, do que o acionista de sociedade por ações exclusivamente sem valor nominal. Em razão da proibição de fixação do preço de emissão de novas ações abaixo do valor nominal, terá aquele acionista uma relativa garantia contra a diluição do valor patrimonial de suas ações. Por outro lado, costuma-se apontar a facilidade e economia na emissão de certificados de ações como a vantagem da adoção do sistema de ausência do valor nominal, posto que seria dispensável a substituição dos certificados sempre que o capital social e, conseqüentemente, o valor nominal das ações fossem aumentados.

118 Direito para Administradores – vol. III

1.3.A.5. RENTABILIDADE E DIVIDENDOS

Inicialmente ressaltamos que a *rentabilidade determinada* não é um atributo das ações, posto tratar-se de títulos de renda variável.[20] Deriva de diversos fatores: a) participação do acionista nos resultados da companhia; b) distribuição de dividendos; c) bonificações; e d) venda, no mercado de bolsa ou balcão, das ações anteriormente adquiridas ou subscritas, ou ainda, de direitos de subscrição.

Por outro lado, *dividendo* significa não a totalidade do lucro partilhável entre os acionistas, mas a parte que toca a cada um, isto é, não o dividendo, mas o quociente desse dividendo total (quantia a ser dividida) pelo número de ações.

Podemos sistematizar os dividendos da seguinte forma:

a) *dividendo fixo* – é o estabelecido de forma imutável no estatuto; percentualmente sobre o valor do capital social;

b) *dividendo cumulativo* – é aquele que, não tendo sido pago em um ou mais anos, permanece como obrigação da companhia, transferindo-se para outro(s) exercício(s);[21]

---

[20] O resultado do exercício, revelado na respectiva demonstração financeira, tem a sua destinação em parte definida pela lei. Desse modo, após a absorção de prejuízos acumulados, a provisão para o Imposto de Renda e o pagamento das participações estatutárias de empregados, administradores e partes beneficiárias, o lucro líquido gerado pela empresa durante o último exercício terá dois possíveis destinos: ficará em mãos da própria sociedade ou será distribuído entre os acionistas, a título de dividendos. Aliás, uma parcela dos lucros permanecerá obrigatoriamente na companhia (por meio da reserva legal) e outra será necessariamente distribuída aos acionistas (dividendo obrigatório), restando à Assembléia Geral Ordinária deliberar quanto à destinação do restante do resultado, aprovando ou rejeitando a proposta da diretoria. Para tanto, abrem-se três alternativas: constituição de reserva de lucro, distribuição de dividendos ou capitalização (aumento ao capital social).

[21] Lembramos que os dividendos, ainda que fixos ou cumulativos, não poderão ser distribuídos em prejuízo do capital social, salvo quando, em caso de liquidação da companhia, essa vantagem tiver sido expressamente assegurada. Ademais, é imprescindível distinguir *dividendo fixo* de *dividendo mínimo*. O primeiro é contemplado de forma imutável no estatuto. Uma vez pago, satisfeito estará o direito do acionista, sem participação, portanto, nos lucros que remanescem. Por outro lado, no caso do dividendo mínimo, precisamente por se tratar do mínimo estatutário, mesmo pago, não obsta a que as ações preferenciais concorram em condições idênticas com as ordinárias aos lucros remanescentes.

c) *dividendo obrigatório*[22] – é expressão que serve para nominar tanto o dividendo estatutário obrigatório como o dividendo legal incidente na omissão daquele (o dividendo legal atua como subsidiário). Os acionistas têm direito de receber como *dividendo obrigatório,*[23] em cada exercício, a parcela dos lucros estabelecida *no estatuto,*[24] ou, se este for omisso,[25] metade do lucro líquido do exercício diminuído ou acrescido dos seguintes valores: 1. quota destinada à constituição da reserva legal; 2. importância destinada à formação de reservas para contingência e reversão das mesmas reservas formadas em exercícios anteriores; e 3. lucros a realizar transferidos para a respectiva reserva e lucros anteriormente registrados nessa reserva, que tenham sido realizados no exercício. Ressalte-se que a distribuição do dividendo obrigatório[26] somente não será feita em

---

[22] É imperativo destacar que o dividendo não será obrigatório, em determinado exercício, se incompatível com a situação financeira da companhia, circunstância que deverá ser informada pelos órgãos da administração à Assembléia Geral Ordinária, cuja deliberação deverá ser antecedida de parecer do Conselho Fiscal, se em funcionamento.

[23] No que diz respeito à companhia fechada, se não houver discordância de nenhum dos acionistas presentes, a Assembléia Geral pode deliberar a distribuição de dividendo inferior ao obrigatório, ou a retenção de todo o lucro.

[24] O estatuto poderá estabelecer o dividendo como porcentagem do lucro ou do capital social, ou fixar outros critérios para determiná-lo, desde que sejam minuciosamente regulados e não sujeitem os acionistas minoritários ao arbítrio dos órgãos de administração ou da maioria.

[25] Ressalte-se que quando o estatuto for omisso e a Assembléia Geral deliberar alterá-lo, para introduzir norma sobre a matéria, o *dividendo obrigatório* não poderá ser inferior a 25% (vinte e cinco por cento) do lucro líquido, assim entendido o resultado do exercício, uma vez deduzidos os prejuízos de exercícios anteriores, o Imposto de Renda do exercício e as participações de empregados, administradores e partes beneficiárias.

[26] Repise-se: os dividendos obrigatórios são a parcela do lucro líquido da sociedade que a lei determina seja distribuído entre os acionistas. Inovação interessante da lei brasileira de 1976, os dividendos obrigatórios asseguram aos acionistas minoritários algum retorno de seus investimentos, impedindo que o controlador reinvista na própria companhia todos os resultados gerados. A parcela mínima dos lucros a ser necessariamente distribuída entre os acionistas será a definida pelo estatuto. Na hipótese de sua omissão, prevê a lei a distribuição de pelo menos metade do lucro líquido ajustado. Além do percentual do lucro líquido da sociedade previsto no estatuto (ou na lei), também deve ter a destinação de dividendo obrigatório a parcela desse lucro não apropriada em reservas legais ou estatutárias.

120 Direito para Administradores – vol. III

duas hipóteses:[27] 1. se os órgãos da administração informarem à Assembléia Geral Ordinária que a situação financeira da companhia não é compatível com o seu pagamento; ou 2. por deliberação da Assembléia Geral de companhia fechada, se não houver oposição de nenhum dos acionistas presentes;

d) *dividendos prioritários* – são os devidos aos titulares de ações preferenciais. Podem ser, de acordo com a previsão estatutária, fixos ou mínimos. Os dividendos prioritários fixos atribuem ao acionista o direito ao recebimento de um determinado valor, estipulado em moeda nacional ou em percentual do capital social ou do preço de emissão. Já os dividendos prioritários mínimos atribuem o direito ao recebimento de valor nunca inferior a certa importância ou percentual. Assim, o acionista titular de ação preferencial com direito a dividendo fixo poderá receber menos ou mais que o pago aos acionistas titulares de ação ordinária, enquanto o beneficiado por dividendo mínimo receberá valor igual ou superior ao pago às ordinárias;[28]

e) a lei prevê, ademais, a distribuição de *dividendos intermediários* quando a companhia, por força de lei ou de regra estatutária, levantar balanço semestral em que poderá declarar, por deliberação dos Órgãos da Administração, se autorizados pelo estatuto, dividendo à conta do lucro apurado nesse balanço.[29]

---

[27] Nessas situações, os lucros não distribuídos constituirão *reserva especial,* e serão atribuídos aos acionistas se e quando o possibilitar a situação financeira da companhia.

[28] O dividendo prioritário deve ser apropriado contabilmente após a constituição da reserva legal, mas antes da constituição das demais reservas de lucro. Por outro lado, poderá o estatuto estipular o pagamento de dividendos prioritários à conta de reserva de capital, regulando a matéria. Se o pagamento dos dividendos prioritários consumir toda a parcela dos lucros destinada à distribuição entre os acionistas, os titulares de ações ordinárias não receberão nenhuma soma naquele exercício. Essa situação não contraria a previsão legal dos dividendos obrigatórios, desde que aos titulares de ações preferenciais tenha sido pago o percentual correspondente do lucro líquido ajustado definido pelos estatutos.

[29] Assim, a companhia poderá, se houver previsão estatutária nesse sentido, levantar balanço e distribuir dividendos em períodos menores, desde que o total dos dividendos pagos em cada semestre do exercício social não exceda o montante das reservas de capital.

As Sociedades por Ações:... Henrique M. dos Reis / Claudia N. P. dos Reis 121

Acrescente-se que a companhia somente pode pagar dividendos:[30] a) à conta de lucro líquido do exercício; b) de lucros acumulados; e c) de reserva de lucros.[31]

Ademais, no que tange ao pagamento de dividendos, vigoram as seguintes normas:[32]

a) quanto à titularidade, receberá o dividendo de ações nominativas a pessoa que, na data do ato de declaração do dividendo, estiver inscrita como proprietária ou usufrutuária da ação;

b) quanto à forma, os dividendos poderão ser pagos por cheque nominativo remetido por via postal para o endereço comunicado pelo acionista à companhia ou mediante crédito em conta corrente bancária aberta em nome do acionista;

c) em se tratando de ações em custódia bancária ou em depósito, os dividendos serão pagos pela companhia à instituição financeira depositária, responsável por sua entrega aos titulares das ações depositadas;

d) no que tange ao prazo, o dividendo deverá ser pago dentro de 60 dias da data em que for declarado e, em qualquer caso, dentro do exercício social, salvo deliberação em contrário da Assembléia Geral.

---

[30] Excepcionalmente, a lei enseja ao estatuto prever, para o exercício em que o lucro for insuficiente, que as preferenciais com prioridade na distribuição de dividendo cumulativo recebam-no à conta das reservas de capital. Lembramos que a distribuição de dividendos com inobservância desse preceito ocasiona responsabilidade solidária dos administradores e fiscais, quer dizer, deverão repor a importância distribuída e poderão ser responsabilizados criminalmente. Entretanto, o mesmo não acontece com os acionistas, que não são obrigados a restituir os dividendos que em boa-fé tenham recebido (presume-se a má-fé quando os dividendos forem distribuídos sem o levantamento do balanço ou em desacordo com os resultados deste).

[31] Os lucros que deixarem de ser distribuídos serão registrados como reserva especial e, se não absorvidos por prejuízos em exercícios subseqüentes, deverão ser pagos como dividendos assim que o permitir a situação financeira da companhia.

[32] Registre-se que o prazo de prescrição da ação destinada à recepção de dividendos é de três anos, cujo termo *a quo* é a data em que tenham sido postos à disposição do acionista.

122 Direito para Administradores – vol. III

Finalmente, lembramos que a legislação previdenciária proíbe a sociedade anônima de distribuir dividendos entre os acionistas enquanto encontrar-se em débito perante o INSS (Lei nº 8.212/91, artigo 52). Em se verificando a hipótese, no entanto, a autarquia previdenciária *não* terá direito de reclamar dos acionistas os valores que estes receberam indevidamente. A sanção para o descumprimento da proibição legal, no caso, é apenas a imposição de uma multa a ser suportada pela companhia. Assim, se a fiscalização do INSS constatar, pelo exame da escrituração de uma sociedade anônima, que ela distribuiu lucros a despeito da existência de débito previdenciário, esta – e não os acionistas – será apenada.

1.3.A.6. NEGOCIAÇÃO EM MERCADO

A negociação primária opera-se por meio do lançamento público de ações devidamente registrado na CVM e com a intermediação obrigatória das instituições integrantes do sistema de distribuição de valores mobiliários. No caso, o investidor subscreve as ações, revertendo o produto dessa subscrição para a companhia.

Lembramos que é a CVM a responsável pela análise do pedido de registro de distribuição pública de valores mobiliários.[33]

No que tange à colocação no mercado secundário, as ações são negociadas pelas bolsas de valores ou no mercado de balcão. Nos demais casos, essas operações, a juízo do investidor, podem ser realizadas à vista, a termo, a futuro ou no mercado de opções. O prazo para liquidação física e financeira das operações realizadas em bolsas de valores, por meio de seus sistemas de pregões, em todos os mercados que operarem, é até o segundo dia subseqüente ao do fechamento da operação.

---

[33] Acrescente-se que, no caso de valores emitidos por sociedades controladas direta ou indiretamente por Estados, Municípios e pelo Distrito Federal, ouvirá, previamente, o Banco Central quanto ao atendimento às disposições das Resoluções do Senado Federal sobre endividamento público.

1.3.B. DEMAIS VALORES MOBILIÁRIOS

Inicialmente observamos que:

a) além das ações, a LSA prevê como modalidades de valores mobiliários as partes beneficiárias e as debêntures;

b) a LSA trata, igualmente, dos valores considerados como *subprodutos* de valores mobiliários: bônus de subscrição e certificados de emissão de garantia. Estes são, na verdade, *valores mobiliários derivados*. Ressalte-se que os *valores mobiliários derivados* são títulos de investimento que a sociedade anônima emite para obtenção dos recursos de que necessita;

c) as partes beneficiárias, as debêntures e os bônus de subscrição devem ser nominativos (Lei nº 9.457/97);

d) as partes beneficiárias e as debêntures são títulos estranhos ao capital social (seus titulares são credores da empresa). Entretanto, o crédito relativo às partes beneficiárias é eventual: será pago nos exercícios em que houver lucros, caso isso evidentemente ocorra. Por outro lado, o crédito relativo às debêntures não é eventual, isto é, no vencimento, a debênture deverá ser resgatada pela companhia.

Assim, além da ação, valor mobiliário representativo de unidade do capital social, a companhia poderá emitir os seguintes valores mobiliários:[34]

a) *debêntures*[35] (artigos 52 a 74 da LSA) – as debêntures são títulos representativos de um contrato de mútuo, em que a compa-

---

[34] Lembramos que a S.A. também pode emitir *nota promissória* (= *commercial paper*). *In casu*, trata-se de título de crédito emitido pela companhia, para colocação pública, que confere ao seu titular direito de crédito contra o emitente. É título cambial nominativo, sendo sua circulação por endosso em preto, de mera transferência de titularidade (artigo 15 do Decreto nº 57.663/66), constando obrigatoriamente no endosso a cláusula "sem garantia".

[35] Assim, tratam-se de títulos negociáveis que conferem direito de crédito contra a sociedade, nas condições estabelecidas no certificado.

124   Direito para Administradores – vol. III

nhia é a mutuária e o debenturista, o mutuante. Os titulares de debêntures têm direito de crédito, perante a companhia, nas condições fixadas por um instrumento elaborado por esta, que se chama *escritura de emissão*;[36]

b) *partes beneficiárias* (artigos 46 a 51 da LSA) – são títulos negociáveis, sem valor nominal, e estranhos ao capital social. Dão direito de crédito eventual, consistente na participação dos lucros anuais, até o limite de 10%;

c) *bônus de subscrição* (artigos 75 a 79 da LSA) – tratam-se de títulos negociáveis que conferem direito de subscrever ações. Confere direito de preferência para futura subscrição acionária (daí o nome do título). Podem ser emitidos até o limite de aumento do capital autorizado no estatuto. Igualmente, podem ter por finalidade a facilitação da venda de ações ou de debêntures, contribuindo, assim, para uma melhor programação do aumento de capital;

d) certificados de emissão de garantia.

1.4. CAPITAL SOCIAL

O capital social de uma sociedade anônima, da mesma maneira como ocorre em relação às demais sociedades comerciais, pode ser integralizado pelo acionista em dinheiro (o que ocorre mais freqüentemente), bens ou créditos.

1.4.A. INTEGRALIZAÇÃO DO CAPITAL SOCIAL

1.4.A.1. EM BENS

Ressalte-se que qualquer bem, corpóreo ou incorpóreo (registro de marca, patente etc.), móvel ou imóvel, pode ser usado para a integralização do capital social da companhia. O bem transfere-se a título de

---

[36] Referido instrumento estabelece se o crédito é monetariamente corrigido ou não, as garantias desfrutadas pelos debenturistas, as épocas de vencimento da obrigação e demais requisitos determinados por lei (LSA, artigo 59).

propriedade, salvo estipulação diversa (usufruto, por exemplo), e a responsabilidade do subscritor equipara-se, outrossim, à do vendedor.

Acrescente-se que para a integralização do capital social em bens é necessário realizar-se a avaliação dos mesmos, que deve ser feita com observância de determinadas regras fixadas em lei (LSA, artigo 8º). Se não vejamos:

a) devem ser contratados três peritos, ou uma empresa especializada, para a elaboração de um laudo fundamentado com indicação dos critérios e dos elementos de comparação utilizados e instruído pelos documentos relativos ao bem;

b) referido laudo será objeto de votação por assembléia geral da companhia. Se o valor obtido pelo laudo pericial for aprovado pelo órgão social e aceito pelo subscritor, perfaz-se a integralização do capital social pelo bem avaliado.

1.4.A.2. EM CRÉDITOS

No que tange à integralização por créditos de que seja titular o subscritor, há de se observar a responsabilidade deste pela existência do crédito e pela solvência do devedor. Mesmo em se tratando de cessão civil (em que, em regra, o cedente não responde pela solvência do devedor, como preceitua o artigo 1.074 do Novo Código Civil), será sempre possível demandar o subscritor quando o devedor não honrar o título junto à companhia cessionária (LSA, artigo 10, parágrafo único). Semelhante situação acontece na hipótese de endosso "sem garantia", sendo ineficaz perante a companhia a cláusula exoneratória de responsabilidade do acionista-endossante. Ademais, o certificado de ação integralizada por transferência de crédito somente poderá ser expedido após a sua realização (LSA, artigo 23, § 2º).

1.4.B. AUMENTO DO CAPITAL SOCIAL

Acrescente-se que o capital social pode – e, em determinadas situações, deve – ser aumentado. O aumento do capital social, entretanto,

126 Direito para Administradores – vol. III

nem sempre decorre de ingresso de novos recursos na companhia. Com efeito, o capital social da sociedade anônima é aumentado nas seguintes hipóteses:[37]

a) *emissão de ações* – situação em que há efetivo ingresso de novos recursos no patrimônio social;

b) *valores mobiliários* – a conversão de debêntures ou partes beneficiárias conversíveis em ações, bem como o exercício dos direitos conferidos por bônus de subscrição ou opção de compra, importam em aumento de capital social, com emissão de novas ações (LSA, artigo 166, III).

c) *capitalização de lucros e reservas* – a assembléia geral ordinária pode destinar uma parcela do lucro líquido ou de reservas para reforço do capital social, emitindo-se, ou não, novas ações (LSA, artigo 169), mas sempre sem o ingresso de novos recursos.

1.4.C. REDUÇÃO DO CAPITAL SOCIAL

Cabe frisar que o capital social da S.A. pode, igualmente, ser reduzido em duas situações permitidas por lei:

a) *excesso do capital social* – quando se constata o seu superdimensionamento (irrealidade do capital social); e

b) *prejuízo patrimonial* (LSA, artigo 173).

1.5. O ACIONISTA DA SOCIEDADE ANÔNIMA

Podemos elaborar a seguinte classificação no que diz respeito aos acionistas da S.A.:

---

[37] Destacamos que o Estatuto da S.A. pode autorizar o aumento do capital social, dentro de certo limite, sem necessidade de sua alteração. Referida medida visa a agilizar o processo de decisão e emissão de novas ações. Esse limite é denominado *capital autorizado*. Ademais, o Estatuto deverá, quando fixar o capital autorizado, definir qual o órgão competente para decidir a emissão das novas ações, se a Assembléia Geral ou o Conselho de Administração (LSA, artigo 168).

a) acionista comum ou ordinário – é aquele que tem direitos e deveres comuns de todo acionista. Tem o dever de integralizar as ações subscritas (artigo 106), de votar no interesse da companhia (artigo 115) etc. Tem direito a dividendos (participação proporcional nos lucros), a bonificações (com base na reavaliação do ativo). Tem também o direito de fiscalizar, de participar do acervo em caso de liquidação, de ter preferência na subscrição dos títulos da sociedade etc.;

b) acionista controlador – trata-se da pessoa física ou jurídica que detém de modo permanente a maioria dos votos e o poder de eleger a maioria dos administradores, e que use efetivamente esse poder (artigo 116). Tem os mesmos direitos e deveres do acionista comum. Contudo, responde por abusos praticados (artigo 117);

c) acionista dissidente – é aquele que não concorda com certas deliberações da maioria, como a criação ou a alteração de ações preferenciais, a modificação do dividendo obrigatório, a cisão[38] ou fusão de empresas etc. (artigo 137). Tem o direito de se retirar da companhia (direito de retirada ou de recesso), mediante o reembolso do valor de suas ações, pelo valor patrimonial ou, conforme o caso, pelo valor de mercado ou pelo valor econômico (artigos 45 e 137);

d) acionista minoritário – é o que não participa do controle da companhia, ou por desinteresse ou por insuficiência de votos. Os meios genéricos de proteção da minoria encontram-se no elenco dos direitos essenciais de todos os acionistas, minoritários ou não, como o direito ao dividendo, à fiscalização dos negócios sociais, a preferência na subscrição dos títulos da com-

---

[38] A cisão pura e simples não dá mais direito de retirada ou recesso. Esse direito, na cisão, só permanece no caso de cisão de companhia aberta, em que a sucessora, depois, não venha a ser também aberta (artigo 223, §§ 3º e 4º, na redação da Lei nº 9.457/97).

128 Direito para Administradores – vol. III

panhia, a faculdade de convocar a Assembléia Geral quando os administradores não o fizerem etc.[39]

1.5.A. OS DEVERES DOS ACIONISTAS

Podemos ressaltar que o *dever principal do acionista* (artigo 106 da LSA) é o de pagar o preço de emissão das ações que subscrever.[40]

Saliente-se que a companhia poderá promover, contra o acionista em mora (= remisso), a cobrança judicial do devido, por ação de execução, servindo o boletim de subscrição, acompanhado, se for o caso, da chamada, como título executivo extrajudicial. Poderá também optar pela venda das ações subscritas pelo acionista remisso em Bolsa. Essa regra, porque a venda referida se faz mediante leilão especial, também se aplica às companhias fechadas.

1.5.B. OS DIREITOS ESSSENCIAIS DOS ACIONISTAS

O artigo 109 da LSA trata dos direitos essenciais do acionista. Se não vejamos:

a) *participação nos resultados sociais* – o acionista tem direito de receber o dividendo, que é a parcela dos lucros sociais que lhe

---

[39] Esclarecemos que, como meios específicos de proteção aos minoritários podem ser apontados, por exemplo: a) direito de retirada ou de recesso (artigo 137); b) direito de eleger um membro do Conselho Fiscal (artigo 161, § 42, a); c) direito de convocar a Assembléia Geral (artigo 123, parágrafo único, c); d) dividendo obrigatório (artigo 202); e) voto múltiplo (artigo 141); f) direito de voto às ações preferenciais se a companhia não pagar dividendos por três exercícios consecutivos (artigo 111, § 12) etc. Acrescente-se que, entre as medidas tomadas pelos controladores em desfavor dos demais acionistas, se situam, principalmente, a não distribuição de lucros, a elevada remuneração dos diretores, o aumento do capital por subscrição, a alteração estatutária e a dissolução, com especial destaque para a venda do controle.

[40] Lembramos que o vencimento das prestações será o definido pelo estatuto ou pelo boletim de subscrição. Se omissos tais instrumentos, os órgãos da administração procederão à chamada dos subscritores, por avisos publicados na imprensa, por três vezes pelo menos, estabelecendo prazo não inferior a 30 dias para o pagamento. O acionista que deixar de pagar a prestação devida, no prazo assim fixado, estará constituído em mora independentemente de qualquer interpelação. Nessa situação, deverá pagar o principal de seu débito, acrescido de juros, correção monetária e multa estatutária de, no máximo, 10%. Essas três parcelas são devidas apenas se existir previsão estatutária.

As Sociedades por Ações:... Henrique M. dos Reis / Claudia N. P. dos Reis 129

cabe, bem como participar do acervo da companhia, em caso de liquidação (artigo 109, I e II);[41]

b) *fiscalização da gestão dos negócios sociais* – a legislação prevê formas de fiscalização direta e indireta dos negócios sociais. Do primeiro caso é exemplo a exibição dos livros sociais aos acionistas que representem 5% ou mais do capital social, nos casos de violação da lei ou do estatuto ou fundada suspeita de grave irregularidade (artigo 105); do segundo, é exemplo o Conselho Fiscal;

c) *direito de preferência* – os acionistas têm direito de preferência na subscrição de ações e de valor mobiliário conversível em ação, segundo os critérios do artigo 171, § 1º, da LSA;[42]

d) *direito de retirada* – o acionista dissidente de determinadas deliberações da assembléia geral (artigos 136, I a VI e IX, 221, 230 e 252) ou de companhia cujo controle foi desapropriado (artigo 236, parágrafo único) tem o direito de se retirar da sociedade, recebendo o reembolso de suas ações (artigo 45). A base para o cálculo do reembolso é o valor patrimonial das ações do acionista dissidente. Assim, o acionista que se retira terá direito de receber da sociedade, por cada ação que titulariza, a importância equivalente à divisão do patrimônio líquido da companhia pelo número de ações; [43]

---

[41] Este direito não pode ser exercido se a sociedade anônima é devedora do INSS, já que a lei do custeio da seguridade social proíbe a distribuição de lucros nas sociedades com débito previdenciário (Lei nº 8.212/91, artigo 52).

[42] *In casu*, trata-se de um direito cedível (= passível de cessão).

[43] Lembre-se de que, em princípio, o patrimônio líquido da sociedade é o constante do último balanço aprovado. Pode-se constatar, contudo, a defasagem desse valor, caso em que inevitavelmente ocorreria uma injustiça (em desfavor do dissidente, se o valor histórico é inferior ao atual, ou em desfavor da sociedade, se é superior). Para evitar a injustiça contra o acionista dissidente, a lei admite que ele peça o levantamento de um balanço especial (LSA, artigo 45, § 2º); para evitar a injustiça contra a sociedade, ela faculta aos estatutos a previsão de reavaliação do patrimônio da companhia, no momento da apuração do reembolso (LSA, artigo 45, §§ 3º e 4º). Deve-se anotar que, para boa parte da doutrina, após a reforma de 1997, o reembolso do acionista dissidente pode ser feito também pelo valor econômico das ações, quando assim previsto em estatuto.

1.5.B.1. O DIREITO DE VOTO

O *direito de voto* não é essencial, posto existirem ações, como visto, que não o conferem a seus titulares.

A lei disciplina o exercício do direito de voto, e coíbe:

a) *o voto abusivo* – é aquele em que o acionista tem em vista causar dano à companhia ou a outro acionista, ou obter, para si ou para outrem, vantagem indevida e da qual resulte ou possa resultar prejuízo para a sociedade ou outro acionista. O acionista responde, civilmente, pelos danos que causar com o voto abusivo;

b) *o voto conflitante* – é aquele cuja caracterização dispensa qualquer elemento subjetivo (= dolo ou culpa), vem elencado em lei. Assim, o acionista não pode votar nas deliberações sobre o laudo de avaliação de bens com os quais pretende integralizar suas ações, nem na aprovação das suas contas como administrador, nem nas questões que possam beneficiá-lo de modo particular ou nas que tiver interesse conflitante com o da companhia (artigo 115, § 1º). A decisão tomada em função de voto conflitante é anulável, sem prejuízo da responsabilidade civil do acionista por eventuais danos decorrentes.

Lembramos, ademais, que o *voto múltiplo* pode ocorrer no processo de escolha do Conselho de Administração e consiste na possibilidade de acionistas representando, no mínimo, um décimo do capital social votante atribuírem a cada ação tantos votos quantos sejam os membros do Conselho, sendo-lhes facultado cumular os votos em um só candidato ou distribuí-los entre vários. Essa faculdade deve ser requerida até quarenta e oito horas antes da assembléia geral. Dessa forma, se o conselho for composto de cinco membros, cada ação terá direito a cinco votos, e, dependendo do número de ações que esse grupo minoritário detenha, e ainda de uma dispersão no lado majoritário, será possível aos minoritários elegerem um ou até mais representantes no Conselho de Administração. A instrução da CVM nº 282/98,

As Sociedades por Ações:... Henrique M. dos Reis / Claudia N. P. dos Reis

que alterou a de nº 165, regulamentou o dispositivo da Lei das S.A. fixando uma escala, em função do capital social, de participação acionária necessária ao requerimento do processo de voto múltiplo para a eleição dos membros do Conselho de Administração de companhia aberta.[44]

Por conseguinte, a instituição de *voto múltiplo* constitui, assim, uma forma de permitir o acesso das minorias a uma parte do poder. Pela concentração dos votos, será possível a eleição de seu representante no Conselho de Administração

1.5.C. O ACORDO DE ACIONISTAS

Ressalte-se que os acionistas podem, livremente, compor seus interesses por acordo que celebrem entre si. Terão, em decorrência, a proteção que a lei dispensa aos contratos em geral. Entretanto, na hipótese de referidos acordos tratarem de alguns temas determinados, e estarem registrados na companhia, estarão sujeitos a uma proteção especificamente prevista pela legislação. Se não vejamos:

---

[44] Referida escala é a seguinte: "Artigo 1º – Em função do valor do capital social da companhia aberta, é facultado aos acionistas representantes do capital social com direito a voto, esteja ou não previsto no estatuto, requerer a adoção do processo de voto múltiplo para a eleição dos membros do Conselho de Administração, observada a tabela a seguir:

Intervalo do Capital Social (R$1)	Percentual mínimo do capital votante para solicitação de voto múltiplo %
0 a 10.000.000	10
10.000.001 a 25.000.000	9
25.000.001 a 50.000.000	8
50.000.001 a 75.000.000	7
75.000.001 a 100.000.000	6
Acima de 100.000.001	5

"§ único – Para fins de enquadramento, a companhia aberta considerará o seu capital social vigente no último dia do mês anterior à data da convocação da Assembléia acrescido da reserva de correção monetária do capital realizado, se ainda existir."

132 Direito para Administradores – vol. III

a) se o acordo tem em vista o poder de controle, exercício do direito de voto, a compra e venda de ações ou a preferência de sua aquisição, o seu registro junto à companhia importará nas seguintes modalidades de tutela: 1. a sociedade anônima não poderá praticar atos que contrariem o conteúdo próprio do acordo; 2. poderá ser obtida a execução específica do avençado, mediante ação judicial;[45]

b) no que diz respeito ao acordo de acionista que tenha por objeto o exercício do direito de voto, cabe destacar: 1. não pode ocorrer a venda de voto, fato tipificado como crime pelas legislações. *In casu*, o que as partes podem estabelecer é a uniformização da política administrativa; 2. o chamado voto *de verdade* é insuscetível de ser objeto de acordo. Nessa categoria se incluem os votos do acionista em matéria não propriamente deliberativa, mas homologatória, como é o caso da votação das contas dos administradores, ou do laudo de avaliação de bens para integralização do capital social etc.

1.5.D. O PODER DE CONTROLE

O acionista (ou grupo de acionistas vinculados por acordo de voto) titular de direitos de sócio que lhe assegurem, de modo permanente, a maioria de votos na assembléia geral e o poder de eleger a maioria dos administradores e usa, efetivamente, desse poder para dirigir as atividades sociais e orientar o funcionamento dos órgãos da companhia é considerado, pelo artigo 116 da LSA, *acionista controlador*.

Assim, para a sua configuração, é necessário:

---

[45] Assim, se um acionista acordou em conceder direito de preferência a outro, mas vendeu suas ações a um terceiro, descumprindo o acordo, a companhia não poderá registrar a transferência de titularidade das ações, caso o acordo se encontre averbado. Não há, no entanto, como tornar efetivo o direito de preferência, por parte do acionista prejudicado, senão com recurso ao Poder Judiciário que, substituindo a vontade do acionista alienante, conceda a preferência àquele.

a) ser maioria societária (não no sentido de necessariamente titularizar a maior parte do capital social, mas no de possuir ações que lhe garantam a maioria nas decisões tomadas pelas três últimas assembléias);

b) fazer uso dos direitos decorrentes dessa situação para dirigir a sociedade.

1.5.D.1. A RESPONSABILIDADE DO ACIONISTA CONTROLADOR

O acionista controlador responde:

a) *pelos danos que causar por abuso de poder*[46] (artigo 117): desvio de finalidade da companhia, a liquidação de sociedade próspera, a eleição de administrador ou fiscal sabidamente inapto, moral ou tecnicamente etc.;[47]

b) em caso de dolo ou culpa, por dívidas previdenciárias da companhia (Lei nº 8.620/91, artigo 13, parágrafo único), ou, se a sociedade anônima é instituição financeira, na hipótese de decretação, pelo Banco Central, do regime de administração especial temporária (Dec.-lei nº 2.321/85, artigo 15), liquidação extrajudicial ou intervenção (Lei nº 9.447/97).[48]

1.5.D.2. A NEGOCIAÇÃO DAS AÇÕES QUE PROPICIAM PODER DE CONTROLE

As ações que dão condições ao poder de controle costumam ser negociadas por valor maior que o das demais, até ordinárias emi-

---

[46] Para responsabilizar o controlador pelos danos advindos do exercício abusivo do poder de controle, não é necessário provar a sua intenção. Entende a doutrina que exigir tal prova poderia significar o esvaziamento do direito à indenização reconhecido pelo legislador, dada a extrema dificuldade de sua produção.

[47] Se de qualquer desses atos, ou outros que configurem abuso de poder, decorrer dano à companhia, seus acionistas e empregados, ou à comunidade em que atua, o controlador responderá pela respectiva composição.

[48] Semelhante responsabilidade tem o controlador de seguradora, entidade de previdência privada aberta e companhia de capitalização (Lei nº 10.190/2001).

134   Direito para Administradores – vol. III

tidas pela mesma sociedade. Com efeito, a diferença é chamada, no mercado, de *prêmio de controle*.[49]

1.5.D.2.1. A CLÁUSULA DE SAÍDA CONJUNTA (*TAG ALONG*)

Entretanto, ocorre algumas vezes que, no *prêmio de controle* esteja embutida retribuição a valor agregado à companhia não pelo controlador, mas por minoritários. Com efeito, se a sociedade havia captado recursos no mercado de capitais, com a emissão de ações preferenciais não votantes, pouco antes da alienação do controle, o caixa elevado da companhia decorrente dessa operação certamente será levado em conta na negociação do preço das ações do controlador. A liquidez da companhia, no entanto, é valor agregado pelos que haviam subscrito as preferenciais. Dessa forma, nas hipóteses, o controlador está apropriando, via *prêmio de controle*, valor que não agregou ao negócio.

No afã de evitar essa distorção, os acionistas minoritários devem condicionar o ingresso na sociedade à *cláusula de saída conjunta,* no estatuto ou em acordo de acionistas (em inglês, *tag along).* Quando prevista essa cláusula, o controlador não pode vender suas ações isoladamente. Quer dizer, só poderá vendê-las a quem se comprometa a adquirir também as dos beneficiados pela cláusula. Viabiliza-se, desse modo, a distribuição do *prêmio de controle* entre os acionistas com direito de saída conjunta.[50]

---

[49] Assim, na hipótese de alguém adquirir ações que lhe possibilitam passar a controlar a sociedade anônima, não está apenas acrescendo ao seu patrimônio o direito de participar dos seus dividendos e resultados, mas também vários outros, como o de eleger os administradores, definir a estratégia geral da empresa, reestruturar a sociedade, aumentar o capital social, estabelecer a destinação não vinculada dos resultados etc. É racional e justo que, em razão disso, pague mais pelas ações de sustentação do controle.

[50] Nas companhias abertas, a *cláusula de saída conjunta* está prevista na lei em favor dos acionistas com direito a voto. Nelas, a alienação das ações que dão sustentação ao poder de controle só pode ser feita mediante condição (suspensiva ou resolutiva) de o adquirente adquirir, por oferta pública, as demais ações com direito a voto daquela sociedade, pagando no mínimo 80% do preço pago pelas do controlador (LSA, artigo 254-A). Acrescente-se que os preferencialistas sem direito a voto só têm direito de saída conjunta se previsto como vantagem estatutária.

1.6. ÓRGÃOS SOCIAIS DE ADMINISTRAÇÃO E CONTROLE DA SOCIEDADE ANÔNIMA

A estrutura da S.A. é composta de três órgãos sociais com funções específicas e poderes certos:

a) Assembléia Geral (poder de deliberação);
b) Diretoria e/ou Conselho de Administração (poder de administração);
c) Conselho Fiscal (poder de fiscalização).

1.6.A. A DELIBERAÇÃO DA SOCIEDADE ANÔNIMA

As decisões mais relevantes da S.A. são tomadas pela Assembléia Geral, com base na vontade da maioria. Entretanto, à minoria é assegurado o direito de recesso, conforme previsto em lei. A soberania deliberativa da Assembléia Geral revela-se como uma reunião dos acionistas, regulamentada em lei, com poderes para deliberar e decidir todas as questões pertinentes ao objeto social, bem como, adotar as resoluções que julgar adequadas à proteção dos interesses da companhia e de seu desenvolvimento.

Contudo, a Assembléia não decide tudo o que se refere à sociedade. Em algumas matérias, seus poderes deliberativos e resolutórios são compartilhados ou, até mesmo, deferidos a outros órgãos administrativos. Assim, a Assembléia Geral, embora seja o primeiro órgão de deliberação da companhia, não é órgão decisório absoluto.

O fato é que a LSA lhe reserva algumas matérias com exclusividade disciplinando, no artigo 122, sua competência privativa. Se não vejamos:

a) reforma do estatuto social;
b) eleição ou destituição dos administradores e fiscais da companhia, salvo quando possua Conselho de Administração;
c) apreciação anual das contas e demonstrações financeiras;
d) autorização para emissão de debêntures;

136 Direito para Administradores – vol. III

e) suspensão do exercício de direitos dos acionistas;

f) deliberação sobre a avaliação de bens na formação do capital social;

g) autorização para emissão de partes beneficiárias;

h) deliberação sobre a transformação, fusão, incorporação, cisão, dissolução, liquidação;

i) autorização aos administradores para confessar a falência ou requerer concordata ou ratificar a medida adotada pelos administradores em caso de urgência.

As Assembléias Gerais podem ser ordinárias (AGO) ou extraordinárias (AGE). Em síntese, *ordinárias* são as que se realizam anualmente, nos quatro primeiros meses seguintes ao término do exercício social, para apreciar matéria determinada na LSA (artigo 132 e incisos). *Extraordinárias* são todas as outras assembléias regularmente convocadas para a apreciação de qualquer matéria não reservada, por lei, às Assembléias Gerais Ordinárias.

1.6.A.1. A ASSEMBLÉIA GERAL ORDINÁRIA (AGO)

A AGO é uma reunião compulsória dos acionistas realizada no primeiro quadrimestre seguinte ao término do exercício social, para deliberar sobre assuntos definidos por lei como de sua competência privativa e indelegável. Do conceito enunciado, retiramos suas características fundamentais: a) obrigatoriedade; b) periodicidade; e c) objeto definido em lei.

O múltiplo objeto da AGO é definido pelos artigos 131 e 132 da LSA. Vejamos: a) realiza-se anualmente; b) toma as contas dos administradores, examina, discute e vota as demonstrações financeiras; c) delibera sobre a destinação do lucro líquido do exercício e a distribuição de dividendos; d) elege os administradores e os membros do Conselho Fiscal; e e) aprova a correção da expressão monetária do capital.

O *quorum* para a instalação da Assembléia Geral Ordinária, em primeira convocação, é o de acionistas que representem no mínimo

1/4 do capital social com direito de voto. Em segunda convocação, instala-se com qualquer número. Para deliberar, basta a maioria absoluta de votos, não se computando os votos em branco. Em caso de empate, a solução pode residir no estatuto e, na omissão deste, deverá ser dirimido em nova assembléia.

1.6.A.2. A ASSEMBLÉIA GERAL EXTRAORDINÁRIA (AGE)

A Assembléia Geral Extraordinária (AGE) é convocada sempre que necessário. Se tiver por objetivo a reforma dos estatutos, exige-se *quorum* qualificado para sua instalação, ou seja, a presença de acionistas representando 2/3, no mínimo, do capital com direito a voto, mas somente para a primeira convocação, pois, em segunda, instala-se com qualquer número. A lei exige *quorum* qualificado (mínimo de metade das ações com direito de voto) também para a deliberação concernente às matérias enumeradas no artigo 136. Ou seja:

a) criação de ações preferenciais ou aumento de classe existente sem guardar proporção com as demais, salvo se já previstos ou autorizado, pelo estatuto;

b) alterações nas preferências, vantagens e condições de resgate ou amortização de uma ou mais classes de ações preferenciais, ou criação de nova classe mais favorecida;

c) criação de partes beneficiárias;

d) alteração do dividendo obrigatório;

e) mudança do objeto da companhia;

f) incorporação da companhia em outra, sua fusão ou cisão;

g) dissolução da companhia ou cessação do estado de liquidação;

h) participação em grupo de sociedades.

Ressalte-se que a Lei nº 10.303/01 inseriu na LSA o artigo 4º-A, pelo qual, na companhia aberta, os titulares de, no mínimo, 10% (dez por cento) das ações em circulação poderão requerer aos administradores da companhia que convoquem assembléia especial dos

138 Direito para Administradores – vol. III

acionistas titulares de ações em circulação no mercado,[51] para deliberar sobre a realização de nova avaliação pelo mesmo ou por outro critério, para efeito de determinação do valor de avaliação da S.A.

1.6.B. A ADMINISTRAÇÃO DA SOCIEDADE ANÔNIMA

A administração da companhia compete, conforme dispuser o estatuto, ao Conselho de Administração e à Diretoria, já que nas companhias abertas e nas de capital autorizado é obrigatória a existência do Conselho de Administração. As fechadas não precisam ter o Conselho de Administração. Esse Conselho é que fixa a orientação geral dos negócios e, entre outras atribuições, elege e destitui os diretores, fixando-lhes as atribuições. É eleito e destituível pela Assembléia Geral e compõe-se de no mínimo três acionistas (artigo 140). Se não vejamos:

1.6.B.1. O CONSELHO DE ADMINISTRAÇÃO

O Conselho de Administração é órgão de deliberação colegiada, sendo a representação da companhia privativa dos diretores. O Conselho de Administração é órgão permanente deliberativo e acidentalmente administrativo.

O estatuto poderá prever: a) *quorum* qualificado para deliberações das matérias que especificar; e b) a participação de representantes dos empregados, eleitos diretamente pelos votos destes em pleito organizado pela empresa, em conjunto com as respectivas entidades sindicais. Ademais, o estatuto deverá dispor sobre o número de conselheiros (no mínimo três), bem como sobre o processo de escolha e substituição do presidente do Conselho, o modo de substituição dos conselheiros, o prazo de gestão (não poderá ser superior a três anos, permitida a reeleição), e disciplinar sua convocação, instalação e funcionamento.

Em síntese, o elenco de atribuições do Conselho de Administração compreende:

---

[51] Lembramos que são ações em circulação no mercado todas as ações do capital da companhia aberta menos as de propriedade do acionista controlador, de diretores, de conselheiros de administração e as em tesouraria.

a) orientação geral dos negócios da companhia;

b) eleição e destituição dos diretores e fixação de suas atribuições;

c) fiscalização da gestão da diretoria;

d) convocação da Assembléia Geral;

e) deliberação, quando autorizado pelo estatuto, sobre a emissão de ações ou de bônus de subscrição;

f) autorização (se o estatuto não dispuser em contrário) para alienação de bens do ativo permanente, constituição de ônus reais e prestação de garantias a obrigações de terceiros;

g) escolha e destituição de eventuais auditores independentes.

1.6.B.2. DIRETORIA

A Diretoria é composta por, no mínimo, dois membros, acionistas ou não, eleitos e destituíveis pelo Conselho de Administração, ou, se este não existir, pela Assembléia Geral. No silêncio do estatuto, e inexistindo deliberação do Conselho de Administração, competirão a qualquer diretor a representação da companhia e a prática dos atos necessários ao seu funcionamento regular (artigo 144).[52]

Trata-se de órgão, ao mesmo tempo, executivo e representativo, eleito pelo Conselho de Administração ou, se este não existir, pela Assembléia Geral, por, no mínimo, dois membros não necessariamente acionistas, destituíveis a qualquer tempo, tem um mandato máximo de três anos.

O estatuto estabelece a composição da Diretoria, mas, em sua omissão sobre quem deve representar a companhia, a incumbência ficará a cargo do Conselho de Administração. Se este não existir, a lei estabelece que competirá a qualquer diretor a representação da companhia e a prática dos atos necessários a seu funcionamento regular.

A Diretoria poderá ser eleita ou ser composta por membros do próprio Conselho de Administração, até o máximo de 1/3. Poderão ser eleitos administradores tanto acionistas como não acionistas, vedada a possibilidade de pessoa jurídica ser investida no cargo, já que a lei se refere à pessoa natural, no artigo 146.

---

[52] Costumeiramente um dos membros da Diretoria será o diretor-presidente.

140 Direito para Administradores – vol. III

Acrescente-se que, no artigo 147, § 1º, a lei consigna hipóteses de inelegibilidade para o exercício dos cargos de administração. Com efeito, são inelegíveis as pessoas impedidas por lei especial, as declaradas inabilitadas pela CVM e as condenadas por crime falimentar, de prevaricação, peita ou suborno, concussão, peculato, contra a economia popular, a fé pública ou a propriedade ou a pena criminal que vede, ainda que temporariamente, o acesso a cargos públicos.

Ademais, no afã de prevenir excessos, a lei oferece os parâmetros para a fixação, pela Assembléia Geral, da remuneração dos conselheiros, mas não estabelece limites quantitativos.

Já no que tange à participação nos lucros, determina que os administradores somente terão esse direito: a) no exercício social em que for atribuído aos acionistas o dividendo obrigatório; b) se o estatuto estabelecer o dividendo obrigatório em 25% ou mais do lucro líquido; ou c) se essa participação não ultrapassar sua remuneração anual, nem 1/10 dos lucros, prevalecendo o menor valor.

1.6.B.3. DIREITOS E DEVERES DOS ADMINISTRADORES

A lei definiu um conjunto de regras jurídicas aplicáveis tanto ao membro do conselho de administração quanto ao da diretoria. Desse conjunto, destacam-se as referentes aos devedores e responsabilidades dos administradores. São os seguintes os deveres impostos por lei aos membros do conselho de administração e da diretoria:

a) *dever de diligência* – o administrador deve empregar, no desempenho de suas atribuições, o cuidado e a diligência que todo homem ativo e probo, costumeiramente, emprega na administração de seus próprios negócios;[53]

b) *dever de lealdade* – o administrador não pode usar, em proveito próprio ou de terceiro, informação pertinente aos planos ou

---

[53] Para melhor nortear o cumprimento deste dever, determina a lei que o administrador exerça suas atribuições com vistas à realização dos fins e interesses da companhia, satisfeitas as exigências do bem público e da função social da empresa.

interesses da companhia e à qual teve acesso em razão do cargo que ocupa, agindo sempre com lealdade para com aquela[54] (o descumprimento do dever de lealdade pode caracterizar, em alguns casos, crime de concorrência desleal (LPI, artigo 195, XI e § 1º);

c) *dever de informar* – o administrador de companhia aberta tem o dever de informar, imediatamente, à Bolsa de Valores e divulgar pela imprensa qualquer deliberação dos órgãos sociais ou fato relevante que possa influir, de modo ponderável, na decisão dos investidores do mercado de vender ou comprar valores mobiliários de emissão da companhia.[55]

O fato é que o administrador não é responsável pelas obrigações assumidas pela companhia por ato regular de gestão, mas responderá por ato ilícito seu, pelos prejuízos que causar, com culpa ou dolo, ainda que dentro de suas atribuições ou poderes, ou com violação da lei ou do estatuto. [56]

Acrescente-se que, caso os órgãos de administração retardarem a propositura da competente ação[57] por mais de três meses, qualquer acionista poderá fazê-lo em nome da companhia.[58] Se, porém,

---

[54] Deve, pois, abster-se de intervir em qualquer operação social em que tiver interesse conflitante com o da sociedade anônima, bem como na deliberação que a respeito tomar o órgão no qual tenha assento.

[55] Outro aspecto do dever de informar diz respeito aos interesses que o administrador de companhia aberta possua nos negócios sociais, os quais têm os acionistas o direito de conhecer, nos termos do *caput* e do § 1º do artigo 157 da LSA.

[56] Nesse diapasão, a companhia pode promover a responsabilização judicial de seu administrador, por prejuízo que este lhe tenha causado, mediante prévia deliberação da Assembléia Geral. A deliberação poderá ser tomada em assembléia ordinária, ou, se constar da ordem do dia, ou tiver relação direta com matéria em apreciação, pela assembléia extraordinária. Em qualquer caso, o administrador será destituído do cargo de administração e substituído, nos termos estatutários.

[57] A ação para responsabilização dos administradores prescreve em três anos, contados da data da publicação da ata da Assembléia Geral que votar o balanço referente ao exercício em que o ilícito ocorreu. O mesmo prazo conta-se, no entanto, da prescrição da ação penal ou da sentença penal definitiva, caso o fato ensejador da ação de responsabilidade civil deva ser objeto de apuração na esfera criminal (LSA, artigos 287, II, *b*, 2 e 288).

[58] Trata-se de substituição processual derivada (artigo 159, § 3º).

142 Direito para Administradores – vol. III

a Assembléia Geral decidiu não promover a responsabilização do administrador, os acionistas que possuam ações representativas de 5% ou mais do capital social poderão, em nome da companhia, promover a ação judicial.[59]

Ademais, além da responsabilidade civil e penal, têm os administradores responsabilidade de caráter administrativo perante a CVM. Dessa forma, referida autarquia pode impor-lhes, por infração a dever prescrito na legislação, sanções que variam de multa ou advertência até suspensão do exercício do cargo ou inabilitação (Lei nº 6.835/76, artigo 11).

1.6.B.3.1. RESPONSABILIDADE DOS ADMINISTRADORES PERANTE TERCEIROS

Os administradores igualmente podem ser responsabilizados por danos que causam a terceiros, no exercício da função. Se não vejamos os seguintes exemplos:

a) os consumidores têm ação contra os administradores que conduziram a companhia fornecedora à falência ou inatividade, em decorrência de má administração (CDC, artigo 28);

b) o INSS tem o direito de cobrar dos administradores as dívidas previdenciárias da sociedade anônima (Lei nº 8.620/91, artigo 13, parágrafo único);

c) os administradores de operadoras de planos de assistência à saúde respondem subsidiariamente pelos direitos contratuais e legais de consumidores, prestadores de serviço e fornecedores, bem como pelas obrigações fiscais e trabalhistas da sociedade (Lei nº 9.656/98, artigo 35-J).

1.6.C. A FISCALIZAÇÃO DA SOCIEDADE ANÔNIMA

O papel fundamental do Conselho Fiscal é exercer permanente fiscalização sobre os órgãos de administração da companhia, espe-

---

[59] Trata-se de hipótese de substituição processual originária (artigo 159, § 4º).

cificamente em relação às contas, e à legalidade e regularidade dos atos de gestão. Sua atuação é instrumental, já que disponibiliza aos acionistas as informações necessárias para o exercício dos direitos de fiscalizar e votar. A atuação do Conselho Fiscal, como órgão, e dos conselheiros individualmente considerados, embora ampla, apresenta certos limites, necessários ao desenvolvimento normal dos negócios da companhia. Tais limites referem-se a:

a) inexistência de relação hierárquica entre o Conselho Fiscal e os membros do Conselho de Administração e diretores;

b) obrigatoriedade de ser o cargo de membro do Conselho Fiscal exercido com vista a atender aos interesses da companhia, os quais devem prevalecer sobre os interesses dos acionistas que o elegerem;

c) inexistência de controles por parte do Conselho Fiscal sobre a conveniência e oportunidade de decisões empresariais adotadas pelos diretores e pelo Conselho de Administração, a não ser no caso de matérias a respeito das quais a lei atribua expressamente ao referido órgão competência para opinar.

A composição do Conselho Fiscal compreende de três a cinco membros com suplentes em igual número, acionistas ou não, eleitos pela Assembléia Geral, juntamente com os membros da Diretoria e do Conselho de Administração (se houver).[60] Trata-se de órgão colegiado e decide por maioria.

A existência do Conselho Fiscal é obrigatória. Entretanto, o seu funcionamento, de conformidade com o artigo 161 da Lei da S.A., pode ser permanente ou tão-somente eventual, neste último caso, restrito aos exercícios em que for instalado a requerimento de acionistas.

Acrescente-se que a função do membro do Conselho Fiscal é indelegável. Poderão ser eleitos os diplomados em curso de nível

---

[60] A lei (artigo 162, § 2º) cria uma hipótese de inexigibilidade, impedindo que os empregados da companhia ou de sociedades controladas ou do mesmo grupo e o cônjuge ou parente até terceiro grau do administrador da companhia sejam eleitos para o Conselho Fiscal.

144 Direito para Administradores – vol. III

universitário ou que tenham exercido, por prazo mínimo de três anos, cargo de administrador de empresa ou de conselheiro fiscal. Nas localidades em que não haja pessoas habilitadas, pode o juiz dispensar a S.A. dessas exigências.

Ademais, os membros do Conselho Fiscal da companhia aberta têm a obrigação de informar imediatamente as modificações em sua posição acionária na companhia à CVM e às Bolsas de Valores ou entidades do mercado de balcão organizado nos quais os valores mobiliários de emissão da companhia estejam admitidos à negociação.

1.7. DEMONSTRAÇÕES FINANCEIRAS

A Lei da S.A. estipula a obrigação de a companhia levantar, ao término do exercício social, uma série de demonstrações contábeis, com a finalidade de possibilitar o conhecimento, pelos acionistas e por terceiros, de sua situação patrimonial, econômica e financeira, bem como dos resultados positivos ou negativos alcançados pela empresa.[61]

O fato é que, terminado o exercício social,[62] a diretoria deve providenciar o levantamento de quatro instrumentos de demonstração contábil:[63]

---

[61] Referidas demonstrações não são úteis apenas para o direito societário comercial. Servem também a finalidades preceituadas pela legislação tributária, que exige das sociedades anônimas ainda outras demonstrações. São instrumentos valiosos, por outro lado, para a administração da sociedade e o controle gerencial, desempenhando, desse modo, funções não jurídicas também.

[62] Lembramos que *exercício social* é o período de um ano definido pelos estatutos, como determina o artigo 175 da Lei das S.A. Dessa forma, para a sua fixação, pode-se optar por qualquer lapso anual, embora, na grande maioria dos casos, e por estrito critério de conveniência, defina-se o exercício social entre os dias 1º de janeiro e 31 de dezembro. Por outro lado, no ano em que a companhia foi constituída ou em que houve alteração estatutária, o exercício social poderá ser menor ou maior.

[63] Ressalte-se que, na escrituração mercantil da companhia, prevê a lei, deverá ser observado o regime de competência. Trata-se de conceito fundamental da Contabilidade, pelo qual se define que as apropriações contábeis das operações e as mutações patrimoniais decorrentes serão feitas no exercício correspondente ao da constituição da obrigação e não ao de sua liquidação. Não se admite, portanto, a adoção do regime de caixa (também denominado regime de gestão), em que a apropriação contábil coincide com o pagamento da obrigação e não com o seu nascimento.

a) balanço patrimonial – é a demonstração financeira que procura retratar o ativo, o passivo e o patrimônio líquido da sociedade anônima. Diz-se que procura retratar porque, segundo reconhece a Contabilidade, há uma inevitável margem de subjetividade na definição de algumas contas e da classificação adequada de certos valores. Isso se deve não somente às divergências próprias entre os profissionais da área, no tocante à melhor solução para as diversas questões relacionadas com o tema, mas, fundamentalmente, às limitações próprias da capacidade humana. O balanço patrimonial, portanto, embora correto sob o ponto de vista técnico, é sempre aproximativo, fornecendo apenas relativamente o retrato da situação da empresa;

b) lucros ou prejuízos acumulados – têm por finalidade revelar as parcelas dos lucros auferidos pela companhia e não distribuídos aos acionistas ou os prejuízos não absorvidos por sua receita. Trata-se de instrumento de grande importância para a definição da política empresarial de investimentos, a ser adotada na sociedade;

c) resultado do exercício – tem por finalidade apresentar dados sobre o desempenho da companhia durante o último exercício e possibilitar ao acionista avaliar não somente o grau de retorno de seu investimento, como a eficiência dos atos da administração. Os seus elementos contábeis básicos são a receita e a despesa, discriminadas de acordo com a respectiva natureza (receita bruta e líquida, despesa operacional e não-operacional etc.);

d) origens e aplicações de recursos – visa a evidenciar as modificações na posição financeira da sociedade anônima. Por esse instrumento, é possível analisar os fluxos dos recursos titularizados pela companhia, a partir da identificação da operação que os gerou e daquelas nas quais foram empregados. Tal análise justifica, em grande medida, a proposta da diretoria de distribuição de dividendos aos acionistas.

Ressalte-se que referidas demonstrações, denominadas pela lei de financeiras, devem basear-se na escrituração mercantil da sociedade

146 Direito para Administradores – vol. III

anônima e serão publicadas para oportuna apreciação na Assembléia Geral Ordinária, juntamente com o relatório dos administradores, nos termos do artigo 132, I, da Lei das S.A.

2. A SOCIEDADE EM COMANDITA POR AÇÕES

A comandita por ações é disciplinada pelas normas relativas às sociedades anônimas, com algumas modificações (artigo 280 da Lei das S/A) e pelos artigos 1.090 a 1.092 do CC.

Assim, especificamente na comandita por ações:

a) somente acionistas podem ser diretores ou gerentes, os quais são nomeados no próprio estatuto. E estes tão-só podem ser destituídos por uma maioria de 2/3, e respondem ilimitadamente com os seus bens particulares pelas obrigações sociais;

b) não se aplicam à comandita por ações as regras referentes ao Conselho de Administração, autorização estatutária de aumento de capital e emissão de bônus de subscrição (artigo 284);

c) pode usar tanto denominação como firma ou razão social, acrescentando-se sempre a expressão "Comandita por Ações". Ressalte-se que, no caso de a comandita adotar firma ou razão social, só poderão ser usados na formação do nome da sociedade os nomes dos sócios-diretores ou gerentes;

d) o diretor tem mais poder do que o diretor da S.A., uma vez que não pode ser destituído facilmente, mas, em compensação, sua responsabilidade é sensivelmente maior;

e) os sócios comanditados são os diretores ou gerentes, e os sócios comanditários são os demais acionistas.

Capítulo 6

A Modificação da Estrutura das Empresas e a Desconsideração da Personalidade Jurídica

OBJETIVO

O objetivo deste capítulo é expor os detalhes dos atos que impliquem modificação na estrutura das sociedades, bem como tratar das regras que regulam a coligação de empresas e a desconsideração da personalidade jurídica.

Introdução. 1. A Modificação na Estrutura das Sociedades. 1.1. Transformação. 1.2. Incorporação. 1.3. Fusão. 1.4. Cisão. 2. A Coligação das Sociedades. 2.1. Sociedades Coligadas em Sentido Estrito. 2.2. Sociedade Controlada e Controladora. 2.3. Sociedades de Simples Participação. 2.4. A Subsidiária Integral. 2.5. Coligação de Empresas sem a Criação de Personalidade Jurídica. 3. A Desconsideração da Pessoa Jurídica. 3.1. Breve Histórico. 3.2. Aplicação Jurídica da Desconsideração da Pessoa Jurídica. 3.3. Aplicação Prática da Desconsideração da Pessoa Jurídica. 3.4. A Desconsideração da Pessoa Jurídica e as Regras de Responsabilidade dos Sócios nos Diversos Tipos Societários.

INTRODUÇÃO

Inicialmente, destacamos o que assevera Maximilianus Cláudio Américo Führer,[1] no sentido de que a sociedade "pode modificar

---

[1] In: *Resumo de Direito Comercial (Empresarial)*. São Paulo: Malheiros, 2003, p. 35 (Resumos).

148   Direito para Administradores – vol. III

sua estrutura, por alteração no quadro social ou por mudança de tipo".

Ademais, como visto, a sociedade, simples ou empresarial, tem individualidade própria, não se confundindo com a pessoa dos sócios. Essa regra, porém, é derrogada às vezes por um fenômeno a que se tem dado o nome de desconsideração da pessoa jurídica.

Assim, neste capítulo, estudaremos a modificação da estrutura das sociedades e os aspectos jurídicos referentes à sua interligação, bem como a desconsideração da personalidade jurídica. Se não vejamos:

1. A MODIFICAÇÃO NA ESTRUTURA DAS SOCIEDADES[2]

O assunto é regulado pela Lei das S.A. e pelos arts. 1.113 a 1.122 do Novo Código Civil.

1.1. TRANSFORMAÇÃO

Na transformação: a sociedade passa de um tipo para outro, como, por exemplo, de S/A para Ltda., ou vice-versa. Vejamos o que dispõem os artigos 1.113 a 1.115 do Novo Código Civil, *verbis*:

> *Art. 1.113. O ato de transformação independe de dissolução ou liquidação da sociedade, e obedecerá aos preceitos reguladores da constituição e inscrição próprios do tipo em que vai converter-se.*
>
> *Art. 1.114. A transformação depende do consentimento de todos os sócios, salvo se prevista no ato constitutivo, caso em que o dissidente poderá retirar-se da sociedade, aplicando-se, no silêncio do estatuto ou do contrato social, o disposto no art. 1.031.[3]*

---

[2] Lembramos que os eventuais efeitos da modificação na estrutura das sociedades na ordem econômica serão tratados na terceira parte desta obra – Direito Econômico.

[3] "Art. 1.031. Nos casos em que a sociedade se resolver em relação a um sócio, o valor da sua quota, considerada pelo montante efetivamente realizado, liquidar-se-á, salvo disposição contratual em contrário, com base na situação patrimonial da sociedade, à data da resolução, verificada em balanço especialmente levantado. § 1º O capital social sofrerá a correspondente redução, salvo se os demais sócios suprirem o valor da quota. § 2º A quota liquidada será paga em dinheiro, no prazo de noventa dias, a partir da liquidação, salvo acordo, ou estipulação contratual em contrário."

Art. 1.115. A transformação não modificará nem prejudicará, em qualquer caso, os direitos dos credores.

Parágrafo único. A falência da sociedade transformada somente produzirá efeitos em relação aos sócios que, no tipo anterior, a eles estariam sujeitos, se o pedirem os titulares de créditos anteriores à transformação, e somente a estes beneficiará.

1.2. INCORPORAÇÃO

A incorporação consiste na operação pela qual uma sociedade de qualquer tipo é absorvida por outra do mesmo ou de diversa configuração jurídica, extinguindo-se aquela.

O acervo da sociedade incorporada é absorvido pela incorporadora em um aumento de capital, aumento esse que é, portanto, realizado pelo aporte do acervo da sociedade incorporada.

Vejamos o que dispõem os artigos 1.116 a 1.118 do Novo Código Civil, *verbis*:

Art. 1.116. Na incorporação, uma ou várias sociedades são absorvidas por outra, que lhes sucede em todos os direitos e obrigações, devendo todas aprová-la, na forma estabelecida para os respectivos tipos.

Art. 1.117. A deliberação dos sócios da sociedade incorporada deverá aprovar as bases da operação e o projeto de reforma do ato constitutivo.

§ 1º A sociedade que houver de ser incorporada tomará conhecimento desse ato, e, se o aprovar, autorizará os administradores a praticar o necessário à incorporação, inclusive a subscrição em bens pelo valor da diferença que se verificar entre o ativo e o passivo.

§ 2º A deliberação dos sócios da sociedade incorporadora compreenderá a nomeação dos peritos para a avaliação do patrimônio líquido da sociedade, que tenha de ser incorporada.

Art. 1.118. Aprovados os atos da incorporação, a incorporadora declarará extinta a incorporada, e promoverá a respectiva averbação no registro próprio.

150   Direito para Administradores – vol. III

1.3. FUSÃO

A fusão consiste na operação por meio da qual duas ou mais sociedades, com a mesma ou diversa configuração jurídica, se reúnem para constituir outra sociedade, extinguindo-se as anteriores.

Os sócios ou acionistas das empresas fusionadas receberão diretamente da sociedade resultante da fusão as suas participações na nova companhia (quotas, ações ou participações sociais) correspondentes aos aportes efetuados pelas sociedades fusionadas.

A fusão de companhia controlada regula-se pelo artigo 264,[4] § 4º, da Lei nº 6.404/76 (ou seja, por normas correspondentes à incorporação de companhia controlada), e também pelos artigos 1.119 a 1.121 do Novo Código Civil. Vejamos o que dispõem os artigos 1.119 a 1.121 do Novo Código Civil, *verbis*:

> *Art. 1.119. A fusão determina a extinção das sociedades que se unem, para formar sociedade nova, que a elas sucederá nos direitos e obrigações.*
>
> *Art. 1.120. A fusão será decidida, na forma estabelecida para os respectivos tipos, pelas sociedades que pretendam unir-se.*
>
> *§ 1º Em reunião ou assembléia dos sócios de cada sociedade, deliberada a fusão e aprovado o projeto do ato constitutivo da nova sociedade, bem como o plano de distribuição do capital social, serão nomeados os peritos para a avaliação do patrimônio da sociedade.*
>
> *§ 2º Apresentados os laudos, os administradores convocarão reunião ou assembléia dos sócios para tomar conhecimento deles, decidindo sobre a constituição definitiva da nova sociedade.*
>
> *§ 3º É vedado aos sócios votar o laudo de avaliação do patrimônio da sociedade de que façam parte.*
>
> *(...)*
>
> *Art. 1.121. Constituída a nova sociedade, aos administradores incumbe fazer inscrever, no registro próprio da sede, os atos relativos à fusão."*

---

[4] Entretanto, o disposto no artigo 264 não se aplica no caso de as ações do capital da controlada terem sido adquiridas no pregão da bolsa de valores ou mediante oferta pública.

1.4. CISÃO

A cisão é a operação pela qual se desmembra uma sociedade existente para, com parcelas de seu patrimônio, ser realizado capital em outra sociedade, já existente ou a ser criada para esse fim, persistindo a sociedade cindida, ou pela qual se desmembra todo o capital da sociedade para constituir capital de outra sociedade existente ou a ser criada para esse fim, extinguindo-se a sociedade cindida.

Assim, existem cisões com permanência da sociedade cindida e cisões com extinção da sociedade cindida (cisão total). Há cisões com atribuição de parcelas de capital para sociedade já existente ou para sociedade constituída *ad hoc*.

Wilson de Souza Campos Batalha e Sílvia Marina L. Batalha de Rodrigues Netto,[5] nos ensinam que:

> A sociedade que absorver parcela do patrimônio da companhia cindida sucederá a esta nos direitos e obrigações relacionados no ato da cisão. Se, porém, houver cisão com extinção da sociedade cindida, as sociedades que absorverem parcelas do patrimônio da sociedade cindida sucederão a esta, na proporção dos patrimônios líquidos transferidos, nos direitos e obrigações não relacionados. É o que determina o § 1º do art. 229.[6]

2. A COLIGAÇÃO DAS SOCIEDADES

Vejamos o que dispõe o artigo 1.097 do Novo Código Civil, *verbis*:

> *Art. 1.097. Consideram-se coligadas as sociedades que, em suas relações de capital, são controladas, filiadas, ou de simples participação, na forma dos artigos seguintes.*

No que tange à interligação das sociedades, inicialmente ressaltamos que é vedada a participação recíproca entre a companhia e suas coligadas e controladas.

---

[5] *O Poder Econômico Perante o Direito*. São Paulo: LTR, 1996.
[6] Obs.: dispositivo da Lei das S.A.

152 Direito para Administradores – vol. III

2.1. SOCIEDADES COLIGADAS EM SENTIDO ESTRITO

Sociedades coligadas: quando uma participa, com 10% ou mais, do capital da outra, sem controlá-la (artigo 1.099 do Novo Código Civil). No mesmo diapasão, a Lei nº 6.404/76, artigo 243, ao afirmar que são coligadas as sociedades quando uma participa, com 10% ou mais, do capital da outra, sem a controlar.

Acrescentamos que, para Wilson de Souza Campos Batalha e Sílvia Marina L. Batalha de Rodrigues Netto, "participação inferior a 10% caracteriza o investimento como irrelevante, não comportando avaliação pelo critério de equivalência patrimonial, mas avaliação pelo custo de aquisição, nos termos do art. 325 do Decreto-lei nº 1.041/94".[7]

Vejamos o que dispõe o artigo 1.099 do Novo Código Civil, *verbis*:

Art. 1.099. Diz-se coligada ou filiada a sociedade de cujo capital outra sociedade participa com dez por cento ou mais, do capital da outra, sem controlá-la.

2.2. SOCIEDADE CONTROLADA E CONTROLADORA

Considera-se controlada a sociedade na qual a controladora, diretamente ou por meio de outras controladas, é titular de direitos de sócio que lhe assegurem, de modo permanente, preponderância nas deliberações sociais e o poder de eleger a maioria dos administradores.

Assim, sociedade controladora é a titular de direitos de sócio que lhe assegurem, de modo permanente, preponderância nas deliberações sociais e o poder de eleger a maioria dos administradores da sociedade controlada. Nesse diapasão, vejamos o que dispõe o artigo 1.098 do Novo Código Civil, *verbis*:

Art. 1.098. É controlada:

I – a sociedade de cujo capital outra sociedade possua a maioria dos votos nas deliberações dos quotistas ou da assembléia geral e o poder de eleger a maioria dos administradores;

---

[7] Op. cit., p. 78.

II – *a sociedade cujo controle, referido no inciso antecedente, esteja em poder de outra, mediante ações ou quotas possuídas por sociedades ou sociedades por esta já controladas.*

Acrescente-se que a controladora tem as mesmas obrigações que o acionista controlador (artigo 246 c/c arts. 116 e 117 da Lei das S.A.).

2.2.A. AS *HOLDINGS*

No que tange a esse instituto empresarial, cabe destacar as observações de Fábio Konder Comparato,[8] *verbis*:

> Indaga-se se o controle de outras sociedades constitui o elemento característico da *holding*. Com efeito, na primeira fase de sua produção teórica, sustenta-se haver *holding* quando uma sociedade, sem explorar diretamente nenhuma atividade comercial, tiver o seu patrimônio invertido em ações ou quotas de outras sociedades, sujeitas, assim, ao seu controle, acrescentando que este último requisito diferenciava a *holding do investment trust*, que, embora investindo os seus recursos em ações ou quotas de outras sociedades, ou colocando no público certificados especiais relativos aos seus investimentos, não visa a nenhum fim de controle, mas apenas a uma distribuição de riscos no investimento. A seguir, porém, adotou-se opinião exatamente contrária, pretendendo que a característica essencial de *holding* não é controle de outras sociedades, mas a aplicação preponderante de seu ativo patrimonial em participações societárias, com ou sem a finalidade de controle.

Ademais, como nos ensinam Wilson de Souza Campos Batalha e Sílvia Marina L. Batalha de Rodrigues Netto,[9] *verbis*:

> Não se põe em dúvida a viabilidade de *holdings* puras e *holdings* mistas ou racionais. Nas primeiras, o objeto social consiste na participação em outras sociedades, quer com o objetivo de controle, quer com o objetivo de participar dos lucros das outras sociedades. Nas *holdings* operacionais, ao lado da participação acionária, a sociedade participante, além do controle, visa a administrar as outras socieda-

---

[8] In: *O Poder de controle na Sociedade Anônima*. 3. ed. Rio de Janeiro: Forense, 1983, p. 131.
[9] Op. cit., p. 79.

154 Direito para Administradores – vol. III

des, ou executar, como nas *holdings* mistas, ela própria, atividades comerciais, industriais ou de outro tipo econômico. A concentração de interesses econômicos é co-natural às *holdings* dos diversos tipos.

2.3. SOCIEDADES DE SIMPLES PARTICIPAÇÃO

Ocorre a sociedade de simples participação quando uma participa do capital da outra com menos de 10% do capital com direito a voto (artigo 1.100 do Novo Código Civil).

Vejamos o que dispõem os artigos 1.100 e 1.101 do Novo Código Civil, *verbis*:

> *Art. 1.100. É de simples participação a sociedade de cujo capital outra sociedade possua menos de dez por cento do capital com direito de voto.*
>
> *Art. 1.101. Salvo disposição especial de lei, a sociedade não pode participar de outra, que seja sua sócia, por montante superior, segundo o balanço, ao das próprias reservas, excluída a reserva legal.*
>
> *Parágrafo único. Aprovado o balanço em que se verifique ter sido excedido esse limite, a sociedade não poderá exercer o direito de voto correspondente às ações ou quotas em excesso, as quais devem ser alienadas nos cento e oitenta dias seguintes àquela aprovação.*

2.4. A SUBSIDIÁRIA INTEGRAL

A subsidiária integral tem como único acionista uma outra sociedade, que deve ser brasileira (artigo 251 da Lei das S.A.). A subsidiária integral, embora dotada de personalidade jurídica, constitui mera partícula da sociedade detentora da totalidade das ações, ficando suas demonstrações financeiras sujeitas aos critérios de avaliação do investimento pelo valor do patrimônio líquido da incorporadora e devendo ser mantidas demonstrações consolidadas.

2.5. COLIGAÇÃO DE EMPRESAS SEM A CRIAÇÃO DE PERSONALIDADE JURÍDICA

As empresas podem coligar-se sem que isso implique a criação de uma nova pessoa jurídica.

Vejamos em que hipóteses:

2.5.A. GRUPO DE EMPRESAS

O grupo de empresas (= de sociedades) é constituído pela controladora e suas controladas, combinando esforços ou recursos para empreendimentos comuns. A controladora ou "de comando de grupo" deve ser brasileira. Constitui-se por convenção aprovada pelas sociedades componentes. O grupo não tem nome, no sentido técnico do termo, pois não tem firma ou razão social, nem denominação social. Tem apenas uma "designação", na qual devem constar as palavras "Grupo de Sociedades" ou "Grupo" (artigo 267 da Lei das S.A.). O grupo não adquire personalidade jurídica. Mas pode ser representado perante terceiros por pessoa designada na convenção.

Assim, o grupo de sociedades resulta de convenção entre sociedades controladoras. *In casu*, a sociedade dominante estipula com as sociedades filiadas, ou controladas, a combinação de recursos comuns para a realização dos seus objetivos, ou a participação em atividades ou empreendimentos comuns, partilhando os lucros auferidos.

Como citado, determina o artigo 265, § 1º, da Lei nº 6.404/76 (= Lei das S.A.), que a sociedade controladora, ou de comando do grupo, deve ser brasileira[10] e exercer, direta ou indiretamente e de

---

[10] Ressalte-se que sociedade brasileira é aquela constituída no País e que tenha aqui a sede social e sua administração. A Constituição Federal de 1988 distinguia a sociedade brasileira e a sociedade brasileira de capital nacional. Com efeito, no artigo 171, considerava empresa brasileira a constituída sob as leis brasileiras e que tivesse a sua sede e administração no País, ao passo que empresa brasileira de capital nacional seria aquela cujo controle efetivo estivesse em caráter permanente sob a titularidade direta ou indireta de pessoas físicas domiciliadas e residentes no País ou de entidades de direito público interno, entendendo-se por controle efetivo da empresa a titularidade da maioria de seu capital votante e o exercício, de fato e de direito, do poder decisório para gerir suas atividades. Entretanto, com a supressão do conceito de empresa brasileira de capital nacional, a exigência é de que se trate de empresa constituída no Brasil, que aqui tenha sua sede e administração, nos termos da Emenda Constitucional nº 6, de 15/8/95. Assim, a participação direta no capital não constitui exigência *sine qua non* da nacionalidade brasileira, bastando o poder de controle resultante de acordo de acionistas.

156 Direito para Administradores – vol. III

modo permanente, o controle das sociedades filiadas, como titular de direitos de sócio ou acionista, ou mediante acordo com outros sócios ou acionistas.

Cada sociedade integrante do grupo conserva sua personalidade jurídica e seu patrimônio. Preceitua o artigo 266 da Lei nº 6.404/76 que as relações entre as sociedades, a estrutura administrativa do grupo e a coordenação ou subordinação dos administradores das sociedades filiadas serão estabelecidas na convenção de grupo, conservando cada sociedade personalidade e patrimônios distintos.

Ressaltamos, ademais, que o grupo de sociedades não se confunde com:

a) sociedades *holding,* dotadas de personalidade jurídica, que participam de outra ou outras sociedades, de maneira integral (subsidiária integral) ou parcial, quer detendo ações de outras sociedades que controlam e que também participam de outras sociedades (participação em corrente), quer dominando outras sociedades que se reúnem em torno dela como satélites (sistema estelar); no direito pátrio, denominam-se *sociedades controladoras:* diretamente ou por meio de outras controladas (subsidiárias, integrais ou não), são titulares de direito de sócio que, de modo permanente, lhes assegurem preponderância nas deliberações e o poder de eleger a maioria dos administradores;

b) sociedades coligadas em sentido estrito, aquelas nas quais existe participação com 10% ou mais, em outra sociedade, sem controle, sob a modalidade de coordenação e não, como na hipótese anterior, de subordinação;

c) consórcio, que constitui reunião de sociedades, ligadas ou não, sob modalidade contratual interempresas, para execução de determinado empreendimento.

2.5.A.1. CONSTITUIÇÃO DO GRUPO DE EMPRESAS

Como preceitua o artigo 269 da Lei nº 6.404/76, o grupo de sociedades será constituído por convenção aprovada pelas sociedades que o componham e que conterá:

a) a designação do grupo (de que constarão as palavras "Grupo de Sociedades" ou "Grupo");

b) a indicação da sociedade de comando e das filiadas;

c) as condições de participação das diversas sociedades;

d) o prazo de duração, se houver, e as condições de extinção;

e) as condições para admissão de outras sociedades e para a retirada das que o componham;

f) os órgãos e cargos da administração do grupo, suas atribuições e as relações entre a estrutura administrativa do grupo e as das sociedades que o componham;

g) a declaração da nacionalidade do controle do grupo;

h) as condições para alteração da convenção.

Ademais, considera-se sob controle brasileiro o grupo quando a sociedade de comando esteja sob controle de: *a)* pessoas naturais residentes e domiciliadas no Brasil; *b)* pessoas jurídicas de direito público interno; ou *c)* sociedade ou sociedades brasileiras que, direta ou indiretamente, estejam sob o controle das pessoas referidas nas alíneas *a* e *b*.[11]

Arremate-se com o voto proferido pelo Min. Octávio Gallotti, no STF (RE 114.600-1, RS, v.u., j. 23.2.88; *RT* 639:227), *verbis*:

> A sociedade de controle tem a possibilidade de exercer dito controle por modo mais direto e simples, mediante o singelo expediente de introduzir na composição do capital da filiada, com participação majoritária, seus próprios acionistas. Se a maioria é composta pelo mesmo conjunto de pessoas físicas na sociedade de comando e na filiada, o controle está *ipso facto* assegurado, eis que as deliberações desta não poderão divergir das daquela pela singela razão de que umas e outras derivam da mesma vontade.

---

[11] Quanto ao item *c*, é de esclarecer que o controle pode ser exercido pela titularidade da maioria das ações ou participações sociais, ou ainda mediante acordo de acionistas que assegure o poder de direção a pessoas físicas domiciliadas ou residentes no Brasil ou entidades de direito público interno.

158 Direito para Administradores – vol. III

2.5.B. CONSÓRCIO

Consórcio é o contrato pelo qual duas ou mais sociedades, sob o mesmo controle ou não, se comprometem a executar em conjunto determinado empreendimento. O consórcio não tem personalidade jurídica e não induz solidariedade (artigos. 278 e 279 da Lei das S.A.). No direito americano, o consórcio tem o nome de *joint venture*.

Assim, o consórcio resulta de um contrato entre sociedades, sob o mesmo controle, ou não, para execução de determinado empreendimento, sem co-participação acionária. O consórcio não tem personalidade jurídica, embora possa ter denominação peculiar. As sociedades consorciadas não se vinculam por solidariedade entre elas, salvo disposição contratual em sentido contrário.

A falência de uma consorciada não se estende às demais, continuando o consórcio com as sociedades solventes. Os créditos que, acaso, pertençam à falida serão apurados e pagos na forma estabelecida no contrato.

Os consórcios baseiam-se em convenção para realização de obra comum. Não há relações de subordinação como ocorre entre sociedade de comando e filiadas, mas coordenação limitada aos objetivos da obra a realizar-se.[12]

Acrescente-se que podem participar do consórcio não apenas sociedades anônimas mas qualquer outro tipo societário.[13]

---

[12] Ademais, os consórcios não se confundem com as *sociedades em conta de participação* (sobre a sociedade em conta de participação, ver o Capítulo 3). Com efeito, ao contrário das sociedades em conta de participação, disciplinadas pelos artigos 991 e seguintes do Novo Código Civil, não há um sócio ostensivo que seja o único a obrigar-se perante terceiros, ficando os demais obrigados unicamente perante o sócio ostensivo por todos os resultados das transações e obrigações sociais empreendidas nos termos do contrato social. Não há, no consórcio, um sócio-gerente ou ostensivo, como ocorre com a sociedade em conta de participação, nem sócios ocultos. No consórcio, destituído de personalidade jurídica, cada sociedade responde por suas próprias obrigações, nos termos da lei que regula seu tipo societário. A solidariedade entre as empresas consorciadas só existirá se expressamente mencionada na convenção de consórcio.

[13] Ver COMPARATO, Fábio Konder. *Ensaios e pareceres*. Rio de Janeiro: Forense, 1978, p. 233.

2.5.B.1. PROCEDIMENTO DE CONSTITUIÇÃO DO CONSÓRCIO

O consórcio constitui-se mediante contrato aprovado pelo órgão da sociedade competente para autorizar a alienação de bens do ativo permanente.

Nos termos da Instrução Normativa nº 53/96 do DNRC (= Departamento Nacional de Registro de Comércio), do contrato constarão:

a) a designação do consórcio, se houver;
b) o empreendimento que constitua o objeto do consórcio;
c) a duração, o endereço e o foro;
d) a definição das obrigações e responsabilidades de cada sociedade consorciada e das prestações específicas;
e) normas sobre recebimento de receitas e partilha de resultados;
f) normas sobre administração do consórcio, contabilização, representação das sociedades consorciadas e taxa de administração, se houver;
g) forma de deliberação sobre assuntos de interesse comum, com o número de voto que cabe a cada consorciado;
h) contribuição de cada consorciado para as despesas comuns, se houver.

Constata-se que há flexibilidade na elaboração das convenções de consórcios, com pouca interferência da cogência legal (= norma de ordem pública).

2.5.B.2. OS CONSÓRCIOS ILÍCITOS

Cabe destacar que são ilícitos os consórcios destinados a dominar os mercados, eliminar a concorrência, provocando aumento de preços e cartelização de determinados setores oligopolizados.

O *cartel* caracteriza-se como entendimento interempresas com o objetivo de regular o mercado, provocando condições monopolísticas ou oligopolísticas, mediante fixação de acordos regionais ou

160 Direito para Administradores – vol. III

setoriais, estabelecimento de quotas ou predeterminação de condições de comercialização e preços ou condições de pagamento.

Referidos entendimentos e os instrumentos que os caracterizam são considerados ilícitos e disciplinados pela Lei de Repressão aos Abusos do Poder Econômico (= Lei *Antitruste* – Lei nº 8.884/94[14]).

2.5.C. *JOINT VENTURES*

A expressão *joint venture* significa entendimento visando à participação conjunta em um empreendimento, consubstanciado em contrato ou em série de contratos, normalmente precedidos por acordos provisórios de entendimentos ou por acordos vinculativos.

Originariamente, *joint adventure* (não *joint venture*) significava uma associação de pessoas para desenvolver determinada atividade ou empresa, conferindo dinheiro, propriedades e conhecimentos para obtenção de lucro comum, sem *partnership* ou constituição societária. A *joint venture* caracteriza-se como uma comunidade de interesses na consecução de certo objetivo econômico, considerando-se no direito norte-americano como um entendimento que não se apresenta duradouro, ao contrário da *partnership*.

No Brasil, juridicamente a *joint venture* pode caracterizar-se: a) ou como uma simples comunidade de interesses, não se configurando com personalidade jurídica, sob as modalidades do consórcio ou da sociedade em conta de participação (SCP);[15] b) ou como sociedade anônima, sociedade por quotas de responsabilidade limitada, ou qualquer outro tipo societário.

Regularmente, estabelece-se uma carta de compromisso fixando a modelagem jurídica da *joint venture* (consórcio, sociedade anônima,

---

[14] Sobre detalhes a respeito das infrações à ordem econômica, ver a terceira parte: Direito Econômico, desta obra.

[15] Do ponto de vista tributário, as sociedades em conta de participação equiparam-se a pessoas jurídicas (Dec.-lei nº 2.303/86, artigo 7º; Lei nº 2.308/86, artigo 3º; Dec.-lei nº 1.041/94, artigo 125), ao passo que, no consórcio, cada empresa é considerada separadamente como entidade autônoma.

sociedade por quotas de responsabilidade limitada etc.), as contribuições financeiras dos participantes, o objeto da *joint venture* e seu capital inicial, bem como os aportes futuros, especificando-se os termos do estatuto e do acordo de acionistas.

Destacamos, ademais, que o contrato de *joint venture* é contrato plurilateral,[16] em que os contratantes decidem colocar no empreendimento bens, numerário, *know-how*, conhecimentos técnicos, propriedades e serviços para a realização de comum objetivo mercantil.[17]

3. A DESCONSIDERAÇÃO DA PESSOA JURÍDICA

Como visto, a sociedade, simples ou empresarial, tem individualidade própria, não se confundindo com as pessoas dos sócios. Referida regra, entretanto, é derrogada às vezes por um fenômeno a que se tem dado o nome de *desconsideração da pessoa jurídica*.

Assim, a desconsideração é um afastamento momentâneo da personalidade jurídica da sociedade, para destacar ou alcançar diretamente a pessoa do sócio, como se a sociedade não existisse, em relação a um ato concreto e específico.[18]

Ressalte-se que a aplicação da teoria não suprime a sociedade, nem a considera nula. Tão-somente, em situações especiais, declara-se ineficaz determinado ato, ou se regula a questão de modo diverso

---

[16] A *joint venture* pode ter função operativa ou meramente instrumental, assumindo as formas de contrato plurilateral de execução, ou de contrato plurilateral de caráter instrumental.

[17] Finalmente, ressaltamos que a coexistência de interesse comum, que dá natureza típica à *joint venture*, não prejudica sua natureza atomística enquanto não consubstancializada sob a forma societária, não anulando a específica individualidade de cada contratante, não obstante comunguem no objetivo negocial unitário.

[18] Geralmente a desconsideração é aplicada para corrigir um ato, no qual a sociedade deixou de ser um sujeito, passando a ser mero objeto, manobrado pelo sócio para fins fraudulentos. Mas pode também a teoria ser aplicada diretamente pela lei, ou por considerações outras, independentemente de qualquer abuso ou má-fé, e até de modo a favorecer o sócio.

162   Direito para Administradores – vol. III

das regras habituais, dando realce mais à pessoa do sócio do que à sociedade.[19]

3.1. BREVE HISTÓRICO

Historicamente, cabe destacar que a teoria da desconsideração da pessoa jurídica surgiu pela primeira vez na jurisprudência da Inglaterra, mas cresceu e desenvolveu-se nos Estados Unidos e de lá estendeu-se para outros países. No Brasil, a teoria foi introduzida pelo comercialista Rubens Requião, em uma conferência proferida na Faculdade de Direito da Universidade Federal do Paraná.

3.2. APLICAÇÃO JURÍDICA DA DESCONSIDERAÇÃO DA PESSOA JURÍDICA

Inicialmente ressaltamos que o Novo Código Civil trata da desconsideração da pessoa jurídica no artigo 50, *verbis*:

Em caso de abuso da personalidade jurídica, caracterizado pelo desvio de finalidade, ou pela confusão patrimonial, pode o juiz decidir, a requerimento da parte, ou do Ministério Público quando lhe couber intervir no processo, que os efeitos de certas e determinadas relações de obrigações sejam estendidos aos bens particulares dos administradores ou sócios da pessoa jurídica.

Igualmente, o Código de Defesa do Consumidor (= Lei nº 8.078, de 11/9/90), em seu artigo 28, agasalhou a teoria da desconsideração da personalidade jurídica. Se não vejamos:

---

[19] Assim, a desconsideração tem índole diversa da nulidade. Na desconsideração, mantém-se íntegra e plenamente válida a sociedade, bem como, em regra, todos os atos por ela praticados. Apenas ignora-se a existência da sociedade em um determinado passo, regulando-se o ato de modo diverso do habitual, com vistas a um sócio por detrás da sociedade. A desconsideração, ao contrário da nulidade, não implica necessariamente a invalidação de atos jurídicos.

> *O juiz poderá desconsiderar a personalidade da sociedade quando, em detrimento do consumidor, houver abuso de direito, excesso de poder, infração da lei, fato ou ato ilícito ou violação dos estatutos ou contrato social. A desconsideração também será efetivada quando houver falência, estado de insolvência, encerramento ou inatividade da pessoa jurídica provocados por má administração.*

A Lei nº 9.605/98 também prevê a desconsideração da pessoa jurídica no caso de infrações ao meio ambiente.

Acrescente-se que, perante os tribunais (= jurisprudência), a mais relevante aplicação da teoria é a de tornar ineficaz a ação de certos sócios que desvirtuam a pessoa jurídica. Com efeito, pode ser aplicada em casos de fraude à lei e ao contrato, ou de fraude contra credores e fraude à execução.

Entretanto, a teoria não se aplica somente no caso de dívidas em dinheiro, podendo ser utilizada também com referência a qualquer outra espécie de obrigação.

3.3. APLICAÇÃO PRÁTICA DA DESCONSIDERAÇÃO DA PESSOA JURÍDICA

In casu, podemos citar os seguintes exemplos:

a) um comerciante transfere seu estabelecimento, assumindo a obrigação de não se estabelecer novamente nas imediações. Contudo, logo após, cria uma sociedade, na qual é majoritário, e volta ao comércio na região vedada, por intermédio da sociedade. A atitude deve ser neutralizada, com a aplicação da teoria da desconsideração, sendo a sociedade obrigada a cumprir a obrigação anterior, assumida individualmente pelo sócio preponderante;

b) o caso da Súmula 486 do STF, que admite a retomada de prédio para a sociedade da qual o locador, ou seu cônjuge, seja sócio, com participação predominante no capital social, ficando neu-

164   Direito para Administradores – vol. III

tralizado com isso o princípio da distinção entre a sociedade e os sócios;[20]

c) na hipótese de guerra, a aplicação de medidas contra súditos de país inimigo costuma levar em consideração mais a nacionalidade do sócio do que a da sociedade.[21]

Acrescentamos o seguinte exemplo obtido no *site:* www.expressodanoticia.com.br, *verbis:*

"Justiça trabalhista penhora bens de sócio – A inexistência de bens no patrimônio da empresa para fazer frente ao pagamento de suas dívidas trabalhistas não impede a Justiça do Trabalho de penhorar os bens particulares dos sócios a fim de assegurar a execução dos débitos. Essa possibilidade, prevista na chamada 'teoria da desconsideração da personalidade jurídica', foi reconhecida em decisão majoritária da Terceira Turma do Tribunal Superior do Trabalho, com base no voto da juíza convocada Dora Maria da Costa. Na oportunidade, o órgão do TST negou um agravo a uma empresa do interior paulista. O recurso foi interposto no TST pela empresária Neli Scanholato Nunes, sócia, ao lado do marido, da Elmi Indústria e Comércio de Acessórios de Fogão Ltda. Seu objetivo era o de anular a penhora de bens pessoais imposta, pela primeira instância, durante a execução do crédito de um ex-empregado e, posteriormente, mantida pelo Tribunal Regional do Trabalho da 15ª Região, sediado em Campinas (SP). Inconformada com a determinação regional, adotada diante da inexistência de bens da empresa para garantir a satisfação do direito do trabalhador, a empresária sustentou que a penhora violou os princípios constitucionais do contraditório, ampla defesa, devido processo legal, direito de propriedade e ato jurídico perfeito. Também sustentou que o art. 20 do antigo Código Civil prevê que as pessoas jurídicas têm existência distinta da dos seus membros e o Decreto 3.078/19 estabelece que a responsabilidade dos sócios está restrita ao capital

---

[20] Em geral, a desconsideração é aplicada para neutralizar algum ato condenável, praticado pelo sócio por meio da sociedade. Este é um exemplo, porém, em que a teoria assume um aspecto francamente favorável ao sócio.

[21] Trata-se de transferência de qualidades pessoais do sócio para a sociedade, como se esta lhe absorvesse as qualidades pessoais.

social integralizado. Durante o exame da questão, a relatora constatou que Neli participou com seu marido da sociedade empresarial e que a participação da empresária ocorreu na época em que estava em curso o contrato de trabalho do credor (ex-empregado). Também foi reconhecido que, à época da execução, os sócios não indicaram os bens da empresa passíveis de execução, tampouco comprovaram a existência de tal patrimônio, conforme permite a legislação. 'Bem de ver, portanto, que perfeitamente possível, e legal, o apresamento de bens do sócio da pessoa jurídica executada, quando esta não apresentar patrimônio hábil à satisfação do crédito do exeqüente, ainda que efetivamente não haja confusão entre a pessoa física e a pessoa jurídica (art. 20, CC)', afirmou Dora Maria da Costa. 'É a teoria da despersonalização desta última o que, inclusive, está pacificado pelo art. 28, do Código de Defesa do Consumidor', acrescentou. Ao reforçar seu entendimento, a juíza convocada citou decisão anterior sobre o tema relatada pelo ministro Carlos Alberto Reis de Paula. 'Em sede de Direito do Trabalho, em que os créditos trabalhistas não podem ficar a descoberto, vem se abrindo uma exceção ao princípio da responsabilidade limitada do sócio, ao se aplicar a teoria da desconsideração da personalidade jurídica (*disregard of legal entity*) para que o empregado possa, verificada a insuficiência do patrimônio societário, sujeitar à execução os bens dos sócios individualmente considerados, porém solidária e ilimitadamente, até o pagamento integral dos créditos dos empregados'. Em relação ao agravo da empresária, com o qual pretendia forçar o exame de um recurso de revista, Dora Maria da Costa esclareceu que, durante a fase de execução, a apreciação do recurso só se torna viável com a demonstração direta de violação à Constituição. No caso, a afronta alegada referiu-se diretamente à legislação e ao texto constitucional apenas de forma indireta. (AIRR 2697/00). 17/3/2004. Fonte: TST."

3.4. A DESCONSIDERAÇÃO DA PESSOA JURÍDICA E AS REGRAS DE RESPONSABILIDADE DOS SÓCIOS NOS DIVERSOS TIPOS SOCIETÁRIOS

Como visto nos capítulos anteriores, cada tipo de sociedade implica a existência de regras que regulam a responsabilidade do sócio pelas dívidas da sociedade.

166 Direito para Administradores – vol. III

Ademais, existem regras gerais e regras especiais:

a) entre as regras gerais está, por exemplo, a responsabilidade do sócio da sociedade limitada pela integralização do capital, ou o pagamento das ações subscritas, na sociedade anônima;

b) como regra especial pode ser apontada, por exemplo, a responsabilização do sócio-gerente na limitada, ou do acionista controlador, na sociedade anônima, por atos praticados com fraude ou abuso.

Entretanto, referidas responsabilizações, previstas nas diversas leis que regulam cada tipo societário, não pertencem à teoria da desconsideração. Com efeito, a responsabilidade do sócio, nessas hipóteses, deriva dos próprios estatutos sociais, ou seja, da consideração da sociedade, e não da sua desconsideração. Dessa forma, só se pode cogitar em desconsideração quando o sócio é alcançado independentemente do tipo e da estrutura da sociedade e de suas regras particulares de responsabilização.

Capítulo 7

Títulos de Crédito

OBJETIVO

O objetivo deste capítulo é permitir ao leitor o entendimento de algumas das regras que disciplinam os chamados títulos de crédito, matéria esta que, igualmente, se situa no centro das atenções do Direito Comercial/Empresarial.

Introdução. 1. Conceito de Título de Crédito. 2. Importância dos Títulos de Crédito. 3. Características dos Títulos de Crédito. 4. Requisitos dos Títulos de Crédito. 5. Legislação. 5.1. Legislação Aplicável à Letra de Câmbio e à Nota Promissória. 5.2. Legislação Aplicável ao Cheque. 5.3. Legislação Aplicável à Duplicata. 5.4. Disposições do Novo Código Civil. 6. Peculiaridades Importantes dos Títulos de Crédito. 6.1. O Saque. 6.2. O Aceite. 6.3. O Endosso. 6.4. O Endosso dos Títulos de Crédito após o "Plano Collor". 6.5. O Aval. 6.6. Exigibilidade dos Títulos de Crédito. 6.7. Cautelas no Pagamento dos Títulos de Crédito. 6.8. O Protesto dos Títulos de Crédito. 6.9. A Anulação dos Títulos de Crédito. 6.10. A Ação Cambial. 7. Regras Específicas das Diversas Espécies de Títulos de Credito. 7.1. Títulos de Crédito Propriamente Ditos. 7.2. Títulos de Crédito Impróprios.

INTRODUÇÃO

A função do crédito é transferir riquezas, e não criar capitais. Não configura o crédito a atividade de um agente de produção, pois consiste apenas em transferir a riqueza de X para Y. Ora, transferir evidentemente não é criar, nem produzir. Isto é, "o crédito não cria capitais, como a troca não cria mercadorias" (Stuart Mill). Ressalte-se que a ilusão de que o crédito multiplica o capital se deve precisamente à criação dos títulos de crédito.

As duas modalidades mais usadas de crédito são a venda a prazo e o empréstimo, pois "crédito é o poder de compra conferido a quem não tem dinheiro necessário para realizá-la" (Werner Sombart).

1. CONCEITO DE TÍTULO DE CRÉDITO

Trata-se de um "documento no qual se materializa, se incorpora a promessa de prestação futura a ser realizada pelo devedor, em pagamento da prestação atual realizada pelo credor" (Eunápio Borges). Ou, ainda, "título de Crédito é um documento necessário para o exercício literal e autônomo nele mencionado" (Vivante).

Nesse diapasão, vejamos o que dispõe o artigo 887 do Novo Código Civil, *verbis*:

> *O título de crédito, documento necessário ao exercício do direito literal e autônomo nele contido, somente produz efeito quando preencha os requisitos da lei.*

Em síntese, é um documento dotado de forma legal específica, representativo de uma obrigação pecuniária. Ademais, envolve obrigação solidária, pois todos os envolvidos podem ser chamados para solver o débito e, como veremos mais adiante, em relação a todos os coobrigados, o título de crédito é autônomo. É, também, circulável e pode ser transmitido pela tradição ou pelo endosso.

2. IMPORTÂNCIA DOS TÍTULOS DE CRÉDITO

Os títulos de crédito propiciam a venda a prazo. Isto é, o comerciante/empresário, recebendo o crédito em pagamento por intermédio de "pedaços de papel" (= títulos de crédito), pode descontá-los, recebendo de imediato a importância que receberia a prazo (em 30, 60 ou mais dias).

Ademais, os títulos de crédito ensejam o que se chama *ação executiva*. Os títulos de crédito se equiparam a uma sentença judicial, podendo ser executados (= penhorados os bens do devedor) de imediato, por tratar-se de execução por quantia certa.

Assim, o credor de uma obrigação representada por um título de crédito tem direitos, de conteúdo operacional, diversos do que teria se a mesma obrigação não se encontrasse representada por um título de crédito. Insista-se: a) o título de crédito possibilita uma negociação mais fácil do crédito oriundo da obrigação representada; e b) a cobrança judicial de um crédito documentado por esse tipo de instrumento é mais eficiente e célere.

Imaginemos o exemplo de um acidente de veículo. Se o motorista inocente (= credor da indenização) obtiver do motorista culpado (= devedor da indenização) um cheque (= título de crédito) do valor do prejuízo, pré-datado para 30 (trinta) dias, poderá:

a) antes do vencimento do prazo, valer-se dele para o seu giro econômico, oferecendo, por exemplo, referido crédito como garantia de um empréstimo bancário, ou pagar seus próprios credores com o título, endossando-o (obs.: o mesmo não poderia ser feito se o crédito estivesse representado por uma sentença judicial ou um reconhecimento de culpa);

b) em caso de inadimplemento (= não-pagamento), pelo devedor, da obrigação assumida, ingressar imediatamente com a execução do valor devido, não necessitando promover a prévia ação de conhecimento (que geralmente demora anos), para somente depois poder executar seu crédito.

3. CARACTERÍSTICAS DOS TÍTULOS DE CRÉDITO

Os títulos de crédito apresentam as seguintes características:

170   Direito para Administradores – vol. III

a) *literalidade* – em razão da literalidade, os títulos valem exata e unicamente a importância que mencionam, não se admitindo presunções. Aquilo que não estiver expresso no título não produzirá conseqüências jurídicas de natureza cambial. Assim, o aval concedido em título, que não a nota promissória, não produz efeitos de aval, valendo, tão-somente, como fiança, no plano civil. A quitação deve constar do título, sob pena de não produzir efeitos;[1]

b) *autonomia* – em face deste princípio, as obrigações representadas pelo mesmo título são independentes entre si, de modo que cada interveniente assuma sua própria obrigação relativa ao título.[2] Por exemplo, se um consumidor adquire determinado bem e emite nota promissória em favor do comerciante vendedor, e este transfere o título a um terceiro, a devolução do bem pelo consumidor, por eventual vício redibitório do produto, não libera tal consumidor da dívida perante o terceiro que recebe o título. Deve pagar e, depois, sim, pedir ressarcimento junto ao comerciante. Em síntese, a *autonomia* pode ser vista sob dois aspectos: 1. *aspecto principal* – o título de crédito é autônomo não em relação à sua causa, mas porque o possuidor de boa-fé exercita um direito próprio, que não pode ser restringido ou destruído em virtude das relações existentes entre os anteriores possuidores e o devedor.[3] Cada obrigação que deriva do título é autônoma em relação às demais. Isso quer dizer que nas relações entre devedor e terceiros se afirma em toda sua nitidez e plenitude

---

[1] Desse modo, o título é literal porque sua existência se regula pelo teor de seu conteúdo. Somente o que nele está inserido é que se leva em consideração para determinação de sua existência, conteúdo, extensão e modalidades do direito; é decisivo exclusivamente o teor do título.

[2] Ver artigo 43 do Decreto nº 2.044/1908.

[3] O devedor pode discutir a origem da dívida (= *causa debendi*), quando o título ainda se encontra em poder do beneficiário originário da transação, ou de terceiro de má-fé. Considera-se terceiro de má-fé o portador que conhecia o negócio principal, a quem o título foi transferido apenas para dificultar a defesa do devedor.

a autonomia do direito cartular.[4] A *autonomia*, nesse aspecto, significa a independência dos diversos e sucessivos possuidores do título em relação a cada um dos outros;[5] 2. *segundo aspecto* – inicialmente o título de crédito tem origem na relação de débito e crédito que lhe deu causa. Há sempre um fundamento de ordem econômica com a evolução do instituto dos títulos de crédito. O título de simples documento probatório passou a ser constitutivo de um novo direito – *o direito cartular* – autônomo da relação que o gerou. Dessa forma, a obrigação que incumbe ao comprador de pagar a mercadoria que comprou a prazo não se confunde com a que ele assumiu ao assinar, em virtude de tal compra, um título de crédito. Mesmo inexistindo a obrigação fundamental, que deu origem ao título, a obrigação do título (= obrigação cartular) pode eventualmente ser eficaz, obrigação essa que, embora conexa, é autônoma em relação àquela;

c) *cartularidade*[6] (= *documentalidade*) – ou seja, necessidade de um documento (= cártula) no original, não se admitindo cópia xerográfica instruindo a petição inicial;[7]

---

[4] "Entre as partes, obviamente, a causa dessa emissão ou criação do título poderá ser invocada, processualmente, por via do direito pessoal do réu contra o autor" (BULGARELLI, Waldírio. Títulos de Crédito. In: *Direito Comercial III*. Atlas, 1979, p. 57).

[5] Trata-se do *Princípio da inoponibilidade das exceções pessoais*. Por exemplo, X compra um veículo de Y por R$ 11.000,00. X emite uma nota promissória (= NP) nesse valor para Y. Y endossa (transfere) a NP para Z. Y não entrega o veículo para X. Z executa X. Referida exceção pessoal não se transfere.

[6] Ultimamente, o direito tem criado algumas exceções ao princípio da cartularidade, em vista da informalidade que caracteriza os negócios comerciais. Assim, a Lei das Duplicatas admite a execução judicial de crédito representado por esse tipo de título sem a sua apresentação pelo credor (Lei das Duplicatas – LD, art. 15, § 2º). Outro fato que tem interferido com a atualidade desse princípio é o desenvolvimento da informática no campo da documentação de obrigações comerciais, com a criação de títulos de crédito não-cartularizados. Nesse diapasão, cabe destacar o que dispõe o parágrafo 3º do artigo 889 do Novo Código Civil, *verbis*: "§ 3º O título poderá ser emitido a partir dos caracteres criados em computador ou meio técnico equivalente e que constem da escrituração do emitente, observados os requisitos mínimos previstos neste artigo".

[7] Trata-se de um documento formalmente previsto em lei. Por exemplo, o cheque em cópia, ainda que autenticada, não vale em razão da cartularidade, pois o título há de ser o previsto, com suas características especificadas em lei para que valha como título executivo no Poder Judiciário (perspectiva processual).

172 Direito para Administradores – vol. III

d) *abstração* – tal característica do título de crédito deriva da autonomia deste, sendo o substantivo abstração derivado de abstrair, que significa separar, isolar, ou seja, o título é válido independentemente de qualquer razão objetivamente lícita. Assim, a causa da obrigação cambial é o próprio título de crédito.[8] Dessa forma, os títulos de crédito podem circular como documentos abstratos, sem ligação com a causa que lhes deu origem, como a letra de câmbio, a nota promissória, o cheque etc.[9] A *abstração* está ligada também à sua circulação: é absoluta quando põe em relação duas pessoas que *não* contrataram entre si, encontrando-se frente a frente em virtude do título;[10]

e) *independência* (está relacionada ao formalismo) – alguns títulos de crédito apresentam um formalismo, exigido por lei, que faz com que se bastem por si só, desde que preenchidos os requisitos exigidos por lei. Ex.: nota promissória, letra de câmbio etc.

4. REQUISITOS DOS TÍTULOS DE CRÉDITO

Se o documento for um título de crédito, ele será sinal imprescindível do direito que nele se contém, de forma que:

a) o direito não existe sem o documento no qual se materializa;

b) o direito não pode ser exigido sem a exibição e a entrega do título ao devedor que satisfaz a obrigação nele prometida;

c) o direito não se transmite sem a transferência do título;

d) o adquirente do título não é sucessor do cedente, na relação jurídica que o liga ao devedor. Assim, não são oponíveis as defesas pessoais do devedor contra seus antecessores, na propriedade do título.

---

[8] Ver PAES DE ALMEIDA, Amador. *Teoria e prática dos títulos de crédito*. 12. ed. São Paulo: Saraiva, 1989, p. 3 e ss.; COELHO, Fábio Ulhoa. *Manual de Direito Comercial*. 5. ed. São Paulo: Saraiva, 1994, p. 205 e ss.

[9] Cabe observar que quanto a origem o título é não-abstrato.

[10] De conformidade com a jurisprudência, a cambial perde a autonomia e abstração quando a sua emissão e circulação estão vinculadas a um contrato, ficando, assim, sujeita às cláusulas contratuais a que se vinculou.

Nesse diapasão, vejamos o que dispõe o artigo 888 do Novo Código Civil, *verbis*:

A omissão de qualquer requisito legal, que tire ao escrito a sua validade como título de crédito, não implica a invalidade do negócio jurídico que lhe deu origem.

5. LEGISLAÇÃO

Neste item, iremos citar a legislação que disciplina os títulos de crédito no Brasil, em especial a letra de câmbio, a nota promissória, o cheque e a duplicata. Se não vejamos:

5.1. LEGISLAÇÃO APLICÁVEL À LETRA DE CÂMBIO E À NOTA PROMISSÓRIA

Na atualidade, a legislação que vigora no Brasil, acerca de letra de câmbio e nota promissória, é a mistura de dispositivos da Lei Uniforme de Genebra (= LU) e da legislação interna, aliás, fonte de incertezas jurídicas.

Assim, no que tange à *letra de câmbio* e à *nota promissória*, vigora, como norma cambial fundamental, a Lei Uniforme de Genebra (ou Lei Uniforme das Letras e Promissórias). Referida lei é fruto de uma Convenção Internacional elaborada em 1930, aprovada no Brasil pelo Decreto Legislativo nº 54, de 8/9/64, e posteriormente promulgada pelo Decreto nº 57.663, de 24/1/66.[11] Entretanto, subsiste a vigência de algumas normas anteriores, em especial algumas disposições (= parte não derrogada) do Decreto nº 2.044, de 31/12/1908.

---

[11] Para se aplicar a Lei Uniforme, é preciso utilizar, concomitantemente, o Anexo I (a própria Lei Uniforme) e o Anexo II (Lista articulada das ressalvas). As disposições do Anexo II modificam ou excluem o que está disposto no Anexo I, uma vez que se tratam de ressalvas derrogatórias. Os Anexos I e II vêm apensos ao Decreto nº 57.663/66.

174 Direito para Administradores – vol. III

5.2. LEGISLAÇÃO APLICÁVEL AO CHEQUE

Para o cheque, vigora a Lei nº 7.357/85 (= Lei do Cheque), que substitui, na parte não derrogada, a Lei Uniforme do Cheque, que fora promulgada pelo Decreto Executivo nº 57.595/66. Dessa forma, no que tange ao cheque, o movimento foi inverso ao ocorrido com a letra de câmbio e a nota promissória. Isto é, até 2/9/85 (data do advento da Lei nº 7.357/85, vigorava no País a referida Lei Uniforme do Cheque, elaborada por uma Convenção Internacional, em 1931. Entretanto, a norma fundamental do cheque é a Lei nº 7.357/85, restando a Lei Uniforme do Cheque como diploma subsidiário na parte não derrogada pela lei nova.

Como observa Fran Martins,[12] *verbis*:

> A nova Lei do Cheque, 7.357, é na realidade uma consolidação dos princípios da Lei Uniforme sobre o cheque e das leis que anteriormente regularam esse título.

5.3. LEGISLAÇÃO APLICÁVEL À DUPLICATA

A duplicata é título de crédito criado pelo direito do Brasil. Na atualidade,[13] referido título de crédito está disciplinado por intermédio da Lei nº 5.474, de 1968.

5.4. DISPOSIÇÕES DO NOVO CÓDIGO CIVIL

As regras do Novo Código Civil aplicam-se se idênticas às precitadas leis específicas dos títulos de crédito correspondentes. Também aplicam-se tais regras do Novo Código Civil no caso de omissão das referidas leis. Dessa forma, reveste-se, o Novo Código Civil, de caráter supletivo, de conformidade com o artigo 903. Vejamos o que dispõe o referido artigo, *verbis*:

---

[12] In: *Títulos de crédito*. Forense: 1986, v. II, p. 12.
[13] Ressalte-se que referido título de crédito vem sendo modificado desde a sua criação, em especial devido aos interesses do Fisco em fiscalizar e tributar a atividade comercial.

Salvo disposição diversa em lei especial, regem-se os títulos de crédito pelo disposto neste Código.

6. PECULIARIDADES IMPORTANTES DOS TÍTULOS DE CRÉDITO

Neste item, delinearemos as peculiaridades importantes dos títulos de crédito. Apenas ressalvamos que tais regras foram extraídas da LU (Lei Uniforme sobre Letras de Câmbio e Notas Promissórias). Dessa forma, quando houver alguma especificidade referente a qualquer outra espécie de título de crédito, diversa das regras da LU, faremos referência a tal fato tanto no decorrer deste item, como também quando tratarmos, em seguida neste capítulo (item 8), com detalhes, dos demais títulos, em especial o cheque e a duplicata. Ademais, inicialmente destacamos a regra geral prevista no artigo 890 do Novo Código Civil, *verbis*:

Consideram-se não escritas no título a cláusula de juros, a proibitiva de endosso, a excludente de responsabilidade pelo pagamento ou por despesas, a que dispense a observância de termos e formalidade prescritas, e a que, além dos limites fixados em lei, exclua ou restrinja direitos e obrigações.

6.1. O SAQUE

Saque é o ato de criação, de emissão do título de crédito. Após esse ato cambial, o tomador estará autorizado a procurar o *sacado* para, dadas certas condições, poder receber dele a quantia referida no título.

6.1.A. O SAQUE COM CLÁUSULA DE CORREÇÃO MONETÁRIA

Atualmente, predomina o entendimento de que a lei não impede a emissão de cambial (= título de crédito) indexada ou com cláusula de correção monetária, com a condição de que o índice utilizado

176 Direito para Administradores – vol. III

como relação de seu valor ou como critério de atualização seja oficial ou de amplo conhecimento do comércio. Nesta hipótese, o importe é determinado por mera operação matemática.

6.2. O ACEITE

O reconhecimento da validade da ordem é chamado de *aceite*, quando o sacado apõe sua assinatura no documento. Assim, o ato cambial pelo qual o sacado concorda em acolher a ordem incorporada pela letra se denomina *aceite*.

O *aceite* resulta da simples assinatura do sacado lançada no anverso do título, porém, poderá também ser firmado no verso, com a condição de que seja identificado o ato praticado pela expressão "aceito".

O aceitante é o devedor principal do título de crédito. Isto é, no vencimento, o credor do título deverá procurar, inicialmente, o aceitante para cobrar o seu pagamento. Tão-só na situação de recusa de pagamento pelo devedor principal, é que o credor poderá cobrar o título, em dadas condições, dos demais coobrigados. [14]

6.3. O ENDOSSO

O *endosso* é uma das formas de transmissão da propriedade dos títulos de crédito.[15] O proprietário pode fazer o endosso com o lançamento de sua assinatura no verso do documento. Podemos conceituar o *endosso* "... como o ato cambiário que opera a transferência do crédito representado por título 'à ordem'. É claro, a alienação do crédito fica,

---

[14] Cada título de crédito tem o seu devedor principal, em relação ao qual se aplica esta regra.

[15] O alienante do crédito documentado por uma cambial é denominado endossante ou endossador; o adquirente, endossatário. Com o endosso, o endossante deixa de ser credor do título, posição esta que passa a ser ocupada pelo endossatário. Igualmente, é evidente que somente o credor pode alienar o crédito, e, por conseguinte, somente o credor pode ser endossador. Dessa forma, o primeiro endossante de um título de crédito será, sempre, o tomador; o segundo endossante, necessariamente, o endossatário do tomador; o terceiro, o endossatário do segundo endossante, e assim por diante.

ainda, condicionada à tradição do título, em decorrência do princípio da cartularidade".[16]

O endosso permite que o título seja negociado livremente, transferindo-se de pessoa para pessoa. Não há limite para o número de endossos de um título de crédito; ele pode ser endossado diversas vezes, como pode, igualmente, não ser endossado. Ressalte-se que a característica da autonomia só passa a existir quando o título estiver em circulação. Isto é, se houver circulação do título via endosso, inicia-se a autonomia.

Ademais, cabe destacar a advertência de Plácido e Silva, no sentido de que "o endosso se distingue do aval, já que este é dado particularmente a um dos coobrigados do título ou para todos eles, pois esta é uma de suas funções, ao passo que o endosso promove a solidariedade somente em relação a seu endossatário, e aos que sucederem a este, por seu endosso".[17] Assim, o endosso não vincula o endossante àqueles que intervieram na letra anteriormente, mas vincula-o aos endossatários e endossantes que se seguirem a ele.

Lembramos, ainda, que, de conformidade com o artigo 896 do Novo Código Civil, "O título de crédito não pode ser reivindicado do portador que o adquiriu de boa-fé e na conformidade das normas que disciplinam a sua circulação".

6.3.A. MODALIDADES DE ENDOSSO

Podemos elencar as seguintes modalidades de endosso: a) *em branco* – o credor simplesmente assina no verso do título, não identificando o endossatário; e b) *em preto* – coloca-se o nome do endossatário (= pague-se a).[18]

---

[16] COELHO, Fábio Ulhoa. *Manual de Direito Comercial*. 14. ed. São Paulo: Saraiva, 2003. p. 246.

[17] In: *Vocabulário jurídico*. Rio de Janeiro: Forense, 1982, p. 167. 2. v.

[18] Pode ser "não à ordem" (= não pode mais circular, ou seja, não pode ser endossado a outro, mas, se o crédito for transferido a outrem, tratar-se-á de cessão civil, passível somente a Ação ordinária de cobrança).

178 Direito para Administradores – vol. III

Dessa forma, resulta o endosso da simples assinatura do credor do título lançado no seu verso, podendo ser feita sob a expressão "Pague-se a Ricardo Lopes" (= endosso em preto), ou simplesmente "Pague-se" (= endosso em branco).

6.4. O ENDOSSO DOS TÍTULOS DE CRÉDITO APÓS O "PLANO COLLOR"

Neste ponto, chamamos a atenção para o que assevera Fábio Ulhoa Coelho,[19] *verbis*:

No conjunto de diplomas normativos relacionados com o combate à inflação adotado pelo Presidente Collor, já no dia 15 de março de 1990, encontrava-se a Medida Provisória nº 165, que, posteriormente, foi convertida, com uma pequeníssima alteração, na Lei nº 8.021, de 1990. Por elas, o legislador adotou uma série de vedações relativamente a alguns documentos representativos de obrigação pecuniária ou investimentos, com o objetivo de identificar o respectivo titular. Duas dessas vedações interessam, a saber: *a*) a proibição de emissão de títulos ao portador ou nominativos-endossáveis (art. 2º, II); *b*) a relativa ao pagamento de títulos a beneficiário não-identificado (art. 1º, *caput*). A questão diz respeito à aplicabilidade destes dispositivos à letra de câmbio e, em decorrência, por se sujeitarem ao mesmo regime jurídico, à nota promissória e à duplicata. (...) Em suma, sem o endosso, o título de crédito se desnatura. Perde muito do seu atributo exclusivo, que é a negociabilidade, e passa a ser, apenas, um instrumento a mais entre os representativos de obrigação, sem especificidade que o distinga. Uma transformação dessa monta no regramento jurídico da letra de câmbio equivale à denúncia da Convenção de Genebra. Como esta não foi – e nem convém que seja – feita, a melhor interpretação, no caso, é a de que o art. 2º, II, da Lei nº 8.021/90 *não* se aplica aos títulos de crédito impróprios de investimento. Em relação à vedação de pagamentos de títulos a beneficiários não-identificados, constante do art. 1º, *caput*, da Lei nº 8.021/90,

---

[19] Op. cit., p. 251-254.

a solução é diversa. Como a sua aplicação às letras é compatível com a essência da convenção internacional que a disciplina, não há como se entrever, nesta aplicação, qualquer efeito equivalente à denúncia do acordado em Genebra. A regra em questão pode ser plenamente integrada ao regime jurídico cambial sem o descaracterizar. Assim, o endosso em branco, aquele que não identifica o endossatário, deve, necessariamente, ser convertido em endosso em preto antes do pagamento do título. Procedimento este inteiramente harmonizado com o disposto no art. 14, primeira alínea, da Lei Uniforme, bem como com o art. 3º do Decreto nº 2.044/1908, o art. 19 da Lei nº 8.088/90 e a Súmula 387 do STF, além de traduzir-se em um mecanismo que atende, plenamente, os objetivos da lei referida, que é a identificação dos contribuintes para fins fiscais.

6.5. O AVAL

A garantia do título é o *aval*. O avalista obriga-se pelo avalizado, comprometendo-se a satisfazer a obrigação, caso o devedor principal não a pague.[20] Assim, por esse ato cambial de garantia, uma pessoa, denominada avalista, garante o pagamento do título em favor do devedor principal ou de um coobrigado. O devedor em favor de quem foi garantido o pagamento do título é chamado avalizado.

O aval só pode ser dado no próprio título. Ele não necessita de muita formalidade,[21] ou seja, o aval resulta da mera assinatura no anverso do título de crédito, sob alguma expressão, identificando o ato praticado (por exemplo, "Por aval") ou não.[22]

---

[20] Nesse diapasão, vejamos o que dispõe o artigo 897 do Novo Código Civil, *verbis*: "Art. 897. O pagamento de título de crédito, que contenha obrigação de pagar soma determinada, pode ser garantido por aval. Parágrafo único. É vedado o aval parcial".

[21] Nesse diapasão, vejamos o que dispõe o artigo 898 do Novo Código Civil, *verbis*: "Art. 898. O aval deve ser dado no verso ou no anverso do próprio título. § 1º Para a validade do aval, dado no anverso do título, é suficiente a simples assinatura do avalista. § 2º Considera-se não escrito o aval cancelado".

[22] Se o avalista pretender firma no verso do título, somente poderá fazê-lo, identificando o ato praticado.

180 Direito para Administradores – vol. III

6.5.A. AVAL ≠ FIANÇA

A *fiança* é o ato de garantia de efeitos não cambiais,[23] a qual se distingue do aval quanto à natureza da relação com a obrigação garantida. Ressalte-se que a obrigação do fiador é acessória em relação à do afiançado,[24] ao passo que a obrigação do avalista é autônoma, independente da do avalizado.[25] Em razão disso, a lei concede ao fiador o benefício de ordem,[26] o que não é facultado ao avalista. Acrescente-se que não cabe aval parcial (artigo 897, parágrafo único, CC). E mais: a) pode o aval ser dado mesmo após o vencimento do título (artigo 900, CC); e b) *tanto na fiança como no aval é sempre necessária a participação de ambos os cônjuges* (artigos 1.647, III, e 1.649, CC).

6.6. EXIGIBILIDADE DOS TÍTULOS DE CRÉDITO

São de duas espécies os devedores de um título de crédito:[27]

a) *o devedor principal* – que nos títulos de crédito que exigem aceite, como na letra de câmbio, denomina-se *aceitante*, e, nos títulos de crédito que independem de aceite, como na nota promissória, denomina-se sacador, emitente ou subscritor. Para tornar-se exigível, o crédito cambiário contra o *devedor principal*, basta o vencimento do título.

b) *os coobrigados* – que são os *endossantes* em qualquer espécie de título de crédito, e estes mais o *sacador* nos títulos de crédito que exigem *aceite*. Para tornar-se exigível, o crédito cambiário contra os *coobrigados*, é necessária, além do vencimento do título, a comprovação da negativa de pagamento do título vencido por parte do *devedor principal*. Ressalte-se que, em

---

[23] Estudamos o instituto da fiança em *Direito para Administradores*, v. I.

[24] Ver o artigo 837 do Novo Código Civil.

[25] Ver o artigo 32 da LU.

[26] Ver o artigo 827 do Novo Código Civil.

[27] Notamos que os avalistas se enquadram em um ou outro grupo em função do enquadramento do respectivo avalizado.

razão do princípio da literalidade, a comprovação desse fato deve ser feita por intermédio do protesto do título – conforme veremos mais adiante –, o qual se caracteriza, dessa forma, como *condição de exigibilidade* do crédito cambiário contra os demais *coobrigados*. Igualmente, o protesto do título de crédito é *condição de exigibilidade*, nos mesmos moldes, na hipótese de recusa do *aceite*. Entretanto, para produzir tal efeito, o protesto deve ser providenciado pelo credor no prazo previsto na lei. Por conseguinte, o *coobrigado*, ao contrário da situação do *devedor principal*, não está vinculado ao pagamento do título não-protestado ou protestado fora do prazo legal. Assim, se o título estiver devidamente protestado, o *coobrigado* não pode eximir-se do pagamento.

6.7. CAUTELAS NO PAGAMENTO DOS TÍTULOS DE CRÉDITO

Podemos enumerar algumas cautelas que devem ser tomadas no pagamento dos títulos de crédito. Se não vejamos:

a) em razão do *princípio da cartularidade*, o devedor que paga o débito deve exigir que lhe seja entregue o título no pagamento de títulos de crédito;

b) em razão do *princípio da literalidade*, o devedor poderá exigir que se lhe dê quitação no próprio título (o devedor pode exigir do credor, além da entrega do título, quitação regular, nos termos do artigo 901, parágrafo único do Novo Código Civil);

c) em razão do *princípio da autonomia das obrigações cambiais*, se o devedor não observar as duas precitadas cautelas e o título for endossado a portador de boa-fé, não poderá ele eximir-se de um segundo pagamento. É óbvio que, em seguida, poderá reaver o que pagou a mais de quem se beneficiou do enriquecimento indevido;

d) o *endossante* que pagar um título deve riscar o seu endosso, bem como os endossos posteriores;

e) o devedor de um título de crédito deve negar-se a efetuar o pagamento ao portador do título, uma vez que ocorra *justa causa* para tanto, como, por exemplo, no caso de extravio do título ou falência ou incapacidade do portador. Na hipótese de pagar um título sem a referida cautela, não estará desobrigado. Dessa forma, se a falência do credor era do conhecimento do devedor do título e, mesmo assim, efetuou o pagamento ao falido, a massa falida poderá exigir novo pagamento do mesmo devedor.

Nesse sentido, é importante frisar o que dispõe o artigo 901 do Novo Código Civil, *verbis*:

> *Fica validamente desonerado o devedor que paga título de crédito ao legítimo portador, no vencimento, sem oposição, salvo se agiu de má-fé.*
>
> *Parágrafo único. Pagando, pode o devedor exigir do credor, além da entrega do título, quitação regular.*

6.8. O PROTESTO DOS TÍTULOS DE CRÉDITO

A falta de aceite, de data do aceite, bem como de pagamento de um título de crédito, deve ser provada por intermédio de *protesto cambial*, que é ato formal de responsabilidade do portador do título. O protesto não é cobrança; é um ato formal por meio do qual se caracteriza a inadimplência (falta de pagamento, falta de aceite), é o meio solene de provar-se a inadimplência.

6.8.A. O CANCELAMENTO DE PROTESTO

Realizado o protesto, cabe ao devedor aferir a viabilidade de cancelá-lo, refazendo, dessa forma, o seu crédito. Será cancelado o protesto de títulos cambiais posteriormente pagos mediante a exibição e a entrega, pelo devedor ou procurador com poderes especiais, dos títulos protestados, devidamente quitados, que serão arquivados em cartório. Não serão aceitas, contudo, cópias ou reproduções de qualquer espécie, ainda que autenticadas. Não é necessária autorização judicial para que se realize o cancelamento.

Na impossibilidade de exibir o título protestado, o devedor, para obter o cancelamento do protesto, deverá apresentar declaração de anuência de todos os que figurem no registro de protesto, com qualificação completa e firmas reconhecidas, devendo ser arquivada em cartório a referida declaração. Na hipótese de cancelamento de protesto não fundado no pagamento posterior do título, será bastante a apresentação, pelo interessado, da declaração precitada. O cancelamento de protesto não enquadrável no que foi exposto somente se efetuará por determinação judicial em ação própria.

6.9. A ANULAÇÃO DOS TÍTULOS DE CRÉDITO

Em caso de extravio ou destruição do título, pode-se requerer a sua nulidade. Alguns julgados permitem a anulação do título nas hipóteses de erro, dolo, coação, simulação ou fraude; já outros julgados apenas permitem a ação declaratória para obstar o protesto e declarar não existir obrigação em relação ao autor, subsistindo as obrigações cambiais expressas no título.

6.10. A AÇÃO CAMBIAL

Na hipótese de o título não ter sido pago no vencimento, o credor poderá promover a execução judicial de seu crédito contra qualquer devedor cambial.[28] Assim, nos títulos de crédito não há a necessidade de processo de conhecimento prévio: vai-se à execução desde logo; a ação cambial é direta, se for contra o devedor principal, e indireta, ou de regresso, se for contra os demais coobrigados e respectivos avalistas.

6.10.A. A PRESCRIÇÃO

A letra de câmbio, a nota promissória e a duplicata prescrevem:

---

[28] Observadas as devidas condições de exigibilidade do crédito cambiário, em especial o protesto tempestivo para cobrança de coobrigado.

184 Direito para Administradores – vol. III

a) contra o devedor principal e seu avalista, em 3 (três) anos da data do vencimento;

b) para o exercício do direito de crédito contra os coobrigados, isto é, contra o sacador, endossantes e respectivos avalistas, em 1 (um) ano a contar do protesto (ou do vencimento, no caso da existência da cláusula "sem despesas");

c) para o exercício do direito de regresso por qualquer um dos coobrigados, em 6 (seis) meses a contar do pagamento, ou do ajuizamento da ação cambial (= ação de execução).

O fato é que o título de crédito tem o prazo geral de prescrição de 3 (três) anos, não havendo disposição em contrário em lei especial. Se não, vejamos o artigo 206 do Novo Código Civil:

Art. 206. Prescreve:

(...)

§ 3º Em três anos:

(...)

VIII – a pretensão para haver o pagamento de título de crédito, a contar do vencimento, ressalvadas as disposições de lei especial;

Dessa forma, a lei especial que trata do cheque – a qual estudaremos com detalhes em tópico específico – determina que tal título de crédito prescreve em 6 (seis) meses, contados do prazo de apresentação, que é de 30 dias, se pagável na mesma praça, e de 60 dias, quando emitido em uma praça para ser pago em outra.

6.10.B. A AÇÃO DE PROCEDIMENTO ORDINÁRIO POR ENRIQUECIMENTO ILÍCITO

Perdido o direito de ação executiva (em decorrência da decadência ou da prescrição), o portador pode mover ação de procedimento ordinário por enriquecimento ilícito contra o sacador ou o aceitante, mas deve demonstrar a origem ou a causa da obrigação. Dessa forma, após a prescrição da ação de execução, ninguém poderá ser acionado em razão do título de crédito. Entretanto, se a obrigação que se encontrava representada pelo título de crédito tinha origem extracambial (um contrato de compra e venda, por exemplo), o seu devedor poderá ser demando por intermédio de ação de conhecimento própria, na qual o título servirá, tão-somente, como elemento probatório.

7. REGRAS ESPECÍFICAS DAS DIVERSAS ESPÉCIES DE TÍTULOS DE CRÉDITO

No item 6, delineamos as peculiaridades importantes dos títulos de crédito, com a ressalva de que referidas regras foram extraídas da LU (Lei Uniforme sobre Letras de Câmbio e Notas Promissórias). Tais peculiaridades são vistas como regras gerais dos títulos de crédito, as quais não se aplicam somente na hipótese de existirem regras específicas diversas previstas nas normas que regulam os demais títulos de crédito.

Assim, neste item, delinearemos as especificidades referentes às diferentes espécies de títulos de crédito (tanto dos propriamente ditos como daqueles considerados impróprios), as quais, insista-se, se aplicam preferencialmente às citadas regras gerais (item 6), caso disponham de maneira diversa.

7.1. TÍTULOS DE CRÉDITO PROPRIAMENTE DITOS

Lembramos inicialmente que "o regime jurídico-cambial caracteriza-se por três princípios – o da cartularidade, o da literalidade e o da autonomia cambial. Embora presentemente tais princípios estejam passando por um processo de revisão, em muito provocado pelo desenvolvimento da informática, o certo é que, por enquanto, eles ainda se aplicam, *grosso modo*, aos títulos de crédito. A própria conceituação de título de crédito gravita em torno deles, de sorte a poder

186   Direito para Administradores – vol. III

afirmar-se que é título de crédito o título representativo de obrigação pecuniária sujeito a tais princípios".[29]

São considerados títulos de crédito propriamente ditos: a letra de câmbio, a nota promissória, o cheque e a duplicata.

7.1.A. LETRA DE CÂMBIO

Trata-se de título de crédito formal,[30] consistente em uma ordem escrita de pagamento oriunda de uma obrigação mercantil, pelo qual o *sacador*, que a emite, determina que uma certa quantia seja paga por uma pessoa, o *sacado*, a uma outra, o *tomador*. Se o *sacado* não pagar, o *tomador* pode cobrar a letra de câmbio do próprio *sacador*, que se torna co-devedor do título.

A letra de câmbio é uma ordem de pagamento, sacada por um credor com seu devedor, favorável a alguém. Este pode ser um terceiro ou o próprio sacador (aquele que emite o título). Assim, podemos resumir:

a) dá a ordem: *sacador* (subscritor: emitente dá a ordem de pagar);
b) recebe a ordem: *sacado* (quem deve pagar – no momento que aceita – *aceitante*);
c) assinatura: é o chamado *aceite*;
d) beneficiário: *credor* (quem deve receber).

---

[29] COELHO, Fábio Ulhoa, op. cit., p. 295.

[30] Cabe destacar, embora revogados, como assevera Fábio Ulhoa Coelho (op. cit., p. 238), alguns dispositivos do Decreto nº 2.044, de 31/12/1908, que define a letra de câmbio e a nota promissória e regula as operações cambiais. Em seu artigo 1º estipula a natureza e os requisitos da letra de câmbio. Lembramos, outrossim, que a letra de câmbio – assim como os demais títulos de crédito – é um título formal, ou seja, a ela não pode faltar nenhum desses requisitos, como se depreende do art. 2º do referido decreto. Nesse diapasão, destacamos que o artigo 6º estabelece como a letra de câmbio pode ser passada, *verbis*: "I – à vista, quando não indica a época do vencimento, ou contenha a cláusula à vista, caso que será paga no ato da apresentação; II – a dia certo, quando traz indicada, em seu contexto, a data do vencimento, devendo ser quitada neste dia; III – a tempo certo da data, quando se estipula o prazo de pagamento, cujo início é o dia seguinte ao da emissão, devendo o pagamento ser efetuado no último dia do prazo; IV – a tempo certo de vista, caso em que o prazo de pagamento começa a fluir a partir do seguinte ao do aceite."

Lembramos que o ato cambial pelo qual o *sacado* concorda em acolher a ordem incorporada pela letra de câmbio se denomina *aceite*. Ressalte-se que nada o obriga a aceitar a letra, nem sequer a prévia existência de obrigação perante o *sacador* ou o *tomador*. Assim, o *sacado* tão-só assumirá a obrigação cambial, por intermédio do *aceite*, se assim o desejar.

A exemplo do cheque, a letra de câmbio é uma ordem de pagamento, não uma promessa de pagamento, como a nota promissória.[31]

Finalizando, destacamos que os itens constantes no tópico "Peculiaridades Importantes dos Títulos de Crédito", em especial no que tange a endosso, aval, vencimento, pagamento, protesto, execução e demais temas, compõem o regime jurídico da letra de câmbio.

7.1.B. NOTA PROMISSÓRIA

A nota promissória é um título de crédito formal,[32] consistente em uma promessa de pagamento a ser efetuado pelo emitente ao bene-

---

[31] Expressão usual para denominar a nota promissória (promessa de pagamento) e a letra de câmbio (ordem de pagamento).

[32] Cabe ressaltar alguns dispositivos, embora revogados, nos termos do que assevera Fábio Ulhoa Coelho (op. cit., p. 238), do Decreto nº 2.044, de 31/12/1908. Se não vejamos: *a*) não será considerada nota promissória o escrito a que faltar qualquer dos requisitos enumerados no *caput* do artigo 54: "A nota promissória pode ser passada: I – à vista, quando contiver tal indicação, ou quando for omissa quanto à data do vencimento; II – a dia certo, quando designar, de forma expressa, a data do vencimento; III – a tempo certo da data, quando tiver de ser quitada dentro de determinado número de dias, contados da data da emissão"; *b*) assim, observando-se o precitado *caput* do artigo 54, constatamos que, pelo fato de a lei considerar tais requisitos essenciais, a nota promissória é, como já vimos, um título de crédito formal. Em todo caso, será pagável à vista a nota promissória que não indicar a época do vencimento (artigo 54, parágrafo 2º, primeira parte); *c*) será pagável no domicílio do emitente a nota promissória que não indicar o lugar do pagamento (artigo 54, parágrafo 2º, segunda parte); *d*) é facultada a indicação alternativa do lugar de pagamento, tendo o portador direito de opção (artigo 54, parágrafo 2º, terceira parte); *e*) diversificando as indicações da soma do dinheiro, será considerada verdadeira a que se achar lançada por extenso no contexto (artigo 54, parágrafo 3º, primeira parte); *f*) diversificando no contexto as indicações da soma de dinheiro, o título não será nota promissória (artigo 54, parágrafo 3º, segunda parte); e *g*) são aplicáveis à nota promissória, com as modificações necessárias, todos os dispositivos da letra de câmbio (art. 56), exceto os que se referem ao aceite e às duplicatas. Para o efeito da aplicação de tais dispositivos, o emitente da nota promissória é equiparado ao aceitante da letra de câmbio.

188 Direito para Administradores – vol. III

ficiário ou à ordem deste, em data e local determinados. Em outras palavras, trata-se de título de crédito no qual uma pessoa firma, por escrito, uma promessa de pagamento para outra. Assim, o sacador, emitente ou subscritor (obrigado principal) promete pagar ao beneficiário ou sacado, constante do documento, ou à sua ordem, uma quantia em dinheiro.

A nota promissória está sujeita às mesmas normas aplicáveis à letra de câmbio, com determinadas exceções previstas pela LU (= Lei Uniforme), em especial nos artigos 77 e 78. Dessa forma, os itens constantes no tópico "Peculiaridades Importantes dos Títulos de Crédito", em especial no que tange a endosso, aval,[33] vencimento, pagamento, protesto, execução e demais temas, compõem o regime jurídico da nota promissória.

Entretanto, a nota promissória é uma promessa de pagamento e, por conseguinte, a ela não se aplicam as normas relativas à letra de câmbio, incompatíveis com tal natureza da promissória. Dessa forma, não existe aceite,[34] vencimento antecipado por recusa de aceite, cláusula não-aceitável etc.

Por conseguinte, o subscritor da NP (= Nota Promissória) é o seu devedor principal, sendo a sua responsabilidade idêntica à do aceitante da letra de câmbio, nos termos do artigo 78. "Neste sentido, pode-se concluir que o protesto é facultativo para o exercício do direito de crédito contra o emitente; também se pode concluir que o exercício desse direito prescreve em três anos."[35]

---

[33] Embora o aval em branco da nota promissória favoreça o seu subscritor.

[34] Não obstante não admitam aceite, a notas promissórias podem ser emitidas com *vencimento a certo termo da vista*. Assim ocorrendo, o credor deverá apresentar o título ao visto do emitente no prazo de 1 (um) ano do saque (artigo 23), sendo a data desse visto o termo inicial do lapso temporal de vencimento. Ressaltamos que a nota promissória desse tipo pode ser protestada por falta de data (artigo 58, alínea 2).

[35] COELHO, Fábio Ulhoa, op. cit., p. 266-267.

7.1.C. CHEQUE

O cheque[36] é um exemplo de ordem de pagamento à vista,[37] sacada por uma pessoa contra um banco. O emissor é a pessoa que assina o cheque e determina a ordem de pagamento; e a pessoa destinatária da ordem de pagamento é o beneficiário ou portador. O cheque pode ser nominal ou ao portador, podendo ser transmitido por endosso.

7.1.C.1. GENERALIDADES SOBRE O CHEQUE

Trata-se, assim, de título de crédito, de natureza mercantil; espécie de ordem de pagamento à vista de soma especificada de dinheiro contra um banco. São partes do cheque: o *emitente*, que emite ou saca à ordem, também chamado *sacador*; o *sacado*, banco que recebe a ordem e deve pagá-la;[38] e o *tomador*, o beneficiário ou portador do cheque. Dessa forma, três partes aparecem no cheque: o *emitente* (dá, emite, passa ou saca a ordem), também chamado *sacador*; depois, o *sacado* (estabelecimento bancário que recebe a ordem para o pagamento); e o *tomador*, beneficiário ou portador (pessoa a favor de quem é sacado o cheque). Ressalte-se que o devedor principal de um cheque é o seu *sacador*.

Acrescente-se que o cheque não é papel de curso forçado, isto é, ninguém é obrigado a recebê-lo contra a vontade.

---

[36] Do inglês *to check*: conferir, confrontar.

[37] O elemento essencial do conceito de cheque é a sua natureza de ordem à vista, que não pode ser descaracterizada por acordo entre as partes. Dessa forma, qualquer cláusula inserida no cheque com o objetivo de alterar esta sua essencial característica é considerada não-escrita e, portanto, ineficaz (Lei nº 7.357/85 – Lei do Cheque, art. 32).

[38] Lembramos que o *sacado* não garante o pagamento do cheque, nem pode garanti-lo, posto que a lei proíbe o aceite do título (art. 6º da Lei nº 7.357/85 – Lei do Cheque) bem como o endosso (artigo 18, parágrafo 1º) e o aval de sua parte (artigo 29). A instituição financeira *sacada* só responde pelo descumprimento de algum dever legal, como o pagamento indevido do cheque, a falta de reserva de numerário para liquidação no prazo de apresentação do cheque visado, o pagamento de cheque cruzado diretamente ao portador não-cliente, o pagamento em dinheiro de cheque para se levar em conta etc. Isto é, o banco responde por ato ilícito que venha a praticar, mas não pode assumir qualquer obrigação cambial referente a cheques sacados por seus correntistas.

190 Direito para Administradores – vol. III

Finalizando, destacamos que o cheque pode servir, igualmente, como instrumento de prova de pagamento e de extinção da obrigação, desde que observados os requisitos previstos no artigo 28 da Lei nº 7.357/85 (= Lei do Cheque).[39]

Lembramos, ademais, que "o cheque é título de modelo vinculado, cuja emissão somente pode ser feita em documento padronizado, fornecido, em talões, pelo banco sacado ao correntista. O lançamento de todos os requisitos legais em qualquer outro documento não configura a emissão de cheque, não gerando, pois, efeitos cambiais".[40]

7.1.C.2. CIRCULAÇÃO DO CHEQUE

Diferentemente da nota promissória e da letra de câmbio, o cheque pode ser emitido ao portador. Não contendo a indicação do beneficiário, é tido como ao portador, bem assim o cheque passado a determinada pessoa que, além da identificação desta, contenha a cláusula "ou ao portador", podendo, então, ser pago ao indicado ou a qualquer outra pessoa. Entretanto, a Circular nº 1.599, de 18/3/1990, do Banco Central (*DOU* de 19/3/1990), determinava no artigo 1º:

> A partir de 17/3/1990 os cheques serão grafados em cruzeiros, devendo, obrigatoriamente, ser nominativos aqueles cujo valor, com arredondamento para a milhar de cruzeiros mais próxima, seja igual ou superior a 100 (cem) Bônus do Tesouro Nacional (BTN). Parágrafo único. Aqueles emitidos em desacordo com o disposto no *caput* deste artigo deverão ser devolvidos, no Serviço de Compensação de Cheques e Outros Papéis, pelo motivo 31.

Posteriormente, a Lei nº 8.021, de 12/4/1990, confirmou a determinação em seu artigo 2º, inciso III, e parágrafo único, *verbis*:

---

[39] Se o cheque indica a nota, fatura, conta cambial, imposto lançado ou declarado a cujo pagamento se destina, ou outra causa da sua emissão, o endosso pela pessoa a favor da qual foi emitido e a sua liquidação pelo banco sacado provam a extinção da obrigação indicada (artigo 28, parágrafo único, da Lei nº 7.357/85).
[40] COELHO, Fábio Ulhoa, op. cit., p. 270.

Art. 2º A partir da data de publicação desta Lei fica vedada:

(...)

III – a emissão de cheque de valor superior ao equivalente a cem Bônus do Tesouro Nacional – BTN, no mês da emissão, sem a identificação do beneficiário (revogado).

Parágrafo único. Os cheques emitidos em desacordo com o estabelecido no inciso III deste artigo não serão compensáveis por meio do Serviço de Compensação de Cheques e Outros Papéis.

Atualmente, nos termos da Lei nº 9.069/95, que instituiu o Plano Real, os cheques acima de R$ 100,00 (cem reais) devem ser nominativos.

No que tange às especificidades da circulação do cheque, cabe destacar o que nos ensina Fábio Ulhoa Coelho,[41] *verbis*:

O cheque de valor superior a R$ 100,00 deve adotar, necessariamente, a forma nominativa e pode conter a cláusula "à ordem" ou a cláusula "não à ordem". A sua circulação, portanto, segue o regramento da circulação da letra de câmbio. Salientem-se, no entanto, três diferenças em relação a tal disciplina: *a*) não se admite o endosso-caução, em razão da natureza do cheque de ordem de pagamento à vista; *b*) o endosso feito pelo sacado é nulo como endosso, valendo apenas como quitação, salvo se o sacado tiver mais de um estabelecimento e o endosso feito por um deles em cheque a ser pago por outro estabelecimento (art. 18, parágrafos 1º e 2º); *c*) o endosso feito após o prazo para apresentação é tardio e, por isso, gera os efeitos de cessão civil de crédito (art. 27).

Finalizando, destacamos que, na vigência da CPMF, só cabe um único endosso, nos cheques pagáveis no País, nos termos da Lei nº 9.311/96.

7.1.C.3. O PAGAMENTO DO CHEQUE

Como visto, o cheque é pagável à vista, considerando-se como não escrita qualquer menção em contrário. Dessa forma, o cheque apre-

---

[41] Op. cit., p. 270-271.

192 Direito para Administradores – vol. III

sentado a pagamento antes do dia indicado como data de emissão é pagável no dia da apresentação (artigo 32 da Lei do Cheque).[42]

7.1.C.3.1. PRAZO DE APRESENTAÇÃO DO CHEQUE PARA PAGAMENTO

O cheque deve ser apresentado para pagamento no prazo legal, isto é, em 30 (trinta) dias da emissão em se tratando de cheque da mesma praça,[43] e em 60 (sessenta) dias da emissão em se tratando de praças distintas. Ressalte-se que, nos termos do artigo 47, inciso II e parágrafo 3º da Lei do Cheque, o credor que não observar o prazo legal para apresentar o cheque ao *sacado* está sujeito às conseqüências a seguir enumeradas: 1. perda do direito de executar o *emitente* do cheque, se havia fundos durante o prazo de apresentação e eles deixaram de existir, após o término de tal prazo, por culpa não-atribuível ao correntista (por exemplo, a falência do banco *sacado*); e 2. perda do direito de executar os *coobrigados* do cheque, isto é, os *endossantes* e *avalistas* dos *endossantes*, em qualquer hipótese.

Saliente-se que um cheque não apresentado no prazo da lei pode ser pago pelo sacado caso não esteja prescrito e, por óbvio, haja suficiente provisão de fundos.[44]

7.1.C.3.2. A SUSTAÇÃO DO PAGAMENTO DO CHEQUE

O *sacado* pode recusar-se a pagar a ordem se houver falta de fundos do emitente, falsidade comprovada, ilegitimidade do portador ou

---

[42] Entretanto, como veremos a seguir, vem se firmando o entendimento de que cabe indenização por dano moral se o cheque for apresentado antes da data estabelecida.

[43] Entende-se por cheque da mesma praça, para fins de definição do prazo de apresentação, aquele em que o local designado como sendo o de emissão fica no mesmo município onde se encontra a agência pagadora do sacado, sendo cheque de praças distintas aquele em que não coincidem o município do local que consta como sendo o de emissão e o da agência pagadora (artigo 11 da Resolução BC nº 1.682/90).

[44] Por conseguinte, o não-cumprimento do prazo de apresentação não tem o condão de desconstituir o título de crédito como ordem de pagamento à vista, mas acarreta as sanções precitadas.

outros motivos sérios, como rasuras ou falta de requisitos essenciais. Acrescente-se que o *sacado* não deve pagar o cheque após o prazo de prescrição. Em síntese, o pagamento do cheque pode ser sustado, estabelecendo a lei duas espécies de sustação: a) *revogação* (= contra-ordem) – é ato exclusivo do *emitente*, por meio de aviso epistolar (= correspondência) ou notificação judicial ou extrajudicial, onde deve expor as razões motivadoras do ato (deve haver sérias razões para tanto); e b) *oposição* – trata-se de ato que pode ser praticado pelo *emitente* ou *portador* do cheque, por intermédio de aviso escrito, baseado em relevante razão de direito (por exemplo, extravio ou roubo do título, falência do credor etc.).

A *oposição* tem efeito imediato, ao passo que a *revogação* tão-só produz efeito após expirado o prazo de apresentação. Entretanto, a *oposição* exclui a possibilidade da *revogação* e vice-versa (artigo 36, parágrafo 1º da Lei do Cheque). O fato é que,

> em ambas as hipóteses de sustação, o sacado não pode questionar a ordem, devendo limitar-se a cumpri-la caso se encontrem presentes os pressupostos formais. Se estiver ocorrendo abuso de direito pelo emitente ou portador legitimado, isto será objeto de conhecimento judicial, por ação própria, da qual o banco sequer é parte. Da mesma forma, se houver crime de fraude no pagamento por meio de cheque no ato se sustação praticado, não cabe ao banco decidir, mas ao Poder Judiciário.[45]

7.1.C.3.3. O CHEQUE PRÉ-DATADO

A relevância da questão, ora proposta, subsiste em razão da corriqueira emissão de cheques, como meio a viabilizar compras a prazo. Essa forma de transação comercial encontra-se de tal maneira difundida nas relações de consumo, que representa uma das principais modalidades de parcelamento de débitos no comércio.

---

[45] COELHO, Fábio Ulhoa, op. cit., p. 276.

194 Direito para Administradores – vol. III

Outro fator que comprova a consagração do cheque pré-datado revela-se na propagação de empresas com o intuito precípuo de viabilizar, aos empresários que trabalham com os mesmos, permutá-los de imediato por dinheiro, em troca de desconto percentual sobre o valor dos títulos. Faz-se referência às empresas de *factoring*, atividade esta altamente lucrativa em razão do montante de recursos movimentados por meio de cheques pré-datados. Cabe, neste momento, ressalvar que tais entidades jurídicas têm várias obrigações legais para sua constituição e desenvolvimento. Acontece que, notoriamente, as empresas de *factoring*, que deveriam desenvolver uma série de serviços a fim de fomentar as atividades mercantis, atualmente limitam-se a lidar com os citados títulos de crédito. Pode-se claramente observar, portanto, que os cheques pré-datados, além de amplamente difundidos entre a população, também são objeto de negociação de um representativo número de empresas no País.

Tais dados, quando analisados de forma isolada, não concederiam motivo para qualquer controvérsia, na medida em que, por intermédio dessa prática, estimula-se a circulação de riquezas e o desenvolvimento comercial. O cheque pré-datado consubstancia-se como forma hábil e ágil de concessão de crédito. Ao se defrontar, porém, a emissão desses títulos com a legislação vigente, observa-se, a princípio, seu caráter ilegal. Com efeito, repisamos que a Lei do Cheque (Lei nº 7.357, de 2 de setembro de 1985) preceitua o seguinte em seu artigo 32, *verbis*: "Art. 32. O cheque é ordem de pagamento à vista. Considera-se não-escrita qualquer menção em contrário. Parágrafo único. O cheque apresentado para pagamento antes do dia indicado como data de emissão é pagável no dia da apresentação".

A norma determina, com isso, que o cheque pode ser, a qualquer momento, descontado na entidade bancária correspondente. Destarte, a emissão de cheque pré-datado não tem nenhum suporte legal. Em face do dispositivo acima transcrito, a data expressa no documento, quando posterior ao dia de apresentação, não produz qualquer restrição ao imediato pagamento da quantia prevista no instrumento.

Entretanto, em recente acórdão, o Superior Tribunal de Justiça (STJ – Resp. 223.486) julgou procedente ação de indenização movida por particular contra sociedade comercial que descontou cheque pré-datado antes da data previamente estipulada. Em razão dessa conduta, a emitente foi incluída em sistema de proteção ao crédito, sob a justificativa de o cheque não possuir a devida provisão de fundos.[46]

7.1.C.3.4. O CHEQUE SEM FUNDOS

O correntista que tiver o mesmo cheque devolvido duas vezes por insuficiência de fundos e aquele que exercer prática lesiva devem ser inscritos no Cadastro de Emitentes de Cheques sem Fundos (CCF). Lembramos que o pagamento por intermédio de cheque pode ter dois efeitos:

a) *pro solvendo*: até a sua liquidação, não se extingue a obrigação a ele relacionada. Por exemplo, o pagamento de aluguel por cheque sem fundos não impossibilita a retomada do bem locado;

b) *pro soluto*: se as partes pactuarem que o pagamento por meio do cheque tenha esse efeito, significa que, no caso de devolução por insuficiência de fundos, restará ao credor da obrigação apenas um direito cambial, uma vez que a obrigação a ele relacionada considera-se liquidada.

7.1.C.3.5. O PROTESTO DO CHEQUE SEM FUNDOS

O cheque sem fundos deve ser protestado pelo credor, no prazo legal para a sua apresentação e pagamento, com a finalidade de conservação do direito de crédito contra os coobrigados do cheque. Ressalte-se que para o exercício do direito de crédito contra o *emitente* e o seu *avalista*, o protesto não é imprescindível.

---

[46] Nesse sentido, vem se firmando o entendimento de que cabe indenização por dano moral se o cheque for apresentado antes da data estabelecida (*RT*, v. 770, p. 93; v. 788, p. 388).

196 Direito para Administradores – vol. III

Acrescente-se que nos termos da Lei nº 9.492/97, artigo 6º, o protesto do cheque poderá ser lavrado no lugar do pagamento ou do domicílio do *emitente*.

7.1.C.3.6. A EXECUÇÃO DO CHEQUE SEM FUNDOS

Salientamos que na execução do cheque sem fundos o credor terá direito à importância do título somada das seguintes verbas: a) juros legais contados da apresentação; b) despesas (protesto etc.); e c) correção monetária (artigo 52, IV, da Lei do Cheque).

7.1.C.3.7. A PRESCRIÇÃO DA EXECUÇÃO DO CHEQUE SEM FUNDOS

Nos termos do artigo 59 da Lei do Cheque, a execução do cheque prescreve no prazo de 6 (seis) meses, contados do término do prazo de apresentação para pagamento, contra qualquer devedor. Entretanto, o parágrafo único do precitado artigo 59 estabelece que o direito de regresso de um coobrigado contra o outro, contra o devedor principal ou seu avalista prescreve em 6 (seis) meses contados do pagamento ou da distribuição da execução judicial contra ele.[47]

7.1.C.3.8. A AÇÃO POR LOCUPLETAMENTO SEM CAUSA (= ENRIQUECIMENTO ILÍCITO)

Decorrido o prazo prescricional do cheque, é possível o ingresso de ação fundamentada no locupletamento sem causa, em 2 (dois) anos, nos termos do artigo 61 da Lei do Cheque. Entretanto, com relação à referida ação, cabe ressaltar que, "embora se cuide de ação de conhecimento, é ainda de fundamento cambial. Qualquer coobrigado cam-

---

[47] Ressalte-se que, em se tratando de cheque pós-datado, apresentado antes da data lançada como emissão, considera-se como data de emissão do título não a que nele consta, mas a da sua apresentação a pagamento. Dessa forma, contam-se 30 (trinta) ou 60 (sessenta) dias, conforme seja cheque da mesma praça ou de praças diferentes, e, após, os 6 (seis) meses.

bial que se locupletou indevidamente em função da prescrição do cheque pode ser responsabilizado".[48]

7.1.C.3.9. A AÇÃO DE COBRANÇA

Ressalte-se que, mesmo prescrita a ação por locupletamento sem causa (= enriquecimento ilícito), poderá o credor da obrigação representada por um cheque ingressar com a correspondente ação de cobrança (embora sem fundamento no título de crédito), demonstrando a relação causal. A referida ação prescreverá no prazo que a legislação específica prever, ou nos moldes do que preceitua o artigo 205 do Novo Código Civil.[49]

7.1.C.3.10. A TIPIFICAÇÃO COMO CRIME PELA EMISSÃO DE CHEQUE SEM FUNDOS OU DEVIDO A SUSTAÇÃO DO CHEQUE

O Código Penal (artigo 171, parágrafo 1º, VI) adverte que comete crime de estelionato, modalidade fraude no pagamento por meio de cheque, quem emitir cheque sem suficiente provisão de fundos em poder do sacado ou lhe frustrar o pagamento, com pena de reclusão que varia de 1 (um) a 5 (cinco) anos além de multa.

No direito brasileiro, esse crime se configura quando é constatada a falta de provisão de fundos, no ato de apresentação e liquidação de cheque pelo sacado. Isso significa que o emitente pode colocar o título em circulação mesmo sem fundos em poder do sacado, desde que, no momento da apresentação, o cheque esteja provido. Entretanto, como nos ensina Fábio Ulhoa Coelho,[50] *verbis*:

---

[48] COELHO, Fábio Ulhoa, op. cit., p. 279.

[49] Destacamos que o artigo 62 da Lei do Cheque estabelece que, salvo prova de novação, a emissão ou transferência do cheque não exclui a ação fundada na relação causal, feita a prova do não-pagamento.

[50] Op. cit., p. 279-280.

198 Direito para Administradores – vol. III

(...) Trata-se de crime modalidade dolosa, não incorrendo em qualquer ilícito penal aquele que, por culpa, como negligência no controle do saldo, emite cheque sem fundos. O pagamento do cheque até o recebimento da denúncia importa em extinção de punibilidade. A fraude é elemento do tipo, de sorte que o conhecimento, pela vítima, da insuficiência de fundos disponíveis importa na descaracterização da emissão como crime. Neste sentido, a emissão de um cheque pós-datado sem fundos não é comportamento criminoso. Finalmente, é um crime de dano, sendo imprescindível, por isso, para a sua ocorrência que tenha a vítima sofrido um prejuízo patrimonial. O pagamento de débito cambiário – representado por uma duplicata, letra de câmbio, nota promissória ou outro título de crédito – por um cheque sem fundos não caracteriza o crime de fraude porque não importa em qualquer prejuízo para a vítima.

Ademais, a sustação do cheque (por oposição ou revogação) pode caracterizar o crime de fraude no pagamento por cheque, como preceitua o artigo 171, parágrafo 2º, inciso VI, do Código Penal, caso o emitente ou o portador agirem dolosa e fraudulentamente, causando prejuízo ao portador do cheque.

7.1.C.3.11. O CHEQUE SEM FUNDOS – CONTA CONJUNTA

Neste ponto, é oportuno destacar a notícia obtida no *site* www.expressodanoticia.com.br, *verbis*:

Só emitente responde por falta de fundos de cheque em conta conjunta

O emitente do cheque, mesmo em caso de conta corrente conjunta, responde individualmente em caso de devolução do cheque por insuficiência de fundos ou contra-ordem ao banco sacado. Os demais titulares da conta conjunta respondem apenas com relação aos créditos perante o banco e a própria movimentação da conta, mas não podem ser cobrados como devedores solidários. As conclusões são da Quarta Turma do Superior Tribunal de Justiça (STJ). A Turma manteve a cobrança da empresa Nico Atacadista Ltda. contra Ariadne Ferreira de Almeida, mas retiraram seu marido da ação. A Nico

Atacadista Ltda., empresa da cidade de Linhares, no Espírito Santo, entrou com uma ação contra o casal Ariadne Ferreira de Almeida e Mylton Alves de Almeida, da cidade de São Mateus, do mesmo Estado. No processo, a empresa cobrou do casal a quantia de R$ 2.992,60, valor total da soma de quatro cheques emitidos por Ariadne Almeida e devolvidos pela agência da Caixa Econômica Federal por falta de saldo para pagar os valores. O casal contestou a ação com embargos afirmando que os cheques teriam sido emitidos à Nico Atacado, e não à Nico Atacadista. Por isso, o processo deveria ser extinto, pois a Nico Atacadista não teria direito de mover a ação no lugar da verdadeira titular dos créditos. Outro motivo para se extinguir o processo, segundo o casal, seria o fato de que os cheques teriam sido assinados por Ariadne e, com isso, apenas a emitente deveria responder pelos documentos. A Nico Atacadista defendeu sua ação afirmando que os dois nomes pertenceriam à mesma empresa – Nico Atacado seria seu nome fantasia. (13/2/2003)

7.1.D. DUPLICATA

O título de crédito decorrente da venda e compra mercantil ou da prestação de serviços é chamado de duplicata. Ao emitir a fatura da venda, o comerciante saca uma duplicata para circulação como título de crédito. É emitida para ser o pagamento feito a prazo. Trata-se de título de crédito criado pelo direito do Brasil.

7.1.D.1. GENERALIDADES SOBRE A DUPLICATA

Atualmente, referido título de crédito está disciplinado pela Lei nº 5.474/68 (= Lei das Duplicatas).[51] Em decorrência do referido diploma legal, nas vendas mercantis a prazo, envolvendo pessoas domiciliadas no Brasil, o vendedor é obrigado a apresentar uma fatura[52] ao comprador.

---

[51] Ressalte-se que, desde a sua criação, este título de crédito vem sofrendo alterações, em especial decorrentemente de interesses da Fazenda Pública (= Fisco) sobre a atividade mercantil.

[52] Fatura é a relação de mercadorias vendidas, discriminadas por sua natureza, quantidade e valor.

200 Direito para Administradores – vol. III

Saliente-se que *venda a prazo* é considerada pela Lei das Duplicatas como sendo o pagamento parcelado em período não inferior a 30 (trinta) dias ou cujo preço deve ser pago integralmente em 30 (trinta) dias ou mais. Saliente-se que o prazo deve ser contado da data da entrega ou do despacho da mercadoria.

Dessa forma, da fatura – ou da nota fiscal-fatura[53] – o vendedor poderá extrair um título de crédito que se chama duplicata. A duplicata deve ser apresentada ao devedor dentro de 30 (trinta) dias de sua emissão, e este deverá devolvê-la no prazo de 10 (dez) dias, com a sua assinatura de aceite ou declaração escrita esclarecendo os motivos pelos quais não a aceita, como veremos adiante.

7.1.D.2. ESPÉCIES DE DUPLICATA

A Lei das Duplicatas prevê, outrossim, as seguintes espécies do referido título de crédito:

a) *de prestação de serviço*: emitida por profissionais autônomos ou empresas para cobrança de seus serviços;

b) *fiscal*: título usado nas vendas feitas pelos que pagam o IPI, com prazo superior a 30 dias; é emitida pelo vendedor, com valor equivalente, obrigatoriamente, ao do imposto e vencimento prefixado em lei;

c) *mercantil*: título formal de crédito, assinado pelo comprador no contrato de compra e venda; nele está expressa a quantia que corresponde à fatura de mercadorias por ele adquiridas a prazo;[54]

---

[53] No ano de 1970, em decorrência de convênio celebrado entre o Ministério da Fazenda e as Secretarias Estaduais da Fazenda, permitiu-se aos comerciantes a adoção de um instrumento único de efeitos comerciais e tributários, qual seja a *nota fiscal-fatura*. Assim, o comerciante que adota referido sistema pode emitir uma única relação de mercadorias vendidas, em cada uma das operações que realizar, consubstanciando os efeitos da fatura mercantil e os da nota fiscal.

[54] Aplicam-se-lhe as disposições legais do instituto cambiário. Pode ser protestado por falta de pagamento no vencimento.

d) rural: emitida pelo produtor agrícola para a venda direta ao adquirente e por ele aceita, para pagamento no prazo combinado. É título de crédito negociável, igual, em sua função, à duplicata mercantil.

7.1.D.3. REQUISITOS DA DUPLICATA

Nos termos do artigo 2º parágrafo 1º da Lei das Duplicatas, são esses os requisitos de tal título de crédito:

a) a expressão *duplicata*, a data de sua emissão e o número de ordem;

b) o número da fatura – ou da nota fiscal-fatura – da qual foi extraída;

c) a data certa do vencimento ou a declaração de ser o título à vista;

d) o nome e o domicílio tanto do vendedor como do comprador;[55]

e) a importância a pagar, em algarismos e por extenso;

f) o local de pagamento;

g) a cláusula "à ordem", uma vez que não se permite a emissão de duplicata com cláusula "não à ordem", a qual tão-só poderá ser inserida no título por intermédio do endosso;

h) a declaração do reconhecimento de sua exatidão e da obrigação de pagá-la destinada ao aceite do comprador;

i) a assinatura do emitente.[56]

Ademais, podemos acrescentar:

a) a duplicata é um título de modelo vinculado, isto é, deve ser lançada em impresso específico do vendedor, feita de conformidade com o padrão estabelecido na Resolução nº 102 do

---

[55] O comprador também deve ser identificado pelo número de sua cédula de identidade, de seu CPF, do Título Eleitoral ou da Carteira Profissional, nos termos do artigo 3º, da Lei nº 6.268/75.

[56] É possível ser utilizada a rubrica mecânica, nos termos da Lei nº 6.304/75.

202 Direito para Administradores – vol. III

Conselho Monetário Nacional, nos termos do que preceitua o artigo 27 da Lei das Duplicatas;[57]

b) o comerciante que emite duplicata mercantil é obrigado a escriturar um livro próprio, denominado "Livro de Registro de Duplicatas", pelo artigo 19 da Lei das Duplicatas.

7.1.D.4. CAUSALIDADE DA DUPLICATA

A duplicata, a letra de câmbio, a nota promissória e o cheque são títulos de crédito sujeitos a um mesmo regime jurídico (= cambial). Dessa forma, todos eles são informados pelos princípios da cartularidade, da literalidade e da autonomia das obrigações.

Assim, temos de admitir que a duplicata caracteriza-se pela abstração, da mesma forma que os demais títulos de crédito. Com efeito, entre o exeqüente (= aquele que cobra) e o executado (= aquele que é cobrado) de qualquer título de crédito somente serão relevantes os aspectos ligados à relação jurídica específica que os aproxima, sendo indiferente se referida relação é a que deu origem à obrigação cambial ou não.

Por conseguinte, "a duplicata mercantil é um título causal em outro sentido. No sentido de que a sua emissão somente é possível para representar crédito decorrente de uma determinada causa prevista por lei. Ao contrário dos títulos não-causais (que alguns também chamam de abstratos, mas cuja abstração nada tem que ver com a vinculação maior ou menor à relação fundamental), a duplicata não pode ser sacada em nenhuma hipótese segundo a vontade das partes interessadas. Somente quando o pressuposto de fato escolhido pelo legislador – a compra e venda mercantil – se encontra presente, é que se autoriza a emissão do título. Esse o único sentido útil que se pode emprestar à causalidade da duplicata mercantil".[58]

---

[57] Assim, não configura uma duplicata, não gerando efeitos cambiais, o documento que observe todos os requisitos, mas não preencha o padrão legal.

[58] COELHO, Fábio Ulhoa, op. cit., p. 285.

7.1.D.4.1. A DUPLICATA SIMULADA (= "FRIA")

É freqüente a emissão das chamadas duplicatas "frias", que se caracterizam por não corresponderem à venda efetiva de mercadoria, sacadas apenas para a obtenção do desconto bancário, com o adiantamento do valor respectivo, ou de parcela desse valor, em favor do *emitente-endossante*.[59] Fábio Ulhoa Coelho assevera que "a duplicata simulada não produz efeitos cambiais. O credor por obrigação representada em título com essa característica deverá promover ação de conhecimento para provar a existência da obrigação. A duplicata irregular, no caso, servirá apenas como um elemento probatório".[60]

Entretanto, Maximilianus Cláudio Américo Führer,[61] ao tratar dos efeitos da duplicata simulada nos ensina, *verbis*:

> Diante disso, qual a situação do portador-endossatário? Poderá ele executar o sacador-endossante, apesar de sustado o protesto e apesar da nulidade da relação entre o sacador e o sacado?
>
> José Júlio Villela Leme, citando decisões de Paulo Restiffe Netto e Oscarlino Moeller, ensina que, "na realidade, o protesto não assegura o direito de regresso, apenas prova que o título foi apresentado ao sacado. A apresentação dentro do prazo é que assegura o direito de regresso. A Lei 2.044, no art. 20, com excelente técnica, deixou claro que a letra deve ser apresentada ao sacado ou aceitante para o pagamento no prazo, sob pena de perder o portador o direito de regresso. A falta de apresentação é que ocasiona esta perda. (...) Por isso, o envio oportuno da duplicata a protesto garante o direito de executar o endossante e seus avalistas, quando o ato se consuma pelo obstáculo judicial da sustação. E se é o envio (apresentação) a cartório que garante o direito de regresso, não há que se aguardar o resultado da ação ordinária declaratória ou anulatória do título, entre sacado e emitente, para o início da execução" ("Execução contra emitente nas sustações de protesto", *O Estado de S. Paulo*, 26/4/81, p. 67).

---

[59] E tem-se tornado também comum a sustação dos protestos de tais títulos contra os sacados, bem como as ações declaratórias de inexistência de obrigação entre sacador e sacado.

[60] Op. cit., p. 286.

[61] FÜHRER, Maximilianus Cláudio Américo. *Resumo de Direito Comercial (Empresarial)*. São Paulo: Malheiros, 2003, p. 101.

204 Direito para Administradores – vol. III

No caso das ações declaratórias de inexistência de obrigação entre sacador e sacado, costumam as sentenças ressalvar os direitos do endossatário de boa-fé, liberando-o para a execução contra o emitente-endossante. Firma-se o entendimento de que "a autonomia das relações cambiárias permite que seja declarada a nulidade de uma delas (sacador-sacado) sem que o seja a da outra entre sacador e endossatário. Não se trata de uma só relação jurídica, mas de duas autônomas, com vida e pressupostos independentes" (*RT* 563/134).

7.1.D.4.2. OS EFEITOS CRIMINAIS PELA EMISSÃO DA DUPLICATA SIMULADA (= "FRIA")

A emissão e o aceite de duplicata simulada (= "fria", isto é, aquela que não corresponde a uma afetiva compra e venda mercantil) já foram considerados crime. Porém, com a edição da Lei nº 8.137/90, que alterou o artigo 172 do Código Penal, referido comportamento criminal se centrou na emissão de duplicata mercantil que não corresponda à mercadoria vendida, em quantidade ou qualidade. Depreende-se, assim, que o bem jurídico protegido passa a ser o interesse dos consumidores, e não mais o crédito comercial.

7.1.D.5. O ACEITE DA DUPLICATA

Nos termos do artigo 6º da Lei das Duplicatas, referido título de crédito deve ser remetido pelo vendedor ao comprador no prazo legal (= dentro de 30 dias de sua emissão).

Por outro lado, o comprador, ao receber a duplicata, pode agir das seguintes formas:

a) assina o título e o devolve ao vendedor no prazo de 10 (dez) dias a contar do recebimento;

b) devolve o título ao vendedor, sem assinatura;

c) devolve o título ao vendedor acompanhado de declaração, por escrito, das razões que embasam sua recusa em aceitá-lo;

d) não devolve o título, porém, caso autorizado pela eventual instituição financeira cobradora, comunica ao vendedor o seu aceite;

e) simplesmente não devolve o título.

Entretanto, "qualquer que seja o comportamento do comprador, isso em nada altera a sua responsabilidade cambial, já definida em lei. A duplicata mercantil é título de aceite obrigatório,[62] ou seja, independe da vontade do sacado (comprador). Ao contrário do que ocorre com a letra de câmbio, em que o sacado não tem nenhuma obrigação de aceitar a ordem que lhe foi endereçada, na duplicata mercantil, o sacado está, em regra, vinculado à aceitação de ordem, só podendo recusá-la em situações previamente definidas em lei. Quando se afirma que o aceite da duplicata é obrigatório, não se pretende que ele não possa ser recusado, mas, sim, que a sua recusa somente poderá ocorrer em determinados casos legalmente previstos. Situação diametralmente oposta à do sacado da letra de câmbio, que pode, sempre e a seu talante, recusar-se a assumir a obrigação cambial".[63]

7.1.D.5.1. HIPÓTESES DE RECUSA DE ACEITE DA DUPLICATA

Nos termos do artigo 8º da Lei das Duplicatas, a recusa de aceite do referido título de crédito somente é admitida nos seguintes casos:

a) avaria ou não-recebimento de mercadorias, quando não expedidas ou não entregues por conta e risco do comprador;

---

[62] Em virtude de sua obrigatoriedade, o aceite da duplicata pode ser dividido nas seguintes hipóteses: a) *aceite ordinário* – caso em que o comprador assina no local correspondente do título de crédito; b) *aceite por comunicação* – caso em que há a retenção da duplicata pelo comprador autorizado por eventual instituição financeira cobradora, com a comunicação, por escrito, ao vendedor, de seu aceite; e c) *aceite por presunção* – caso em que houve o recebimento das mercadorias pelo comprador, desde que não tenha havido causa legal que justificasse a recusa, com ou sem devolução do título ao vendedor.

[63] COELHO, Fábio Ulhoa, op. cit., p. 286-287.

206 Direito para Administradores – vol. III

b) existência de vícios na qualidade ou quantidade das mercadorias;

c) divergência nos prazos ou nos preços ajustados.

7.1.D.6. A EXIGIBILIDADE DO CRÉDITO ORIUNDO DA DUPLICATA

Inicialmente, destacamos que o protesto é condição de exigibilidade do crédito cambiário contra o sacador do título, ou seja, o vendedor das mercadorias.

Ademais, a execução da duplicata possui algumas especificidades. Com efeito, a modalidade do *aceite* praticado define os requisitos de constituição do referido título executivo, isto é, de conformidade com o *tipo de aceite* ocorrido (= ordinário, por comunicação ou por presunção), a execução judicial será realizada a partir de determinados requisitos, como veremos a seguir.

7.1.D.6.1 O PROTESTO E OS REQUISITOS DA EXECUÇÃO DA DUPLICATA

A duplicata, nos termos do artigo 21 da Lei nº 9.492/97, pode ser protestada nas seguintes hipóteses:

a) *por falta de aceite* – observamos, em relação ao *aceite por presunção* (= hipótese em que o comprador não assina a duplicata, retendo-a ou devolvendo-a, mas recebendo as mercadorias adquiridas), a constituição do título executivo em questão depende da reunião dos seguintes requisitos: 1. *Protesto cambial* – a duplicata, assim, deve ser protestada, seja com a exibição do título (caso em que a cártula é elemento constitutivo do título executivo, a qual deve ser acompanhada do correspondente instrumento de protesto), seja por indicações (neste caso, tão-só o instrumento de protesto é que poderá ser elemento do título executivo); 2. *Comprovante de entrega da mercadoria* – na hipótese de *aceite por presunção*, a constituição do título executivo compreende, necessariamente, a prova escrita de recebimento da mercadoria pelo comprador;

Títulos de Crédito   Henrique M. dos Reis / Claudia N. P. dos Reis   207

b) *por falta de devolução* – observamos que, na hipótese de o comprador não restituir o título ao vendedor, o protesto se fará por indicações do credor fornecidas ao cartório de protesto (artigo 13, parágrafo 1º, da LD). *In casu*, trata-se de norma que excepciona o *princípio da cartularidade*, uma vez que permite o exercício dos direitos cambiários sem a posse do título. Dessa forma, o *protesto por indicações* não exige a apresentação da cártula (= título de crédito);

c) *por falta de pagamento* – observamos que o comprovante de recebimento das mercadorias adquiridas só é elemento constitutivo do título executivo, juntamente com o protesto, quando se tratar de execução de duplicata não assinada pelo comprador, promovida contra o devedor principal.[64] Dessa forma, se o *aceite* ocorrido foi o ordinário (= resultante da assinatura do comprador ocorrida no campo correto da duplicata, será suficiente o título de crédito para a constituição do título executivo. Ressalte-se que, neste caso, o protesto será necessário em razão da categoria a que pertence o devedor: *necessário* contra o *coobrigado* e *facultativo* contra o *devedor principal*. Por outro lado, na hipótese de o *aceite* ter sido o *por comunicação*, o título executivo será a carta enviada pelo comprador ao vendedor, na qual se informa o *aceite* e a retenção da duplicata (como preceitua o artigo 7º, parágrafo 2º da LD, referida comunicação substitui a cártula no protesto e na execução).[65]

---

[64] Por isso, o *endossatário* da duplicata não assinada pelo comprador deve exigir que lhe seja entregue o documento que comprove o recebimento da mercadoria ou uma cópia autêntica do mesmo, para poder executar o título contra o devedor principal. Igualmente o credor tem o direito de solicitar, a todo instante, do vendedor das mercadorias, o fornecimento do referido documento. Idêntico direito, ademais, tem o *coobrigado* que paga a duplicata dessa forma caracterizada, no afã de exercer o direito de regresso contra o comprador.

[65] Destacamos que o *aceite por comunicação* impede a circulação do título. A carta que comunica o *aceite* é tão-somente um documento que substitui a cártula nas hipóteses de protesto e de execução. Saliente-se que o vendedor das mercadorias não pode, na hipótese, circular com o crédito representado pela duplicata por intermédio do endosso. Para essa finalidade, a comunicação não é substituta do título retido. Por conseguinte, não é necessário, nesse caso, o protesto como condição de exigibilidade do crédito cambiário, isto é, o vendedor pode protestar a comunicação como meio de forçar o pagamento da duplicata, embora não necessite fazê-lo para o ajuizamento da ação de execução.

208 Direito para Administradores – vol. III

7.1.D.6.1.A. O PRAZO DO PROTESTO DA DUPLICATA

Ressalte-se que o protesto deve ser efetuado na praça de pagamento que consta na duplicata, no prazo de 30 (trinta) dias a contar de seu vencimento.

7.1.D.6.1.B. CONSEQÜÊNCIAS DA PERDA DO PRAZO DO PROTESTO DA DUPLICATA

Caso não observado o precitado prazo legal para encaminhamento do título a cartório de protesto, ocorrerá a perda, por parte do credor, do direito creditício contra os *coobrigados* e seus *avalistas*. Lembramos que, contra o *devedor principal* do título, isto é, o *sacado* e seu *avalista*, não é imprescindível o protesto. Nesse caso, a inobservância do prazo de 30 (trinta) dias a contar do vencimento para se providenciar o protesto da duplicata não ocasiona a perda do direito de crédito contra o comprador das mercadorias e seu eventual avalista, conforme preceitua o artigo 13, parágrafos 3º e 4º da LD.

7.1.D.6.2. O PRAZO PARA A EXECUÇÃO DA DUPLICATA

A ação de execução da duplicata prescreve: a) em 3 (três) anos, a contar do vencimento do título, contra o devedor principal (= *sacado*) e seus *avalistas*; b) em 1 (um) ano a contar do protesto, contra os *coobrigados* (= *sacador*, *endossantes* e seus *avalistas*); e c) em 1 (um) ano, contado do dia do pagamento do título, para o exercício do direito de regresso.

7.1.D.6.3. A TRIPLICATA

Conforme determina o artigo 23 da Lei das Duplicatas, a perda ou o extravio da duplicata obriga o vendedor a extrair a *triplicata*, que é uma cópia da duplicata (= uma segunda via), confeccionada com base nos registros existentes na escrituração que de forma obrigatória o comerciante deve manter (artigo 19 da LD).

Na prática, costuma-se emitir a *triplicata* sempre que a duplicata é retida pelo comprador. Entretanto, a rigor tal situação não se enquadra nas hipóteses legais de perda ou extravio, porém, "desde que não importe em qualquer prejuízo para as partes, não haverá problemas em se proceder desta maneira".[66]

7.1.D.7. AS DEMAIS ESPÉCIES DE DUPLICATA

Estabelece, ainda, a Lei das Duplicatas (= LD), dois outros títulos de crédito além da duplicata mercantil, nos artigos 20 e 21 (= duplicata de prestação de serviços) e 22 (= duplicata da conta de serviços). Se não vejamos:

7.1.D.7.1. A DUPLICATA DE PRESTAÇÃO DE SERVIÇOS

A duplicata de prestação de serviços pode ser emitida por pessoa, física ou jurídica, que exerça atividade econômica da referida natureza. O regime jurídico da duplicata de prestação de serviços é o mesmo da duplicata mercantil, e, portanto, vale para ela tudo o que foi anteriormente exposto sobre a duplicata, com as seguintes ressalvas:

a) o *protesto por indicações* necessita da apresentação, pelo credor, de documento que comprove a existência do vínculo contratual, bem como da efetiva prestação de serviços;

b) o prestador de serviços está obrigado a efetuar a escrituração no Livro de Registro de Duplicatas, devendo emitir fatura discriminatória dos serviços prestados sempre que tiver em mente emitir duplicata representativa do crédito correspondente;

c) a duplicata de prestação de serviços é um título de *aceite obrigatório*.

---

[66] COELHO, Fábio Ulhoa, op. cit., p. 289.

210 Direito para Administradores – vol. III

7.1.D.7.2. A DUPLICATA DA CONTA DE SERVIÇOS

A duplicata da conta de serviços tem as seguintes especificidades:

a) pode ser emitida por profissional liberal e por prestador de serviço eventual;

b) o emitente está dispensado de proceder a qualquer escrituração especial;

c) o credor deve elaborar a conta, discriminado os serviços prestados, sua natureza, seu valor, a data e o local do pagamento e o vínculo contratual que originou o crédito;

d) a conta deverá ser registrada no Cartório de Títulos e Documentos e enviada ao comprador dos serviços;

e) a conta de serviços necessita ser protestada para constituir título executivo, devendo conter ou a assinatura do devedor ou o comprovante da realização dos serviços;

f) trata-se de título de crédito impróprio, não suscetível de circulação cambial.

7.2. TÍTULOS DE CRÉDITO IMPRÓPRIOS

Determinados instrumentos jurídicos estão adstritos a um regime legal atrelado, parcialmente, aos ditames do regime jurídico-cambial.

Entretanto, referidos instrumentos, embora sejam disciplinados por um regime semelhante ao das cambiais, não são considerados títulos de crédito. Isso porque não se aplicam, em sua totalidade, os elementos que caracterizam o regime jurídico-cambial.

Dessa forma, tais instrumentos são denominados "títulos de crédito impróprios", os quais se subdividem em quatro categorias:

I. Comprovantes de legitimação do credor (geralmente intransferíveis, isto é, passagens, cadernetas da Caixa Econômica, tíquetes e vale);

II. Representativos – a circulação importa a transferência da mercadoria a que se referem, por exemplo, Conhecimento de Transporte Ferroviário ou Marítimo e *Warrant* ou Conhecimento de Depósito dos Armazéns Gerais;
III. Títulos de financiamento;
IV. Títulos de investimento.

Capítulo 8

Propriedade Intelectual: Autoral e Industrial

OBJETIVO

O objetivo deste capítulo é permitir ao leitor o entendimento de algumas das regras que disciplinam a propriedade intelectual. Trata-se de matéria que, sem dúvida nenhuma, necessita ser compreendida por aquele que atua na área comercial/empresarial.

Introdução. 1. O Direito Autoral. 2. A Propriedade Industrial. 2.1. A Legislação Reguladora. 2.2. Órgão Fiscalizador: INPI. 2.3. As Patentes. 2.4. Os Registros. 2.5. A Invenção. 2.6. Modelo de Utilidade. 2.7. Desenho Industrial. 2.8. Como se Classificam as Criações. 2.9. O *Design.* 2.10. O *Know-How.* 2.11. O Segredo de Fábrica. 2.12. A Marca. 2.13. Cultivares. 2.14. Os Crimes contra a Propriedade Industrial.

INTRODUÇÃO

A expressão "propriedade intelectual" abrange os direitos relativos às invenções em todos os campos da atividade humana, às descobertas científicas, aos desenhos e modelos industriais, às marcas industriais, de comércio e de serviço, aos nomes e denominações comerciais, à proteção contra a concorrência desleal, às obras literárias, artísticas e científicas, às interpretações dos artistas intérpretes, às execuções dos artistas executantes, aos fonogramas e às emissões de radiodifusão,

214   Direito para Administradores – vol. III

bem como os demais direitos relativos à atividade intelectual nos campos industrial, científico, literário e artístico.

O termo "propriedade intelectual" contempla, em sua definição, dois conceitos: o de criatividade privada e o de proteção pública para os resultados decorrentes da atividade criativa. O primeiro abrange as idéias, invenções e expressões criativas que resultam da atividade privada; o segundo abrange o desejo público de conferir a condição de propriedade a essas atividades (Sherwood, 1992).

A propriedade intelectual, segundo a World Intellectual Property Organization – WIPO (1993), compreende os direitos de autor e a propriedade industrial. As criações protegidas pelo direito de autor têm como requisito a originalidade, enquanto as criações no campo da propriedade industrial dependem do requisito da novidade, um novo conhecimento para a sociedade. As formas de proteção à propriedade intelectual variam de acordo com os diferentes tipos de criação.

Os direitos de autor compreendem a proteção às criações artísticas ou literárias por meio da lei do *copyright*, enquanto a propriedade industrial compreende a proteção a invenções, modelos de utilidade e desenho industrial por instrumento denominado carta-patente. A legislação da propriedade industrial protege também sinais de propaganda, marcas de indústria, comércio e serviços, por intermédio de certificado de registro. Sherwood (1992) entende o segredo de negócios (*trade secret*) também como uma forma de proteção intelectual; seria a forma utilizada por uma empresa para manter informações comerciais ou industriais valiosas fora do conhecimento de terceiros.

O objetivo da propriedade intelectual é assegurar ao autor o direito ou o privilégio de exploração comercial de suas criações, por período limitado de tempo, proibindo terceiros de o fazerem sem prévia autorização do autor. O que se protege é o fruto da atividade criativa, quando essa resulta em uma obra intelectual. Os direitos do autor previstos na legislação de propriedade intelectual fundamentam-se na garantia a ser oferecida ao inventor de usar o objeto de sua invenção para obter retorno do investimento inicial e obter lucros em troca da revelação de sua invenção para a sociedade (Scholze & Chamas, 1998). O próprio *copyright* só evoluiu quando se tornou possível a multiplicação de cópias, embora a censura moral sobre cópias não autorizadas já fosse praticada desde o século XVI (Sherwood, 1992).

Tais leis foram criadas com o propósito de incentivar a transferência de tecnologias financiadas com recursos públicos para a exploração pela iniciativa privada. Segundo Scholze e Chamas (1998), atualmente, na maioria das universidades norte-americanas e européias, a transferência de tecnologia ou de materiais é condicionada à assinatura de acordos e contratos, com cláusulas específicas que garantem seus direitos de propriedade intelectual sobre qualquer invenção feita pelo laboratório ou pela instituição recipiente usando o material transferido.

No Brasil, a discussão ainda é recente e o tema não tem sido adequadamente tratado nas diversas instituições de ensino e pesquisa do País, embora seja importante destacar as mudanças introduzidas, gradualmente, na legislação brasileira de proteção à propriedade intelectual nos últimos anos:

- promulgação da nova Lei nº 9.279, de 14 de maio de 1996, que reviu o Código de Propriedade Industrial (Lei nº 5.772, de 21 de dezembro de 1971);
- aprovação da Lei de Proteção de Cultivares (Lei nº 9.456/97);
- atualização da Lei nº 9.609, de 19 de fevereiro de 1998, referente a Direito Autoral (revisão da antiga Lei nº 5.988, de 14 de dezembro de 1973);
- aprovação da Lei de Software nº 9.609, de 19 de fevereiro de 1998;
- aprovação da Lei de Arbitragem 10, que estabelece um foro para dirimirem-se, mais facilmente, eventuais disputas em torno dos contratos de exploração de tecnologia (Scholze e Chamas, 1998).

216 Direito para Administradores – vol. III

Ressalte-se que a atualização do conjunto da legislação de propriedade intelectual buscou assegurar a adequada proteção da invenção do pesquisador brasileiro e criar um ambiente favorável ao investimento por parte do setor produtivo em instituições de pesquisa. Além disso, abriu as portas para investimentos estrangeiros no País.

Em síntese, o assunto divide-se em dois ramos: a propriedade industrial e a propriedade literária, artística e científica, preferindo-se denominar a última como direito autoral.[1]

1. O DIREITO AUTORAL

Aos criadores de obras intelectuais, assegura a lei direitos pessoais e direitos materiais.

Entre os direitos pessoais estão o direito de paternidade ou personalidade e o direito de nominação. O direito de paternidade ou personalidade é o direito natural que liga para sempre a obra ao seu criador. O direito de nominação é o direito que tem o criador de dar o seu nome à obra.

Entre os direitos materiais estão o direito de propriedade e o direito de exploração, que constituem direitos reais e valem contra todos (*erga omnes*), podendo ser objeto de licença, cessão, compra e venda, usufruto, uso, penhor etc.

No direito autoral (ou propriedade literária, artística e científica), o criador tem desde logo todos os direitos, pessoais e materiais, independentemente de registro. Na propriedade industrial, porém, os direitos materiais só passam a existir, em regra, após o registro ou patente.

---

[1] Tendo em vista o objeto do presente estudo, traçaremos mais detalhes acerca da propriedade industrial.

2. A PROPRIEDADE INDUSTRIAL

No caso da proteção industrial, é preciso considerar que o valor econômico de uma inovação não está diretamente relacionado ao valor científico da invenção tecnológica realizada e que o potencial de êxito comercial de uma inovação deve ser avaliado em relação ao mercado e não em relação ao estágio tecnológico alcançado. Assim, a proteção só se justificaria quando a inovação fosse objeto de exploração comercial (Bercovitz, 1994).

2.1. A LEGISLAÇÃO REGULADORA

A propriedade industrial regula-se pela precitada Lei nº 9.279/96, com vigência a partir de 15/5/97. Alguns dispositivos da referida lei entraram em vigor na data da publicação (15/5/96), como, por exemplo, os referentes a regras transitórias de convalidação no Brasil de determinadas patentes conferidas no exterior.

2.2. ÓRGÃO FISCALIZADOR: INPI

O INPI (Instituto Nacional da Propriedade Industrial) é uma autarquia federal.

É competente para executar as normas da propriedade industrial, como o processamento e o exame dos pedidos de patente ou de registro.

Saliente-se que a *Revista da Propriedade Industrial* é o órgão oficial para a publicação dos requerimentos das partes e dos atos do INPI.

2.3. AS PATENTES

As patentes estão relacionadas às invenções e aos modelos de utilidade.

O prazo de proteção da patente de invenção é de 20 anos, da data do depósito, sendo prorrogado, se for o caso, para inteirar, no mínimo, 10 anos, da data da concessão, ressalvada a hipótese de o INPI

218 Direito para Administradores – vol. III

estar impedido de proceder ao exame de mérito do pedido, por pendência judicial ou por motivo de força maior.[2]

No modelo de utilidade, os prazos são de 15 anos da data do depósito, garantido o espaço mínimo de sete anos da data da concessão da patente.

2.3.A. DOMÍNIO PÚBLICO

Extinta a patente, pelo término de seu prazo de validade, ou outro motivo elencado na lei, o seu objeto cai em domínio público (artigo 78, parágrafo único). Entretanto, se a extinção ocorrer por falta de pagamento da retribuição devida ao INPI, poderá a patente ser restaurada, pelo tempo faltante, se o titular assim o requerer em três meses da notificação da extinção (artigo 87). Nesse caso, o domínio público fica sujeito a uma condição suspensiva, de ocorrer ou não o pedido tempestivo de restauração da patente.

2.4. OS REGISTROS

Os registros referem-se às marcas e aos desenhos industriais. O prazo de proteção da marca é de 10 anos, da data do registro, prorrogável por períodos iguais e sucessivos.

Para os desenhos industriais, o prazo também é de 10 anos, da data do depósito, prorrogável por três períodos sucessivos de cinco anos cada.

---

[2] A certas patentes em andamento no exterior foi dado um prazo, em caráter excepcional, para a sua convalidação no País, pelo tempo restante de vigência que teriam no país de origem: o denominado *pipeline*. Assim, as patentes expedidas no exterior, referentes a certos itens, como medicamentos e alimentos, antes não patenteáveis no Brasil, podem ser reconhecidas no País, pelo tempo restante de validade que teriam no país de origem, até o limite de 20 anos, desde que haja requerimento nesse sentido dentro de um ano da publicação da lei (artigo 230). A palavra inglesa *pipeline* quer dizer oleoduto, ao pé da letra, mas é utilizada, aqui, com o significado de extensão de um ponto até outro. Extensão da validade de uma patente do exterior para dentro do território brasileiro, segundo os critérios estabelecidos nos artigos 230 a 232 da Lei nº 9.279/96.

2.5. A INVENÇÃO

A invenção consiste na criação de coisa nova, suscetível de aplicação industrial. Seus requisitos são a novidade, a industriabilidade e a atividade inventiva.

Neste ponto, chamamos a atenção para o que nos ensina Maximilianus Cláudio Américo Führer,[3] *verbis*:

> Considera-se novo o que não esteja compreendido no estado da técnica. O estado da técnica é tudo aquilo que já foi feito, usado ou divulgado, em qualquer ramo e em qualquer parte do mundo, antes da data do depósito do pedido de patente. A industriabilidade consiste na possibilidade de produção para o consumo.
>
> A atividade inventiva corresponde à criatividade. Não basta produzir coisa nova. É necessário também que essa coisa nova não seja apenas uma decorrência evidente do estado da técnica, ao alcance de qualquer técnico da especialidade.
>
> A "não evidência", ou a não decorrência evidente do estado da técnica, é avaliada, entre outros critérios, pela utilização de técnicas radicalmente diferentes, pela ruptura de métodos tradicionais, pela vitória sobre um preconceito, pela dificuldade vencida, pela engenhosidade, pelo resultado imprevisto, pela originalidade etc.
>
> São patenteáveis os produtos novos e os processos novos, bem como a aplicação nova de processos conhecidos. Também podem ser patenteadas as justaposições, meios ou órgãos conhecidos, a simples mudança de forma, proporções, dimensões ou de materiais, se disso resultar, no conjunto, um efeito técnico novo ou diferente.

Ressalte-se que atualmente podem também ser patenteados produtos alimentícios, químicos e farmacêuticos. Entretanto, não são patenteáveis descobertas, teorias científicas, métodos matemáticos, concepções abstratas, regras de jogo, técnicas e métodos operatórios

---

[3] FÜHRER, Maximilianus Cláudio Américo. *Resumo de Direito Comercial (Empresarial)*. São Paulo: Malheiros, 2003, p. 26-27.

220 Direito para Administradores – vol. III

ou cirúrgicos, métodos terapêuticos ou de diagnóstico, o todo ou parte de seres vivos naturais, materiais biológicos encontrados na natureza, bem como as demais hipóteses previstas no artigo 10 da Lei nº 9.279/96.

Cumpre destacar que os programas de computador são protegidos por lei especial (= Lei nº 9.609, de 19/2/98).

E mais: a descoberta, por mais importante que seja, não é patenteável, por não ser criação na acepção da lei, mas revelação de produto ou lei científica já existente na natureza. É possível, porém, se patentear algum processo para a utilização industrial da coisa descoberta.[4]

Maximilianus Cláudio Américo Führer,[5] cita os seguintes exemplos de invenção:

> **Exemplos de invenção**: uma nova máquina para debulhar milho; um novo tipo de lubrificante; um novo aparelho economizador de gasolina; um novo carburante composto; um novo processo para amaciar madeira; um novo processo para fabricação de alumínio etc.

2.6. MODELO DE UTILIDADE

Caracteriza-se como modelo de utilidade a modificação de forma ou disposição de objeto de uso prático já existente, ou parte deste, de que resulte uma melhoria funcional no seu uso ou em sua fabricação. Ou seja, modelo de utilidade é um aperfeiçoamento utilitário de coisa já existente ou de sua fabricação. Seus requisitos são a novidade de forma, de disposição ou de fabricação, a industriabilidade e a atividade inventiva.

---

[4] Conforme anota Jean-Michel Wagret (*Brevets d'Invention et Propriété Industrielle*. Presses Universitaires de France, Paris, 1975, p. 24), "a descoberta da flora microbiana não podia ser patenteada, mas em compensação Pasteur patenteou validamente a fabricação de vinagre por fermentação bacteriana de vinho, bem como a fabricação asséptica de cerveja".

[5] Op. cit., p. 28.

Maximilianus Cláudio Américo Führer[6] cita os seguintes exemplos de modelo de utilidade:

> **Exemplos de modelo de utilidade:** um novo modelo de enfiador de agulhas; um novo tipo de cabide de roupas; uma cadeira desmontável; um novo modelo de fossa séptica, com três câmaras de decantação; um novo modelo de brinco, facilmente adaptável à orelha; um novo grampo para cabelo; uma privada portátil; um novo suporte para ferros elétricos, mantendo-os com sua superfície para cima, perfeitamente estabilizados, podendo também funcionar como um fogareiro elétrico; um novo tipo de churrasqueira etc.

2.7. DESENHO INDUSTRIAL

Conforme preceitua a Lei nº 9.279/96, o desenho industrial passou a abranger dois tipos de criação, englobando não só o desenho industrial propriamente dito, como, também, o que na lei anterior se chamava "modelo industrial".

Ressalte-se que os requisitos do desenho industrial (nas duas modalidades) são a novidade relativa, a industriabilidade e a atividade inventiva.

Assim, existem atualmente duas modalidades de desenho industrial:

a) a primeira modalidade, ou desenho industrial propriamente dito, refere-se à combinação de traços, cores ou figuras, a serem aplicados a um objeto de consumo, com resultado ornamental característico.

b) a segunda modalidade de desenho industrial (que na lei anterior se chamava modelo industrial) é uma modificação de forma de objeto já existente, só para fins ornamentais. Trata-se de um aperfeiçoamento plástico ornamental.

Maximilianus Cláudio Américo Führer[7] cita os seguintes exemplos de modelo industrial:

---

[6] Op. cit., p. 28.
[7] Op. cit., p. 28-29.

222   Direito para Administradores – vol. III

(...)

Exemplos de desenho industrial da primeira modalidade: um novo estampado de tecidos; novo desenho original para caixas de acondicionamento de fraldas para bebês, ornadas nas testas superiores por quatro bebês em posições distintas; nova ornamentação aplicável a cabos de colheres, garfos e facas; um novo desenho de rótulo para caixas de brinquedos; um copo ornamentado com desenhos gravados; um novo desenho de papéis de embrulho para presentes; desenho de uma embalagem, com dizeres e gravuras etc.

(...)

Exemplos de desenho industrial da segunda modalidade (antigo modelo industrial): um novo modelo de vestido; um novo modelo de automóvel; um novo modelo de frasco para perfumes; uma nova caixa de pó-de-arroz; um novo conjunto de puxadores para portas e gavetas; um novo modelo ornamental de garrafa ou vasilhame, com hexágonos salientes entrelaçados; uma nova configuração para biscoitos; um tipo de suporte ornamental para lâmpadas elétricas; um sabonete infantil com a forma de um grilo; uma nova grade ou uma nova lanterna de automóvel etc.

Finalizando, destacamos que o desenho industrial, nos termos dos artigos 109 e 236 da Lei nº 9.279/96, nas suas duas modalidades, não é mais objeto de patente, cabendo agora apenas o seu registro.

2.8. COMO SE CLASSIFICAM AS CRIAÇÕES

Normalmente é muito árduo determinar em que categoria deve ser colocada uma criação.[8] Em virtude dessas possíveis dúvidas, autoriza a lei (artigo 35, II) que o INPI proceda à adaptação do pedido, de acordo com a sua natureza correta, quando for o caso.

---

[8] Paolo Greco (In: *Lezioni di Diritto Industriale*. Torino: G. Giappichelli Editore, 1956, p. 259) trata da possibilidade da existência de desenhos com função estritamente utilitária e não-ornamental que também deveriam ser protegidos, por intermédio de uma interpretação extensiva, como um quadro com letras de várias cores para aferir mais rapidamente a visão ou para facilitar operações aritméticas.

Neste ponto, novamente chamamos a atenção para o que assevera Maximilianus Cláudio Américo Führer,[9] *verbis*:

> Patenteou-se, por exemplo, um novo desenho de rastro de pneumático como desenho industrial. Parece, porém, que a classificação correta seria modelo de utilidade, por não ser uma alteração linear ou plana, nem ornamental, mas utilitária, para melhorar o agarramento do pneu ao solo.

2.9. O *DESIGN*

A expressão "desenho industrial" pode referir-se também a uma outra atividade humana ligada à criatividade, em geral na indústria. O profissional do desenho industrial (*designer*) não se limita a criar traços ou formas ornamentais, no sentido estrito que a lei dá ao desenho industrial.[10]

Saliente-se que o campo do desenhista industrial é a forma, a função e o custo dos produtos, sem esquecer o aspecto visual. Para o desenho industrial, ou *design*, o homem não é um consumidor, mas um usuário. Disso deflui a sua preocupação com o meio ambiente e com a ecologia.

Vejamos o que nos ensina Maximilianus Cláudio Américo Führer,[11] *verbis*:

> A teoria do desenho industrial condena a versão denominada "estilismo", ou *styling*, que consiste em modificações superficiais do produto, para dar a ilusão de originalidade e aperfeiçoamento, aumentando eventualmente o valor de troca, mas não o valor de uso. Exceto, naturalmente, em certos ramos, em que o estilo é tudo, como no ramo da moda.

---

[9] Op. cit., p. 29-30.

[10] Como assevera Gui Bonsiepe, "como disciplina que participa do desenvolvimento dos produtos, o Desenho Industrial ocupa-se dos problemas de uso, da função (no sentido de funcionamento), da produção, do mercado, da qualidade e da estética dos produtos industriais" (*Teoría y Práctica del Diseño Industrial*. Barcelona: Editorial Gustavo Gili, 1978, p. 29).

[11] Op. cit., p. 30-31.

O *designer* tanto pode projetar uma máquina agrícola como desenhar um rótulo ou inventar uma nova aplicação para uma tinta fabricada por seu cliente. O seu trabalho consiste na elaboração dos mais variados projetos aplicados à produção moderna.

Portanto, do trabalho do *designer* pode eventualmente resultar um invento, ou um modelo de utilidade, que os profissionais do setor chamam de "redesenho", e até mesmo um desenho industrial, no sentido da Lei de Patentes, composto de traços ou formas plásticas ornamentais.

2.10. O *KNOW-HOW*

Algumas criações ou conhecimentos existem, os quais permanecem à margem da propriedade industrial, ou por não serem patenteáveis, ou porque ao detentor não interessa a patente. Entre estes está o *know-how*.

O *know-how* (ou *savoir-faire*) é o conhecimento técnico não patenteado, transmissível, mas não imediatamente acessível ao público.

2.11. O SEGREDO DE FÁBRICA

Por outro lado, o segredo de fábrica possui a mesma natureza do *know-how*, mas tem sentido mais estrito, por referir-se a um processo industrial.

Ressalte-se que ambos (*know-how* e segredo de fábrica) são protegidos por meio de cláusulas contratuais específicas, bem como por sanções penais e civis. Nesse diapasão, a INPI deve registrar os contratos que impliquem transferência de tecnologia, contratos de franquia e similares para produzirem efeitos em relação a terceiros, nos termos do artigo 211 da Lei nº 9.279/96.

2.12. A MARCA

Marca é um sinal distintivo capaz de diferenciar um produto ou um serviço de outro. Seu requisito básico é a novidade, no sentido de originalidade e não colidência ou semelhança com marcas anteriores.

A marca pode ser:

a) nominativa, se composta de palavras;
b) figurativa, se composta de símbolos, emblemas e figuras;
c) mista, se composta de palavras e figuras.

Assim, a *marca de produto ou serviço* é aplicada para individualizar cada produto ou serviço.

Por outro lado, a *marca de certificação* é dada por alguns institutos com a finalidade de atestar determinada qualificação de produto ou serviço, como o selo INMETRO (do Instituto Nacional de Metrologia) ou o selo ISO.

Existe também a marca coletiva, que é aquela que pode ser usada pelos produtores ou prestadores de serviços ligados a determinada entidade, associação ou cooperativa.

2.12.A. A PROTEÇÃO DA MARCA

Ressalte-se que a proteção da marca opera-se pelo registro, válido por dez anos, da data do registro, prorrogáveis por períodos iguais e sucessivos. Contudo, a proteção não é geral, mas limitada a classes, dentro das atividades efetivas dos requerentes.

As *marcas famosas*, entretanto, nacional ou internacionalmente, têm proteção especial na sua classe, mesmo sem registro, nos termos do artigo 126 da Lei nº 9.279/96. São as denominadas *marcas notoriamente conhecidas*.

As *marcas de alto renome*, por outro lado, têm proteção em todas as classes, se houver registro (artigo 125 da Lei nº 9.279/96).

Assim:

a) a *marca notoriamente conhecida* é uma marca famosa que não tem registro, sendo protegida, mesmo assim, dentro da sua classe; e

226 Direito para Administradores – vol. III

b) a *marca de alto renome* é uma marca famosa que tem registro, sendo então protegida em todas as classes.

Ademais, destacamos que as *marcas de serviço* gozam também de proteção especial, dentro de seu ramo de atividade, independentemente de registro (artigo 126, § 1º).

Finalizando, cabe explicitar o texto da informação obtido no *site* www.expressodanoticia.com.br, *verbis*:

Expressões de uso comum não geram direito de uso exclusivo

As expressões de uso comum, mesmo quando originárias de línguas estrangeiras, não são suscetíveis de uso exclusivo. Com esse entendimento, a Terceira Turma do Superior Tribunal de Justiça (STJ) assegurou à Pro Mall Empreendimentos e Participações Ltda. e à New Concept Shoppings S/A o direito de identificarem seu centro comercial em Botafogo (RJ) como Rio Off Price Shopping.

A Off Price Comércio de Roupas Ltda. e a Off Price Shopping Center do Vestuário Ltda. moveram ação ordinária contra Pro Mall Empreendimentos e Participações Ltda. e New Concept Shoppings S/A com a afirmativa de possuírem direito de uso exclusivo sobre a expressão "off price", seja como marca ou como nome comercial. A pretensão da ação era impedir que a Pro Mall Empreendimentos e Participações Ltda. e New Concept Shoppings S/A empregassem o termo "Off Price" como nome de um Shopping (Rio Off Price Shopping).

Desde 1984, conforme contrato arquivado na Junta Comercial do Rio de Janeiro, e por haver obtido junto ao Instituto Nacional de Propriedade Industrial – INPI – os registros para a marca "Off Price" nas áreas de comércio de peças e acessórios de vestuário em geral, as autoras da ação foram as primeiras a registrarem o uso exclusivo do termo em questão.

O Tribunal de Justiça do Rio de Janeiro entendeu que a validade do registro concedendo exclusividade de uso do termo é procedente. A decisão do tribunal carioca vedou o emprego da referida marca à Pro Mall Empreendimentos e Participações Ltda. e New Concept Shopping S/A.

Insatisfeitas com a decisão, a Pro Mall e a New Concept Shopping interpuseram recurso no STJ com a finalidade de utilizar a expressão.

O ministro relator, Ari Pargendler, entendeu que "não obstante o registro como marca, a expressão Off Price pode ser usada no contexto da denominação de um centro comercial". Dessa forma, o STJ acolheu o recurso e assegurou a Pro Mall Empreendimentos e Participações Ltda. e New Concept Shopping S/A usarem o termo, uma vez que julgaram improcedente tornar exclusivo um termo comum. (**Processo: Resp. 237954**, 29/12/2003, Fonte: STJ)

2.13. CULTIVARES

Cultivares são espécies novas de plantas, obtidas por pesquisadores.

No que tange aos cultivares, cabe salientar que a Lei nº 9.456/97 instituiu a proteção da propriedade intelectual dos mesmos, em prazos de 15 a 18 anos.

2.14. OS CRIMES CONTRA A PROPRIEDADE INDUSTRIAL

Ademais, a Lei nº 9.279/96 prevê crimes contra patentes, desenhos industriais, marcas, indicações geográficas e de concorrência desleal. Em regra, a ação penal é privada, só se procedendo mediante queixa, nos termos dos artigos 183 e seguintes da Lei nº 9.279/96.

Capítulo 9

A Falência e a Recuperação (Extrajudicial e Judicial) do Empresário e da Sociedade Empresária

OBJETIVO

Neste capítulo, estudaremos a recente legislação que disciplina a falência e a recuperação (extrajudicial e judicial) do empresário e da sociedade empresária. Trata-se, sem dúvida alguma, de legislação de extremo interesse para a área empresarial/comercial, especialmente quanto às modificações que veicula, ante os reclamos sociais da preservação da empresa e da manutenção de empregos, o que evidencia a concretização do *princípio social da empresa.*

Introdução. 1. Considerações Iniciais. 2. A Recuperação Extrajudicial. 2.1. Débitos Não-Sujeitos à Recuperação Extrajudicial. 2.2. Procedimento da Recuperação Extrajudicial. 3. A Recuperação Judicial. 3.1. Requisitos para a Recuperação Judicial. 3.2. Créditos Sujeitos à Recuperação Judicial. 3.3. Meios de Recuperação Judicial. 3.4. Requisitos Processuais para a Recuperação Judicial. 3.5. O Plano de Recuperação Judicial. 3.6. A Posição do Poder Judiciário. 3.7. O Prazo da Recuperação Judicial. 3.8. A Extinção da Recuperação Judicial. 3.9. O Plano de Recuperação Judicial para Microempresas e Empresas de Pequeno Porte. 3.10. Observações Relevantes sobre a Recuperação

230 Direito para Administradores – vol. III

Judicial. 4. A Falência. 4.1. Conceito de Falência. 4.2. A Caracterização da Falência. 4.3. Quem Pode Requerer a Falência. 4.4. O Requerimento da Falência pelo Próprio Devedor. 4.5. O Juízo Competente. 4.6. A Indivisibilidade e a Universalidade do Juízo Falimentar. 4.7. A Antecipação dos Vencimentos das Dívidas. 4.8. A Classificação dos Créditos. 4.9. Conceito de Massa Falida. 4.10. O Termo Legal. 4.11. A Situação dos Sócios da Sociedade Falida. 4.12. O Administrador Judicial. 4.13. A Arrecadação. 4.14. As Obrigações do Falido. 4.15. A Perda de Administração dos Bens. 4.16. A Anulação de Certos Atos. 4.17. A Continuação do Negócio. 4.18. O Pedido de Restituição. 4.19. Os Contratos do Falido. 4.20. A Verificação de Créditos. 4.21. A Realização do Ativo. 4.22. O Pagamento aos Credores. 4.23. O Encerramento da Falência. 4.24. A Extinção das Obrigações do Falido. 4.25. Os Crimes Falimentares. 5. Regras Legais Comuns à Falência, à Recuperação Judicial e Extrajudicial.

INTRODUÇÃO

Etimologicamente, falência (do latim *fallere*) significa falha, defeito, carência, engano ou omissão.

Perdurou em nosso País por aproximadamente cinqüenta anos o instituto da falência e da concordata. Entretanto, a lei que regulava referidos institutos já estava ultrapassada em muitos aspectos, sobretudo considerando a nova realidade da economia e dos negócios, das sucessivas alterações na legislação que vêm renovando os institutos jurídicos do nosso país, a exemplo da própria Constituição Federal e do Código Civil que veio recentemente estabelecer novas regras para as sociedades empresárias, notadamente na regulamentação das sociedades limitadas. Lembramos que a lei revogada tratava das seguintes situações:

1. Concordata – tratava-se de um contrato entre devedor e credores, mais terceiro não contratante (o Estado-juiz), que visava à reabilitação do devedor em estado temporário de insolvência, tendo como finalidade real fazer o devedor ganhar tempo para negociar dívidas ou preparar sua empresa para a falência;
2. Falência – tratava-se de uma forma jurídica de solucionar a situação jurídica do comerciante que não cumpria, no vencimento, com obrigações líquidas e certas, tendo como finalidade a liquidação do patrimônio do devedor insolvente. Esse processo se desenvolvia em três fases: *a*) fase preliminar; *b*) fase de sindicância; e *c*) fase de liquidação;
3. Crime falimentar – todo e qualquer ato praticado, antes, durante e até mesmo após a falência, com o objetivo de prejudicar credores em benefício próprio, como, por exemplo, escriturar Livros Contábeis e Fiscais em atraso, não ter esses livros, não encerrar o balanço no prazo legal, falsificar, destruir ou inutilizar material de escrituração.

Assim, chegou a hora de estabelecer novos critérios para as questões que envolvem a recuperação judicial de empresas em dificuldades, pois a revogada Lei de Falências e Concordatas já não mais atendia à dinâmica da vida empresarial, tampouco à realidade socioeconômica do País, permitindo "quebrar" várias empresas viáveis.

Busca-se, com a Nova Lei de Falências, Lei nº 11.101 de 9 de fevereiro de 2005, manter as empresas viáveis e liquidar as inviáveis. Nesse sentido, a Nova Lei de Falências traz inúmeras mudanças para a sociedade comercial, destacando-se o instituto da recuperação da empresa, visando reorganizá-la, em vez de destruí-la, para a manutenção dos empregados e a preservação da produção e circulação da riqueza, tendo em vista o desenvolvimento e o bem-estar sociais; e a supressão da concordata suspensiva, porque, no curso da falência, poder-se-á propor a recuperação da empresa.

Em síntese, são essas alterações que estudaremos neste capítulo. Se não vejamos:

232 Direito para Administradores – vol. III

1. CONSIDERAÇÕES INICIAIS

Inicialmente, destacamos que a chamada Nova Lei de Falências disciplina três situações distintas:[1]

a) a recuperação extrajudicial do empresário e da sociedade empresária;
b) a recuperação judicial;
c) a falência, que por sua vez pode implicar a *cessão da empresa* (permitindo-se que a empresa continue exercendo sua atividade – manutenção da unidade produtiva)[2] ou a efetiva *liquidação da empresa* (caso em que não há continuação da atividade).

Ab initio, igualmente é importante destacar que:

a) nos termos do artigo 3º "É competente para homologar o plano de recuperação extrajudicial deferir a recuperação judicial ou decretar a falência o juízo do local do principal estabelecimento[3] do devedor ou da filial de empresa que tenha sede fora do Brasil";

---

[1] Lembramos que a Lei não se aplica a: I – empresa pública e sociedade de economia mista; II – instituição financeira pública ou privada, cooperativa de crédito, consórcio, entidade de previdência complementar, sociedade operadora de plano de assistência à saúde, sociedade seguradora, sociedade de capitalização e outras entidades legalmente equiparadas às anteriores.

[2] Como, por exemplo, na hipótese em que o juiz poderá homologar qualquer outra modalidade de realização do ativo, desde que aprovada pela assembléia geral de credores, inclusive com a constituição de sociedade de credores ou dos empregados do próprio devedor, com a participação, se necessária, dos atuais sócios ou de terceiros. No caso de constituição de sociedade formada por empregados do próprio devedor, estes poderão utilizar créditos derivados da legislação do trabalho para a aquisição ou arrendamento da empresa. Veremos a referida inovação da Nova Lei de Falências com mais profundidade em momento oportuno.

[3] Principal estabelecimento é a sede estatutária da empresa. Entretanto, existem decisões judiciais que entendem como estabelecimento principal não a sede oficial da empresa, mas o local onde o comércio é efetivamente exercido, ou onde se encontra a maioria dos bens, ou o parque industrial do devedor (*RT* 509/115).

b) todas as vezes que a Nova Lei de Falências se referir a devedor ou falido, compreender-se-á que a disposição também se aplica aos sócios ilimitadamente responsáveis.

2. A RECUPERAÇÃO EXTRAJUDICIAL

O devedor (empresário e da sociedade empresária) que preencher os requisitos do artigo 48 da Nova Lei de Falências[4] poderá propor e negociar com credores plano de recuperação extrajudicial.

Ressalte-se que o plano não poderá contemplar o pagamento antecipado de dívidas nem tratamento desfavorável aos credores que a ele não estejam sujeitos.

Ademais, o devedor não poderá requerer a homologação de plano extrajudicial se houver obtido recuperação judicial, ou homologação de outro plano de recuperação extrajudicial há menos de 2 (dois) anos, ou se estiver pendente pedido de recuperação judicial.

Após a distribuição do pedido de homologação, os credores não poderão desistir da adesão ao plano, salvo com anuência expressa dos demais signatários.

2.1. DÉBITOS NÃO-SUJEITOS À RECUPERAÇÃO EXTRAJUDICIAL

Não se aplicam as disposições legais referentes à recuperação extrajudicial, nas seguintes hipóteses:

a) créditos de natureza tributária;

b) créditos derivados da legislação do trabalho ou decorrentes de acidente de trabalho;

c) créditos previstos no artigo 49, § 3º da Nova Lei de Falências: "tratando-se de credor titular da posição de proprietário fidu-

---

[4] Tratam-se dos mesmos requisitos da recuperação judicial. Ver item 3.1.

234   Direito para Administradores – vol. III

ciário de bens móveis ou imóveis, de arrendador mercantil, de proprietário ou promitente vendedor de imóvel cujos respectivos contratos contenham cláusula de irrevogabilidade ou irretratabilidade, inclusive em incorporações imobiliárias, ou de proprietário em contrato de venda com reserva de domínio, seu crédito não se submeterá aos efeitos da recuperação judicial e prevalecerão os direitos de propriedade sobre a coisa e as condições contratuais, observada a legislação respectiva, não se permitindo, contudo, durante o prazo de suspensão a que se refere o § 4º do artigo 6º desta Lei, a venda ou a retirada do estabelecimento do devedor dos bens de capital essenciais a sua atividade empresarial";

d) créditos previstos no artigo 86, inciso II do *caput*, da Nova Lei de Falências: "proceder-se-á à restituição em dinheiro: da importância entregue ao devedor, em moeda corrente nacional, decorrente de adiantamento a contrato de câmbio para exportação, na forma do artigo 75, §§ 3º e 4º, da Lei nº 4.728, de 14 de julho de 1965, desde que o prazo total da operação, inclusive eventuais prorrogações, não exceda o previsto nas normas específicas da autoridade competente".

2.2. PROCEDIMENTO DA RECUPERAÇÃO EXTRAJUDICIAL

O devedor poderá requerer a homologação em juízo do plano de recuperação extrajudicial, juntando sua justificativa e o documento que contenha seus termos e condições com as assinaturas dos credores que a ele aderiram.

O devedor poderá também requerer a homologação de plano de recuperação extrajudicial que obrigue a todos os credores por ele abrangidos, desde que assinado por credores que representem mais de 3/5 (três quintos) de todos os créditos de cada espécie que o plano abrange. Entretanto, não serão considerados para fins de apuração do referido percentual os créditos não incluídos no plano de recuperação extrajudicial, os quais não poderão ter seu valor ou condições originais de pagamento alterados. Assim, para fins exclusivos de apuração desse percentual: 1. o crédito em moeda estrangeira será convertido para moeda nacional pelo câmbio da véspera da data de assinatura do plano; e 2. não serão computados os créditos detidos pelas pessoas relacionadas no artigo 43 da Nova Lei de Falências.[5]

Referido plano poderá abranger a totalidade de uma ou mais espécies dos seguintes créditos:

a) créditos com garantia real até o limite do valor do bem gravado;[6]

b) créditos com privilégio especial, a saber: 1. os previstos no artigo 964 da Lei nº 10.406, de 10 de janeiro de 2002 ("I – sobre a coisa arrecadada e liquidada, o credor de custas e despesas judiciais feitas com a arrecadação e liquidação; II – sobre a coisa salvada, o credor por despesas de salvamento; III – sobre a coisa beneficiada, o credor por benfeitorias necessárias ou úteis; IV – sobre os prédios rústicos ou urbanos, fábricas, oficinas, ou quaisquer outras construções, o credor de materiais, dinheiro, ou serviços para a sua edificação, reconstrução, ou melhoramento; V – sobre os frutos agrícolas, o credor por sementes, instrumentos e serviços à cultura, ou à colheita; VI – sobre as alfaias e utensílios

---

[5] Artigo 43 – "Os sócios do devedor, bem como as sociedades coligadas, controladoras, controladas ou as que tenham sócio ou acionista com participação superior a 10% (dez por cento) do capital social do devedor ou em que o devedor ou algum de seus sócios detenham participação superior a 10% (dez por cento) do capital social, poderão participar da assembléia-geral de credores, sem ter direito a voto e não serão considerados para fins de verificação do quorum de instalação e de deliberação. Parágrafo único. O disposto neste artigo também se aplica ao cônjuge ou parente, consangüíneo ou afim, colateral até o 2º (segundo) grau, ascendente ou descendente do devedor, de administrador, do sócio controlador, de membro dos conselhos consultivo, fiscal ou semelhantes da sociedade devedora e à sociedade em que quaisquer dessas pessoas exerçam essas funções."

[6] Para esse fim, será considerado como valor do bem objeto de garantia real a importância efetivamente arrecadada com sua venda, ou, no caso de alienação em bloco, o valor de avaliação do bem individualmente considerado.

236 Direito para Administradores – vol. III

de uso doméstico, nos prédios rústicos ou urbanos, o credor de
aluguéis, quanto às prestações do ano corrente e do anterior;
VII – sobre os exemplares da obra existente na massa do editor, o autor dela, ou seus legítimos representantes, pelo crédito
fundado contra aquele no contrato da edição; VIII – sobre o
produto da colheita, para a qual houver concorrido com o seu
trabalho, e precipuamente a quaisquer outros créditos, ainda
que reais, o trabalhador agrícola, quanto à dívida dos seus salários"); 2. os assim definidos em outras leis civis e comerciais,
salvo disposição contrária da Nova Lei de Falências; 3. aqueles
a cujos titulares a lei confira o direito de retenção sobre a coisa
dada em garantia;

c) créditos com privilégio geral, a saber: 1. os previstos no artigo
965 da Lei nº 10.406, de 10 de janeiro de 2002 ("I – o crédito
por despesa de seu funeral, feito segundo a condição do morto
e o costume do lugar; II – o crédito por custas judiciais, ou por
despesas com a arrecadação e liquidação da massa; III – o crédito por despesas com o luto do cônjuge sobrevivo e dos filhos
do devedor falecido, se foram moderadas; IV – o crédito por
despesas com a doença de que faleceu o devedor, no semestre
anterior à sua morte; V – o crédito pelos gastos necessários à
mantença do devedor falecido e sua família, no trimestre anterior ao falecimento; VI – o crédito pelos impostos devidos à
Fazenda Pública, no ano corrente e no anterior; VII – o crédito
pelos salários dos empregados do serviço doméstico do devedor, nos seus derradeiros seis meses de vida; VIII – os demais
créditos de privilégio geral"); 2. os previstos no parágrafo único
do artigo 67 da Nova Lei de Falências;[7] 3. os assim definidos

---

[7] "Art. 67. (...) Parágrafo único. Os créditos quirografários sujeitos à recuperação judicial
pertencentes a fornecedores de bens ou serviços que continuarem a provê-los normalmente
após o pedido de recuperação judicial terão privilégio geral de recebimento em caso de
decretação de falência, no limite do valor dos bens ou serviços fornecidos durante o período
da recuperação."

em outras leis civis e comerciais, salvo disposição contrária da Nova Lei de Falências;

d) créditos quirografários,[8] a saber: 1. aqueles não previstos nos demais incisos do artigo 83 da Nova Lei de Falências,[9] 2. os saldos dos créditos não cobertos pelo produto da alienação dos bens vinculados ao seu pagamento; 3. os saldos dos créditos derivados da legislação do trabalho que excederem o limite estabelecido no inciso I do *caput* do artigo 83 da Nova Lei de Falências;[10]

e) os créditos subordinados, a saber: 1. os assim previstos em lei ou em contrato; 2. os créditos dos sócios e dos administradores sem vínculo empregatício.

Poderá abranger também grupo de credores de mesma natureza e sujeito a semelhantes condições de pagamento, e, uma vez homologado, obriga a todos os credores das espécies por ele abrangidas, exclusivamente em relação aos créditos constituídos até a data do pedido de homologação.

2.2.A. A HOMOLOGAÇÃO DA RECUPERAÇÃO EXTRAJUDICIAL

Para a homologação do plano de recuperação extrajudicial, além dos documentos previstos no *caput* do artigo 162 da Nova Lei de Falências,[11] o devedor deverá juntar:

---

[8] Obs.: os créditos trabalhistas cedidos a terceiros serão considerados quirografários.

[9] A saber: 1. os créditos derivados da legislação do trabalho, limitados a 150 (cento e cinqüenta) salários mínimos por credor, e os decorrentes de acidentes de trabalho; 2. créditos tributários, independentemente da sua natureza e tempo de constituição, excetuadas as multas tributárias; e 3. as multas contratuais e as penas pecuniárias por infração das leis penais ou administrativas, inclusive as multas tributárias.

[10] Os créditos derivados da legislação do trabalho, limitados a 150 (cento e cinqüenta) salários mínimos por credor.

[11] "Art. 162. O devedor poderá requerer a homologação em juízo do plano de recuperação extrajudicial, juntando sua justificativa e o documento que contenha seus termos e condições, com as assinaturas dos credores que a ele aderiram."

238 Direito para Administradores – vol. III

1. exposição da situação patrimonial do devedor;
2. as demonstrações contábeis relativas ao último exercício social e as levantadas especialmente para instruir o pedido, na forma do inciso II do *caput* do artigo 51 da Nova Lei de Falências;[12]
3. os documentos que comprovem os poderes dos subscritores para novar ou transigir; relação nominal completa dos credores, com a indicação do endereço de cada um, a natureza, a classificação e o valor atualizado do crédito, discriminando sua origem, o regime dos respectivos vencimentos e a indicação dos registros contábeis de cada transação pendente.[13]

2.2.B. EFEITOS JUDICIAIS DA RECUPERAÇÃO EXTRAJUDICIAL

O plano de recuperação extrajudicial produz efeitos após sua homologação judicial. Entretanto, é lícito que o plano estabeleça a produção

---

[12] As demonstrações contábeis relativas aos 3 (três) últimos exercícios sociais e as levantadas especialmente para instruir o pedido, confeccionadas com estrita observância da legislação societária aplicável e compostas obrigatoriamente de: *a*) balanço patrimonial; *b*) demonstração de resultados acumulados; *c*) demonstração do resultado desde o último exercício social; e *d*) relatório gerencial de fluxo de caixa e de sua projeção.

[13] Neste ponto, cabe destacar os dispositivos mais relevantes do artigo 164 da Nova Lei de Falências: "art. 164 – Recebido o pedido de homologação do plano de recuperação extrajudicial previsto nos arts. 162 e 163 desta Lei, o juiz ordenará a publicação de edital no órgão oficial e em jornal de grande circulação nacional ou das localidades da sede e das filiais do devedor, convocando todos os credores do devedor para apresentação de suas impugnações ao plano de recuperação extrajudicial, observado o § 3º deste artigo. (...) § 2º Os credores terão prazo de 30 (trinta) dias, contado da publicação do edital, para impugnarem o plano, juntando a prova de seu crédito. § 3º Para opor-se, em sua manifestação, à homologação do plano, os credores somente poderão alegar: I – não preenchimento do percentual mínimo previsto no *caput* do art. 163 desta Lei; II – prática de qualquer dos atos previstos no inciso III do art. 94 ou do art. 130 desta Lei, ou descumprimento de requisito previsto nesta Lei; III – descumprimento de qualquer outra exigência legal. (...) § 6º Havendo prova de simulação de créditos ou vício de representação dos credores que subscreverem o plano, a sua homologação será indeferida. (...) § 8º Na hipótese de não homologação do plano, o devedor poderá, cumpridas as formalidades, apresentar novo pedido de homologação de plano de recuperação extrajudicial".

de efeitos anteriores à homologação, desde que exclusivamente em relação à modificação do valor ou da forma de pagamento dos credores signatários.[14]

A sentença de homologação do plano de recuperação extrajudicial constituirá título executivo judicial, nos termos do artigo 584, inciso III, do *caput* da Lei nº 5.869, de 11 de janeiro de 1973 – Código de Processo Civil.

Ademais:

a) se o plano de recuperação extrajudicial homologado envolver alienação judicial de filiais ou de unidades produtivas isoladas do devedor, o juiz ordenará a sua realização, observado, no que couber, o disposto no artigo 142 da Nova Lei de Falências;

b) as disposições legais referentes à recuperação extrajudicial não implicam impossibilidade de realização de outras modalidades de acordo privado entre o devedor e seus credores;

c) o pedido de homologação do plano de recuperação extrajudicial não acarretará suspensão de direitos, ações ou execuções, nem a impossibilidade do pedido de decretação de falência pelos credores não sujeitos a esse plano.

3. A RECUPERAÇÃO JUDICIAL

A recuperação judicial tem por objetivo viabilizar a superação da situação de crise econômico-financeira do devedor (empresário ou sociedade empresária), a fim de permitir a manutenção da fonte produtora, do emprego dos trabalhadores e dos interesses dos credores, promovendo, assim, a preservação da empresa, sua função social e o estímulo à atividade econômica.

---

[14] Nesta hipótese, caso o plano seja posteriormente rejeitado pelo juiz, devolve-se aos credores signatários o direito de exigir seus créditos nas condições originais, deduzidos os valores efetivamente pagos.

240 Direito para Administradores – vol. III

3.1. REQUISITOS PARA A RECUPERAÇÃO JUDICIAL

Poderá requerer recuperação judicial o devedor[15] que, no momento do pedido, exerça regularmente[16] suas atividades há mais de 2 (dois) anos e que atenda aos seguintes requisitos, cumulativamente:

1. não ser falido e, se o foi, estejam declaradas extintas, por sentença transitada em julgado, as responsabilidades daí decorrentes;
2. não ter, há menos de 5 (cinco) anos, obtido concessão de recuperação judicial;
3. não ter, há menos de 8 (oito) anos, obtido concessão de recuperação judicial com base no plano especial de que trata a Nova Lei de Falências (= para microempresas e empresas de pequeno porte);
4. não ter sido condenado ou não ter, como administrador ou sócio controlador, pessoa condenada por qualquer dos crimes previstos na Nova Lei de Falências.

3.2. CRÉDITOS SUJEITOS À RECUPERAÇÃO JUDICIAL

Estão sujeitos à recuperação judicial todos os créditos existentes na data do pedido, ainda que não vencidos, com as seguintes ressalvas:

1. os credores do devedor em recuperação judicial conservam seus direitos e privilégios contra os coobrigados, fiadores e obrigados de regresso;
2. as obrigações anteriores à recuperação judicial observarão as condições originalmente contratadas ou definidas em lei, inclusive no que diz respeito aos encargos, salvo se de modo diverso ficar estabelecido no plano de recuperação judicial;
3. tratando-se de credor titular da posição de proprietário fiduciário de bens móveis ou imóveis, de arrendador mercantil, de

---

[15] A recuperação judicial também poderá ser requerida pelo cônjuge sobrevivente, herdeiros do devedor, inventariante ou sócio remanescente.
[16] Sobre conceito de empresário regular, ver Capítulos 2 e 3.

A Falência e a Recuperação... Henrique M. dos Reis / Claudia N. P. dos Reis **241**

proprietário ou promitente vendedor de imóvel cujos respectivos contratos contenham cláusula de irrevogabilidade ou irretratabilidade, inclusive em incorporações imobiliárias, ou de proprietário em contrato de venda com reserva de domínio, seu crédito não se submeterá aos efeitos da recuperação judicial e prevalecerão os direitos de propriedade sobre a coisa e as condições contratuais, observada a legislação respectiva,[17] não se permitindo, contudo, durante o prazo de suspensão a que se refere o § 4º do artigo 6º desta Lei, a venda ou a retirada do estabelecimento do devedor dos bens de capital essenciais à sua atividade empresarial;

4. não se sujeitará aos efeitos da recuperação judicial a importância entregue ao devedor, em moeda corrente nacional, decorrente de adiantamento a contrato de câmbio para exportação, na forma do artigo 75, §§ 3º e 4º, da Lei nº 4.728, de 14 de julho de 1965, desde que o prazo total da operação, inclusive eventuais prorrogações, não exceda o previsto nas normas específicas da autoridade competente;

5. tratando-se de crédito garantido por penhor sobre títulos de crédito, direitos creditórios, aplicações financeiras ou valores mobiliários, poderão ser substituídas ou renovadas as garantias liquidadas ou vencidas durante a recuperação judicial, e, enquanto não renovadas ou substituídas, o valor eventualmente recebido em pagamento das garantias permanecerá em conta vinculada durante o período de suspensão de que trata o § 4º do artigo 6º da Nova Lei de Falências.[18]

---

[17] Sobre o conceito desses institutos jurídicos, consultar o volume I desta coleção. Ver também o Novo Código Civil.

[18] "Art. 6º A decretação da falência ou o deferimento do processamento da recuperação judicial suspende o curso da prescrição e de todas as ações e execuções em face do devedor, inclusive aquelas dos credores particulares do sócio solidário. (...) § 4º Na recuperação judicial, a suspensão de que trata o *caput* deste artigo em hipótese nenhuma excederá o prazo improrrogável de 180 (cento e oitenta) dias contado do deferimento do processamento da recuperação, restabelecendo-se, após o decurso do prazo, o direito dos credores de iniciar ou continuar suas ações e execuções, independentemente de pronunciamento judicial."

242 Direito para Administradores – vol. III

3.3. MEIOS DE RECUPERAÇÃO JUDICIAL

Constituem meios de recuperação judicial, observada a legislação pertinente a cada caso, dentre outros:

a) concessão de prazos e condições especiais para pagamento das obrigações vencidas ou vincendas;

b) cisão, incorporação, fusão ou transformação de sociedade, constituição de subsidiária integral, ou cessão de cotas ou ações, respeitados os direitos dos sócios, nos termos da legislação vigente;

c) alteração do controle societário;

d) substituição total ou parcial dos administradores do devedor ou modificação de seus órgãos administrativos;

e) concessão aos credores de direito de eleição em separado de administradores e de poder de veto em relação às matérias que o plano especificar;

f) aumento de capital social;

g) trespasse ou arrendamento de estabelecimento, inclusive à sociedade constituída pelos próprios empregados;

h) redução salarial, compensação de horários e redução da jornada, mediante acordo ou convenção coletiva;

i) dação em pagamento ou novação de dívidas do passivo, com ou sem constituição de garantia própria ou de terceiro;

j) constituição de sociedade de credores;

l) venda parcial dos bens;

m) equalização de encargos financeiros relativos a débitos de qualquer natureza, tendo como termo inicial a data da distribuição do pedido de recuperação judicial, aplicando-se inclusive aos contratos de crédito rural, sem prejuízo do disposto em legislação específica;

n) usufruto da empresa;

o) administração compartilhada;

p) emissão de valores mobiliários;

q) constituição de sociedade de propósito específico para adjudicar, em pagamento dos créditos, os ativos do devedor.

3.4. REQUISITOS PROCESSUAIS PARA A RECUPERAÇÃO JUDICIAL

O requerimento de recuperação judicial será instruído com:

1. a exposição das causas concretas da situação patrimonial do devedor e das razões da crise econômico-financeira;
2. as demonstrações contábeis relativas aos 3 (três) últimos exercícios sociais e as levantadas especialmente para instruir o pedido, confeccionadas com estrita observância da legislação societária aplicável e compostas obrigatoriamente de:[19] *a*) balanço patrimonial; *b*) demonstração de resultados acumulados; *c*) demonstração do resultado desde o último exercício social; *d*) relatório gerencial de fluxo de caixa e de sua projeção;
3. a relação nominal completa dos credores, inclusive aqueles por obrigação de fazer ou de dar, com a indicação do endereço de cada um, a natureza, a classificação e o valor atualizado do crédito, discriminando sua origem, o regime dos respectivos vencimentos e a indicação dos registros contábeis de cada transação pendente;
4. a relação integral dos empregados, em que constem as respectivas funções, salários, indenizações e outras parcelas a que têm direito, com o correspondente mês de competência, e a discriminação dos valores pendentes de pagamento;
5. certidão de regularidade do devedor no Registro Público de Empresas, o ato constitutivo atualizado e as atas de nomeação dos atuais administradores;
6. a relação dos bens particulares dos sócios controladores e dos administradores do devedor;
7. os extratos atualizados das contas bancárias do devedor e de suas eventuais aplicações financeiras de qualquer modalidade,

---

[19] Com relação a essa exigência, cabe ressaltar que as microempresas e empresas de pequeno porte poderão apresentar livros de escrituração contábil simplificados nos termos da legislação específica.

244 Direito para Administradores – vol. III

inclusive em fundos de investimento ou em bolsas de valores, emitidos pelas respectivas instituições financeiras;

8. certidões dos cartórios de protestos situados na comarca do domicílio ou sede do devedor e naquelas onde possui filial;

9. a relação, subscrita pelo devedor, de todas as ações judiciais em que este figure como parte, inclusive as de natureza trabalhista, com a estimativa dos respectivos valores demandados.

3.5. O PLANO DE RECUPERAÇÃO JUDICIAL[20]

O plano de recuperação judicial será apresentado pelo devedor em juízo no prazo improrrogável de 60 (sessenta) dias da publicação da decisão que deferir o processamento da recuperação judicial, sob pena de convolação em falência, e deverá conter:

1. discriminação pormenorizada dos meios de recuperação a ser empregados (item 3.3.);
2. demonstração de sua viabilidade econômica;
3. laudo econômico-financeiro e de avaliação dos bens e ativos do devedor, subscrito por profissional legalmente habilitado ou empresa especializada.

O juiz ordenará a publicação de edital contendo aviso aos credores sobre o recebimento do plano de recuperação e fixando o prazo para a manifestação de eventuais objeções, observado o artigo 55 da Nova Lei de Falências.[21]

---

[20] Lembramos que o plano de recuperação judicial implica novação dos créditos anteriores ao pedido e obriga o devedor e todos os credores a ele sujeitos, sem prejuízo das garantias, observado o disposto no § 1º do artigo 50 da Nova Lei de Falências. Ademais, a decisão judicial que conceder a recuperação judicial constituirá título executivo judicial, nos termos do artigo 584, inciso III, do *caput* da Lei nº 5.869, de 11 de janeiro de 1973 – Código de Processo Civil.

[21] "Art. 55. Qualquer credor poderá manifestar ao juiz sua objeção ao plano de recuperação judicial no prazo de 30 (trinta) dias contado da publicação da relação de credores de que trata o § 2º do art. 7º desta Lei. Parágrafo único. Caso, na data da publicação da relação de que trata o *caput* deste artigo, não tenha sido publicado o aviso previsto no art. 53, parágrafo único, desta Lei, contar-se-á da publicação deste o prazo para as objeções."

3.5.A. PRAZO DE PAGAMENTO DOS DÉBITOS TRABALHISTAS

O plano de recuperação judicial não poderá prever prazo superior a 1 (um) ano para pagamento dos créditos derivados da legislação do trabalho ou decorrentes de acidentes de trabalho vencidos até a data do pedido de recuperação judicial. O plano não poderá, ainda, prever prazo superior a 30 (trinta) dias para o pagamento, até o limite de 5 (cinco) salários mínimos por trabalhador, dos créditos de natureza estritamente salarial vencidos nos 3 (três) meses anteriores ao pedido de recuperação judicial.

3.5.B. DÉBITOS TRIBUTÁRIOS

Após a juntada aos autos do processo, o plano aprovado pela assembléia geral de credores ou decorrido o prazo previsto no artigo 55 da Nova Lei de Falências sem objeção dos credores, o devedor apresentará certidões negativas de débitos tributários nos termos dos artigos 151, 205, 206 da Lei nº 5.172, de 25 de outubro de 1966 – Código Tributário Nacional.

Entretanto, lembramos que as Fazendas Públicas e o Instituto Nacional do Seguro Social – INSS poderão deferir, nos termos da legislação específica, parcelamento de seus créditos, em sede de recuperação judicial, de acordo com os parâmetros estabelecidos na Lei nº 5.172, de 25 de outubro de 1966 – Código Tributário Nacional.

3.6. A POSIÇÃO DO PODER JUDICIÁRIO

Cumpridas as exigências da Nova Lei de Falências, o juiz concederá a recuperação judicial do devedor cujo plano não tenha sofrido objeção de credor nos termos do artigo 55 da Nova Lei de Falências, ou tenha sido aprovado pela assembléia geral de credores[22] na forma do artigo 45 dessa mesma Lei ("Artigo 45 – Nas deliberações sobre

---

[22] Sobre a Assembléia Geral de Credores ver item 4.12.B.

246 Direito para Administradores – vol. III

o plano de recuperação judicial, todas as classes de credores referidas no artigo 41 desta Lei deverão aprovar a proposta. § 1º Em cada uma das classes referidas nos incisos II e III do artigo 41 desta Lei, a proposta deverá ser aprovada por credores que representem mais da metade do valor total dos créditos presentes à assembléia e, cumulativamente, pela maioria simples dos credores presentes. § 2º Na classe prevista no inciso I do artigo 41 desta Lei, a proposta deverá ser aprovada pela maioria simples dos credores presentes, independentemente do valor de seu crédito. § 3º O credor não terá direito a voto e não será considerado para fins de verificação de quorum de deliberação se o plano de recuperação judicial não alterar o valor ou as condições originais de pagamento de seu crédito").

Lembramos que o juiz poderá conceder a recuperação judicial com base em plano que não obteve aprovação na forma do artigo 45 da Nova Lei de Falências, desde que, na mesma assembléia, tenha obtido, de forma cumulativa:[23] 1. o voto favorável de credores que representem mais da metade do valor de todos os créditos presentes à assembléia, independentemente de classes; 2. a aprovação de 2 (duas) das classes de credores nos termos do mesmo artigo 45 ou, caso haja somente 2 (duas) classes com credores votantes, a aprovação de pelo menos 1 (uma) delas; 3. na classe que o houver rejeitado, o voto favorável de mais de 1/3 (um terço) dos credores, computados na forma dos §§ 1º e 2º do referido artigo 45.

3.7. O PRAZO DA RECUPERAÇÃO JUDICIAL

O devedor permanecerá em recuperação judicial até que se cumpram todas as obrigações previstas no plano que vencerem até 2 (dois) anos depois da concessão da recuperação judicial. Durante esse período, o descumprimento de qualquer obrigação prevista no plano acarretará a convolação da recuperação em falência, nos termos do artigo 73 da

---

[23] Lembramos que a recuperação judicial somente poderá ser concedida dessa forma se o plano não implicar tratamento diferenciado entre os credores da classe que o houver rejeitado.

Nova Lei de Falências.[24] ("Art. 73. O juiz decretará a falência durante o processo de recuperação judicial: I – por deliberação da assembléia geral de credores, na forma do art. 42 desta Lei; II – pela não apresentação, pelo devedor, do plano de recuperação no prazo do art. 53 desta Lei; III – quando houver sido rejeitado o plano de recuperação, nos termos do § 4º do art. 56 desta Lei; IV – por descumprimento de qualquer obrigação assumida no plano de recuperação, na forma do § 1º do art. 61 desta Lei. Parágrafo único. O disposto neste artigo não impede a decretação da falência por inadimplemento de obrigação não sujeita à recuperação judicial, nos termos dos incisos I ou II do *caput* do art. 94 desta Lei, ou por prática de ato previsto no inciso III do *caput* do art. 94 desta Lei").

Ademais, após referido prazo, no caso de descumprimento de qualquer obrigação prevista no plano de recuperação judicial, qualquer credor poderá requerer a execução específica ou a falência com base no artigo 94 da Nova Lei de Falências.

3.8. A EXTINÇÃO DA RECUPERAÇÃO JUDICIAL

Cumpridas as obrigações vencidas no prazo previsto no item anterior, o juiz decretará por sentença o encerramento da recuperação judicial e determinará:

1. o pagamento do saldo de honorários ao administrador judicial, somente podendo efetuar a quitação dessas obrigações mediante prestação de contas, no prazo de 30 (trinta) dias, e aprovação do relatório a seguir citado no item 3;
2. a apuração do saldo das custas judiciais a serem recolhidas;
3. a apresentação de relatório circunstanciado do administrador judicial, no prazo máximo de 15 (quinze) dias, versando sobre a execução do plano de recuperação pelo devedor;

---

[24] Decretada a falência, os credores terão reconstituídos seus direitos e garantias nas condições originalmente contratadas, deduzidos os valores eventualmente pagos e ressalvados os atos validamente praticados no âmbito da recuperação judicial.

248 Direito para Administradores – vol. III

4. a dissolução do Comitê de Credores[25] e a exoneração do administrador judicial;[26]

5. a comunicação ao Registro Público de Empresas para as providências cabíveis.

Lembramos que, durante o procedimento de recuperação judicial, o devedor ou os seus administradores serão mantidos na condução da atividade empresarial, sob fiscalização do Comitê, se houver, e do administrador judicial, salvo as exceções previstas no artigo 64 da Nova Lei de Falências. A saber:

1. houver sido condenado em sentença penal transitada em julgado por crime cometido em recuperação judicial ou falência anteriores ou por crime contra o patrimônio, a economia popular ou a ordem econômica previstos na legislação vigente;

2. houver indícios veementes de ter cometido crime previsto nesta Lei;

3. houver agido com dolo, simulação ou fraude contra os interesses de seus credores;

4. houver praticado qualquer das seguintes condutas: *a*) efetuar gastos pessoais manifestamente excessivos em relação à sua situação patrimonial; *b*) efetuar despesas injustificáveis por sua natureza ou vulto, em relação ao capital ou gênero do negócio, ao movimento das operações e a outras circunstâncias análogas; *c*) descapitalizar injustificadamente a empresa ou realizar operações prejudiciais ao seu funcionamento regular; *d*) simular ou omitir créditos ao apresentar a relação de que trata o inciso III do *caput* do artigo 51 da Nova Lei de Falências, sem relevante razão de direito ou amparo de decisão judicial;

5. negar-se a prestar informações solicitadas pelo administrador judicial ou pelos demais membros do Comitê;

6. tiver seu afastamento previsto no plano de recuperação judicial.

---

[25] Sobre o Comitê de Credores ver item 4.12.A.
[26] Sobre o Administrador Judicial ver item 4.12.

3.9. O PLANO DE RECUPERAÇÃO JUDICIAL PARA MICROEMPRESAS E EMPRESAS DE PEQUENO PORTE

As microempresas e as empresas de pequeno porte, conforme definidas em lei, poderão apresentar plano especial de recuperação judicial, desde que afirmem sua intenção de fazê-lo no requerimento inicial.[27]

O plano especial de recuperação judicial será apresentado no prazo previsto no artigo 53[28] da Nova Lei de Falências e limitar-se-á às seguintes condições:

1. abrangerá exclusivamente os créditos quirografários, excetuados os decorrentes de repasse de recursos oficiais e os previstos nos §§ 3º e 4º do artigo 49 da Nova Lei de Falências ("Art. 49. Estão sujeitos à recuperação judicial todos os créditos existentes na data do pedido, ainda que não vencidos. (...) § 3º Tratando-se de credor titular da posição de proprietário fiduciário de bens móveis ou imóveis, de arrendador mercantil, de proprietário ou promitente vendedor de imóvel cujos respectivos contratos contenham cláusula de irrevogabilidade ou irretratabilidade, inclusive em incorporações imobiliárias, ou de proprietário em contrato de venda com reserva de domínio, seu crédito não se submeterá aos efeitos da recuperação judicial e prevalecerão os direitos de propriedade sobre a coisa e as condições contratuais, observada a legislação respectiva, não se permitindo, contudo, durante o prazo de suspensão a que se refere o § 4º do art. 6º desta Lei, a venda ou a retirada do estabelecimento do devedor dos bens de capital essenciais a sua atividade empresarial. § 4º Não se sujeitará aos efeitos da recuperação judicial a importância a que se refere o inciso II do art. 86 desta Lei");

---

[27] Os credores não atingidos por esse plano especial não terão seus créditos habilitados na recuperação judicial.

[28] "Art. 53. O plano de recuperação será apresentado pelo devedor em juízo no prazo improrrogável de 60 (sessenta) dias da publicação da decisão que deferir o processamento da recuperação judicial, sob pena de convolação em falência (...)."

250 Direito para Administradores – vol. III

2. preverá parcelamento em até 36 (trinta e seis) parcelas mensais, iguais e sucessivas, corrigidas monetariamente e acrescidas de juros de 12% a.a. (doze por cento ao ano);

3. preverá o pagamento da 1ª (primeira) parcela no prazo máximo de 180 (cento e oitenta) dias, contados da distribuição do pedido de recuperação judicial;

4. estabelecerá a necessidade de autorização do juiz, após ouvido o administrador judicial e o Comitê de Credores, para o devedor aumentar despesas ou contratar empregados.

Ademais, o pedido de recuperação judicial com base em plano especial não acarreta a suspensão do curso da prescrição nem das ações e execuções por créditos não abrangidos pelo plano.

3.10. OBSERVAÇÕES RELEVANTES SOBRE A RECUPERAÇÃO JUDICIAL

Finalizando, cabe destacar algumas observações relevantes no que tange à recuperação judicial:

a) após a distribuição do pedido de recuperação judicial, o devedor não poderá alienar ou onerar bens ou direitos de seu ativo permanente, salvo evidente utilidade reconhecida pelo juiz, depois de ouvido o Comitê, com exceção daqueles previamente relacionados no plano de recuperação judicial;

b) os créditos decorrentes de obrigações contraídas pelo devedor durante a recuperação judicial, inclusive aqueles relativos a despesas com fornecedores de bens ou serviços e contratos de mútuo, serão considerados extraconcursais, em caso de decretação de falência, respeitada, no que couber, a ordem estabelecida no artigo 83 da Nova Lei de Falências;

c) os créditos quirografários sujeitos à recuperação judicial pertencentes a fornecedores de bens ou serviços que continuarem a provê-los normalmente após o pedido de recuperação judicial terão privilégio geral de recebimento em caso de decretação de falência, no limite do valor dos bens ou serviços fornecidos durante o período da recuperação;

d) a todos os atos, contratos e documentos firmados pelo devedor sujeito ao procedimento de recuperação judicial deverá ser acrescida, após o nome empresarial, a expressão "em recuperação judicial";

e) o juiz determinará ao Registro Público de Empresas a anotação da recuperação judicial no registro correspondente.

4. A FALÊNCIA

A falência, ao promover o afastamento do devedor de suas atividades, visa a preservar e otimizar a utilização produtiva dos bens, ativos e recursos produtivos, inclusive os intangíveis, da empresa. Inicialmente lembramos que, de conformidade com a nova lei, o processo de falência atenderá aos princípios da celeridade e da economia processual.

4.1. CONCEITO DE FALÊNCIA

Trata-se de um processo de execução coletiva, no qual os bens do falido são arrecadados, realizada uma alienação judicial forçada, e distribuído proporcionalmente o ativo entre os credores estabelecidos na lei em uma ordem de preferência.

4.1.A. DISPOSIÇÕES GERAIS[29]

Ab initio, cabe destacar que não são exigíveis do devedor na falência:[30] 1. as obrigações a título gratuito e as despesas que os credores fizerem para tomar parte na falência,[31] salvo as custas judiciais decorrentes de litígio com o devedor.

---

[29] Neste tópico trataremos de regras que, por força da Nova Lei de Falências, também se aplicam ao procedimento de Recuperação Judicial.

[30] E também na recuperação judicial.

[31] Idem.

252 Direito para Administradores – vol. III

Ademais, a decretação da falência[32] suspende o curso da prescrição e de todas as ações e execuções em face do devedor,[33] inclusive aquelas dos credores particulares do sócio solidário,[34] com as seguintes ressalvas: *a*) terá prosseguimento no juízo no qual estiver se processando a ação que demandar quantia ilíquida; *b*) é permitido pleitear, perante o administrador judicial, habilitação, exclusão ou modificação de créditos derivados da relação de trabalho, mas as ações de natureza trabalhista, inclusive as impugnações a que se refere o artigo 8º da Nova Lei de Falências,[35] serão processadas perante a justiça especializada até a apuração do respectivo crédito, que será inscrito no quadro geral de credores pelo valor determinado em sentença.[36]

4.2. A CARACTERIZAÇÃO DA FALÊNCIA

Nos termos do artigo 94 da Nova Lei de Falências, será decretada a falência do devedor que:

a) sem relevante razão de direito, não paga, no vencimento, obrigação líquida[37] materializada em título ou títulos executivos

---

[32] Ou o deferimento do processamento da recuperação judicial.

[33] As execuções de natureza fiscal não são suspensas pelo deferimento da recuperação judicial, ressalvada a concessão de parcelamento nos termos do Código Tributário Nacional e da legislação ordinária específica.

[34] Na recuperação judicial, a referida suspensão em hipótese nenhuma excederá o prazo improrrogável de 180 (cento e oitenta) dias contado do deferimento do processamento da recuperação, restabelecendo-se, após o decurso do prazo, o direito dos credores de iniciar ou continuar suas ações e execuções, independentemente de pronunciamento judicial.

[35] "Art. 8º No prazo de 10 (dez) dias, contado da publicação da relação referida no art. 7º, § 2º, desta Lei, o Comitê, qualquer credor, o devedor ou seus sócios ou o Ministério Público podem apresentar ao juiz impugnação contra a relação de credores, apontando a ausência de qualquer crédito ou manifestando-se contra a legitimidade, importância ou classificação de crédito relacionado. Parágrafo único. Autuada em separado, a impugnação será processada nos termos dos arts. 13 a 15 desta Lei."

[36] O juiz competente para as ações referidas nos itens "a" e "b" poderá determinar a reserva da importância que estimar devida na recuperação judicial ou na falência, e, uma vez reconhecido líquido o direito, será o crédito incluído na classe própria.

[37] Obs.: Ainda que líquidos, não legitimam o pedido de falência os créditos que nela não se possam reclamar.

protestados[38] cuja soma ultrapasse o equivalente a 40 (quarenta) salários mínimos na data do pedido de falência;[39]

b) executado por qualquer quantia líquida, não paga, não deposita e não nomeia à penhora bens suficientes dentro do prazo legal;[40]

c) pratica qualquer dos seguintes atos, exceto se fizer parte de plano de recuperação judicial:[41] 1. procede à liquidação precipitada de seus ativos ou lança mão de meio ruinoso ou fraudulento para realizar pagamentos; 2. realiza ou, por atos inequívocos, tenta realizar, com o objetivo de retardar pagamentos ou fraudar credores, negócio simulado ou alienação de parte ou da totalidade de seu ativo a terceiro, credor ou não; 3. transfere estabelecimento a terceiro, credor ou não, sem o consentimento de todos os credores e sem ficar com bens suficientes para solver seu passivo; 4. simula a transferência de seu principal estabelecimento com o objetivo de burlar a legislação ou a fiscalização ou para prejudicar credor; 5. dá ou reforça garantia a credor por dívida contraída anteriormente sem ficar com bens livres e desembaraçados suficientes para saldar seu passivo; 6. ausenta-se sem deixar representante habilitado e com recursos suficientes para pagar os credores, abandona estabelecimento ou tenta ocultar-se de seu domicílio, do local de sua sede ou de seu principal estabelecimento; 7. deixa de cumprir, no prazo estabelecido, obrigação assumida no plano de recuperação judicial.

---

[38] Nesta hipótese, o pedido de falência será instruído com os títulos executivos na forma do parágrafo único do artigo 9º da Nova Lei de Falências, ("os títulos e documentos que legitimam os créditos deverão ser exibidos no original ou por cópias autenticadas se estiverem juntados em outro processo"), acompanhados, em qualquer caso, dos respectivos instrumentos de protesto para fim falimentar nos termos da legislação específica.

[39] Os credores podem reunir-se em litisconsórcio a fim de perfazer o limite mínimo para o pedido de falência.

[40] Nesta hipótese, o pedido de falência será instruído com certidão expedida pelo juízo em que se processa a execução.

[41] Nesta hipótese, o pedido de falência descreverá os fatos que a caracterizam, juntando-se as provas que houver e especificando-se as que serão produzidas.

254 Direito para Administradores – vol. III

4.2.A. DEFESAS DO DEVEDOR

Inicialmente, cabe destacar que, dentro do prazo de contestação,[42] o devedor poderá pleitear sua recuperação judicial.

Ademais, a falência requerida quando o devedor, sem relevante razão de direito, não paga, no vencimento, obrigação líquida materializada em título ou títulos executivos protestados cuja soma ultrapasse o equivalente a 40 (quarenta) salários mínimos na data do pedido de falência, não será decretada se o requerido provar: *a*) falsidade de título; *b*) prescrição; *c*) nulidade de obrigação ou de título; *d*) pagamento da dívida; *e*) qualquer outro fato que extinga ou suspenda obrigação ou não legitime a cobrança de título; *f*) vício em protesto ou em seu instrumento; *g*) apresentação de pedido de recuperação judicial no prazo da contestação, observados os requisitos do artigo 51 da Nova Lei de Falências; *h*) cessação das atividades empresariais mais de 2 (dois) anos antes do pedido de falência, comprovada por documento hábil do Registro Público de Empresas, o qual não prevalecerá contra prova de exercício posterior ao ato registrado.

4.2.B. O DEPÓSITO ELISIVO

Nos pedidos baseados nos incisos I e II do *caput* do artigo 94 da Nova Lei de Falências,[43] o devedor poderá, no prazo da contestação, depositar o valor correspondente ao total do crédito, acrescido de correção monetária, juros e honorários advocatícios, hipótese em que a falência não será decretada e, caso julgado procedente o pedido de falência, o juiz ordenará o levantamento do valor pelo autor.

---

[42] "Art. 98. Citado, o devedor poderá apresentar contestação no prazo de 10 (dez) dias."
[43] "Art. 94. Será decretada a falência do devedor que: I – sem relevante razão de direito, não paga, no vencimento, obrigação líquida materializada em título ou títulos executivos protestados cuja soma ultrapasse o equivalente a 40 (quarenta) salários mínimos na data do pedido de falência; II – executado por qualquer quantia líquida, não paga, não deposita e não nomeia à penhora bens suficientes dentro do prazo legal."

4.3. QUEM PODE REQUERER A FALÊNCIA

Podem requerer a falência do devedor:[44] 1. o próprio devedor, na forma do disposto nos artigos 105 a 107 da Nova Lei de Falências; 2. o cônjuge sobrevivente, qualquer herdeiro do devedor ou o inventariante; 3. o cotista ou o acionista do devedor, na forma da lei ou do ato constitutivo da sociedade; 4. qualquer credor.[45]

4.4. O REQUERIMENTO DA FALÊNCIA PELO PRÓPRIO DEVEDOR

O devedor em crise econômico-financeira que julgue não atender aos requisitos para pleitear sua recuperação judicial deverá requerer ao juízo sua falência, expondo as razões da impossibilidade de prosseguimento da atividade empresarial, acompanhadas dos seguintes documentos:

1. demonstrações contábeis referentes aos 3 (três) últimos exercícios sociais e as levantadas especialmente para instruir o pedido, confeccionadas com estrita observância da legislação societária aplicável e compostas obrigatoriamente de: *a*) balanço patrimonial; *b*) demonstração de resultados acumulados; *c*) demonstração do resultado desde o último exercício social; *d*) relatório do fluxo de caixa;
2. relação nominal dos credores, indicando endereço, importância, natureza e classificação dos respectivos créditos;

---

[44] "Art. 101. Quem por dolo requerer a falência de outrem será condenado, na sentença que julgar improcedente o pedido, a indenizar o devedor, apurando-se as perdas e danos em liquidação de sentença. § 1º Havendo mais de 1 (um) autor do pedido de falência, serão solidariamente responsáveis aqueles que se conduziram na forma prevista no *caput* deste artigo. § 2º Por ação própria, o terceiro prejudicado também pode reclamar indenização dos responsáveis."

[45] O credor empresário apresentará certidão do Registro Público de Empresas que comprove a regularidade de suas atividades. O credor que não tiver domicílio no Brasil deverá prestar caução relativa às custas e ao pagamento da indenização de que trata o art. 101 da Nova Lei de Falências.

256 Direito para Administradores – vol. III

3. relação dos bens e direitos que compõem o ativo, com a respectiva estimativa de valor e documentos comprobatórios de propriedade;
4. prova da condição de empresário, contrato social ou estatuto em vigor ou, se não houver, a indicação de todos os sócios, seus endereços e a relação de seus bens pessoais;
5. os livros obrigatórios e documentos contábeis que lhe forem exigidos por lei;
6. relação de seus administradores nos últimos 5 (cinco) anos, com os respectivos endereços, suas funções e participação societária.

4.5. O JUÍZO COMPETENTE

É importante destacar que, nos termos do artigo 3º da Nova Lei de Falências, "é competente para (...) decretar a falência o juízo do local do principal estabelecimento do devedor ou da filial de empresa que tenha sede fora do Brasil".

Principal estabelecimento *in casu* é a sede estatutária da empresa. Entretanto, existem decisões judiciais que entendem como estabelecimento principal não a sede oficial da empresa, mas o local onde o comércio é efetivamente exercido, ou onde se encontra a maioria dos bens, ou o parque industrial do devedor (*RT* 509/115).

4.6. A INDIVISIBILIDADE E A UNIVERSALIDADE DO JUÍZO FALIMENTAR

O juízo da falência é indivisível e competente para conhecer todas as ações sobre bens, interesses e negócios do falido, ressalvadas as causas trabalhistas, fiscais e aquelas não reguladas na Nova Lei de Falências em que o falido figurar como autor ou litisconsorte ativo.

Todas as ações, até mesmo as causas trabalhistas, fiscais e aquelas não reguladas na Nova Lei de Falências em que o falido figurar como autor ou litisconsorte ativo, terão prosseguimento com o adminis-

A Falência e a Recuperação... Henrique M. dos Reis / Claudia N. P. dos Reis 257

trador judicial, que deverá ser intimado para representar a massa falida, sob pena de nulidade do processo.

4.7. A ANTECIPAÇÃO DOS VENCIMENTOS DAS DÍVIDAS

A decretação da falência determina o vencimento antecipado das dívidas do devedor e dos sócios ilimitada e solidariamente responsáveis,[46] com o abatimento proporcional dos juros, e converte todos os créditos em moeda estrangeira para a moeda do País, pelo câmbio do dia da decisão judicial, para todos os efeitos da Nova Lei de Falências.

4.8. A CLASSIFICAÇÃO DOS CRÉDITOS

Nos termos do artigo 83 da Nova Lei de Falências, a classificação dos créditos na falência obedece à seguinte ordem:[47]

1. os créditos derivados da legislação do trabalho, limitados a 150 (cento e cinqüenta) salários mínimos por credor, e os decorrentes de acidentes de trabalho;
2. créditos com garantia real até o limite do valor do bem gravado;[48]
3. créditos tributários, independentemente da sua natureza e tempo de constituição, excetuadas as multas tributárias;
4. créditos com privilégio especial, a saber: *a*) os previstos no artigo 964 da Lei nº 10.406, de 10 de janeiro de 2002;[49] *b*) os assim definidos em outras leis civis e comerciais, salvo disposição con-

---

[46] Sobre responsabilidade ilimitada e solidária ver Capítulos 3 e 4.

[47] Entretanto, cabe observar: 1. não são oponíveis à massa os valores decorrentes de direito de sócio ao recebimento de sua parcela do capital social na liquidação da sociedade; 2. as cláusulas penais dos contratos unilaterais não serão atendidas se as obrigações neles estipuladas vencerem em virtude da falência; e 3. os créditos trabalhistas cedidos a terceiros serão considerados quirografários.

[48] Para este fim, será considerado como valor do bem objeto de garantia real a importância efetivamente arrecadada com sua venda, ou, no caso de alienação em bloco, o valor de avaliação do bem individualmente considerado.

[49] Ver a reprodução do referido artigo do Novo Código Civil no item 2.2.

258 Direito para Administradores – vol. III

trária desta Lei; *c*) aqueles a cujos titulares a lei confira o direito de retenção sobre a coisa dada em garantia;

5. créditos com privilégio geral, a saber: *a*) os previstos no artigo 965 da Lei nº 10.406, de 10 de janeiro de 2002;[50] *b*) os previstos no parágrafo único do artigo 67 desta Lei; *c*) os assim definidos em outras leis civis e comerciais, salvo disposição contrária desta Lei;

6. créditos quirografários, a saber: *a*) aqueles não previstos nos demais incisos deste artigo; *b*) os saldos dos créditos não cobertos pelo produto da alienação dos bens vinculados ao seu pagamento; *c*) os saldos dos créditos derivados da legislação do trabalho que excederem o limite estabelecido no inciso I do *caput* deste artigo;

7. as multas contratuais e as penas pecuniárias por infração das leis penais ou administrativas, inclusive as multas tributárias;

8. créditos subordinados, a saber: *a*) os assim previstos em lei ou em contrato; *b*) os créditos dos sócios e dos administradores sem vínculo empregatício.

4.8.A. OS CRÉDITOS EXTRACONCURSAIS

Nos termos do artigo 84 da Nova Lei de Falências, serão considerados créditos extraconcursais e serão pagos com precedência sobre os mencionados no item anterior (artigo 83 da Nova Lei de Falências), na ordem a seguir, os relativos a:

1. remunerações devidas ao administrador judicial e seus auxiliares, e créditos derivados da legislação do trabalho ou decorrentes de acidentes de trabalho relativos a serviços prestados após a decretação da falência;

2. quantias fornecidas à massa pelos credores;

3. despesas com arrecadação, administração, realização do ativo e distribuição do seu produto, bem como custas do processo de falência;

---

[50] Idem.

4. custas judiciais relativas às ações e execuções em que a massa falida tenha sido vencida;
5. obrigações resultantes de atos jurídicos válidos, praticados durante a recuperação judicial, nos termos do artigo 67 da Nova Lei de Falências ("Art. 67. Os créditos decorrentes de obrigações contraídas pelo devedor durante a recuperação judicial, inclusive aqueles relativos a despesas com fornecedores de bens ou serviços e contratos de mútuo, serão considerados extraconcursais, em caso de decretação de falência, respeitada, no que couber, a ordem estabelecida no art. 83 desta Lei. Parágrafo único. Os créditos quirografários sujeitos à recuperação judicial pertencentes a fornecedores de bens ou serviços que continuarem a provê-los normalmente após o pedido de recuperação judicial terão privilégio geral de recebimento em caso de decretação de falência, no limite do valor dos bens ou serviços fornecidos durante o período da recuperação"), ou após a decretação da falência, e tributos relativos a fatos geradores ocorridos após a decretação da falência, respeitada a ordem estabelecida no artigo 83 da Nova Lei de Falências.

4.9. CONCEITO DE MASSA FALIDA

Entende-se por massa falida o acervo ativo e passivo de bens e interesses do devedor ou falido, administrado pelo chamado "administrador judicial". Não obstante seja apenas universalidade de bens (e não propriamente uma pessoa jurídica), a massa possui capacidade de litigar em juízo (como autora ou ré).

4.10. O TERMO LEGAL

A sentença que decretar a falência do devedor, dentre outras determinações, fixará o termo legal da falência, sem poder retrotraí-lo por mais de 90 (noventa) dias contados do pedido de falência, do pedido de recuperação judicial ou do 1º (primeiro) protesto por falta

260 Direito para Administradores – vol. III

de pagamento, excluindo-se, para essa finalidade, os protestos que tenham sido cancelados.

Trata-se, assim, de um determinado período suspeito, fixado pelo juiz, dentro do qual os atos praticados pelo falido serão rigorosamente analisados. Ademais, alguns atos praticados dentro do termo legal não produzem efeitos em relação à massa.

4.11. A SITUAÇÃO DOS SÓCIOS DA SOCIEDADE FALIDA

O falido fica inabilitado para exercer qualquer atividade empresarial a partir da decretação da falência e até a sentença que extingue suas obrigações, respeitado o disposto no § 1º do artigo 181 da Nova Lei de Falências.[51]

Desde a decretação da falência ou do seqüestro, o devedor perde o direito de administrar os seus bens ou deles dispor. O falido poderá, contudo, fiscalizar a administração da falência, requerer as providências necessárias para a conservação de seus direitos ou dos bens arrecadados e intervir nos processos em que a massa falida seja parte ou interessada, requerendo o que for de direito e interpondo os recursos cabíveis.

4.12. O ADMINISTRADOR JUDICIAL[52]

A sentença que decretar a falência do devedor, dentre outras determinações, nomeará o administrador judicial, que desempenhará

---

[51] "Art. 181. São efeitos da condenação por crime previsto nesta Lei: I – a inabilitação para o exercício de atividade empresarial; II – o impedimento para o exercício de cargo ou função em conselho de administração, diretoria ou gerência das sociedades sujeitas a esta Lei; III – a impossibilidade de gerir empresa por mandato ou por gestão de negócio. § 1º Os efeitos de que trata este artigo não são automáticos, devendo ser motivadamente declarados na sentença, e perdurarão até 5 (cinco) anos após a extinção da punibilidade, podendo, contudo, cessar antes pela reabilitação penal."

[52] Neste tópico, trataremos de regras que, por força da Nova Lei de Falências, também se aplicam ao procedimento de recuperação judicial.

suas funções. O administrador judicial será profissional idôneo, preferencialmente advogado, economista, administrador de empresas ou contador, ou pessoa jurídica especializada.[53]

Ao administrador judicial compete, sob a fiscalização do juiz e do Comitê, além de outros deveres que a Nova Lei de Falências lhe impõe:

1. na recuperação judicial[54] e na falência: *a*) enviar correspondência aos credores constantes na relação de que trata o inciso III do *caput* do artigo 51, o inciso III do *caput* do artigo 99 ou o inciso II do *caput* do artigo 105 da Nova Lei de Falências, comunicando a data do pedido de recuperação judicial ou da decretação da falência, a natureza, o valor e a classificação dada ao crédito; *b*) fornecer, com presteza, todas as informações pedidas pelos credores interessados; *c*) dar extratos dos livros do devedor, que merecerão fé de ofício, a fim de servirem de fundamento nas habilitações e impugnações de créditos; *d*) exigir dos credores, do devedor ou seus administradores quaisquer informações; *e*) elaborar a relação de credores de que trata o § 2º do artigo 7º da Nova Lei de Falências; *f*) consolidar o quadro geral de credores nos termos do artigo 18 da Nova Lei de Falências; *g*) requerer ao juiz convocação da assembléia geral de credores nos casos previstos nesta Lei ou quando entender necessária sua ouvida para a tomada de decisões; *h*) contratar, mediante autorização judicial, profissionais ou empresas especializadas para, quando necessário, auxiliá-lo no exercício de suas funções; *i*) manifestar-se nos casos previstos nesta Lei;

---

[53] Se o administrador judicial nomeado for pessoa jurídica, declarar-se-á, no termo de que trata o artigo 33 da Nova Lei de Falências, o nome de profissional responsável pela condução do processo de falência ou de recuperação judicial, que não poderá ser substituído sem autorização do juiz.

[54] Somente na recuperação judicial: *a*) fiscalizar as atividades do devedor e o cumprimento do plano de recuperação judicial; *b*) requerer a falência no caso de descumprimento de obrigação assumida no plano de recuperação; *c*) apresentar ao juiz, para juntada aos autos, relatório mensal das atividades do devedor; *d*) apresentar o relatório sobre a execução do plano de recuperação, de que trata o inciso III do *caput* do artigo 63 da Nova Lei de Falências.

262 Direito para Administradores – vol. III

2. na falência: *a*) avisar, pelo órgão oficial, o lugar e a hora em que, diariamente, os credores terão à sua disposição os livros e documentos do falido; *b*) examinar a escrituração do devedor; *c*) relacionar os processos e assumir a representação judicial da massa falida; *d*) receber e abrir a correspondência dirigida ao devedor, entregando a ele o que não for assunto de interesse da massa; *e*) apresentar, no prazo de 40 (quarenta) dias, contado da assinatura do termo de compromisso, prorrogável por igual período, relatório sobre as causas e circunstâncias que conduziram à situação de falência, no qual apontará a responsabilidade civil e penal dos envolvidos, observado o disposto no artigo 186 da Nova Lei de Falências; *f*) arrecadar os bens e documentos do devedor e elaborar o auto de arrecadação, nos termos dos artigos 108 e 110 da Nova Lei de Falências; *g*) avaliar os bens arrecadados; *h*) contratar avaliadores, de preferência oficiais, mediante autorização judicial, para a avaliação dos bens, caso entenda não ter condições técnicas para a tarefa; *i*) praticar os atos necessários à realização do ativo e ao pagamento dos credores; *j*) requerer ao juiz a venda antecipada de bens perecíveis, deterioráveis ou sujeitos a considerável desvalorização ou de conservação arriscada ou dispendiosa, nos termos do artigo 113 da Nova Lei de Falências; *l*) praticar todos os atos conservatórios de direitos e ações, diligenciar a cobrança de dívidas e dar a respectiva quitação; *m*) remir, em benefício da massa e mediante autorização judicial, bens apenhados, penhorados ou legalmente retidos; *n*) representar a massa falida em juízo, contratando, se necessário, advogado, cujos honorários serão previamente ajustados e aprovados pelo Comitê de Credores; *o*) requerer todas as medidas e diligências que forem necessárias para o cumprimento desta Lei, a proteção da massa ou a eficiência da administração; *p*) apresentar ao juiz para juntada aos autos, até o 10º (décimo) dia do mês seguinte ao vencido, conta demonstrativa da administração, que especifique com clareza a receita e a despesa; *q*) entregar ao seu substituto todos os bens e documentos da massa em seu poder, sob pena de res-

ponsabilidade; *r*) prestar contas ao final do processo, quando for substituído, destituído ou renunciar ao cargo.

4.12.A. O COMITÊ DE CREDORES[55]

A sentença que decretar a falência do devedor, dentre outras determinações, determinará, quando entender conveniente, a convocação da assembléia geral de credores para a constituição do Comitê de Credores, podendo ainda autorizar a manutenção do Comitê eventualmente em funcionamento na recuperação judicial quando da decretação da falência.

O Comitê de Credores será constituído por deliberação de qualquer das classes de credores na assembléia geral e terá a seguinte composição:[56]

a) 1 (um) representante indicado pela classe de credores trabalhistas, com 2 (dois) suplentes;

b) 1 (um) representante indicado pela classe de credores com direitos reais de garantia ou privilégios especiais, com 2 (dois) suplentes;

c) 1 (um) representante indicado pela classe de credores quirografários e com privilégios gerais, com 2 (dois) suplentes.

O Comitê de Credores terá as seguintes atribuições, além de outras previstas nesta Lei:

• na recuperação judicial[57] e na falência: *a*) fiscalizar as atividades e examinar as contas do administrador judicial; *b*) zelar

---

[55] Neste tópico, trataremos de regras que, por força da Nova Lei de Falências, também se aplicam ao procedimento de recuperação judicial.

[56] A falta de indicação de representante por quaisquer das classes não prejudicará a constituição do Comitê, que poderá funcionar com número inferior ao previsto.

[57] Somente na recuperação judicial: *a*) fiscalizar a administração das atividades do devedor, apresentando, a cada 30 (trinta) dias, relatório de sua situação; *b*) fiscalizar a execução do plano de recuperação judicial; *c*) submeter à autorização do juiz, quando ocorrer o afastamento do devedor nas hipóteses previstas na Lei nº 11.101/05, a alienação de bens do ativo permanente, a constituição de ônus reais e outras garantias, bem como atos de endividamento necessários à continuação da atividade empresarial durante o período que antecede a aprovação do plano de recuperação judicial.

264   Direito para Administradores – vol. III

pelo bom andamento do processo e pelo cumprimento da lei; *c*) comunicar ao juiz, caso detecte violação dos direitos ou prejuízo aos interesses dos credores; *d*) apurar e emitir parecer sobre quaisquer reclamações dos interessados; *e*) requerer ao juiz a convocação da assembléia geral de credores; *f*) manifestar-se nas hipóteses previstas na Lei nº 11.101/05.

As decisões do Comitê, tomadas por maioria, serão consignadas em livro de atas, rubricado pelo juiz, que ficará à disposição do administrador judicial, dos credores e do devedor. Caso não seja possível a obtenção de maioria em deliberação do Comitê, o impasse será resolvido pelo administrador judicial ou, na incompatibilidade deste, pelo juiz.

Não havendo Comitê de Credores, caberá ao administrador judicial ou, na incompatibilidade deste, ao juiz exercer suas atribuições.

4.12.B. A ASSEMBLÉIA GERAL DE CREDORES[58]

Na falência, a assembléia geral de credores terá por atribuições deliberar sobre:[59]

a) vetado (a substituição do administrador judicial e a indicação do substituto);

b) a constituição do Comitê de Credores, a escolha de seus membros e sua substituição;

c) a adoção de outras modalidades de realização do ativo, na forma do artigo 145 da Nova Lei de Falências;

---

[58] Neste tópico, trataremos de regras que, por força da Nova Lei de Falências, também se aplicam ao procedimento de recuperação judicial.

[59] Somente na recuperação judicial: *a*) aprovação, rejeição ou modificação do plano de recuperação judicial apresentado pelo devedor; *b*) a constituição do Comitê de Credores, a escolha de seus membros e sua substituição; *c*) vetado (a substituição do administrador judicial e a indicação do substituto); *d*) o pedido de desistência do devedor, nos termos do § 4º do artigo 52 da Nova Lei de Falências; *e*) o nome do gestor judicial, quando do afastamento do devedor; *f*) qualquer outra matéria que possa afetar os interesses dos credores.

A Falência e a Recuperação... Henrique M. dos Reis / Claudia N. P. dos Reis   265

d) qualquer outra matéria que possa afetar os interesses dos credores.

A assembléia será presidida pelo administrador judicial, que designará 1 (um) secretário dentre os credores presentes.

A assembléia instalar-se-á, em 1ª (primeira) convocação, com a presença de credores titulares de mais da metade dos créditos de cada classe, computados pelo valor, e, em 2ª (segunda) convocação, com qualquer número.[60]

Os sindicatos de trabalhadores poderão representar seus associados titulares de créditos derivados da legislação do trabalho ou decorrentes de acidente de trabalho que não comparecerem, pessoalmente ou por procurador, à assembléia. Para exercer essa prerrogativa, o sindicato deverá:

> apresentar ao administrador judicial, até 10 (dez) dias antes da assembléia, a relação dos associados que pretende representar, e o trabalhador que conste da relação de mais de um sindicato deverá esclarecer, até 24 (vinte e quatro) horas antes da assembléia, qual sindicato o representa, sob pena de não ser representado em assembléia por nenhum deles.[61]

O voto do credor será proporcional ao valor de seu crédito, ressalvado, nas deliberações sobre o plano de recuperação judicial,[62] o disposto no § 2º do artigo 45 da Nova Lei de Falências.[63]

---

[60] O credor poderá ser representado na assembléia geral por mandatário ou representante legal, desde que entregue ao administrador judicial, até 24 (vinte e quatro) horas antes da data prevista no aviso de convocação, documento hábil que comprove seus poderes ou a indicação das folhas dos autos do processo em que se encontre o documento.

[61] "Requisito vetado: comunicar aos associados, por carta, que pretende exercer a referida prerrogativa."

[62] Na recuperação judicial, para fins exclusivos de votação em assembléia geral, o crédito em moeda estrangeira será convertido para moeda nacional pelo câmbio da véspera da data de realização da assembléia.

[63] "Art. 45. Nas deliberações sobre o plano de recuperação judicial, todas as classes de credores referidas no art. 41 desta Lei deverão aprovar a proposta. (...) § 2º Na classe prevista no inciso I do art. 41 desta Lei, a proposta deverá ser aprovada pela maioria simples dos credores presentes, independentemente do valor de seu crédito."

266 Direito para Administradores – vol. III

Terão direito a voto na assembléia geral as pessoas arroladas no quadro geral de credores ou, na sua falta, na relação de credores apresentada pelo administrador judicial na forma do artigo 7º, § 2º, da Nova Lei de Falências, ou, ainda, na falta desta, na relação apresentada pelo próprio devedor nos termos dos artigos 51, incisos III e IV do *caput*, 99, inciso III do *caput*, ou 105, inciso II do *caput*, também da referida Lei, acrescidas, em qualquer caso, das que estejam habilitadas na data da realização da assembléia ou que tenham crédito admitido ou alterado por decisão judicial, inclusive as que tenham obtido reserva de importâncias, igualmente observado o disposto nos §§ 1º e 2º do artigo 10 da Nova Lei de Falências.

Não terão direito a voto e não serão considerados para fins de verificação do *quorum* de instalação e de deliberação os titulares de créditos excetuados na forma dos §§ 3º e 4º do artigo 49 da Nova Lei de Falências.[64]

As deliberações da assembléia geral não serão invalidadas em razão de posterior decisão judicial acerca da existência, quantificação ou classificação de créditos. No caso de posterior invalidação de deliberação da assembléia, ficam resguardados os direitos de terceiros de boa-fé, respondendo os credores que aprovarem a deliberação pelos prejuízos comprovados causados por dolo ou culpa.

A assembléia geral será composta das seguintes classes de credores: 1. titulares de créditos derivados da legislação do trabalho ou decorrentes de acidentes de trabalho;[65] 2. titulares de créditos com garantia real; 3. titulares de créditos quirografários, com privilégio especial, com privilégio geral ou subordinados.[66]

---

[64] Ver item 3.9, onde foram reproduzidos os parágrafos 3º e 4º do artigo 49 da Nova Lei de Falências.

[65] Os titulares de créditos derivados da legislação do trabalho votam com essa classe com o total de seu crédito, independentemente do valor.

[66] Os titulares de créditos com garantia real votam com a classe prevista no item 2 até o limite do valor do bem gravado e com a classe prevista no item 3 pelo restante do valor de seu crédito.

A Falência e a Recuperação... Henrique M. dos Reis / Claudia N. P. dos Reis 267

Considerar-se-á aprovada a proposta que obtiver votos favoráveis de credores que representem mais da metade do valor total dos créditos presentes à assembléia geral, exceto nas deliberações sobre o plano de recuperação judicial nos termos da alínea *a* do inciso I do *caput* do artigo 35 da Nova Lei de Falências, a composição do Comitê de Credores ou forma alternativa de realização do ativo nos termos do artigo 145 da mesma Lei.

Os sócios do devedor, bem como as sociedades coligadas, controladoras, controladas ou as que tenham sócio ou acionista com participação superior a 10% (dez por cento) do capital social do devedor ou em que o devedor ou algum de seus sócios detenha participação superior a 10% (dez por cento) do capital social, poderão participar da assembléia geral de credores, sem ter direito a voto, e não serão considerados para fins de verificação do *quorum* de instalação e de deliberação.[67]

Na escolha dos representantes de cada classe no Comitê de Credores, somente os respectivos membros poderão votar.[68]

A aprovação de forma alternativa de realização do ativo na falência, prevista no artigo 145 da Nova Lei de Falências, dependerá do voto favorável de credores que representem 2/3 (dois terços) dos créditos presentes à assembléia. Cabe destacar o disposto no referido artigo 145, *verbis*:

> Art. 145. O juiz homologará qualquer outra modalidade de realização do ativo, desde que aprovada pela assembléia geral de credores, inclusive com a constituição de sociedade de credores ou dos empregados do próprio devedor, com a participação, se necessária, dos atuais sócios ou de terceiros. § 1º Aplica-se à sociedade mencionada neste artigo o disposto no art. 141 desta Lei. § 2º No caso de consti-

---

[67] Isso também se aplica ao cônjuge ou parente, consangüíneo ou afim, colateral até o 2º (segundo) grau, ascendente ou descendente do devedor, de administrador, do sócio controlador, de membro dos conselhos consultivo, fiscal ou semelhantes da sociedade devedora e à sociedade em que quaisquer dessas pessoas exerçam essas funções.
[68] Ver item 3.6, onde foi reproduzido o disposto no artigo 45 da Nova Lei de Falências.

268 Direito para Administradores – vol. III

tuição de sociedade formada por empregados do próprio devedor, estes poderão utilizar créditos derivados da legislação do trabalho para a aquisição ou arrendamento da empresa. § 3º Não sendo aprovada pela assembléia geral a proposta alternativa para a realização do ativo, caberá ao juiz decidir a forma que será adotada, levando em conta a manifestação do administrador judicial e do Comitê.

4.13. A ARRECADAÇÃO

Logo em seguida à assinatura do termo de compromisso, o administrador judicial efetuará a arrecadação dos bens e documentos e a avaliação dos bens, separadamente ou em bloco, no local em que se encontrem, requerendo ao juiz, para esses fins, as medidas necessárias.

O produto dos bens penhorados ou por outra forma apreendidos entrará para a massa. Entretanto, não serão arrecadados os bens absolutamente impenhoráveis.

O auto de arrecadação, composto do inventário e do respectivo laudo de avaliação dos bens, será assinado pelo administrador judicial, pelo falido ou seus representantes e por outras pessoas que auxiliarem ou presenciarem o ato. Serão referidos no inventário:

1. os livros obrigatórios e os auxiliares ou facultativos do devedor, designando-se o estado em que se acham, número e denominação de cada um, páginas escrituradas, data do início da escrituração e do último lançamento, e se os livros obrigatórios estão revestidos das formalidades legais;
2. dinheiro, papéis, títulos de crédito, documentos e outros bens da massa falida;
3. os bens da massa falida em poder de terceiro, a título de guarda, depósito, penhor ou retenção;
4. os bens indicados como propriedade de terceiros ou reclamados por estes, mencionando-se essa circunstância.

Ademais, o juiz poderá autorizar os credores, de forma individual ou coletiva, em razão dos custos e no interesse da massa falida, a adquirir ou adjudicar, de imediato, os bens arrecadados, pelo valor da avaliação, atendida a regra de classificação e preferência entre eles, ouvido o Comitê.

Acrescente-se que os bens perecíveis, deterioráveis, sujeitos à considerável desvalorização ou que sejam de conservação arriscada ou dispendiosa, poderão ser vendidos antecipadamente, após a arrecadação e a avaliação, mediante autorização judicial, ouvidos o Comitê e o falido no prazo de 48 (quarenta e oito) horas.

4.14. AS OBRIGAÇÕES DO FALIDO

A decretação da falência sujeita todos os credores, que somente poderão exercer os seus direitos sobre os bens do falido e do sócio ilimitadamente responsável[69] na forma que a Nova Lei de Falências prescrever.[70]

De fato, a decisão que decreta a falência da sociedade com sócios ilimitadamente responsáveis também acarreta a falência destes, que ficam sujeitos aos mesmos efeitos jurídicos produzidos em relação à sociedade falida e, por isso, deverão ser citados para apresentar contestação, se assim o desejarem.[71]

Ressalte-se que a responsabilidade pessoal dos sócios de responsabilidade limitada, dos controladores e dos administradores da sociedade falida, estabelecida nas respectivas leis, será apurada no próprio juízo da falência, independentemente da realização do ativo e da prova da sua insuficiência para cobrir o passivo, observado o pro-

---

[69] Sobre responsabilidade ilimitada ver os Capítulos 3 e 4.

[70] As sociedades falidas serão representadas na falência por seus administradores ou liquidantes, os quais terão os mesmos direitos e, sob as mesmas penas, ficarão sujeitos às obrigações que cabem ao falido.

[71] Isto também se aplica ao sócio que tenha se retirado voluntariamente ou que tenha sido excluído da sociedade há menos de 2 (dois) anos, quanto às dívidas existentes na data do arquivamento da alteração do contrato, no caso de não terem sido solvidas até a data da decretação da falência.

270   Direito para Administradores – vol. III

cedimento ordinário previsto no Código de Processo Civil.[72] Nesse diapasão, o juiz poderá, de ofício ou mediante requerimento das partes interessadas, ordenar a indisponibilidade de bens particulares dos réus, em quantidade compatível com o dano provocado, até o julgamento da ação de responsabilização.

Ademais:

a) a decretação da falência suspende: 1. o exercício do direito de retenção sobre os bens sujeitos à arrecadação, os quais deverão ser entregues ao administrador judicial; 2. o exercício do direito de retirada ou de recebimento do valor de suas quotas ou ações, por parte dos sócios da sociedade falida;

b) as contas correntes com o devedor consideram-se encerradas no momento de decretação da falência, verificando-se o respectivo saldo;

c) compensam-se, com preferência sobre todos os demais credores, as dívidas do devedor vencidas até o dia da decretação da falência, provenha o vencimento da sentença de falência ou não, obedecidos os requisitos da legislação civil. Entretanto, não se compensam: 1. os créditos transferidos após a decretação da falência, salvo em caso de sucessão por fusão, incorporação, cisão ou morte; ou 2. os créditos, ainda que vencidos anteriormente, transferidos quando já conhecido o estado de crise econômico-financeira do devedor ou cuja transferência se operou com fraude ou dolo;

d) se o falido fizer parte de alguma sociedade como sócio comanditário ou cotista, para a massa falida entrarão somente os haveres que na sociedade ele possuir e forem apurados na forma estabelecida no contrato ou estatuto social;[73]

---

[72] Prescreverá em 2 (dois) anos, contados do trânsito em julgado da sentença de encerramento da falência, a ação de responsabilização citada.

[73] Se o contrato ou o estatuto social nada disciplinar a respeito, a apuração far-se-á judicialmente, salvo se, por lei, pelo contrato ou estatuto, a sociedade tiver de liquidar-se, caso em que os haveres do falido, somente após o pagamento de todo o passivo da sociedade, entrarão para a massa falida.

e) nos casos de condomínio indivisível de que participe o falido, o bem será vendido e deduzir-se-á do valor arrecadado o que for devido aos demais condôminos, facultada a estes a compra da quota-parte do falido nos termos da melhor proposta obtida.

Acrescente-se que contra a massa falida não são exigíveis juros vencidos após a decretação da falência, previstos em lei ou em contrato, se o ativo apurado não bastar para o pagamento dos credores subordinados.[74]

4.15. A PERDA DE ADMINISTRAÇÃO DOS BENS

A sentença que decretar a falência do devedor, dentre outras determinações, proibirá a prática de qualquer ato de disposição ou oneração de bens do falido, submetendo-os preliminarmente à autorização judicial e do Comitê, se houver, ressalvados os bens cuja venda faça parte das atividades normais do devedor, se autorizada a continuação provisória nos termos do inciso XI do artigo 99 da Nova Lei de Falências.[75]

4.16. A ANULAÇÃO DE CERTOS ATOS

Os atos irregulares praticados pelo falido, de conformidade com a Nova Lei de Falências, podem ser ineficazes ou revogáveis. Se não vejamos:

---

[74] Excetuam-se desta disposição os juros das debêntures e dos créditos com garantia real, mas por eles responde, exclusivamente, o produto dos bens que constituem a garantia.

[75] "Art. 99. A sentença que decretar a falência do devedor, dentre outras determinações: (...) XI – pronunciar-se-á a respeito da continuação provisória das atividades do falido com o administrador judicial ou da lacração dos estabelecimentos, observado o disposto no art. 109 desta Lei."

272 Direito para Administradores – vol. III

4.16.A. ATOS INEFICAZES

São ineficazes[76] em relação à massa falida, tenha ou não o contratante conhecimento do estado de crise econômico-financeira do devedor, seja ou não intenção deste fraudar credores:[77]

1. o pagamento de dívidas não vencidas realizado pelo devedor dentro do termo legal, por qualquer meio extintivo do direito de crédito, ainda que pelo desconto do próprio título;

2. o pagamento de dívidas vencidas e exigíveis realizado dentro do termo legal, por qualquer forma que não seja a prevista pelo contrato;

3. a constituição de direito real de garantia, inclusive a retenção, dentro do termo legal, tratando-se de dívida contraída anteriormente; se os bens dados em hipoteca forem objeto de outras posteriores, a massa falida receberá a parte que devia caber ao credor da hipoteca revogada;

4. a prática de atos a título gratuito, desde 2 (dois) anos antes da decretação da falência;

5. a renúncia à herança ou a legado, até 2 (dois) anos antes da decretação da falência;

6. a venda ou transferência de estabelecimento feita sem o consentimento expresso ou o pagamento de todos os credores, a esse tempo existentes, não tendo restado ao devedor bens suficientes para solver o seu passivo, salvo se, no prazo de 30 (trinta) dias, não houver oposição dos credores, após serem devidamente notificados judicialmente ou pelo oficial do registro de títulos e documentos;

7. os registros de direitos reais e de transferência de propriedade entre vivos, por título oneroso ou gratuito, ou a averbação rela-

---

[76] A ineficácia poderá ser declarada de ofício pelo juiz, alegada em defesa ou pleiteada mediante ação própria ou incidentalmente no curso do processo.

[77] Nenhum dos atos referidos nos itens 1 a 3 e 6 que tenham sido previstos e realizados na forma definida no plano de recuperação judicial será declarado ineficaz ou revogado.

tiva a imóveis realizados após a decretação da falência, salvo se tiver havido prenotação anterior.

4.16.B. ATOS REVOGÁVEIS

São revogáveis os atos praticados com a intenção de prejudicar credores, provando-se o conluio fraudulento entre o devedor e o terceiro que com ele contratar e o efetivo prejuízo sofrido pela massa falida.

4.16.B.1. A AÇÃO REVOCATÓRIA

A ação revocatória, buscando revogar os atos lesivos intencionalmente praticados, deverá ser proposta pelo administrador judicial, por qualquer credor ou pelo Ministério Público no prazo de 3 (três) anos contado da decretação da falência.[78]

A ação revocatória pode ser promovida:

1. contra todos os que figuraram no ato ou que por efeito dele foram pagos, garantidos ou beneficiados;
2. contra os terceiros adquirentes, se tiveram conhecimento, ao se criar o direito, da intenção do devedor de prejudicar os credores;
3. contra os herdeiros ou legatários das pessoas indicadas nos itens 1 e 2.

A sentença que julgar procedente a ação revocatória determinará o retorno dos bens à massa falida em espécie, com todos os acessórios, ou o valor de mercado, acrescidos de perdas e danos. Reconhecida a ineficácia ou julgada procedente a ação revocatória, as partes retornarão ao estado anterior, e o contratante de boa-fé terá direito à restituição dos bens ou valores entregues ao devedor.[79] É garantido ao

---

[78] A ação revocatória correrá perante o juízo da falência e obedecerá ao procedimento ordinário previsto na Lei nº 5.869, de 11 de janeiro de 1973 – Código de Processo Civil.

[79] Na hipótese de securitização de créditos do devedor, não será declarada a ineficácia ou revogado o ato de cessão em prejuízo dos direitos dos portadores de valores mobiliários emitidos pelo securitizador.

274   Direito para Administradores – vol. III

terceiro de boa-fé, a qualquer tempo, propor ação por perdas e danos contra o devedor ou seus garantes.

Ademais, o juiz poderá, a requerimento do autor da ação revocatória, ordenar, como medida preventiva, na forma da lei processual civil, o seqüestro dos bens retirados do patrimônio do devedor que estejam em poder de terceiros.

4.17. A CONTINUAÇÃO DO NEGÓCIO

A sentença que decretar a falência do devedor, dentre outras determinações, pronunciar-se-á a respeito da continuação provisória das atividades do falido com o administrador judicial ou da lacração dos estabelecimentos, observado o disposto no artigo 109 da Nova Lei de Falências. Vejamos o que preceitua o referido artigo, *verbis*:

> Art. 109. O estabelecimento será lacrado sempre que houver risco para a execução da etapa de arrecadação ou para a preservação dos bens da massa falida ou dos interesses dos credores.

4.18. O PEDIDO DE RESTITUIÇÃO

O proprietário de bem arrecadado no processo de falência ou que se encontre em poder do devedor na data da decretação da falência poderá pedir sua restituição. Igualmente pode ser pedida a restituição de coisa vendida a crédito e entregue ao devedor nos 15 (quinze) dias anteriores ao requerimento de sua falência, se ainda não alienada.

Ademais, nos termos do artigo 86 da Nova Lei de Falências, proceder-se-á à restituição em dinheiro:

1. se a coisa não mais existir ao tempo do pedido de restituição, hipótese em que o requerente receberá o valor da avaliação do bem, ou, no caso de ter ocorrido sua venda, o respectivo preço; em ambos os casos, o valor será atualizado;
2. da importância entregue ao devedor, em moeda corrente nacional, decorrente de adiantamento a contrato de câmbio para

exportação, na forma do artigo 75, §§ 3º e 4º, da Lei nº 4.728, de 14 de julho de 1965, desde que o prazo total da operação, inclusive eventuais prorrogações, não exceda o previsto nas normas específicas da autoridade competente;

3. dos valores entregues ao devedor pelo contratante de boa-fé na hipótese de revogação ou ineficácia do contrato, conforme disposto no artigo 136 da Nova Lei de Falências.

Relevante, outrossim, ressaltar o que preceitua o artigo 87 da Nova Lei de Falências, *verbis*:

> Art. 87. O pedido de restituição deverá ser fundamentado e descreverá a coisa reclamada. § 1º O juiz mandará autuar em separado o requerimento com os documentos que o instruírem e determinará a intimação do falido, do Comitê, dos credores e do administrador judicial para que, no prazo sucessivo de 5 (cinco) dias, se manifestem, valendo como contestação a manifestação contrária à restituição. § 2º Contestado o pedido e deferidas as provas porventura requeridas, o juiz designará audiência de instrução e julgamento, se necessária. § 3º Não havendo provas a realizar, os autos serão conclusos para sentença.

As restituições ora tratadas somente serão efetuadas após o pagamento dos créditos trabalhistas de natureza estritamente salarial vencidos nos 3 (três) meses anteriores à decretação da falência, até o limite de 5 (cinco) salários mínimos por trabalhador.

A sentença que reconhecer o direito do requerente determinará a entrega da coisa no prazo de 48 (quarenta e oito) horas.[80] Entretanto, a sentença que negar a restituição, quando for o caso, incluirá o requerente no quadro geral de credores, na classificação que lhe couber, na forma da Nova Lei de Falências.

---

[80] "Art. 90. Da sentença que julgar o pedido de restituição caberá apelação sem efeito suspensivo. Parágrafo único. O autor do pedido de restituição que pretender receber o bem ou a quantia reclamada antes do trânsito em julgado da sentença prestará caução."

276 Direito para Administradores – vol. III

Acrescente-se que, quando diversos requerentes houverem de ser satisfeitos em dinheiro e não existir saldo suficiente para o pagamento integral, far-se-á rateio proporcional entre eles.

4.19. OS CONTRATOS DO FALIDO

Os contratos bilaterais não se resolvem pela falência e podem ser cumpridos pelo administrador judicial se o cumprimento reduzir ou evitar o aumento do passivo da massa falida ou for necessário à manutenção e preservação de seus ativos, mediante autorização do Comitê.

Nesse sentido, o contratante pode interpelar o administrador judicial, no prazo de até 90 (noventa) dias, contado da assinatura do termo de sua nomeação, para que, dentro de 10 (dez) dias, declare se cumprirá ou não o contrato. A declaração negativa ou o silêncio do administrador judicial confere ao contraente o direito à indenização, cujo valor, apurado em processo ordinário, constituirá crédito quirografário.

Ademais, o administrador judicial, mediante autorização do Comitê, poderá dar cumprimento a contrato unilateral se esse fato reduzir ou evitar o aumento do passivo da massa falida ou for necessário à manutenção e preservação de seus ativos, realizando o pagamento da prestação pela qual está obrigada.

Acrescente-se que, nas relações contratuais a seguir mencionadas, prevalecerão as seguintes regras:

1. o vendedor não pode obstar a entrega das coisas expedidas ao devedor e ainda em trânsito se o comprador, antes do requerimento da falência, as tiver revendido, sem fraude, à vista das faturas e conhecimentos de transporte, entregues ou remetidos pelo vendedor;

2. se o devedor vendeu coisas compostas e o administrador judicial resolver não continuar a execução do contrato, poderá o comprador pôr à disposição da massa falida as coisas já recebidas, pedindo perdas e danos;

3. não tendo o devedor entregue coisa móvel ou prestado serviço que vendera ou contratara a prestações, e resolvendo o administrador judicial não executar o contrato, o crédito relativo ao valor pago será habilitado na classe própria;
4. o administrador judicial, ouvido o Comitê, restituirá a coisa móvel comprada pelo devedor, com reserva de domínio[81] do vendedor, se resolver não continuar a execução do contrato, exigindo a devolução, nos termos do contrato, dos valores pagos;
5. tratando-se de coisas vendidas a termo, que tenham cotação em bolsa ou mercado, e não se executando o contrato pela efetiva entrega daquelas e pagamento do preço, prestar-se-á a diferença entre a cotação do dia do contrato e a da época da liquidação em bolsa ou mercado;
6. na promessa de compra e venda de imóveis, aplicar-se-á a legislação respectiva;[82]
7. a falência do locador não resolve o contrato de locação e, na falência do locatário, o administrador judicial pode, a qualquer tempo, denunciar o contrato;
8. caso haja acordo para compensação e liquidação de obrigações no âmbito do sistema financeiro nacional, nos termos da legislação vigente, a parte não falida poderá considerar o contrato vencido antecipadamente, hipótese em que será liquidado na forma estabelecida em regulamento, admitindo-se a compensação de eventual crédito que venha a ser apurado em favor do falido com créditos detidos pelo contratante;
9. os patrimônios de afetação, constituídos para cumprimento de destinação específica, obedecerão ao disposto na legislação respectiva, permanecendo seus bens, direitos e obrigações separados dos do falido até o advento do respectivo termo ou até o cumprimento de sua finalidade, ocasião em que o administra-

---

[81] Ver Novo Código Civil e volume I desta coleção.
[82] Idem.

278 Direito para Administradores – vol. III

dor judicial arrecadará o saldo a favor da massa falida ou inscreverá na classe própria o crédito que contra ela remanescer.

Finalizando este tópico, cabe destacar, outrossim, os artigos 120 e 124 da Nova Lei de Falências:

> Art. 120. O mandato conferido pelo devedor, antes da falência, para a realização de negócios, cessará seus efeitos com a decretação da falência, cabendo ao mandatário prestar contas de sua gestão. § 1º O mandato conferido para representação judicial do devedor continua em vigor até que seja expressamente revogado pelo administrador judicial. § 2º Para o falido, cessa o mandato ou comissão que houver recebido antes da falência, salvo os que versem sobre matéria estranha à atividade empresarial.
>
> Art. 124. Contra a massa falida não são exigíveis juros vencidos após a decretação da falência, previstos em lei ou em contrato, se o ativo apurado não bastar para o pagamento dos credores subordinados. Parágrafo único. Excetuam-se desta disposição os juros das debêntures e dos créditos com garantia real, mas por eles responde, exclusivamente, o produto dos bens que constituem a garantia.

4.20. A VERIFICAÇÃO DE CRÉDITOS[83]

A sentença que decretar a falência do devedor, dentre outras determinações, ordenará:

a) ao falido que apresente, no prazo máximo de 5 (cinco) dias, relação nominal dos credores, indicando endereço, importância, natureza e classificação dos respectivos créditos, se esta já não se encontrar nos autos, sob pena de desobediência;

b) explicitará o prazo para as habilitações de crédito, observado o disposto no § 1º do artigo 7º da Nova Lei de Falências.

---

[83] Neste tópico, trataremos de regras que, por força da Nova Lei de Falências, também se aplicam ao procedimento de recuperação judicial.

Ressalte-se que a verificação dos créditos será realizada pelo administrador judicial, com base nos livros contábeis e documentos comerciais e fiscais do devedor e nos documentos que lhe forem apresentados pelos credores, podendo contar com o auxílio de profissionais ou empresas especializados.

4.20.A. A HABILITAÇÃO DE CRÉDITOS[84]

Publicado o edital previsto legalmente, os credores terão o prazo de 15 (quinze) dias para apresentar ao administrador judicial suas habilitações ou suas divergências quanto aos créditos relacionados. O administrador judicial, com base nas informações e documentos colhidos, fará publicar edital contendo a relação de credores no prazo de 45 (quarenta e cinco) dias, devendo indicar o local, o horário e o prazo comum em que as pessoas indicadas no artigo 8º da Nova Lei de Falências[85] terão acesso aos documentos que fundamentaram a elaboração dessa relação.[86]

A habilitação de crédito realizada pelo credor deverá conter:

1. o nome, o endereço do credor e o endereço em que receberá comunicação de qualquer ato do processo;
2. o valor do crédito, atualizado até a data da decretação da falência ou do pedido de recuperação judicial, sua origem e classificação;
3. os documentos comprobatórios do crédito e a indicação das demais provas a serem produzidas;
4. a indicação da garantia prestada pelo devedor, se houver, e o respectivo instrumento;
5. a especificação do objeto da garantia que estiver na posse do credor.

---

[84] Neste tópico, trataremos de regras que, por força da Nova Lei de Falências, também se aplicam ao procedimento de recuperação judicial.

[85, 86] "Art. 8º No prazo de 10 (dez) dias, contado da publicação da relação referida no art. 7º, § 2º, desta Lei, o Comitê, qualquer credor, o devedor ou seus sócios ou o Ministério Público podem apresentar ao juiz impugnação contra a relação de credores, apontando a ausência de qualquer crédito ou manifestando-se contra a legitimidade, importância ou classificação de crédito relacionado. Parágrafo único. Autuada em separado, a impugnação será processada nos termos dos arts. 13 a 15 desta Lei."

280 Direito para Administradores – vol. III

Ademais, os títulos e documentos que legitimam os créditos deverão ser exibidos no original ou por cópias autenticadas se estiverem juntados em outro processo.

4.20.B. A HABILITAÇÃO RETARDATÁRIA DE CRÉDITOS[87]

Não observado o prazo estipulado no subitem anterior, as habilitações de crédito serão recebidas como retardatárias.[88]

Na falência, os créditos retardatários perderão o direito a rateios eventualmente realizados e ficarão sujeitos ao pagamento de custas, não se computando os acessórios compreendidos entre o término do prazo e a data do pedido de habilitação. Nesta hipótese, o credor poderá requerer a reserva de valor para satisfação de seu crédito.

As habilitações de crédito retardatárias, se apresentadas antes da homologação do quadro geral de credores, serão recebidas como impugnação e processadas na forma dos artigos 13 a 15 da Nova Lei de Falências.

Entretanto, após a homologação do quadro geral de credores, aqueles que não habilitaram seu crédito poderão, observado, no que couber, o procedimento ordinário previsto no Código de Processo Civil, requerer ao juízo da falência ou da recuperação judicial a retificação do quadro geral para inclusão do respectivo crédito.

Caso não haja impugnações,[89] o juiz homologará, como quadro geral de credores, a relação dos credores constante do edital.

Caso haja impugnação, o juiz determinará, para fins de rateio, a reserva de valor para satisfação do crédito impugnado. Sendo parcial, a impugnação não impedirá o pagamento da parte incontroversa.

---

[87] Neste tópico, trataremos de regras que, por força da Nova Lei de Falências, também se aplicam ao procedimento de recuperação judicial.

[88] Na recuperação judicial, os titulares de créditos retardatários, excetuados os titulares de créditos derivados da relação de trabalho, não terão direito a voto nas deliberações da assembléia geral de credores.

[89] O procedimento e prazos dessas impugnações são previstos na Nova Lei de Falências.

O administrador judicial será responsável pela consolidação do quadro geral de credores, a ser homologado pelo juiz, com base na relação dos credores e nas decisões proferidas nas impugnações oferecidas. O quadro geral, assinado pelo juiz e pelo administrador judicial, mencionará a importância e a classificação de cada crédito na data do requerimento da recuperação judicial ou da decretação da falência, será juntado aos autos e publicado no órgão oficial no prazo de 5 (cinco) dias contado da data da sentença que houver julgado as impugnações.[90]

4.21. A REALIZAÇÃO DO ATIVO

Logo após a arrecadação dos bens, com a juntada do respectivo auto ao processo de falência, será iniciada a realização do ativo.[91] A alienação dos bens será realizada de uma das seguintes formas, observada esta ordem de preferência:[92]

1. alienação da empresa, com a venda de seus estabelecimentos em bloco;
2. alienação da empresa, com a venda de suas filiais ou unidades produtivas isoladamente;
3. alienação em bloco dos bens que integram cada um dos estabelecimentos do devedor;
4. alienação dos bens individualmente considerados.

---

[90] Vejamos o artigo 19 da Nova Lei de Falências: "Art. 19. O administrador judicial, o Comitê, qualquer credor ou o representante do Ministério Público poderá, até o encerramento da recuperação judicial ou da falência, observado, no que couber, o procedimento ordinário previsto no Código de Processo Civil, pedir a exclusão, outra classificação ou a retificação de qualquer crédito, nos casos de descoberta de falsidade, dolo, simulação, fraude, erro essencial ou, ainda, documentos ignorados na época do julgamento do crédito ou da inclusão no quadro geral de credores".

[91] A realização do ativo terá início independentemente da formação do quadro geral de credores.

[92] Se convier à realização do ativo, ou em razão de oportunidade, podem ser adotadas mais de uma forma de alienação.

282 Direito para Administradores – vol. III

4.21.A. A MANUTENÇÃO DA UNIDADE PRODUTIVA

Ressalte-se que a alienação da empresa terá por objeto o conjunto de determinados bens necessários à operação rentável da unidade de produção, que poderá compreender a transferência de contratos específicos.

Na alienação conjunta ou separada de ativos, inclusive da empresa ou de suas filiais, promovida sob qualquer das modalidades:

1. todos os credores, observada a ordem de preferência definida na Nova Lei de Falências, sub-rogam-se no produto da realização do ativo;
2. o objeto da alienação estará livre de qualquer ônus e não haverá sucessão do arrematante nas obrigações do devedor, inclusive as de natureza tributária, as derivadas da legislação do trabalho e as decorrentes de acidentes de trabalho.[93]

Os empregados do devedor contratados pelo arrematante serão admitidos mediante novos contratos de trabalho, e o arrematante não responde por obrigações decorrentes do contrato anterior.

4.21.B. MODALIDADE DE REALIZAÇÃO DO ATIVO

O juiz, ouvido o administrador judicial e atendendo à orientação do Comitê, se houver, ordenará que se proceda à alienação do ativo em uma das seguintes modalidades:[94] 1. leilão, por lances orais; 2. propostas fechadas; 3. pregão.

---

[93] Isso não se aplica quando o arrematante for: 1. sócio da sociedade falida, ou sociedade controlada pelo falido; 2. parente, em linha reta ou colateral até o 4º (quarto) grau, consangüíneo ou afim, do falido ou de sócio da sociedade falida; ou 3. identificado como agente do falido com o objetivo de fraudar a sucessão.

[94] A realização da alienação em quaisquer das modalidades será antecedida por publicação de anúncio em jornal de ampla circulação, com 15 (quinze) dias de antecedência, em se tratando de bens móveis, e com 30 (trinta) dias na alienação da empresa ou de bens imóveis, facultada a divulgação por outros meios que contribuam para o amplo conhecimento da venda.

A alienação dar-se-á pelo maior valor oferecido, ainda que seja inferior ao valor de avaliação.

Em qualquer das modalidades de alienação, poderão ser apresentadas impugnações por quaisquer credores, pelo devedor ou pelo Ministério Público no prazo de 48 (quarenta e oito) horas da arrematação, hipótese em que os autos serão conclusos ao juiz, que, no prazo de 5 (cinco) dias, decidirá sobre as impugnações e, julgando-as improcedentes, ordenará a entrega dos bens ao arrematante, respeitadas as condições estabelecidas no edital.

As quantias recebidas a qualquer título serão imediatamente depositadas em conta remunerada de instituição financeira, atendidos os requisitos da lei ou das normas de organização judiciária.

O administrador judicial fará constar do relatório os valores eventualmente recebidos no mês vencido, explicitando a forma de distribuição dos recursos entre os credores, observado o disposto no artigo 149 da Nova Lei de Falências.

4.21.B.1. A SOCIEDADE FORMADA POR CREDORES OU EMPREGADOS

O juiz homologará qualquer outra modalidade de realização do ativo, desde que aprovada pela assembléia geral de credores,[95] inclusive com a constituição de sociedade de credores ou dos empregados do próprio devedor, com a participação, se necessária, dos atuais sócios ou de terceiros.

No caso de constituição de sociedade formada por empregados do próprio devedor, estes poderão utilizar créditos derivados da legislação do trabalho para a aquisição ou o arrendamento da empresa.

4.22. O PAGAMENTO AOS CREDORES

Realizadas as restituições, pagos os créditos extraconcursais e consolidado o quadro geral de credores, as importâncias recebidas com

---

[95] Ver item 4.12.B.

284 Direito para Administradores – vol. III

a realização do ativo serão destinadas ao pagamento dos credores, atendendo à classificação prevista no artigo 83 da Nova Lei de Falências, respeitados os demais dispositivos da referida Lei e as decisões judiciais que determinam reserva de importâncias.[96]

Os credores que não procederem, no prazo fixado pelo juiz, ao levantamento dos valores que lhes couberam em rateio serão intimados a fazê-lo no prazo de 60 (sessenta) dias, após o qual os recursos serão objeto de rateio suplementar entre os credores remanescentes.

Os créditos trabalhistas de natureza estritamente salarial vencidos nos 3 (três) meses anteriores à decretação da falência, até o limite de 5 (cinco) salários mínimos por trabalhador, serão pagos tão logo haja disponibilidade em caixa.

Os credores restituirão em dobro as quantias recebidas, acrescidas dos juros legais, se ficar evidenciado dolo ou má-fé na constituição do crédito ou da garantia.

Pagos todos os credores, o saldo, se houver, será entregue ao falido.

4.23. O ENCERRAMENTO DA FALÊNCIA

Concluída a realização de todo o ativo e distribuído o produto entre os credores, o administrador judicial apresentará suas contas ao juiz no prazo de 30 (trinta) dias. O juiz ordenará a publicação de aviso de que as contas foram entregues e se encontram à disposição dos interessados, que poderão impugná-las no prazo de 10 (dez) dias.

Julgadas as contas do administrador judicial,[97] ele apresentará o relatório final da falência no prazo de 10 (dez) dias, indicando o valor do ativo e o do produto de sua realização, o valor do passivo e

---

[96] Havendo reserva de importâncias, os valores a ela relativos ficarão depositados até o julgamento definitivo do crédito e, no caso de não ser este finalmente reconhecido, no todo ou em parte, os recursos depositados serão objeto de rateio suplementar entre os credores remanescentes.

[97] A sentença que rejeitar as contas do administrador judicial fixará suas responsabilidades, poderá determinar a indisponibilidade ou o seqüestro de bens e servirá como título executivo para indenização da massa.

o dos pagamentos feitos aos credores, e especificará justificadamente as responsabilidades com que continuará o falido. Apresentado o relatório final, o juiz encerrará a falência por sentença.[98]

4.24. A EXTINÇÃO DAS OBRIGAÇÕES DO FALIDO

Extinguem as obrigações do falido:

1. o pagamento de todos os créditos;
2. o pagamento, depois de realizado todo o ativo, de mais de 50% (cinqüenta por cento) dos créditos quirografários, sendo facultado ao falido o depósito da quantia necessária para atingir essa porcentagem se para tanto não bastou a integral liquidação do ativo;
3. o decurso do prazo de 5 (cinco) anos, contado do encerramento da falência, se o falido não tiver sido condenado por prática de crime previsto na Nova Lei de Falências;
4. o decurso do prazo de 10 (dez) anos, contado do encerramento da falência, se o falido tiver sido condenado por prática de crime previsto na Nova Lei de Falências.

Verificada a prescrição ou extintas as obrigações nos termos da Nova Lei de Falências, o sócio de responsabilidade ilimitada também poderá requerer que seja declarada por sentença a extinção de suas obrigações na falência.

4.25. OS CRIMES FALIMENTARES

A sentença que decretar a falência do devedor, dentre outras determinações, determinará as diligências necessárias para salvaguardar os interesses das partes envolvidas, podendo ordenar a prisão preventiva do falido ou de seus administradores quando requerida com

---

[98] O prazo prescricional relativo às obrigações do falido recomeça a correr a partir do dia em que transitar em julgado a sentença do encerramento da falência.

286 Direito para Administradores – vol. III

fundamento em provas da prática de crime definido na Nova Lei de Falências.

A Nova Lei de Falências define os crimes falimentares nos artigos 168 a 178, dentre os quais destacamos:[99]

- Art. 168. Praticar, antes ou depois da sentença que decretar a falência, conceder a recuperação judicial ou homologar a recuperação extrajudicial, ato fraudulento de que resulte ou possa resultar prejuízo aos credores, com o fim de obter ou assegurar vantagem indevida para si ou para outrem. Pena – reclusão, de 3 (três) a 6 (seis) anos, e multa.

- Art. 170. Divulgar ou propalar, por qualquer meio, informação falsa sobre devedor em recuperação judicial, com o fim de levá-lo à falência ou de obter vantagem: Pena – reclusão, de 2 (dois) a 4 (quatro) anos, e multa.

- Art. 171. Sonegar ou omitir informações ou prestar informações falsas no processo de falência, de recuperação judicial ou de recuperação extrajudicial, com o fim de induzir a erro o juiz, o Ministério Público, os credores, a assembléia geral de credores, o Comitê ou o administrador judicial: Pena – reclusão, de 2 (dois) a 4 (quatro) anos, e multa.

- Art. 173. Apropriar-se, desviar ou ocultar bens pertencentes ao devedor sob recuperação judicial ou à massa falida, inclusive por meio da aquisição por interposta pessoa: Pena – reclusão, de 2 (dois) a 4 (quatro) anos, e multa.

- Art. 178. Deixar de elaborar, escriturar ou autenticar, antes ou depois da sentença que decretar a falência, conceder a recuperação judicial ou homologar o plano de recuperação extrajudicial, os documentos de escrituração contábil obrigatórios: Pena – detenção, de 1 (um) a 2 (dois) anos, e multa, se o fato não constitui crime mais grave.

---

[99] Lembramos que, na falência, na recuperação judicial e na recuperação extrajudicial de sociedades, os seus sócios, diretores, gerentes, administradores e conselheiros, de fato ou de direito, bem como o administrador judicial, equiparam-se ao devedor ou falido para todos os efeitos penais decorrentes da Nova Lei de Falências, na medida de sua culpabilidade.

Ressalte-se que a sentença que decreta a falência, concede a recuperação judicial ou concede a recuperação extrajudicial[100] é condição objetiva de punibilidade das infrações penais descritas na Nova Lei de Falências.

Ademais, são efeitos da condenação por crime previsto na Nova Lei de Falências:

1. a inabilitação para o exercício de atividade empresarial;
2. o impedimento para o exercício de cargo ou função em conselho de administração, diretoria ou gerência das sociedades sujeitas à Nova Lei de Falências;
3. a impossibilidade de gerir empresa por mandato ou por gestão de negócio.[101]

Ressalte-se que, transitada em julgado a sentença penal condenatória, será notificado o Registro Público de Empresas para que tome as medidas necessárias para impedir novo registro em nome dos inabilitados.

5. REGRAS LEGAIS COMUNS À FALÊNCIA, À RECUPERAÇÃO JUDICIAL E EXTRAJUDICIAL

A Nova Lei de Falências estabelece regras comuns à falência e à recuperação tanto extrajudicial como judicial. Se não vejamos:

a) todas as vezes que a Nova Lei de Falências referir-se a devedor ou falido, compreender-se-á que a disposição também se aplica aos sócios ilimitadamente responsáveis;
b) a decretação da falência das concessionárias de serviços públicos implica extinção da concessão, na forma da lei;

---

[100] Artigo 163 da Nova Lei de Falências.

[101] Os efeitos referidos não são automáticos, devendo ser motivadamente declarados na sentença, e perdurarão até 5 (cinco) anos após a extinção da punibilidade, podendo, contudo, cessar antes pela reabilitação penal.

288 Direito para Administradores – vol. III

c) os Registros Públicos de Empresas manterão banco de dados público e gratuito, disponível na rede mundial de computadores, contendo a relação de todos os devedores falidos ou em recuperação judicial;[102]

d) a Nova Lei de Falências entra em vigor 120 (cento e vinte) dias após a sua publicação.[103]

---

[102] Os Registros Públicos de Empresas deverão promover a integração de seus bancos de dados em âmbito nacional.

[103] A Nova Lei de Falências (Lei nº 11.101/05) foi publicada no *Diário Oficial da União* (DOU), em 9/2/2005.

Segunda Parte

O Direito do Consumidor

Capítulo 10
A Proteção Jurídica do Consumidor

OBJETIVO

O objetivo deste capítulo é tecer comentários sobre alguns artigos introdutórios da principal lei de defesa do consumidor do País, ou seja, o Código de Defesa do Consumidor – CDC. O Capítulo proporcionará ao leitor os conhecimentos fundamentais de seus direitos como consumidor no Brasil.

Introdução. 1. O Código de Defesa do Consumidor. 1.1. Conceito de Consumidor. 1.2. Relação de Consumo. 1.3. Pessoa Jurídica como Consumidor. 1.4. Conceito de Fornecedor. 1.5. Conceito de Produto. 1.6. Conceito de Serviços. 1.7. Os Direitos Básicos do Consumidor.

INTRODUÇÃO

Ab initio, cabe ressaltar que a Constituição Federal estabelece que:

"o Estado promoverá, na forma da lei, a defesa do consumidor" (art. 5º, inciso XXXII).

"A ordem econômica, fundada na valorização do trabalho humano e na livre iniciativa, tem por fim assegurar a todos existência digna, conforme os ditames da justiça social, observados os seguintes princípios:

(...)

– defesa do consumidor" (art. 170, inciso V).

292   Direito para Administradores – vol. III

Diante disso, não há dúvidas quanto à importância que a defesa do consumidor ocupa no ordenamento jurídico brasileiro, como nos ensina José Afonso da Silva,[1] *verbis*:

> Realça de importância, contudo, sua inserção entre os direitos fundamentais, com o que se erigem os consumidores à categoria de titulares de direitos constitucionais fundamentais. Conjugue-se isso com a consideração do art. 170, V, que eleva a *defesa do consumidor* à condição de princípio da ordem econômica. Tudo somado, tem-se o relevante efeito de legitimar todas as medidas de intervenção estatal necessárias a assegurar a proteção prevista.

Nesse diapasão, o Estado brasileiro deve, na forma da lei, promover a defesa do consumidor, conforme prevê o texto constitucional. Assim, as leis básicas que buscam essa proteção são:

a) Lei nº 8.078/90 (= Código de Defesa do Consumidor) e
b) Lei nº 8.137/90 (= Lei dos Crimes Contra a Ordem Tributária, Econômica e Contra as Relações de Consumo).

O Código de Defesa do Consumidor define uma nova ordem de proteção dos direitos sociais, ao reforçar a questão da cidadania e reconhecer a vulnerabilidade do consumidor no mercado de consumo. Garantir os direitos do consumidor é hoje uma necessidade para o avanço do processo democrático, dos direitos humanos e da cidadania e também para um justo desenvolvimento econômico e social do País. Uma economia aberta e cada vez mais globalizada precisa de consumidores participantes, capazes de exigir serviços e produtos com preço justo e qualidade adequada, possibilitando sua satisfação nas relações de consumo e uma qualidade de vida cada vez melhor.

Inovador, o código adota uma linguagem acessível que procura explicitar os conceitos legais de forma clara e objetiva.

Tendo em vista o objetivo desta obra, nos deteremos nas disposições do Código de Defesa do Consumidor – CDC – que é a principal

---

[1] In: *Curso de Direito Constitucional Positivo*, p. 265-266.

lei infraconstitucional de proteção ao consumidor. Lembramos, apenas, que a Lei nº 8.137/90, conjuntamente com o próprio CDC, estabelece normas penais de repressão aos abusos cometidos nas relações de consumo.[2]

1. O CÓDIGO DE DEFESA DO CONSUMIDOR

A seguir, analisaremos alguns artigos do CDC.[3] Teceremos comentários pontuais logo abaixo dos artigos que consideramos mais relevantes.

Vejamos o artigo 1º do CDC:

O presente código estabelece normas de proteção e defesa do consumidor, de ordem pública e interesse social, nos termos dos arts. 5º, inciso XXXII, 170, inciso V, da Constituição Federal e art. 48 de suas Disposições Transitórias.

Inicialmente, cumpre esclarecer que o Código Brasileiro de Defesa do Consumidor (Lei nº 8.078, de 11 de setembro de 1990) é um microssistema jurídico de caráter inter e multidisciplinar. Um microssistema jurídico porque é composto de princípios que lhe são próprios, fazendo parte de um todo. É de caráter interdisciplinar pelo fato de relacionar-se com outros ramos do direito. Também de caráter multidisciplinar, vez que cuida de questões de Direito Civil, Constitucional, Penal, entre outros.

O Código Brasileiro de Defesa do Consumidor entrou em vigor no nosso ordenamento jurídico tardiamente, vez que nos países capitalistas desenvolvidos, com ênfase no modelo intervencionista do Estado, a preocupação com o consumidor já era preconizada há tempos.

---

[2] Não trataremos também das normas penais de repressão aos abusos cometidos nas relações de consumo, previstas nos artigos 61 a 80 do CDC, tendo em vista o objetivo da presente obra.

[3] Observamos que, nos dois próximos capítulos desta parte da obra, analisaremos mais alguns artigos relevantes do CDC.

294 Direito para Administradores – vol. III

Com efeito, é visível que, em um simples contrato de compra e venda, não há apenas o comprador e o vendedor, os quais resolvem suas disputas. Essa relação gera direitos de interesse social, dando nascimento à relação de consumo e à intervenção do Estado na atividade econômica. Tal intervenção é mais ou menos acentuada. Mas não existe país se m interferência do governo, ainda que mínima.

E foi nesse contexto que entrou em vigor o nosso Código Brasileiro de Defesa do Consumidor, que veio disciplinar justamente uma relação de desigualdade e inferioridade existente entre aqueles que são detentores dos meios de produção e aqueles que adquirem produtos ou serviços inseridos no mercado, basicamente. Nesse sentido, o Código disciplina a chamada "relação de consumo", protegendo o consumidor, o qual é o mais fraco, o mais vulnerável nessa relação.

Trata-se de uma lei nacional, especial, de ordem pública, que estabelece direitos e obrigações de consumidores e fornecedores de bens e serviços, com o fim de evitar que os consumidores sofram quaisquer tipos de prejuízos.

É lei de ordem pública porque não pode ser contrariada por acordo entre as partes. Ou seja, é cogente. Mesmo que o consumidor assine quitação plena e total de débito, havendo remanescente, o direito ainda lhe cabe. Como nos ensina Nelson Nery,[4] *verbis*:

> O Juiz deve apreciar *ex officio* qualquer questão relativa às relações de consumo, já que não incide nesta matéria o princípio do dispositivo, sobre elas não opera a preclusão, e as questões que nela surgem podem ser decididas e revistas a qualquer tempo e grau de jurisdição. O Tribunal pode até decidir contra o único recorrente, reformando a decisão recorrida para pior, ocorrendo assim o que denominamos *reformatio in pejus*, já que se trata de matéria de ordem pública a cujo respeito a lei não exige a iniciativa da parte, mas, ao contrário, determina que o juiz a examine de ofício.

É lei especial porque prevalece sobre todas as demais, inclusive sobre o Código Civil.

---

[4] In: *Revista do Direito do Consumidor*, São Paulo: RT, v. 3, p. 51-52.

É lei nacional, porque vigente e eficaz em todo o território nacional, sem prejuízo dos tratados e convenções internacionais de que o Brasil seja signatário.

1.1. CONCEITO DE CONSUMIDOR

Observemos o que preceitua o artigo 2º do CDC:

> *Consumidor é toda pessoa física ou jurídica que adquire ou utiliza produto ou serviço como destinatário final.*
>
> *Parágrafo único. Equipara-se a consumidor a coletividade de pessoas, ainda que indetermináveis, que haja intervindo nas relações de consumo.*

A Lei nº 8.078/90, que é o Código de Defesa do Consumidor (CDC), em seu artigo 2º, define: consumidor é toda a pessoa física ou jurídica que adquire ou utiliza produto ou serviço como destinatário final.

Equipara-se a consumidor a coletividade de pessoas, ainda que indetermináveis, que haja intervindo nas relações de consumo. Não se trata mais do consumidor individualmente considerado, mas da universalidade de consumidores, indeterminadamente, inclusive o grupo de consumidores ligados a determinado produto ou serviço, como, por exemplo, os doentes de hospital ou alunos de escolas, que adquirem ou utilizam bens e serviços, ou, ainda, os associados a planos de saúde.

Entendem alguns que o conceito legal baseou-se no conceito econômico, interessando apenas o personagem que no mercado de consumo adquire bens ou contrata a prestação de serviços, como *destinatário final.* Para os que assim entendem, consumidor é aquele que age com vistas a uma necessidade própria e *não para o desenvolvimento de outra atividade negocial.* Trata-se da corrente finalista ou teleológica.

Assim, para os seguidores dessa corrente, a conceituação *stricto sensu* de consumidor, na forma moldada pelo artigo 2º, *caput,* do

296 Direito para Administradores – vol. III

CDC, constitui o motivo basilar a justificar a tutela especial, cujo surgimento irrompeu a partir da constatação daquele como a parte mais fraca nas relações do mercado hodierno. Esse pressuposto consistiria no elemento a discriminar quem merece ou não a proteção legal. O ponto de vista ganha alento com a invocação do artigo 4º, I, do CDC, ao reconhecer a vulnerabilidade do consumidor no mercado de consumo. Em conclusão, a expressão "destinatário final" é de ser interpretada de sorte a significar *destinatário fático e econômico* do bem ou serviço, trate-se de pessoa física ou jurídica. Não é bastante a destinação fática, em que o adquirente, apesar de retirar o bem ou serviço do mercado, poderia utilizá-lo como instrumento de produção. Dessa maneira, o exercício de atividade profissional, produzindo lucro, retiraria o contratante da esfera de incidência do CDC.

O alastramento do universo de aplicação do CDC, dizem os defensores dessa tese, denominada restritiva, acarretaria o desprestígio do fim especial visado pelo legislador, reforçando, em contrapartida, a tutela dos profissionais que, quando eventualmente atuassem como consumidores, possuiriam benesses legais excedentes às do Direito Comum.

Cabe destacar que, no direito comparado, a tese dos finalistas foi acolhida pela lei sueca de proteção ao consumidor de 1973, ao definir este como a *"pessoa privada* (abrange então a pessoa jurídica) *que compra de um comerciante uma mercadoria, principalmente destinada ao seu uso privado e que é vendida no âmbito da atividade profissional do comerciante"* (artigo 1º). Idem à mexicana de 1976, ao defini-lo como aquele que *"... contrata, para sua utilização, a aquisição, uso ou desfrute, de bens ou a prestação de um serviço"*. A Lei nº 78-23, de 10/1/78, da França, limitava a proteção contra cláusulas abusivas nas relações entre profissional e não profissional, embora a jurisprudência a estendesse aos contratos entre dois profissionais. O direito positivo alemão de 1976, apesar de permitir a sua aplicação às contratações entre dois profissionais, restringiu-a à disposição geral proibitória de cláusulas abusivas violadoras da boa-fé, muito embora os tribunais tedescos estendessem a tutela específica amplamente ao contrato entre dois empresários.

Contrariamente, os maximalistas enxergam no CDC um diploma mais amplo, dirigido regularmente, genericamente, ao mercado patrial. Não deve, portanto, limitar-se a proteger o consumidor não-profissional. Deverá funcionar como código geral retor da sociedade de consumo.

Fundam-se em que a interpretação do artigo 2º, *caput*, do CDC, tem de ser a mais ampla possível, até porque, perfilhando um conceito objetivo, pouca importância representa se o adquirente for ou não profissional, se utiliza ou não o objeto negociado para fins de produção. Assim, a díade *destinatário final* há de referir-se unicamente à *destinação fática*, ou seja, à simples retirada do bem de mercado como objeto de venda, nada impedindo a sua utilização como fonte de receita pelo adquirente.

Saliente-se que o Egrégio Superior Tribunal de Justiça parece haver consagrado a teoria maximalista por intermédio do seguinte julgado, *verbis*:

"CÓDIGO DE DEFESA DO CONSUMIDOR. BANCOS. CLÁUSULA PENAL. LIMITAÇÃO EM 10%.

1. Os bancos, como prestadores de serviços especialmente contemplados no art. 3, § 2º, estão submetidos às disposições do Código de Defesa do Consumidor. A circunstância de o usuário dispor do bem recebido através da operação bancária, transferindo-o a terceiros, em pagamento de outros bens ou serviços, não o descaracteriza como consumidor final dos serviços prestados pelo banco.

2. A limitação da cláusula penal em 10% já era do nosso sistema (Decreto 22.926/33), e tem sido usada pela jurisprudência quando da aplicação da regra do art. 924 do CC, o que mostra o acerto da regra do art. 52, § 1º do CODECON, que se aplica aos casos de mora, nos contratos bancários. Recurso não conhecido."

É fato que não se pode perder de vista quem, apesar de atuar com profissionalidade, contrata com agente econômico em condição de vulnerabilidade. Dessa forma, impõe-se, no caso concreto, ampliar-

298   Direito para Administradores – vol. III

se a visão restrita do artigo 2º, *caput*, do CDC. Para esse fim, tal dispositivo deve conjugar-se harmoniosamente com o princípio do artigo 4º, I, do referido conjunto legal – dispositivo também invocado pelos finalistas –, resultando a figura do consumidor por equiparação, de sorte a que se possibilite ao contratante, mesmo profissional, valer-se da tutela especial em estudo.

Não há dúvidas de que o conceito de consumidor, por vezes, se amplia no CDC para proteger quem é *equiparado*. É o caso do artigo 29. Para efeito das práticas comerciais e da proteção contratual, "equiparam-se aos consumidores todas as pessoas determináveis ou não, expostas às práticas nele previstas". "O CDC rege as operações bancárias, incluindo as de mútuo ou de abertura de crédito, pois são relações de consumo. O produto da empresa de banco é o dinheiro ou o crédito, bem juridicamente consumível, sendo, portanto, fornecedora; e consumidor o mutuário ou creditado, sendo os juros o "preço" pago pelo consumidor, nula a cláusula que previa alteração unilateral do percentual prévia e expressamente ajustado pelos figurantes do negócio (...)".[5]

A verdade é que, com o CDC, foram transplantadas para o texto legislativo máximas como a da boa-fé (artigo 4º, III); a da revisão do pactuado, quando presentes prestações desproporcionais ou o fenômeno da imprevisão (artigo 6º, V); a das cláusulas abusivas, quando permitam o enriquecimento ilícito (artigo 51, II, IV, X e XIII), cuja proscrição constitui preocupação de milênios. Essas normas, ultrapassando os lindes das meras regras de condutas, aportam na condição de princípios retores da conduta contratual.

Na qualidade de verdadeiros princípios, a sua força cogente independe de sua consagração em obra do legislador. Por outro lado, sua recepção em texto legal não lhe acarreta a perda do valor de fonte principal do direito, com as funções de fundamento, interpretação

---

[5] JTARS, 697, p. 173.

e integração do ordenamento. A conversão em lei, antes de degradá-los, tem o condão de reavivar a sua existência, a fim de que não sejam esquecidos pelos agentes incumbidos da concreção dos fins da ordem jurídico-econômica.

Os imperativos que governam a ordem jurídica, tendentes à purificação das condutas extrapoladoras do exercício normal dos direitos, quer seja praticado pelo mais forte economicamente ou não, não concebem que tais princípios, plasmados no CDC, fiquem custodiados dentro de encerro legal. O enriquecimento ilícito, nesse diapasão, deve ser banido mesmo naqueles contratos celebrados entre pessoas equiparadas substancialmente.

Ressalte-se que a técnica de produção legislativa contemporânea, vazada em microssistemas, em substituição à idéia da codificação, predominante no século XIX, deveu-se à necessidade de mais rapidez na elaboração das regras de convivências frente à transformação, cada vez mais freqüente e célere, do comportamento social. Em nenhum momento, procurou compartimentar de modo estanque o campo de aplicação de normas jurídicas, principalmente no particular de algumas delas que possuem o atributo de generalidade.

Não podemos, assim, desconhecer a possibilidade, pela alça do artigo 4º da Lei de Introdução ao Código Civil, de incidência de parte do CDC, veiculador de princípios gerais do direito, cristalizados na consciência dos povos desde tempos imemoriais, pelo só fato de aquele ser diploma específico. Impossível olvidar também que o alcance de uma norma jurídica mais vale pelo seu conteúdo do que pela natureza do estatuto que a contém.

Em contrapartida, vislumbramos no CDC, melhor dizendo, na sua maior parte, a especificação de disposições cuja aplicabilidade somente tem sentido com relação àquele que se possa designar consumidor. Assim, por exemplo, não teria sentido em compra e venda de imóveis entre particulares adotar-se, à guisa de cláusula penal, o limite previsto na novel redação do artigo 52, §1º, da Lei nº 8.078/90.

300 Direito para Administradores – vol. III

1.2. RELAÇÃO DE CONSUMO

O conceito de consumidor não pode ser atendido se não inserido numa relação de consumo. O consumidor é aquele que participa de uma *relação jurídica de* consumo.

Essa relação jurídica envolve duas partes bem definidas: de um lado, há o adquirente de um produto ou serviço, chamado de *consumidor,* enquanto, de outro lado, há o fornecedor ou vendedor de um produto ou serviço. Destina-se à satisfação de uma necessidade do consumidor, que, não dispondo de controle sobre a produção de bens ou de serviços que lhe são destinados, submete-se ao poder e às condições dos produtores e fornecedores dos bens e serviços. É chamada hipossuficiência ou vulnerabilidade do consumidor (artigo 4º, I, CDC).

Essa relação de consumo pode ser efetiva (exemplo: compra e venda de um veículo) ou potencial (exemplo: propaganda). Portanto, para termos relação de consumo, nos termos do Código do Consumidor, não é necessário que o fornecedor concretamente venda bens ou preste serviços; basta que, mediante oferta, coloque os bens à disposição de consumidores potenciais.

Vejamos, a seguir, o exemplo obtido no *site:* www.expressodanoticia.com.br:

Serviço advocatício não envolve relação de consumo

A atividade profissional desenvolvida por advogado não caracteriza relação de consumo. Para o STJ, além de ser regida por uma norma específica, a advocacia não é uma atividade fornecida no mercado de consumo. Por isso, não incide o Código de Defesa do Consumidor (CDC) nas ações que discutem o trabalho advocatício.

Mais detalhes: A atividade profissional desenvolvida por advogado não caracteriza relação de consumo. A conclusão unânime é da Quarta Turma do Superior Tribunal de Justiça (STJ). Segundo o ministro Cesar Asfor Rocha, relator do processo, além de ser regido por uma norma específica (Lei nº 8.906/94), o trabalho advocatício não é uma atividade fornecida no mercado de consumo. Dessa forma, não incide o Código

de Defesa do Consumidor (CDC) nas ações que tratam de trabalho advocatício.
Processo: RESP 532377
29/8/2003- Fonte: STJ

1.3. PESSOA JURÍDICA COMO CONSUMIDOR

As pessoas jurídicas estão incluídas na lei, e, de conformidade com a teoria restritiva precitada, apenas aquelas que são as destinatárias finais do produto e não aquelas que adquirem bens ou serviços como insumos necessários ao desempenho de sua atividade lucrativa. Assim, para a conceituação da pessoa jurídica como consumidor, para efeito da proteção legal, é preciso verificar em cada caso a existência ou não da hipossuficiência. É preciso, ainda, verificar se não há o controle dos meios de produção e consumo e, enfim, se há subordinação aos produtores e fornecedores.

O fato é que, em cada caso, será necessário verificar se houve aquisição de bens de consumo e não de bens de capital e se há entre o consumidor (pessoa jurídica) e o produtor/fornecedor um desequilíbrio que prejudique o consumidor (parte mais fraca na relação jurídica de consumo).

Como visto, há posicionamento contrário, no sentido de que não há restrição para as pessoas jurídicas serem consideradas consumidores. É a chamada "posição maximalista".

Lembramos que a Lei nº 8.078/90, que é o Código de Defesa do Consumidor (CDC), em seu artigo 2º, define: consumidor é toda pessoa física ou jurídica que adquire ou utiliza produto ou serviço como destinatário final.

1.4. CONCEITO DE FORNECEDOR

Vejamos o artigo 3º do CDC:

Fornecedor é toda pessoa física ou jurídica, pública ou privada, nacional ou estrangeira, bem como os entes despersonalizados,

302 Direito para Administradores – vol. III

que desenvolvem atividade de produção, montagem, criação, construção, transformação, importação, exportação, distribuição ou comercialização de produtos ou prestação de serviços.

O artigo 3º do Código de Defesa do Consumidor define fornecedor: é toda pessoa física ou jurídica, pública ou privada, nacional ou estrangeira, bem como os entes despersonalizados que desenvolvem atividades de produção, montagem, criação, construção, transformação, importação, exportação, distribuição ou comercialização de produtos ou prestação de serviços. É aquele responsável pela colocação de produtos e serviços à disposição do consumidor, com a característica da habitualidade.

Nesse diapasão, Plínio Lacerda Martins,[6] afirma que:

A palavra *atividade* do art. 3º traduz o significado de que todo produto ou serviço prestado deverá ser efetivado de forma habitual, vale dizer, de forma profissional ou comercial. Destacamos o seguinte exemplo para melhor entendimento:
Paulo, estudante de Administração, resolve vender o seu veículo para Pedro, sendo que o veículo apresenta um defeito.
Verificamos no exemplo que Paulo não é fornecedor, pois não possui a *habitualidade* de compra e venda de veículos que o tornaria comerciante de automóveis. Dessa forma, caracterizamos que a palavra *atividade* constitui o ato de fornecer um produto ou serviço de forma habitual. No exemplo, Paulo seria fornecedor na hipótese de viver da atividade de compra e venda de veículos.

Pessoa física: qualquer um que a título singular, mediante desempenho de atividade mercantil ou civil, de forma habitual, ofereça no mercado produtos ou serviços.

Pessoa jurídica: em associação mercantil ou civil e de forma habitual.

---

[6] In: *Anotações ao Código de Defesa do Consumidor (Lei 8.78/90). Conceitos e noções básicas.* Rio de Janeiro: DP&A, 2001, p. 35-36.

O fornecedor pode ser o próprio Poder Público, por si, ou por suas empresas que desenvolvam atividades de *serviços públicos*. Os serviços públicos também são abrangidos pelo Código do Consumidor.

1.5. CONCEITO DE PRODUTO

Observemos o que preceitua o parágrafo 1º do artigo 3º do CDC:

Produto é qualquer bem, móvel ou imóvel, material ou imaterial.

É qualquer bem, móvel ou imóvel, material ou imaterial, objeto da relação de consumo. Bens econômicos, suscetíveis de apropriação, que podem ser duráveis, não duráveis, de conveniência, de uso especial etc.

É qualquer objeto de interesse em dada relação de consumo, e destinado a satisfazer uma necessidade do adquirente, como destinatário final.

1.6. CONCEITO DE SERVIÇOS

Observemos o que preceitua o parágrafo 2º do artigo 3º do CDC:

Serviço é qualquer atividade fornecida no mercado de consumo, mediante remuneração, inclusive as de natureza bancária, financeira, de crédito e securitária, salvo as decorrentes das relações de caráter trabalhista.

No entendimento da expressão "remuneração", excluem-se os tributos, as taxas e as contribuições de melhoria, ou seja, excluem-se as relações inseridas na área tributária. Exemplo: segurança pública. Por outro lado, incluem-se as tarifas ou preços públicos, cobrados pela prestação de serviços prestados pelo Poder Público, ou mediante concessão ou permissão à iniciativa privada. Exemplo: transportes, telefonia etc.

As atividades das instituições financeiras (bancos) estão expressamente incluídas. Exemplo: cobrança de água, luz, expedição de

304 Direito para Administradores – vol. III

extratos etc. Incluem-se também os planos de previdência e seguros-saúde, que são atividades securitárias.

Vejamos a seguir os exemplos obtidos no *site* www.expressodanoticia.com.br

"Contrato bancário extinto pode ser revisto pela Justiça

Serviços de natureza bancária são de consumo e suas cláusulas abusivas podem ser revistas pelo Judiciário

A 1ª Câmara Cível do Tribunal de Alçada de Minas Gerais decidiu ser possível a revisão de contrato bancário já extinto, diante das alegações dos ex-correntistas de que os lançamentos efetuados em sua conta corrente ocorreram à sua revelia, sem o seu conhecimento e autorização, em decorrência, portanto, de ato unilateral do banco, que mantinha a conta bancária à sua inteira disposição e controle.

O relator salientou também que o Código de Defesa do Consumidor é claro ao incluir os serviços de natureza financeira, bancária e de crédito entre os serviços de consumo, razão por que as chamadas cláusulas abusivas podem ser objeto de revisão pelo Judiciário.

A turma julgadora foi composta pelos juízes Eduardo Brum, Moreira Diniz e Nepomuceno Silva. 14/3/2003."

"Contrato de seguro deve atender ao Código do Consumidor

O contrato de seguro deve ser interpretado de acordo com o Código do Consumidor e da maneira mais favorável ao consumidor e, sendo comprovada a invalidez do segurado, a empresa será obrigada a fielmente cumprir o contrato. A decisão, unânime, é da 6ª Câmara Cível do Tribunal de Justiça do Rio Grande do Sul ao dar provimento ao apelo de Jorge Frederico Michel da Silva em ação contra a HSBC Bamerindus Seguros S.A.

A companhia negou o pagamento por acreditar que a invalidez do segurado não decorreu de acidente pessoal, mas de doença anterior à contratação e agravada por acidente. O relator do processo, desembargador Osvaldo Stefanello, reconheceu que o autor do processo sofreu acidente e que o Código do Consumidor está em seu favor. O magistrado firmou ser absurda a interpretação da seguradora, ao afirmar que 'os médicos de renomada atestam que a invalidez do autor decorreu do processo degenerativo que apresentava em sua coluna lombar e vértebra e não de evento traumático'. No entanto, em análise feita junto aos relatórios médicos, o magistrado concluiu que seu estado de saúde é decorrente ou conseqüente das quedas. Segundo ele, o contrato de seguro deve ser analisado de acordo com o Código do Consumidor e mesmo contendo dúvidas, ser analisado a favor deste. A seguradora não considerou a realidade jurídico-legal, esquecendo-se de que 'a boa-fé se presume, a má-fé depende de prova'. Prova que não foi encontrada pelo desembargador e nem exigida pela seguradora, sendo obrigação desta efetuar o pagamento do respectivo valor. – *4/2/2003*"

As *relações trabalhistas* estão expressamente excluídas da proteção do Código do Consumidor. No entanto, o *trabalho autônomo*, em que o trabalhador mantém o poder de direção sobre a própria atividade, está incluído entre os serviços de proteção do Código do Consumidor, como, por exemplo, a empreitada de mão-de-obra e a empreitada mista (mão-de-obra e material).

1.7. OS DIREITOS BÁSICOS DO CONSUMIDOR

Observemos o que preceitua o artigo 6º e seus incisos, do CDC:

Art. 6º São direitos básicos do consumidor:

I – a proteção da vida, saúde e segurança contra os riscos provocados por práticas no fornecimento de produtos e serviços considerados perigosos ou nocivos;

II – a educação e divulgação sobre o consumo adequado dos produtos e serviços, asseguradas a liberdade de escolha e a igualdade nas contratações;

III – a informação adequada e clara sobre os diferentes produtos e serviços, com especificação correta de quantidade, características, composição, qualidade e preço, bem como sobre os riscos que apresentem;

IV – a proteção contra a publicidade enganosa e abusiva, métodos comerciais coercitivos ou desleais, bem como contra práticas e cláusulas abusivas ou impostas no fornecimento de produtos e serviços;

V – a modificação das cláusulas contratuais que estabeleçam prestações desproporcionais ou sua revisão em razão de fatos supervenientes que as tornem excessivamente onerosas;

306 Direito para Administradores – vol. III

VI – a efetiva prevenção e reparação de danos patrimoniais e morais, individuais, coletivos e difusos;

VII – o acesso aos órgãos judiciários e administrativos com vistas à prevenção ou reparação de danos patrimoniais e morais, individuais, coletivos ou difusos, assegurada a proteção jurídica, administrativa e técnica aos necessitados;

VIII – a facilitação da defesa de seus direitos, inclusive com a inversão do ônus da prova, a seu favor, no processo civil, quando, a critério do juiz, for verossímil a alegação ou quando for ele hipossuficiente, segundo as regras ordinárias de experiências;

IX – (Vetado);

X – a adequada e eficaz prestação dos serviços públicos em geral.

Os exemplos a seguir relatados, obtidos no *site* www.expressodanoticia.com.br, ilustram os referidos dispositivos referentes aos direitos básicos do consumidor. Se não vejamos:

"Tribunal reduz juros e multa na cobrança de cartão de crédito

A 4ª Câmara Cível do Tribunal de Alçada de Minas Gerais reduziu os encargos contratuais a 1% ao mês e a multa a 2% do valor da prestação, em cobrança feita pela Fininvest à consumidora Maria do Carmo de Moura Maia, de Juiz de Fora, relativa a dívida de cartão de crédito, em ação de revisão de contrato movida pela mesma. Segundo os juízes da 4ª Câmara Cível, a administradora de cartões de crédito se sujeita à taxa legal de juros prevista no Decreto-Lei 22.626/33, que estabelece o limite de juros em 1% ao mês, uma vez que não se constitui como instituição financeira, não se beneficiando das regras do Sistema Financeiro Nacional (Lei 4595/64 e Súmula 596 do STF), que permite aos bancos a cobrança de juros acima daquele limite. A decisão, também baseada no Código de Defesa do Consumidor, se deu uma vez que a Fininvest cobrava, abusivamente, encargos contratuais (constituídos por encargos em atraso, multa e encargos financeiros) de 15,5% ao mês da consumidora. O juiz Domingos Coelho, relator da apelação (nº 402498-6), ponderou que a administradora de cartões de crédito deve fazer constar, expressamente, nos extratos enviados ao consumidor, especificamente, qual o montante dos juros e demais encargos, o que a Fininvest não fez.

Segundo o relator, 'o artigo 6º, inciso V, do Código de Defesa do Consumidor, garante ao consumidor a modificação de cláusulas contratuais que estabeleçam prestações desproporcionais ou sua revisão em razão de fatos supervenientes que as tornem excessivamente onerosas'. O voto do relator foi acompanhado, na íntegra, pelos juízes Antônio Sérvulo e Batista Franco. (AP. CV. 402.498-6) 29/8/2003 Fonte: TAMG"

"Banco Real vai indenizar correntista

A 6ª Câmara Cível do Tribunal de Alçada de Minas Gerais condenou o Banco Abn Amro Real a indenizar Marcelo Miranda Pinto, por danos morais, em R$ 2.500,00, por terem sido efetuados saques em sua conta corrente, com seu cartão bancário, por terceiro não autorizado. De acordo com a Juíza Beatriz Pinheiro Caires, relatora da Apelação Cível nº 396.695-6, 'o fornecedor que oferece atrativos e comodidades para atrair consumidores – como cartões e caixas rápidos – está ciente dos riscos que decorrem de sua atividade, dentre eles a real possibilidade de que pessoas inescrupulosas apliquem golpes em seus clientes, deve arcar com eventuais falhas de seu sistema operacional, principalmente no que diz respeito à questão da segurança de movimentações bancárias'. 2/7/2003"

Capítulo 11

A Qualidade dos Produtos e Serviços e a Prevenção e Reparação de Danos

OBJETIVO

O objetivo deste capítulo é o de expor ao leitor alguns artigos do CDC que visam proteger o consumidor, no que diz respeito à qualidade dos produtos e serviços, bem como no que tange à prevenção e reparação de danos.

Introdução. 1. A Proteção à Saúde e Segurança. 1.1. Educação e informação do consumidor. 1.2. A Retirada, do Mercado de Consumo, dos Produtos e Serviços Perigosos. 2. Responsabilidade pelo Fato do Produto e do Serviço. 2.1. Produtos Defeituosos. 2.2. Causas Excludentes dos Defeitos dos Produtos. 2.3. Danos no Fornecimento de Serviços. 2.4. Extensão Legal do Conceito de Consumidor para Efeito de Responsabilidade. 3. Responsabilidade pelo Vício do Produto ou do Serviço. 3.1. Alternativas do Consumidor para Sanar o Vício (=Defeito). 3.2. Prazo da Garantia. 3.3. Antecipação de Tutela. 3.4. A Substituição do Produto. 3.5. Produto *in Natura*. 3.6. Caracterização dos Vícios de Qualidade. 3.7. Os Vícios de Quantidade. 3.8. Os Vícios dos Serviços. 3.9. Ignorância do Fornecedor. 3.10. Garantia Legal. 3.11. Impossibilidade de Exoneração da Obrigação de Indenizar. 3.12. Responsabilidade Solidária dos Causadores do Dano. 3.13. Decadência e Prescrição.

310 Direito para Administradores – vol. III

4. A Prescrição para a Reparação de Danos por Fato do Produto ou Serviço. 5. Desconsideração da Personalidade Jurídica. 6. Das Práticas Comerciais Abusivas e da Proteção contra a Publicidade Enganosa e Abusiva. 6.1. O Caráter Vinculativo da Oferta. 6.2. O Princípio da Veracidade da Oferta e Apresentação. 6.3. A Oferta das Peças de Reposição. 6.4. A Oferta por Telefone ou Reembolso Postal. 6.5. A Responsabilidade Solidária por Atos dos Prepostos. 6.6. A Execução Específica da Oferta. 6.7. A Publicidade. 6.8. As Práticas Abusivas. 6.9. O Orçamento Prévio do Fornecedor de Serviço. 6.10. O Tabelamento de Preços. 6.11. A Cobrança de Dívidas. 7. Dos Bancos de Dados e Cadastros de Consumidores.

INTRODUÇÃO

Dando continuidade à análise dos dispositivos do CDC, estudaremos neste capítulo alguns dos artigos do Código em questão que propiciam ao consumidor o exercício de direitos fundamentais na relação de consumo, ou seja, que tocam de perto o cotidiano das pessoas. Observamos que continuaremos mantendo a sistemática de tecer breves comentários, quando necessário ao esclarecimento do texto legal, logo em seguida ao artigo, parágrafo (§) ou inciso (I, II, III etc.) correspondente do CDC. Se não vejamos:

1. A PROTEÇÃO À SAÚDE E SEGURANÇA

Observemos o que preceitua o artigo 8º do CDC:

Os produtos e serviços colocados no mercado de consumo não acarretarão riscos à saúde ou segurança dos consumidores, exceto os considerados normais e previsíveis em decorrência de sua natureza e fruição, obrigando-se os fornecedores, em qualquer hipótese, a dar as informações necessárias e adequadas a seu respeito.

A Qualidade dos Produtos... Henrique M. dos Reis / Claudia N. P. dos Reis 311

Parágrafo único. Em se tratando de produto industrial, ao fabricante cabe prestar as informações a que se refere este artigo, através de impressos apropriados que devam acompanhar o produto.

Têm os consumidores o direito de não serem expostos a perigos que atinjam sua incolumidade física, pelo fornecimento de produtos ou serviços pelo fornecedor ou produtor.

Esse direito inclui, inclusive, a não-colocação no mercado, ou a retirada do mercado de produtos de alto grau de nocividade (o juiz decidirá em cada caso concreto, ou a autoridade administrativa, com revisão judicial) ou periculosidade. Se, após a colocação no mercado, o fornecedor tomar conhecimento da periculosidade, deverá alertar o consumidor, mediante anúncios publicitários e comunicar o fato às autoridades competentes (artigo 10, § 1º – *nocividade futura*).

Vejamos a seguir um exemplo obtido no *site* www.expressodanoticia.com.br:

Nissan está livre de comunicar recall ao Procon

O presidente em exercício do Superior Tribunal de Justiça (STJ), no exercício da presidência, Edson Vidigal, concedeu liminar à Nissan do Brasil para desobrigá-la da necessidade de comunicar, por escrito, procedimentos de recall aos serviços de proteção ao consumidor no âmbito municipal. Segundo informações apresentadas ao ministro, a Nissan pretende realizar um recall no dia 3/2/2003. A montadora alega que a Portaria 789/2001 editada pelo Ministério da Justiça que regulamentou o artigo 10 do Código de Defesa do Consumidor determina ao fornecedor a necessidade de comunicação de recall, por escrito, ao Departamento de Proteção e Defesa do Consumidor (DPDC), da Secretaria de Direito Econômico, do Ministério da Justiça, aos Procons e demais autoridades competentes. No mandado de segurança, a montadora afirma existir a possibilidade de proceder a um recall, decisão que ainda "aguarda a conclusão de determinadas análises técnicas". Conforme afirmam os advogados, em 20 de janeiro, a montadora "obteve a constatação técnica da necessidade de iniciar um procedimento de recall de alguns veículos por ela produzidos, tendo o firme propósito de dar integral cumprimento ao escopo do Código de Defesa do Consumidor,

312   Direito para Administradores – vol. III

no sentido de prestar as devidas informações aos órgãos competentes e aos consumidores". A Nissan do Brasil pediu, liminarmente, que ficasse desobrigada ao cumprimento da parte da norma contida no artigo 2º da portaria, correspondente à expressão "aos Procons e demais autoridades competentes". A exigência, segundo a montadora, é ilegal, abusiva e acaba por inviabilizar o procedimento que regula, "acarretando grave e irreparável dano". No entendimento do ministro Edson Vidigal, a comunicação do recall aos Procons ou congêneres municipais, bem como a "todas as demais autoridades competentes", não é razoável, não só por ser ampla e de difícil limitação a expressão "demais autoridades competentes", mas, e principalmente, porque tal requisito não tem previsão legal. – 28/1/2003

1.1. EDUCAÇÃO E INFORMAÇÃO DO CONSUMIDOR

Observemos o que preceitua o artigo 9º do CDC:

O fornecedor de produtos e serviços potencialmente nocivos ou perigosos à saúde ou segurança deverá informar, de maneira ostensiva e adequada, a respeito da sua nocividade ou periculosidade, sem prejuízo da adoção de outras medidas cabíveis em cada caso concreto.

Esse direito básico abrange a educação formal nas escolas e a educação informal, a cargo do próprio fornecedor e dos órgãos públicos.

A informação que o consumidor deve receber não é somente sobre os riscos do produto, mas sim sobre quantidade, características, composição, qualidade e preço.

1.2. A RETIRADA, DO MERCADO DE CONSUMO, DOS PRODUTOS E SERVIÇOS PERIGOSOS

Vejamos o que estabelece o artigo 10 e seus parágrafos 1º e 2º, do CDC:

O fornecedor não poderá colocar no mercado de consumo produto ou serviço que sabe ou deveria saber apresentar alto grau de nocividade ou periculosidade à saúde ou segurança.

O fornecedor de produtos e serviços que, posteriormente à sua introdução no mercado de consumo, tiver conhecimento da periculosidade que apresentem, deverá comunicar o fato imediatamente às autoridades competentes e aos consumidores, mediante anúncios publicitários.

Os anúncios publicitários a que se refere o parágrafo anterior serão veiculados na imprensa, rádio e televisão, às expensas do fornecedor do produto ou serviço.

1.2.A. PREVENÇÃO DE DANOS INDIVIDUAIS E COLETIVOS

Observemos o que preceitua o parágrafo 3º, do artigo 10 do CDC:

Sempre que tiverem conhecimento de periculosidade de produtos ou serviços à saúde ou segurança dos consumidores, a União, os Estados, o Distrito Federal e os Municípios deverão informá-los a respeito.

O Poder Público tem fiscalização administrativa preventiva sobre a fabricação, a comercialização e a utilização de produtos e serviços.

2. RESPONSABILIDADE PELO FATO DO PRODUTO E DO SERVIÇO

Observemos o que preceitua o artigo 12 do CDC:

O fabricante, o produtor, o construtor, nacional ou estrangeiro, e o importador respondem, independentemente da existência de culpa, pela reparação dos danos causados aos consumidores por defeitos decorrentes de projeto, fabricação, construção, montagem, fórmulas, manipulação, apresentação ou acondicionamento de seus produtos, bem como por informações insuficientes ou inadequadas sobre sua utilização e riscos.

O sistema de responsabilidade tradicional apontava a responsabilidade contratual (decorrente do inadimplemento de obrigação contratual) e a responsabilidade extracontratual (violação dos direitos tutelados pela ordem jurídica).

314   Direito para Administradores – vol. III

A responsabilidade pelo fato do produto e do serviço unifica as duas espécies de responsabilidade. O produtor passa a ter a responsabilidade pelo produto ou pelo serviço, sem indagar se essa responsabilidade decorre de contrato ou de violação de direitos.

A responsabilidade pelo fato do produto ou serviço decorre de um *defeito* capaz de frustrar a legítima expectativa do consumidor quanto a sua utilização ou fruição. A expectativa do consumidor estará frustrada se o produto ou serviço contiver riscos à integridade física (periculosidade) ou patrimonial (insegurança) do consumidor ou de terceiros.

Há a responsabilidade objetiva do fabricante/produtor. Ele é que tem de provar que o dano não ocorreu por causa do produto ou serviço, mas por outra causa.

2.1. PRODUTOS DEFEITUOSOS

Observemos o que preceitua o parágrafo 1º do artigo 12 do CDC:

> *O produto é defeituoso quando não oferece a segurança que dele legitimamente se espera, levando-se em consideração as circunstâncias relevantes, entre as quais:*

O defeito que suscita o dano não é estético, mas substancial, levando-se em conta aspectos intrínsecos e extrínsecos (apresentação do produto) que afetem a *segurança do consumidor,* considerando-se o uso e os riscos que razoavelmente se espere do produto.

O juiz determinará no caso concreto quais os usos e riscos razoavelmente admissíveis do produto, levando em consideração a opinião comum do público a que se destina o produto.

2.1.A. DEFEITOS DE INFORMAÇÃO

Observemos o que preceitua o inciso I, do parágrafo 1º, do artigo 12, do CDC:

> *I – sua apresentação;*

Os defeitos de criação e de produção são materiais ou *intrínsecos* aos produtos.

Os de informação não são intrínsecos aos produtos, mas sim relativos à *forma de colocação no mercado* desses produtos. Ex.: informações erradas ou insuficientes sobre o uso do produto; informações insuficientes sobre a nocividade do produto ou a forma de evitá-la.

Lembramos que *apresentação do produto* é um ato do fornecedor que leva ao conhecimento do consumidor os elementos característicos do produto, suas virtudes, seu potencial de risco etc. Inclui publicidade, informações técnicas, embalagem, demonstrações práticas etc.

2.1.B. DEFEITOS DE CRIAÇÃO E DE PRODUÇÃO

Observemos o que preceitua o inciso II, do parágrafo 1º, do artigo 12, do CDC:

II – o uso e os riscos que razoavelmente dele se esperam;

O fornecedor (fabricante) responde pela concepção ou idealização de seu produto, que causou danos. Por exemplo:

- escolha de um material inadequado;
- escolha de um componente químico nocivo e não suficientemente testado;
- erro no projeto tecnológico.

Ressaltamos que os *defeitos de criação* atingem todos os produtos.

Por outro lado, ocorrem *defeitos de produção* quando existem falhas no processo produtivo da linha de produção. Por exemplo: falha de máquina, de operário ou de setor de verificação.

Os defeitos de produção, de sua vez, atingem apenas alguns produtos. No caso, há a *inevitabilidade do defeito.*

316 Direito para Administradores – vol. III

2.1.C. RISCOS DE DESENVOLVIMENTO

Observemos o que preceitua o inciso III, do parágrafo 1º, do artigo 12, do CDC:

III – a época em que foi colocado em circulação.

Aqui tratam-se de riscos que somente são conhecidos em decorrência dos avanços científicos posteriores à colocação do produto no mercado.

O CDC, em seu artigo 12, § 1º, inciso III, ao dispor sobre a época em que foi colocado em circulação o produto, adotou essa teoria; portanto, o fornecedor estará eximido da responsabilidade na hipótese de *risco de desenvolvimento*, uma vez que, na época da colocação do produto no mercado, era desconhecida sua nocividade.

Entretanto, se o fornecedor sabia ou deveria saber da nocividade do produto, ele é responsável. Então, os testes têm de ser suficientemente realizados, de acordo com todas as condições de segurança reconhecidas na época da colocação do produto ou do serviço no mercado.

Sendo desconhecido pela comunidade científica da época o defeito do produto, se não havia possibilidade de saber que o produto era danoso, haverá a exclusão da responsabilidade.

Ademais, considerando a época em que o produto foi colocado no mercado, o tempo poderá acarretar um desgaste natural, influindo na expectativa razoável do uso e dos riscos do produto. As inovações tecnológicas não tornam o produto anterior defeituoso.

2.2. CAUSAS EXCLUDENTES DOS DEFEITOS DOS PRODUTOS

Observemos o que preceituam os parágrafos 2º e 3º (incluindo incisos), do artigo 12 do CDC:

O produto não é considerado defeituoso pelo fato de outro de melhor qualidade ter sido colocado no mercado.

O fabricante, o construtor, o produtor ou importador só não será responsabilizado quando provar:
I – que não colocou o produto no mercado;
II – que, embora haja colocado o produto no mercado, o defeito inexiste;
III – a culpa exclusiva do consumidor ou de terceiro.

Nos termos do artigo 12, § 3º, do CDC, a responsabilidade objetiva não é absoluta, admitindo hipóteses de afastamento, cuja comprovação cabe ao fornecedor. São as seguintes:

2.2.A. NÃO-COLOCAÇÃO DO PRODUTO NO MERCADO

Colocar o produto no mercado significa introduzi-lo no ciclo produtivo-distributivo, de forma voluntária e consciente; introduzi-lo na cadeia de distribuição, ainda que sua colocação seja para testes ou como mostruário, ou, ainda, gratuita e filantrópica. Vejamos alguns exemplos dessa excludente:

- roubo ou furto do produto defeituoso;
- falsificação do produto;
- introdução no mercado à revelia do fornecedor.

2.2.B. INEXISTÊNCIA DE DEFEITO

Para que ocorra o dever de indenizar, o defeito deve ser o causador do dano. Se não houver defeito, não há nexo causal e não-responsabilidade.

Tendo em vista o princípio da *inversão do ônus da prova* (como veremos a seguir), incumbe ao fabricante provar que não há defeito em seu produto.

2.2.C. CULPA EXCLUSIVA DO CONSUMIDOR OU DE TERCEIRO

Em virtude da *inversão do ônus da prova*, cabe ao fornecedor demonstrar a exclusividade da culpa da vítima ou de terceiro.

318 Direito para Administradores – vol. III

A *culpa exclusiva* não se confunde com a *culpa concorrente,* que não exclui a responsabilidade do fornecedor. Pode no máximo atenuar essa responsabilidade, a critério judicial, na verificação montante da indenização.

Destacamos que *terceiro* é qualquer pessoa que não se identifique com os partícipes da relação de consumo, prevista no artigo 12 do CDC.

2.2.D. CASO FORTUITO OU FORÇA MAIOR

Embora não estejam previstas entre as hipóteses excludentes, podem atuar quebrando o nexo causal entre o defeito e o dano. É possível ocorrerem duas hipóteses:

- *caso fortuito ou força maior durante o processo de produção ou criação, ou seja, antes da colocação no mercado*: se causar defeito e o produto for colocado no mercado ocorrendo dano, haverá *obrigação de indenizar.* Isso porque o fornecedor, até a colocação do produto no mercado, tem o dever de garantir sua qualidade e utilização segura;
- *caso fortuito ou força maior após a colocação do produto no mercado*: nesta hipótese ocorrerá a ruptura do nexo causal que liga o defeito ao evento danoso, afastando assim o dever de indenizar por parte do fornecedor.

2.2.E. INVERSÃO DO ÔNUS DA PROVA

A *inversão do ônus da prova* significa que, se houver dano ao consumidor, este não terá de provar dolo ou culpa do fabricante. Basta que prove que o dano decorreu das condições em que se apresentava o produto ou serviço. Entretanto, a inversão será decidida pelo juiz em cada caso concreto, tendo em vista dois requisitos: *a)* veracidade da alegação; e *b)* hipossuficiência do consumidor.

2.2.F. OS RESPONSÁVEIS

O artigo 3º do CDC refere-se a fornecedor, abrangendo todos os participantes do ciclo produtivo-distributivo. Entretanto, em matéria de responsabilidade por danos, o artigo 12 mencionou alguns fornecedores, responsabilizando o:

- fabricante;
- produtor;
- construtor (nacional ou estrangeiro);
- importador.

Ressaltamos que o *rol* é taxativo, com responsabilidade solidária.[1]

2.2.F.1. ESPÉCIES DE RESPONSÁVEIS

Assim podemos esquematizar as espécies de responsáveis pelo fato do produto ou do serviço:

2.2.F.1.1. FORNECEDOR REAL (FABRICANTE, PRODUTOR E CONSTRUTOR)

Fabricante é quem fabrica e coloca o produto no mercado. Incluem-se também o *montador* e o *fabricante de peça ou componente* (artigo 25, § 2º, CDC).

Produtor é quem coloca no mercado produtos não industrializados, de origem animal ou vegetal, como, por exemplo, o *acondicionador* do produto (artigo 25, § 1º, CDC).

Construtor é quem introduz produtos imobiliários no mercado de consumo, por meio do fornecimento de bens ou serviços. Responde pela construção, bem como pelo material empregado na obra. Nessa última hipótese, inclui-se o fabricante do produto defeituoso (artigo 25, § 1º).

---

[1] Sobre o conceito de responsabilidade solidária, ver o item **3** deste capítulo.

320 Direito para Administradores – vol. III

2.2.F.1.2. FORNECEDOR PRESUMIDO

Importador de produto industrializado ou *in natura*. É fornecedor presumido porque os verdadeiros fabricantes ou produtores não podem, em razão da distância, ser alcançados pelos consumidores.

2.2.F.1.3. FORNECEDOR APARENTE

Também chamado *quase fornecedor*, é quem apõe seu nome ou marca no produto final. Apresenta-se como fornecedor.

Aplica-se a "teoria da aparência", que se justifica pela *apropriação* que a empresa distribuidora faz do produto, assumindo a fabricação do mesmo, aparecendo como produtor perante o consumidor. Por exemplo, na *franquia*,[2] o franqueador (= titular da marca) é o fornecedor aparente. Nesse caso, o concessionário franqueado tem responsabilidade solidária[3] (artigo 25, § 1º, do CDC).

2.2.F.2. O DIREITO DE REGRESSO

O responsável que efetivar o pagamento ao prejudicado poderá exercer o direito de regresso contra os demais responsáveis, segundo sua participação no evento danoso. Nos termos do artigo 88 do CDC, em processo autônomo para a ação de regresso, sendo vedada a denunciação da lide. Também poderá optar por prosseguir nos mesmos autos em que foi condenado e efetuou pagamento.

2.2.F.3. A RESPONSABILIDADE DO COMERCIANTE

Observemos o que preceitua o artigo 13 e seus incisos, do CDC:

O comerciante é igualmente responsável, nos termos do artigo anterior, quando:

---

[2] Sobre o contrato de franquia, ver a parte correspondente ao Direito Comercial/Empresarial desta obra.
[3] Sobre o conceito de responsabilidade solidária, ver item **3** deste capítulo.

I – o fabricante, o construtor, o produtor ou o importador não puderem ser identificados;

II – o produto for fornecido sem identificação clara do seu fabricante, produtor, construtor ou importador;

III – não conservar adequadamente os produtos perecíveis.

Parágrafo único. Aquele que efetivar o pagamento ao prejudicado poderá exercer o direito de regresso contra os demais responsáveis, segundo sua participação na causação do evento danoso.

O comerciante é responsabilizado no artigo 13, por via secundária, ou seja, se estes relacionados acima não puderem ser identificados, ou não houver identificação clara dos mesmos, a responsabilidade do comerciante será então subsidiária.[4]

2.3. DANOS NO FORNECIMENTO DE SERVIÇOS

Observemos o que preceitua o artigo 14 do CDC:

O fornecedor de serviços responde, independentemente da existência de culpa, pela reparação dos danos causados aos consumidores por defeitos relativos à prestação dos serviços, bem como por informações insuficientes ou inadequadas sobre sua fruição e riscos.

De conformidade com o artigo 14 do CDC, também há responsabilidade objetiva do fornecedor em relação aos danos causados por defeito no serviço prestado, ou por informações insuficientes ou inadequadas sobre sua fruição e riscos.

Assim, os pressupostos dessa responsabilidade, como no defeito do produto, são:

a) defeito no serviço;

b) evento danoso;

c) relação de causalidade entre defeito e dano.

---

[4] Responsabilidade subsidiária é aquela em que a "obrigação passa a recair os obrigados secundários, se não cumprida pelo obrigado principal (In SOUZA, Antônio Duarte de. *Dicionário Técnico Jurídico de Bolso*. São Paulo: Gion Editora, 2003.)

322   Direito para Administradores – vol. III

Podemos citar os seguintes exemplos:

- defeitos relativos a veículos automotores;
- guarda e estacionamento de veículos;
- serviços de hotelaria;
- serviços de comunicação e transmissão de energia elétrica.

Igualmente, fala-se em *defeitos intrínsecos,* relativos ao serviço, e *defeitos extrínsecos,* relativos às informações prestadas sobre o serviço, inclusive por meios publicitários.

2.3.A. SERVIÇO DEFEITUOSO

Observemos o que preceitua o parágrafo 1º e seus incisos, do artigo 14 do CDC:

> *O serviço é defeituoso quando não fornece a segurança que o consumidor dele pode esperar, levando-se em consideração as circunstâncias relevantes, entre as quais:*
>
> *I – o modo de seu fornecimento;*
>
> *II – o resultado e os riscos que razoavelmente dele se esperam;*
>
> *III – a época em que foi fornecido.*

Nos termos do artigo 14, § 1º, do CDC, *serviço defeituoso é o* que frustra a expectativa do consumidor em relação ao *modo como é prestado,* aos *riscos que seu uso apresenta* ou à *época em que foi prestado,* não podendo mostrar sinais de envelhecimento.

2.3.B. CAUSAS EXCLUDENTES DO SERVIÇO DEFEITUOSO

Observemos o que preceituam os parágrafos 2º e 3º (incluindo seus incisos), do artigo 14 do CDC:

> *O serviço não é considerado defeituoso pela adoção de novas técnicas.*
>
> *O fornecedor de serviços só não será responsabilizado quando provar:*

A Qualidade dos Produtos... Henrique M. dos Reis / Claudia N. P. dos Reis   323

I – que, tendo prestado o serviço, o defeito inexiste;
II – a culpa exclusiva do consumidor ou de terceiro.

Assim como para os produtos, as novas técnicas também não tornam defeituoso o serviço ultrapassado.

2.3.C. A RESPONSABILIDADE DOS PROFISSIONAIS LIBERAIS

Observemos o que preceitua o parágrafo 4º do artigo 14 do CDC:

A responsabilidade pessoal dos profissionais liberais será apurada mediante a verificação de culpa.

O fornecimento de serviços por profissionais liberais tem a responsabilidade por danos apurada mediante verificação de culpa. É uma exceção ao princípio da responsabilidade objetiva, mas não foi afastado o princípio da inversão do ônus da prova. Nem os demais princípios do Código (proteção contratual etc).

2.4. EXTENSÃO LEGAL DO CONCEITO DE CONSUMIDOR PARA EFEITO DE RESPONSABILIDADE

Observemos o que preceitua o artigo 17 do CDC:

Para os efeitos desta Seção, equiparam-se aos consumidores todas as vítimas do evento.

Com freqüência, os danos causados por vícios de qualidade dos bens e serviços não afetam somente o consumidor, mas terceiros, estranhos à relação jurídica de consumo. Por exemplo: acidentes de trânsito (pedestres), construção civil.

Esses terceiros, assim, são então equiparados aos consumidores para receber a proteção legal e a indenização cabível.

324   Direito para Administradores – vol. III

É a proteção ao chamado *bystander*: são as pessoas físicas ou jurídicas (não há restrição legal) que, mesmo sem serem partícipes da relação de consumo, foram atingidas em sua saúde ou segurança em virtude do defeito do produto.

3. RESPONSABILIDADE PELO VÍCIO DO PRODUTO OU DO SERVIÇO

Observemos o que preceitua o artigo 18 do CDC:

> *Os fornecedores de produtos de consumo duráveis ou não duráveis respondem solidariamente pelos vícios de qualidade ou quantidade que os tornem impróprios ou inadequados ao consumo a que se destinam ou lhes diminuam o valor, assim como por aqueles decorrentes da disparidade, com indicações constantes do recipiente, da embalagem, rotulagem ou mensagem publicitária, respeitadas as variações decorrentes de sua natureza, podendo o consumidor exigir a substituição das partes viciadas.*

In casu, cabe destacar:

a) *responsáveis* são os fornecedores de produtos de consumo duráveis ou não duráveis. Aqui estão incluídas *todas as espécies de fornecedor,* sem limitação (diferente do sistema do fato do produto).

b) a *responsabilidade é solidária*: o consumidor poderá exercitar a ação contra todos os fornecedores, ou contra alguns, ou até mesmo contra um só. Há solidariedade passiva, ou seja, se o escolhido não ressarcir o consumidor integralmente, ele poderá intentar ação contra outro fornecedor. Aquele que ressarciu poderá utilizar-se de ação regressiva contra os outros fornecedores.

c) a *responsabilidade dos fornecedores é objetiva*, isto é, independente de culpa. Embora essa natureza da responsabilidade não conste expressamente do texto legal, ela decorre do sistema do Código e a prática somente seria possível com a adoção da responsabilidade objetiva.

3.1. ALTERNATIVAS DO CONSUMIDOR PARA SANAR O VÍCIO (= DEFEITO)

Observemos o que preceitua o parágrafo primeiro (e seus incisos), do artigo 18 do CDC:

Não sendo o vício sanado no prazo máximo de trinta dias, pode o consumidor exigir, alternativamente e à sua escolha:

I – a substituição do produto por outro da mesma espécie, em perfeitas condições de uso;

II – a restituição imediata da quantia paga, monetariamente atualizada, sem prejuízo de eventuais perdas e danos;

III – o abatimento proporcional do preço.

Os fornecedores não estão impedidos de colocar produtos com vícios no mercado, desde que haja abatimento no preço e informações adequadas ao consumidor.

Cabe destacar as *sanções* para os vícios de qualidade:

a) primeiramente, o consumidor pode exigir a substituição das partes viciadas (artigo 18, *caput*);

b) o fornecedor deve acionar o sistema de garantia do produto e reparar o defeito em 30 dias (artigo 18, § 1º);

c) na hipótese de o vício não ser sanado nesse prazo, o consumidor poderá exigir, à sua escolha:

1. a substituição do produto por outro em perfeitas condições de uso, da mesma espécie, ou seja, marca e modelo;
2. se não for possível, poderá haver substituição por produto de outra espécie, mediante complementação ou substituição de preço;
3. a restituição imediata da quantia paga, atualizada, sem prejuízo de perdas e danos;
4. abatimento proporcional do preço.

326   Direito para Administradores – vol. III

Ressaltamos que, eleita uma opção, o consumidor não poderá exigir outra.

3.2. PRAZO DA GARANTIA

Observemos o que preceitua o parágrafo 2º, do artigo 18 do CDC:

Poderão as partes convencionar a redução ou ampliação do prazo previsto no parágrafo anterior, não podendo ser inferior a sete nem superior a cento e oitenta dias. Nos contratos de adesão, a cláusula de prazo deverá ser convencionada em separado, por meio de manifestação expressa do consumidor.

O fornecedor e o consumidor podem convencionar prazo para garantia, que nunca poderá ser inferior a 7 (sete) e nem superior a 180 (cento e oitenta) dias.

3.3. ANTECIPAÇÃO DE TUTELA

Observemos o que preceitua o parágrafo 3º, do artigo 18 do CDC:

O consumidor poderá fazer uso imediato das alternativas do § 1º deste artigo sempre que, em razão da extensão do vício, a substituição das partes viciadas puder comprometer a qualidade ou características do produto, diminuir-lhe o valor ou se tratar de produto essencial.

Assim, o consumidor poderá fazer uso imediato das opções (item 3.1), não precisando esperar o prazo de 30 dias para sanar o vício, sempre que se tratar de *produto essencial* (alimentos, medicamentos etc.), quando a substituição das partes viciadas puder *comprometer a qualidade essencial do produto ou diminuir-lhe o valor*. Por exemplo: substituição do motor de um veículo novo no prazo de garantia.

3.4. A SUBSTITUIÇÃO DO PRODUTO

Observemos o que preceitua o parágrafo 4º, do artigo 18 do CDC:

Tendo o consumidor optado pela alternativa do inciso I do § 1º deste artigo, e não sendo possível a substituição do bem, poderá haver substituição por outro de espécie, marca ou modelo diversos, mediante complementação ou restituição de eventual diferença de preço, sem prejuízo do disposto nos incisos II e III do § 1º deste artigo.

3.5. PRODUTO *IN NATURA*

Observemos o que preceitua o parágrafo 5º, do artigo 18 do CDC:

No caso de fornecimento de produtos in natura, *será responsável perante o consumidor o fornecedor imediato, exceto quando identificado claramente seu produtor.*

Trata-se do produto agrícola ou pastoril colocado no mercado de consumo sem sofrer nenhum processo de industrialização. Pode estar embalado ou acondicionado. A responsabilidade é atribuída pela lei ao *fornecedor imediato,* geralmente o comerciante, por ser impossível no mais das vezes a localização do produtor; há, porém, exceção: *quando é identificado claramente o produtor.*

3.6. CARACTERIZAÇÃO DOS VÍCIOS DE QUALIDADE

Observemos o que preceitua o parágrafo 6º (incluindo seus incisos) do artigo 18 do CDC:

São impróprios ao uso e consumo:

I – os produtos cujos prazos de validade estejam vencidos;

II – os produtos deteriorados, alterados, adulterados, avariados, falsificados, corrompidos, fraudados, nocivos à vida ou à saúde, perigosos ou, ainda, aqueles em desacordo com as normas regulamentares de fabricação, distribuição ou apresentação;

III – os produtos que, por qualquer motivo, se revelem inadequados ao fim a que se destinam.

328 Direito para Administradores – vol. III

São os vícios capazes de tornar o produto impróprio ou inadequado ao consumo ou lhe diminuir o valor. Podem ser ocultos ou aparentes.

A lei equiparou os vícios de qualidade que forem decorrentes da disparidade com as indicações constantes do recipiente, da embalagem, rotulagem ou mensagem publicitária (respeitadas as variações decorrentes de sua natureza).

Podemos citar como exemplos de vícios de qualidade:

a) *ocultos*: defeito no sistema de freios; defeito no sistema de refrigeração, som ou imagem de aparelhos domésticos;

b) *aparentes*: vencimento de prazo de validade; deterioração, avariação; alteração, adulteração; falsificação, fraude e desobediência de normas de fabricação.

3.7. OS VÍCIOS DE QUANTIDADE

Observemos o que preceitua o artigo 19 (incluindo seus incisos e parágrafos) do CDC:

Os fornecedores respondem solidariamente pelos vícios de quantidade do produto sempre que, respeitadas as variações decorrentes de sua natureza, seu conteúdo líquido for inferior às indicações constantes do recipiente, da embalagem, rotulagem ou de mensagem publicitária, podendo o consumidor exigir, alternativamente e à sua escolha:

I – o abatimento proporcional do preço;

II – complementação do peso ou medida;

III – a substituição do produto por outro da mesma espécie, marca ou modelo, sem os aludidos vícios;

IV – a restituição imediata da quantia paga, monetariamente atualizada, sem prejuízo de eventuais perdas e danos.

§ 1º Aplica-se a este artigo o disposto no § 4º do artigo anterior.

§ 2º O fornecedor imediato será responsável quando fizer a pesagem ou a medição e o instrumento utilizado não estiver aferido segundo os padrões oficiais.

Os vícios de qualidade são aqueles decorrentes da disparidade em relação às indicações constantes do recipiente, de embalagem, de rotulagem ou de mensagem publicitária.

Ressalvadas as variações decorrentes da natureza do produto, por exemplo, gás (há fixação de normas de variação admitida), a responsabilidade é solidária, a não ser que a diferença seja na pesagem, daí a responsabilidade será do fornecedor imediato, no caso, do comerciante.

3.7.A. SANÇÕES PARA OS VÍCIOS DE QUANTIDADE

Vejamos as sanções para os vícios de quantidade:

a) abatimento proporcional do preço;
b) complementação do peso ou medida;
c) substituição do produto por outro da mesma espécie, marca ou modelo;
d) restituição imediata da quantia paga, atualizada, sem prejuízo de perdas e danos.

Ressaltamos que tratam-se de alternativas, sendo a escolha do consumidor.

Igualmente será viável, caso não seja possível a substituição por produto da mesma marca, modelo e espécie, substituir o produto viciado por outro de marca, modelo e espécie diversos, mediante complementação ou restituição da diferença de preço.

3.8. OS VÍCIOS DOS SERVIÇOS

Observemos o que preceitua o artigo 20 (incluindo seus incisos e parágrafos) do CDC:

O fornecedor de serviços responde pelos vícios de qualidade que os tornem impróprios ao consumo ou lhes diminuam o valor, assim como por aqueles decorrentes da disparidade com as indicações

330   Direito para Administradores – vol. III

constantes da oferta ou mensagem publicitária, podendo o consu-
midor exigir, alternativamente e à sua escolha:

I – a reexecução dos serviços, sem custo adicional e quando cabível;

II – a restituição imediata da quantia paga, monetariamente atua-
lizada, sem prejuízo de eventuais perdas e danos;

III – o abatimento proporcional do preço.

§ 1º A reexecução dos serviços poderá ser confiada a terceiros devi-
damente capacitados, por conta e risco do fornecedor.

§ 2º São impróprios os serviços que se mostrem inadequados para os
fins que razoavelmente deles se esperam, bem como aqueles que não
atendam as normas regulamentares de prestabilidade.

Como se nota, o fornecedor responde pelos vícios de qualidade e
de quantidade do serviço. Observamos que:

a) *vícios de qualidade*: nessa hipótese, os serviços são impróprios
para o consumo, ou seja, se mostram inadequados para os fins
que deles se esperam ou não atendem às normas regulamenta-
das de prestabilidade;

b) *vícios de quantidade*: nessa hipótese, há disparidade em relação
às indicações constantes da oferta ou mensagem publicitária.

Podemos ilustrar com os seguintes exemplos:

*   escola que oferece curso com determinado conteúdo progra-
    mático e não cumpre – *defeito de quantidade*;
*   serviço de construção civil, que não cumpre as normas de segu-
    rança e técnica para construção – *defeito de qualidade*.

3.8.A. SANÇÕES PARA OS VÍCIOS DE SERVIÇO

Ocorridos os vícios de serviço, o consumidor, como sanção, poderá
exigir, à sua escolha:

a) reexecução dos serviços, sem custo adicional e quando cabível;

A Qualidade dos Produtos... Henrique M. dos Reis / Claudia N. P. dos Reis 331

b) restituição imediata da quantia paga, atualizada, sem prejuízo de perdas e danos;

c) abatimento proporcional do preço.

3.8.B. COMPONENTES DE REPOSIÇÃO

Observemos o que preceitua o artigo 21 do CDC:

No fornecimento de serviços que tenham por objetivo a reparação de qualquer produto considerar-se-á implícita a obrigação do fornecedor de empregar componentes de reposição originais adequados e novos, ou que mantenham as especificações técnicas do fabricante, salvo, quanto a estes últimos, autorização em contrário do consumidor.

3.8.C. SERVIÇOS PÚBLICOS

Observemos o que preceitua o artigo 22 e seu parágrafo único, do CDC:

Os órgãos públicos, por si ou suas empresas, concessionárias, permissionárias ou sob qualquer outra forma de empreendimento, são obrigados a fornecer serviços adequados, eficientes, seguros e, quanto aos essenciais, contínuos.

Parágrafo único. Nos casos de descumprimento, total ou parcial, das obrigações referidas neste artigo, serão as pessoas jurídicas compelidas a cumpri-las e a reparar os danos causados, na forma prevista neste código.

Como se nota, a responsabilidade por danos do prestador de serviços também abrange os órgãos públicos de administração direta e indireta (União, Estados, Municípios e Distrito Federal; autarquias, fundações, sociedades de economia mista, empresas públicas e até mesmo concessionárias ou permissionárias de serviços públicos).

Podemos citar como exemplos:

• paralisação de transportes coletivos;

332   Direito para Administradores – vol. III

- suspensão de serviços de comunicação;
- interrupção de fornecimento de energia elétrica;
- corte no fornecimento de água à população.

3.8.C.1. RESPONSABILIDADE DO PODER PÚBLICO POR SEUS SERVIÇOS

Assim, os órgãos públicos e suas empresas, concessionárias, permissionárias ou sob qualquer outra forma, são responsáveis pelos serviços públicos prestados (empresas públicas, sociedades de economia mista, fundações e autarquias são responsáveis sempre que prestem serviços públicos).

Dessa forma, em caso de descumprimento total ou parcial da prestação de serviços públicos, as pessoas jurídicas responsáveis serão compelidas a cumprir suas obrigações e a reparar os danos causados, na forma do CDC.

In casu, aqui também foi adotada a *responsabilidade objetiva em decorrência da teoria do risco.*

3.9. IGNORÂNCIA DO FORNECEDOR

Observemos o que preceitua o artigo 23 do CDC:

> *A ignorância do fornecedor sobre os vícios de qualidade por inadequação dos produtos e serviços não o exime de responsabilidade.*

3.10. GARANTIA LEGAL

Observemos o que preceitua o artigo 24 do CDC:

> *A garantia legal de adequação do produto ou serviço independe de termo expresso, vedada a exoneração contratual do fornecedor.*

O fornecedor deve colocar no mercado de consumo produtos e serviços de boa qualidade, adequados, ou seja, sem vícios e defeitos.

Essa garantia é conferida por lei ao consumidor e o fornecedor não pode desobrigar-se dela.

3.11. IMPOSSIBILIDADE DE EXONERAÇÃO DA OBRIGAÇÃO DE INDENIZAR

Observemos o que preceitua o artigo 25 do CDC:

> *É vedada a estipulação contratual de cláusula que impossibilite, exonere ou atenue a obrigação de indenizar prevista nesta e nas seções anteriores.*

3.12. RESPONSABILIDADE SOLIDÁRIA DOS CAUSADORES DO DANO[5]

Observemos o que preceituam os parágrafos 1º e 2º do artigo 25 do CDC:

> *Havendo mais de um responsável pela causação do dano, todos responderão solidariamente pela reparação prevista nesta e nas seções anteriores.*
>
> *Sendo o dano causado por componente ou peça incorporada ao produto ou serviço, são responsáveis solidários seu fabricante, construtor ou importador e o que realizou a incorporação.*

3.13. DECADÊNCIA E PRESCRIÇÃO

Observemos o que preceitua o artigo 26 (incluindo seus incisos e parágrafos) do CDC:

> *O direito de reclamar pelos vícios aparentes ou de fácil constatação caduca em:*
>
> *I – trinta dias, tratando-se de fornecimento de serviço e de produtos não duráveis;*

---

[5] Sobre o conceito de responsabilidade solidária, ver o item **3** deste capítulo.

334 Direito para Administradores – vol. III

II – noventa dias, tratando-se de fornecimento de serviço e de produtos duráveis.

§ 1º Inicia-se a contagem do prazo decadencial a partir da entrega efetiva do produto ou do término da execução dos serviços.

§ 2º Obstam a decadência:

I – a reclamação comprovadamente formulada pelo consumidor perante o fornecedor de produtos e serviços até a resposta negativa correspondente, que deve ser transmitida de forma inequívoca;

II – (Vetado.)

III – a instauração de inquérito civil, até seu encerramento.

§ 3º Tratando-se de vício oculto, o prazo decadencial inicia-se no momento em que ficar evidenciado o defeito.

O Código de Defesa do Consumidor trata também da perda de direito pelo decurso do tempo. Ressaltamos que:

a) a *decadência* consiste na extinção de direitos subjetivos, que deixaram de ser constituídos pela inércia dos titulares em determinado período do tempo;

b) a *prescrição*, por sua vez, é a extinção do direito subjetivo já constituído, por não ser exigido pelo titular em determinado período de tempo.

3.13.A. PRAZOS DE DECADÊNCIA

O precitado artigo 26 do CDC estabelece os *prazos decadenciais,* ou seja, que o direito de reclamar por vícios aparentes ou ocultos dos produtos e serviços extingue-se em:

- 30 dias, tratando-se de fornecimento de serviços ou produtos *não duráveis;*
- 90 dias, tratando-se do fornecimento de serviços ou produtos *duráveis.*

Lembramos que a durabilidade está relacionada com o tempo médio de consumo dos produtos ou serviços. Por exemplo: produtos alimentares, vestuário, dedetização são considerados não duráveis, enquanto eletrodomésticos, veículos automotores, construção civil são considerados duráveis.

Acrescente-se que o *termo inicial da decadência* é fixado pelo CDC, tendo em vista o seguinte critério:

a) para os vícios aparentes: começa a partir da entrega efetiva do produto ou do término da execução dos serviços;

b) para os vícios ocultos: começa a partir do momento em que ficar evidenciado o defeito.

3.13.B. A SUSPENSÃO DA DECADÊNCIA

As causas *suspensivas da decadência* são:

1. a reclamação comprovadamente formulada pelo consumidor até a resposta negativa do fornecedor;
2. a instauração de Inquérito Civil pelo Ministério Público (MP) até seu encerramento.

Destacamos que, encerrada a causa suspensiva, a decadência retoma seu curso.

4. A PRESCRIÇÃO PARA A REPARAÇÃO DE DANOS POR FATO DO PRODUTO OU SERVIÇO

Observemos o que preceitua o artigo 27 do CDC:

Prescreve em cinco anos a pretensão à reparação pelos danos causados por fato do produto ou do serviço prevista na Seção II deste Capítulo, iniciando-se a contagem do prazo a partir do conhecimento do dano e de sua autoria.

O CDC, no precitado artigo 27, regula a prescrição em casos de responsabilidade por danos nos acidentes causados por defeitos dos produtos ou serviços.

336   Direito para Administradores – vol. III

O prazo prescricional é de cinco anos, contados a partir do conhecimento, por parte do consumidor, do *dano e de sua autoria*.

5. DESCONSIDERAÇÃO DA PERSONALIDADE JURÍDICA[6]

Observemos o que preceitua o artigo 28 (incluindo os seus parágrafos) do CDC:

> *O juiz poderá desconsiderar a personalidade jurídica da sociedade quando, em detrimento do consumidor, houver abuso de direito, excesso de poder, infração da lei, fato ou ato ilícito ou violação dos estatutos ou contrato social. A desconsideração também será efetivada quando houver falência, estado de insolvência, encerramento ou inatividade da pessoa jurídica provocados por má administração.*
>
> *§ 1º (Vetado.)*
>
> *§ 2º As sociedades integrantes dos grupos societários e as sociedades controladas são subsidiariamente responsáveis pelas obrigações decorrentes deste código.*
>
> *§ 3º As sociedades consorciadas são solidariamente responsáveis pelas obrigações decorrentes deste código.*
>
> *§ 4º As sociedades coligadas só responderão por culpa.*
>
> *§ 5º Também poderá ser desconsiderada a pessoa jurídica sempre que sua personalidade for, de alguma forma, obstáculo ao ressarcimento de prejuízos causados aos consumidores.*

Nota-se que o Código de Defesa do Consumidor acolhe a doutrina da *desconsideração da pessoa jurídica*, como uma faculdade do juiz, no caso concreto, nas seguintes hipóteses:

a) abuso de direito;

b) excesso de poder;

c) infração da lei;

---

[6] Sobre o conceito de desconsideração da personalidade jurídica ver a Parte I deste volume – Direito Empresarial/Comercial.

d) violação dos estatutos ou contrato social;

e) falência, estado de insolvência, encerramento ou inatividade da pessoa jurídica, provocados por má administração;

f) sempre que a personalidade for obstáculo ao ressarcimento de prejuízos causados ao consumidor.

Assim, uma vez presente o *pressuposto* da existência de prejuízo ao consumidor, o juiz, ao desconsiderar a pessoa jurídica, fará com que a responsabilidade de reparação de danos recaia sobre o controlador, administrador, proprietário etc.

6. DAS PRÁTICAS COMERCIAIS ABUSIVAS E DA PROTEÇÃO CONTRA A PUBLICIDADE ENGANOSA E ABUSIVA

Neste tópico, inicialmente destacamos o que preceitua o artigo 29 do CDC:

Para os fins deste Capítulo e do seguinte, equiparam-se aos consumidores todas as pessoas determináveis ou não, expostas às práticas nele previstas.

6.1. O CARÁTER VINCULATIVO DA OFERTA

Observemos o que preceitua o artigo 30 do CDC:

Toda informação ou publicidade, suficientemente precisa, veiculada por qualquer forma ou meio de comunicação com relação a produtos e serviços oferecidos ou apresentados, obriga o fornecedor que a fizer veicular ou dela se utilizar e integra o contrato que vier a ser celebrado.

O artigo 30 do CDC, ora em comento, trata da oferta de produtos e lhe atribui o *caráter vinculativo*, ou seja, a oferta, criando a expectativa no público consumidor, deverá corresponder exatamente às características do produto.

338   Direito para Administradores – vol. III

Lembramos que, no que tange às cláusulas contratuais, o artigo 47 do CDC dispõe sobre sua interpretação da forma mais benéfica ao consumidor em caso de obscuridade. Entretanto, se as cláusulas forem consideradas abusivas, o artigo 51 do CDC determina sua nulidade.

6.2. O PRINCÍPIO DA VERACIDADE DA OFERTA E APRESENTAÇÃO

Observemos o que preceitua o artigo 31 do CDC:

> *A oferta e apresentação de produtos ou serviços devem assegurar informações corretas, claras, precisas, ostensivas e em língua portuguesa sobre suas características, qualidades, quantidade, composição, preço, garantia, prazos de validade e origem, entre outros dados, bem como sobre os riscos que apresentam à saúde e segurança dos consumidores.*

Vejamos, a seguir, um exemplo obtido no *site* www.expressodanoticia.com.br:

Supermercados devem manter produtos etiquetados

A 4ª Turma do Tribunal Regional Federal da 3ª Região decidiu, por maioria, manter decisão de Primeira Instância que, em ação civil pública, determinou aos supermercados afixarem preços nos produtos expostos à venda por meio de etiquetas, independentemente do uso de sistema de código de barras. A decisão foi proferida em agravo de instrumento interposto pelos Supermercados Jau Serve Ltda. e outros, no qual as empresas pretendiam o cancelamento de decisão da 1ª Vara Federal de Jaú, a fim de ficarem desobrigados de colocar etiquetas individuais nos produtos colocados à venda em suas lojas. Os supermercados alegaram que os códigos de barras não acarretam prejuízos concretos ou sérios riscos para o consumidor e que não há fundamentação legal para a exigência de fixação de preços diretamente nos produtos colocados à venda, além de tal pretensão contrariar a legislação que admitiu o uso de código de barras. As empresas citaram a Lei nº 10.499/2000, do Estado de São Paulo, que admite o código de barras como forma de afixação de *preços. Os supermercados argumentaram ainda que a tutela antecipada foi concedida sem que houvesse fundado receio de dano irreparável ou de difícil reparação, dado que existem aparelhos leitores de códigos de barras em seus estabelecimentos para consulta dos consumidores e que os caixas são equipados com visor de preço e qualidade de mercadorias. Para a relatora do processo, desembargadora Therezinha Cazerta, existem fundados receios de dano irreparável ou de difícil reparação, pois na petição inicial da ação civil pública "há relatos de disparidades entre os preços fixados nas gôndolas e os efetivamente pagos pelos consumidores, que, muitas vezes, nem percebem isso, seja em razão da grande quantidade de produtos adquiridos em uma única ida ao supermercado, seja por não ser comum ao homem médio a memorização dos preços vistos nas prateleiras para posterior comparação com o cobrado no caixa". A desembargadora afirmou que a exigência de fixação de preços diretamente nas mercadorias tem fundamento legal no **artigo 31 da Lei nº 8.078/90 – Código de Proteção e Defesa do Consumidor (CDC)**. E ressaltou que as providências tomadas como alternativas à etiquetagem (terminais de consulta com preços ou visores nos caixas) revelaram-se inúteis em termos de segurança para o consumidor. Quanto à Lei nº 10.499/2000, do Estado de São Paulo, segundo a desembargadora, 'parece ter desbordado do campo que lhe é próprio na regulação do consumo (art. 24, V, CF)', porque '... a existência de lei federal sobre normas gerais (CDC) restringe a atividade dos Estados à sua suplementação (art. 24, parágrafo 2º, CF), nunca à sua derrogação, que resultaria da incompatibilidade da norma estadual com a federal, como aparenta ter acontecido com a citada lei estadual...' 28/11/2002 – Fonte: TRF da 3ª Região.*

6.3. A OFERTA DAS PEÇAS DE REPOSIÇÃO

Observemos o que preceitua o artigo 32 e seu parágrafo único, do CDC:

> *Os fabricantes e importadores deverão assegurar a oferta de componentes e peças de reposição enquanto não cessar a fabricação ou importação do produto.*
>
> *Parágrafo único. Cessadas a produção ou importação, a oferta deverá ser mantida por período razoável de tempo, na forma da lei.*

340   Direito para Administradores – vol. III

6.4. A OFERTA POR TELEFONE OU REEMBOLSO POSTAL

Observemos o que preceitua o artigo 33 do CDC:

Em caso de oferta ou venda por telefone ou reembolso postal, deve constar o nome do fabricante e endereço na embalagem, publicidade e em todos os impressos utilizados na transação comercial.

6.5. A RESPONSABILIDADE SOLIDÁRIA POR ATOS DOS PREPOSTOS[7]

Observemos o que preceitua o artigo 34 do CDC:

O fornecedor do produto ou serviço é solidariamente responsável pelos atos de seus prepostos ou representantes autônomos.

6.6. A EXECUÇÃO ESPECÍFICA DA OFERTA

Observemos o que preceitua o artigo 35 e seus incisos, do CDC:

Se o fornecedor de produtos ou serviços recusar cumprimento à oferta, apresentação ou publicidade, o consumidor poderá, alternativamente e à sua livre escolha:
I – exigir o cumprimento forçado da obrigação, nos termos da oferta, apresentação ou publicidade;
II – aceitar outro produto ou prestação de serviço equivalente;
III – rescindir o contrato, com direito à restituição de quantia eventualmente antecipada, monetariamente atualizada, e a perdas e danos.

6.7. A PUBLICIDADE

Vejamos o que dispõe o artigo 36 do CDC e seu parágrafo único, *verbis*:

---

[7] Sobre o conceito de responsabilidade solidária, ver o item **3** deste capítulo.

A Qualidade dos Produtos... Henrique M. dos Reis / Claudia N. P. dos Reis 341

A publicidade deve ser veiculada de tal forma que o consumidor, fácil e imediatamente, a identifique como tal.

Parágrafo único. O fornecedor, na publicidade de seus produtos ou serviços, manterá, em seu poder, para informação dos legítimos interessados, os dados fáticos, técnicos e científicos que dão sustentação à mensagem.

6.7.A. A PUBLICIDADE ENGANOSA E ABUSIVA

Vejamos o que dispõe o artigo 37 do CDC e seus parágrafos, *verbis*:

É proibida toda publicidade enganosa ou abusiva.

§ 1º É enganosa qualquer modalidade de informação ou comunicação de caráter publicitário, inteira ou parcialmente falsa, ou, por qualquer outro modo, mesmo por omissão, capaz de induzir em erro o consumidor a respeito da natureza, características, qualidade, quantidade, propriedades, origem, preço e quaisquer outros dados sobre produtos e serviços.

§ 2º É abusiva, dentre outras, a publicidade discriminatória de qualquer natureza, a que incite à violência, explore o medo ou a superstição, se aproveite da deficiência de julgamento e experiência da criança, desrespeita valores ambientais, ou que seja capaz de induzir o consumidor a se comportar de forma prejudicial ou perigosa à sua saúde ou segurança.

§ 3º Para os efeitos deste código, a publicidade é enganosa por omissão quando deixar de informar sobre dado essencial do produto ou serviço.

Ressaltamos, a seguir, um exemplo obtido no *site* www.expressodanoticia.com.br:

Justiça gaúcha julga primeira ação contra companhia de cigarros
Dois desembargadores já votaram pela condenação da Souza Cruz. Foi iniciado no dia 27/11, pela 6ª Câmara Cível do Tribunal de Justiça do Rio Grande do Sul, o julgamento da ação de indenização por danos materiais e morais ajuizada por José da Silva Martins contra a Souza Cruz S/A – Cia. de Cigarros. O relator do processo, Desembargador João

342 Direito para Administradores – vol. III

*Pedro Freire, e o revisor, Desembargador Antonio Guilherme Tanger Jardim, condenaram a empresa a indenizar o autor da ação em R$ 100 mil, por danos morais, e a R$ 41.586,44 a título de ressarcimento por danos materiais. Falta proferir voto o Desembargador Carlos Alberto Álvaro de Oliveira, que pediu vista do processo. Se o resultado for mantido, será a primeira condenação judicial de uma indústria de cigarros no Brasil. O autor afirma que começou a fumar aos 16 anos de idade, tendo consumido os cigarros fabricados pela companhia por cerca de 50 anos. Hoje, encontra-se em um estado físico debilitado, respirando por tubos de oxigênio, resultado de enfisema pulmonar e infarto do miocárdio provocados pelo tabagismo. Ajuizou ação alegando que, em virtude da publicidade abusiva e enganosa, foi levado a consumir um produto que não era seguro. Em contrapartida, a empresa alegou que o consumo de cigarros não foi causa exclusiva da doença desenvolvida. A sentença de 1º Grau julgou improcedente o pedido. Em voto que durou mais de duas horas, o relator salientou que este é o primeiro mérito em ação deste tipo enfrentado pelo Tribunal de Justiça do Rio Grande do Sul. **Ele reconheceu a responsabilidade civil da empresa pelos danos materiais e morais causados, considerando que o produto possui defeito significativo, por apresentar alto déficit de informação e abusar de publicidade enganosa.** Seus argumentos foram norteados pelo Código de Defesa do Consumidor (CDC), 'sem perder de vista os princípios do Código Civil'. O relator discorreu exaustivamente sobre o significado de 'produto defeituoso', descrito no CDC, apto a causar 'acidente de consumo' por não oferecer segurança ao consumidor, expondo-o a riscos econômicos e de saúde. Também transcreveu trechos de laudos técnicos do processo, em que médicos atestaram que o enfisema pulmonar e a cardiopatia têm como fator desencadeante mais importante o tabagismo, 'obscurecendo qualquer outra variável'. Segundo testemunhas, o autor da ação consumiu por mais de 50 anos os cigarros das marcas Hollywood, Minister e Continental. O desembargador respondeu à alegação do Advogado da indústria, Ivo Gabriel da Cunha, de que até recentemente inexistia qualquer exigência legal de que se veiculassem advertências sobre os malefícios do cigarro. 'Os produtos comercializados devem circular no mercado sem colocar em risco a saúde do consumidor. Não basta um simples aviso genérico, mas informação suficiente, verdadeira e transparente, seguindo o princípio da boa-fé objetiva,*

A Qualidade dos Produtos... Henrique M. dos Reis / Claudia N. P. dos Reis 343

presente desde os primórdios do Direito brasileiro', declarou Freire. Disse ainda considerar pouco provável que os fabricantes desconhecessem os efeitos nocivos do cigarro, citando bibliografia brasileira desde 1849 sobre o assunto, e que a própria sociedade científica alerta para os perigos do cigarro desde o início do século XX. Fez uma longa digressão sobre documentos secretos das empresas que vieram à tona e que comprovam que, no mínimo, desde 1960 os fabricantes vêm sonegando informações sobre os riscos do cigarro a seus consumidores, prejudicando as escolhas destes e seu livre arbítrio. 'A omissão de informar, aliada à publicidade massiva, subliminar e à demora do aparecimento das doenças, fazem com que o consumidor subestime os efeitos do cigarro', concluiu Freire. O Desembargador Tanger Jardim acompanhou integralmente o voto do relator. Ainda não há data definida para o final do julgamento, com a manifestação do Desembargador Carlos Alberto Alvaro de Oliveira. **Proc. nº: 70000840264 (Adriana Arend)** *28/11/2002 – Fonte: TJRS.*

6.7.B. O ÔNUS DA PROVA PELA PUBLICIDADE ENGANOSA E ABUSIVA

Vejamos o que dispõe o artigo 38 do CDC, *verbis*:

O ônus da prova da veracidade e correção da informação ou comunicação publicitária cabe a quem as patrocina.

6.8. AS PRÁTICAS ABUSIVAS

Vejamos o que dispõe o *caput* do artigo 39 do CDC, *verbis*:

É vedado ao fornecedor de produtos ou serviços, dentre outras práticas abusivas: (Redação dada pela Lei nº 8.884, de 11/6/1994)

Tratam-se das condições irregulares de negociação nas relações de consumo, que ferem a boa-fé, os bons costumes, a ordem pública e a ordem jurídica. Essas condições têm de estar ligadas ao bem-estar do consumidor. É o abuso contra o consumidor. Assim, estão excluídas as práticas de concorrência desleal, porque são entre fornecedor e fornecedor.

344 Direito para Administradores – vol. III

Ressalte-se que não estão previstas apenas no precitado artigo 39, que é meramente exemplificativo, mas estão espalhadas por todo o Código, como, por exemplo:

a) *artigo 10* – colocação no mercado de produto ou serviço com alto grau de periculosidade;

b) *artigo 21* – não-emprego de peças de reposição adequadas;

c) a*rtigo 32* – falta de componentes e peças de reposição;

d) *artigo 36* – publicidade clandestina;

e) *artigo 37* – publicidade abusiva e enganosa;

f) *artigo 51* – cláusula contratual abusiva.

Podem, inclusive, estar em outra legislação. Por exemplo: Lei dos Crimes Contra a Ordem Tributária, Econômica e Contra as Relações de Consumo (= Lei nº 8.137/90).

6.8.A. CLASSIFICAÇÃO DAS PRÁTICAS ABUSIVAS

Considerando o momento em que se manifestam no processo econômico, classificam-se em:

a) *práticas abusivas produtivas*: no momento da produção;

b) *práticas abusivas comerciais*: após a produção, para garantir a circulação dos produtos e serviços até o destinatário final.

Ademais, tendo em vista o aspecto jurídico contratual, podem ser: *contratuais,* se no interior do próprio contrato; *pré-contratuais,* quando atuam na fase do ajustamento contratual; ou *pós-contratuais,* caso se manifestem após a contratação.

6.8.B. CONDICIONAMENTO DO FORNECIMENTO DE PRODUTO OU SERVIÇOS

Vejamos o que dispõe o inciso I do artigo 39 do CDC, *verbis*:

I – condicionar o fornecimento de produto ou de serviço ao fornecimento de outro produto ou serviço, bem como, sem justa causa, a limites quantitativos;

In casu, podem ocorrer duas hipóteses:

6.8.B.1. VENDA CASADA

Ressaltamos que *venda casada* é aquela em que o fornecedor se nega a fornecer produto ou serviço, a não ser que o consumidor adquira também um outro produto ou serviço. Não só a venda, mas qualquer outra forma de fornecimento pode ser objeto da prática abusiva em questão.

Vejamos a seguir um exemplo obtido no *site* www.expressodanoticia.com.br:

Net é acionada por venda casada

*Uso do Vírtua já garante o acesso à Internet, independente da contratação de outro provedor. O Idec – Instituto de Defesa do Consumidor – propôs uma ação em favor de seus associados, contestando a obrigatoriedade da assinatura de um provedor de Internet para a utilização do Vírtua, serviço da Net São Paulo Ltda. de acesso rápido à rede mundial de computadores. Segundo o instituto, essa prática configura venda casada, o que é proibido pelo Código de Defesa do Consumidor (**artigo 39, inciso I**). 'O Código de Defesa do Consumidor proíbe expressamente a venda casada (condicionar o fornecimento de produto ou de serviço ao fornecimento de outro produto ou serviço). Tal conduta é definida como crime contra a ordem econômica e contra as relações de consumo', argumenta o advogado do Idec, Sami Storch. A ação coletiva busca beneficiar todos os associados do Idec que utilizam ou venham a utilizar o Vírtua. A liminar pede a proibição do cancelamento do serviço, por parte da Net, daqueles que não contratam um provedor, além da obrigação de a empresa aceitar que associados do Idec utilizem o serviço nessas condições. O objetivo da ação – além de garantir o direito requerido na liminar – é ressarcir todos os associados do Idec que sejam usuários do Vírtua com o dobro do valor pago pelas mensalidades do provedor adicional. Segundo especialistas da área de informática consultados*

346 Direito para Administradores – vol. III

pelo Idec, a instalação do Vírtua já garante o acesso do consumidor à Internet, independentemente da contratação de quaisquer serviços adicionais junto a um provedor de acesso. O advogado do Idec, Sami Storch, explica porque a Net transgride os direitos do consumidor: 'Ao fazer o consumidor adquirir, juntamente com o serviço de acesso rápido à Internet, os serviços de um provedor de internet, a empresa está promovendo a chamada venda casada, que é condicionar o fornecimento de produto ou de serviço ao fornecimento de outro produto ou serviço. Essa prática é condenada pelo Código de Defesa do Consumidor'. Conforme informação divulgada no site http://www.abusar.org.br, o Vírtua tem uma base de 50.000 conexões, sendo o terceiro serviço de acesso por banda larga mais utilizado (após o Speedy da Telefônica e o BR Turbo da Brasil Telecom). 1/11/2002 – Fonte: IDEC.

6.8.B.2. CONDIÇÃO QUANTITATIVA

Condição quantitativa diz respeito ao mesmo produto ou serviço objeto do fornecimento. Assim, o fornecedor só vende se for x quantia do produto; se for mais ou menos, não vende.

Destacamos que a proibição não é absoluta, já que a lei admite a *justa causa*. Por exemplo, em caso de estoque limitado.

O entendimento predominante é que o fornecedor não pode obrigar o consumidor a adquirir mais do que deseja. Portanto, a justa causa seria apenas para adquirir menos do que pretende o consumidor. Por exemplo: três latas de óleo com desconto (o consumidor tem direito de adquirir apenas uma sem desconto).

6.8.C. RECUSA DE ATENDIMENTO À DEMANDA DO CONSUMIDOR

Vejamos o que dispõe o inciso II, do artigo 39 do CDC, *verbis*:

II – recusar atendimento às demandas dos consumidores, na exata medida de suas disponibilidades de estoque, e, ainda, de conformidade com os usos e costumes;

A Qualidade dos Produtos... Henrique M. dos Reis / Claudia N. P. dos Reis 347

Desde que o fornecedor tenha estoque de produtos e esteja habilitado a prestar o serviço, não pode se recusar a atender à demanda do consumidor. Por exemplo:

* motorista de táxi que recusa pequena corrida;
* consumidor que quer pagar com moedas.

6.8.D. FORNECIMENTO NÃO SOLICITADO

Vejamos o que dispõe o inciso III do artigo 39 do CDC, *verbis*:

> *III – enviar ou entregar ao consumidor, sem solicitação prévia, qualquer produto, ou fornecer qualquer serviço;*

Dessa forma, o produto ou serviço só pode ser fornecido desde que haja solicitação prévia por parte do consumidor. Se ocorrer o fornecimento sem solicitação, o consumidor deve recebê-lo como amostra grátis, não cabendo nenhum pagamento (artigo 39, parágrafo único).

6.8.E. APROVEITAMENTO DA HIPOSSUFICIÊNCIA DO CONSUMIDOR

Vejamos o que dispõe o inciso IV do artigo 39 do CDC, *verbis*:

> *IV – prevalecer-se da fraqueza ou ignorância do consumidor, tendo em vista sua idade, saúde, conhecimento ou condição social, para impingir-lhe seus produtos ou serviços;*

O fornecedor não pode valer-se da fraqueza ou ignorância do consumidor, tendo em vista sua idade, saúde, conhecimento ou condição social, para impingir-lhe seus produtos ou serviços. Aqui estão incluídas as técnicas mercadológicas, a propaganda, o *marketing*, as práticas comerciais de modo geral.

6.8.F. EXIGÊNCIA DE VANTAGEM EXCESSIVA

Vejamos o que dispõe o inciso V do artigo 39 do CDC, *verbis*:

348 Direito para Administradores – vol. III

V – exigir do consumidor vantagem manifestamente excessiva;

Lembramos que vantagem excessiva é a vantagem exagerada, incomum, desproporcional. Basta a exigência para configurar a prática abusiva. Pode ocorrer na fase pré-contratual.

6.8.G. SERVIÇOS SEM ORÇAMENTO E AUTORIZAÇÃO DO CONSUMIDOR

Vejamos o que dispõe o inciso VI do artigo 39 do CDC, *verbis*:

VI – executar serviços sem a prévia elaboração de orçamento e autorização expressa do consumidor, ressalvadas as decorrentes de práticas anteriores entre as partes;

Nota-se que, para o fornecedor dar início ao serviço, é preciso a autorização do consumidor. Autorização expressa. Aprovação expressa do orçamento. Não basta só a apresentação do orçamento. Tem de haver concordância expressa do consumidor.

Se existirem práticas anteriores entre o consumidor e o fornecedor, estas regularão o relacionamento entre ambos. A regra não é absoluta: pode ser modificada pela prática entre as partes.

Ademais, se o serviço for prestado sem autorização, será considerado amostra grátis, não decorrendo nenhum pagamento (analogia do parágrafo único do artigo 39).

6.8.H. DIVULGAÇÃO DE INFORMAÇÕES NEGATIVAS SOBRE O CONSUMIDOR

Vejamos o que dispõe o inciso VII do artigo 39 do CDC, *verbis*:

VII – repassar informação depreciativa, referente a ato praticado pelo consumidor no exercício de seus direitos;

Assim, nenhum fornecedor pode divulgar informação depreciativa sobre o consumidor. Se, porém, o consumidor exorbita de seu direito, age de má-fé, não há proibição legal de repasse de informações.

6.8.I. COLOCAR NO MERCADO PRODUTOS E SERVIÇOS EM DESACORDO COM AS NORMAS TÉCNICAS

Vejamos o que dispõe o inciso VIII do artigo 39 do CDC, *verbis*:

VIII – colocar, no mercado de consumo, qualquer produto ou serviço em desacordo com as normas expedidas pelos órgãos oficiais competentes ou, se normas específicas não existirem, pela Associação Brasileira de Normas Técnicas ou outra entidade credenciada pelo Conselho Nacional de Metrologia, Normalização e Qualidade Industrial (Conmetro);

Se existir norma técnica expedida por órgão público, ou mesmo entidade privada credenciada pelo Conmetro (Conselho Nacional de Metrologia, Normalização e Qualidade Industrial), cabe ao fornecedor respeitá-la.

Entretanto, as normas técnicas devem ser obrigatórias, para configurar prática abusiva, ou seja, o Conmetro deve aprová-las e obrigar seu uso em todo o território nacional.

Com efeito, existem normas de caráter facultativo, como, por exemplo, as registradas e as probatórias (experimentais). Dessa forma, estas últimas não configuram prática abusiva.

Acrescente-se que o Poder Judiciário pode fixar normas mais rígidas, isto é, as normas técnicas funcionam como mínimo e não impedem o controle judicial.

6.8.J. RECUSAR A VENDA DE BENS OU A PRESTAÇÃO DE SERVIÇOS

Vejamos o que dispõe o inciso IX do artigo 39 do CDC, *verbis*:

IX – recusar a venda de bens ou a prestação de serviços, diretamente a quem se disponha a adquiri-los mediante pronto pagamento, ressalvados os casos de intermediação regulados em leis especiais; (Redação dada pela Lei nº 8.884, de 11/6/1994.)

350 Direito para Administradores – vol. III

Trata-se de conduta também considerada abusiva.

6.8.L. ELEVAR SEM JUSTA CAUSA O PREÇO DE PRODUTOS OU SERVIÇOS

Vejamos o que dispõe o inciso X do artigo 39 do CDC, *verbis*:

> *X – elevar sem justa causa o preço de produtos ou serviços. (Inciso acrescentado pela Lei nº 8.884, de 11/6/1994.)*

Trata-se de conduta também considerada abusiva.

6.8.M. INEXISTÊNCIA OU DEFICIÊNCIA DE PRAZO PARA CUMPRIMENTO DA OBRIGAÇÃO POR PARTE DO FORNECEDOR

Vejamos o que dispõe o inciso XII do artigo 39 do CDC, *verbis*:

> *XII – deixar de estipular prazo para o cumprimento de sua obrigação ou deixar a fixação de seu termo inicial a seu exclusivo critério. (Inciso acrescentado pela Lei nº 9.008, de 21/3/1995.)*

Trata-se de conduta também considerada abusiva.

6.8.N. APLICAR FÓRMULA OU ÍNDICE DE REAJUSTE DIVERSO DO LEGAL OU CONTRATUALMENTE ESTABELECIDO

Vejamos o que dispõe o inciso XIII do artigo 39 do CDC, *verbis*:

> *XIII – aplicar fórmula ou índice de reajuste diverso do legal ou contratualmente estabelecido. (Inciso acrescentado pela Lei nº 9.870, de 23/11/1999.)*

Trata-se de conduta também considerada abusiva.

A Qualidade dos Produtos... Henrique M. dos Reis / Claudia N. P. dos Reis   351

6.8.O. A AMOSTRA GRÁTIS

Vejamos o que dispõe o parágrafo único do artigo 39 do CDC, *verbis*:

Os serviços prestados e os produtos remetidos ou entregues ao consumidor, na hipótese prevista no inciso III, equiparam-se às amostras grátis, inexistindo obrigação de pagamento.

6.9. O ORÇAMENTO PRÉVIO DO FORNECEDOR DE SERVIÇO

Vejamos o que dispõe o artigo 40 do CDC e seus parágrafos, *verbis*:

O fornecedor de serviço será obrigado a entregar ao consumidor orçamento prévio discriminando o valor da mão-de-obra, dos materiais e equipamentos a serem empregados, as condições de pagamento, bem como as datas de início e término dos serviços.
§ 1º Salvo estipulação em contrário, o valor orçado terá validade pelo prazo de dez dias, contado de seu recebimento pelo consumidor.
§ 2º Uma vez aprovado pelo consumidor, o orçamento obriga os contraentes e somente pode ser alterado mediante livre negociação das partes.
§ 3º O consumidor não responde por quaisquer ônus ou acréscimos decorrentes da contratação de serviços de terceiros não previstos no orçamento prévio.

O precitado artigo 40 do CDC obriga o fornecedor a entregar ao consumidor orçamento prévio com as datas de início e término dos serviços.

Assim, o fornecedor de serviço será obrigado a entregar ao consumidor orçamento prévio, discriminando o valor da mão-de-obra, dos materiais e equipamentos a serem empregados, as condições de pagamento, bem como as datas de início e término dos serviços.

6.10. O TABELAMENTO DE PREÇOS

Vejamos o que dispõe o artigo 41 do CDC, *verbis*:

352 Direito para Administradores – vol. III

No caso de fornecimento de produtos ou de serviços sujeitos ao regime de controle ou de tabelamento de preços, os fornecedores deverão respeitar os limites oficiais sob pena de, não o fazendo, responderem pela restituição da quantia recebida em excesso, monetariamente atualizada, podendo o consumidor exigir, à sua escolha, o desfazimento do negócio, sem prejuízo de outras sanções cabíveis.

6.11. A COBRANÇA DE DÍVIDAS[8]

Vejamos o que dispõe o artigo 42 do CDC e seu parágrafo único, *verbis*:

Na cobrança de débitos, o consumidor inadimplente não será exposto a ridículo, nem será submetido a qualquer tipo de constrangimento ou ameaça.

Parágrafo único. O consumidor cobrado em quantia indevida tem direito à repetição do indébito, por valor igual ao dobro do que pagou em excesso, acrescido de correção monetária e juros legais, salvo hipótese de engano justificável.

7. DOS BANCOS DE DADOS E CADASTROS DE CONSUMIDORES

Vejamos o que dispõem os artigos 43 e 44 do CDC, *verbis*:

Art. 43. O consumidor, sem prejuízo do disposto no art. 86, terá acesso às informações existentes em cadastros, fichas, registros e dados pessoais e de consumo arquivados sobre ele, bem como sobre as suas respectivas fontes.

§ 1º Os cadastros e dados de consumidores devem ser objetivos, claros, verdadeiros e em linguagem de fácil compreensão, não podendo

---

[8] A cobrança de dívidas em exagero pode, inclusive, configurar crime, nos termos do artigo 71, *verbis*: *"Art. 71. Utilizar, na cobrança de dívidas, de ameaça, coação, constrangimento físico ou moral, afirmações falsas, incorretas ou enganosas ou de qualquer outro procedimento que exponha o consumidor, injustificadamente, a ridículo ou interfira com seu trabalho, descanso ou lazer: Pena, Detenção de três meses a um ano e multa."*

conter informações negativas referentes a período superior a cinco anos.

§ 2º A abertura de cadastro, ficha, registro e dados pessoais e de consumo deverá ser comunicada por escrito ao consumidor, quando não solicitada por ele.

§ 3º O consumidor, sempre que encontrar inexatidão nos seus dados e cadastros, poderá exigir sua imediata correção, devendo o arquivista, no prazo de cinco dias úteis, comunicar a alteração aos eventuais destinatários das informações incorretas.

§ 4º Os bancos de dados e cadastros relativos a consumidores, os serviços de proteção ao crédito e congêneres são considerados entidades de caráter público.

§ 5º Consumada a prescrição relativa à cobrança de débitos do consumidor, não serão fornecidas, pelos respectivos Sistemas de Proteção ao Crédito, quaisquer informações que possam impedir ou dificultar novo acesso ao crédito junto aos fornecedores.

Art. 44. Os órgãos públicos de defesa do consumidor manterão cadastros atualizados de reclamações fundamentadas contra fornecedores de produtos e serviços, devendo divulgá-lo pública e anualmente. A divulgação indicará se a reclamação foi atendida ou não pelo fornecedor.

§ 1º É facultado o acesso às informações lá constantes para orientação e consulta por qualquer interessado.

§ 2º Aplicam-se a este artigo, no que couber, as mesmas regras enunciadas no artigo anterior e as do parágrafo único do art. 22 deste código.

Vejamos a seguir um exemplo obtido no *site* www.expressodanoticia.com.br:

Credor deve cancelar registro negativo em nome do devedor

A instituição credora é quem deve providenciar o cancelamento do registro negativo do devedor quando da quitação do débito. O entendimento unânime é da Quarta Turma do Superior Tribunal de Justiça (STJ). Para os ministros, as entidades credoras que fazem uso dos serviços de cadastro de proteção ao crédito devem manter a base de dados atuali-

354 Direito para Administradores – vol. III

zada, tendo a obrigação de, uma vez recebido o pagamento da dívida, 'providenciar, em breve espaço de tempo, o cancelamento do registro negativo do devedor'. Com a decisão, a Lojas Riachuelo S/A vai indenizar por danos morais Marilda de Castro Antunes, de Belo Horizonte (MG). A dona de casa Marilda Antunes propos uma ação contra a Lojas Riachuelo S/A, cobrando uma indenização por danos morais. De acordo com o processo, em novembro de 1998, Marilda Antunes teria firmado um contrato de confissão de dívida com a Riachuelo. No acordo, ficou estipulado o pagamento pela dona de casa de três parcelas de R$ 38,02 e uma entrada de R$ 50,00 no ato da assinatura da confissão. Segundo Marilda Antunes, apesar de ter quitado a dívida, a loja não teria retirado seu nome do Cadastro do Serviço de Proteção ao Crédito – SPC, atitude que estaria causando danos morais à sua pessoa. A Riachuelo contestou a ação, questionando o fato de Marilda Antunes sentir-se constrangida perante a comunidade por causa do registro efetuado pela loja, já que a dona de casa teria, segundo a Riachuelo, seis registros de cheques sem fundos no SPC. A loja afirmou ainda que Marilda Antunes teria contribuído com o suposto dano ao atrasar as contas. O Juízo de primeiro grau negou o pedido de Marilda Antunes, entendendo que o dano moral não estaria caracterizado. "A autora alega ter sofrido danos morais, em razão do envio do seu nome para os registros do SPC. Acontece, porém, que ela não é uma pessoa zelosa, quanto ao seu bom nome, no tocante ao crédito que lhe tenha sido outorgado", afirmou a sentença. O Juízo ressaltou ainda que "conceder à autora (Marilda Antunes) qualquer indenização seria, conforme argumenta a empresa-ré, premiar a inadimplência".

Marilda Antunes apelou, mas o Tribunal de Alçada de Minas Gerais (TA-MG), em decisão por maioria, manteve a sentença. Para o TA-MG, não haveria no Código de Direito do Consumidor (CDC) norma obrigando o fornecedor a dar baixa da negativação do nome do cliente e, além disso, a dona de casa não teria demonstrado o dano moral. "Pelo que se verifica dos autos, lícita foi a conduta da recorrida (Riachuelo) que, diante da inadimplência contumaz da devedora (Marilda Antunes), lançou o nome da recorrente no SPC", entendeu o Tribunal ressaltando ainda que "não há notícia de que a autora tivesse necessitado limpar seu nome durante o período em que permaneceu inadimplente". Com a decisão, a dona de casa recorreu ao STJ. No recurso, Marilda

*Antunes reiterou as alegações de que a loja teria a obrigação de providenciar o cancelamento do registro negativo junto ao SPC. Segundo a recorrente, apesar de ter quitado o total da dívida em julho de 1999, seu nome permaneceu inscrito por mais de seis meses. Para Marilda Antunes, a obrigação da Riachuelo estaria determinada no **artigo 73 do CDC** e 8º do Regulamento Nacional dos Serviços de Proteção ao Crédito. A loja se defendeu afirmando não ser sua a obrigação de cancelar o registro, mas da devedora. Essa determinação, segundo a Riachuelo, estaria fixada no artigo **43 do CDC**. O ministro Aldir Passarinho Junior acolheu o recurso da dona de casa determinando à Riachuelo que indenize Marilda Antunes com o pagamento de R$ 6 mil, além das custas do processo. O relator lembrou o teor do artigo 73 do CDC e do 8º do Regulamento Nacional dos Serviços de Proteção ao Crédito concluindo que a retirada do nome do SPC "não é ônus do devedor que pagou, mas, sim, do credor que recebeu, inclusive porque a negativação funciona, essencialmente, como meio de coação, sem razão de ser a sua continuidade após a regularização da situação." O ministro ressaltou ainda que "a manutenção do nome, injustificadamente, por longo tempo, se mostra desarrazoada, injusta, e causa lesão". 29/10/2002 – Fonte: STJ*

Capítulo 12

A Proteção Contratual
do Consumidor

OBJETIVO

O objetivo deste capítulo é permitir ao leitor a conscientização da proteção contratual, com suas nuances, que o CDC dispensa aos consumidores. Trataremos aqui dos contratos que envolvem as relações de consumo.

Introdução. 1. Princípios contratuais. 2. Contratos que Regulam as Relações de Consumo. 3. Necessidade do Conhecimento Prévio do Conteúdo do Contrato. 4. Necessidade de Redação Clara e Compreensível. 5. As Cláusulas Contratuais Serão Interpretadas de Maneira mais Favorável ao Consumidor. 6. Efeito Vinculante das Declarações de Vontade. 7. Denúncia Vazia do Contrato de Consumo (Direito de Arrependimento). 7.1. Prazo de Reflexão. 7.2. Relação de Consumo Fora do Estabelecimento Comercial. 7.3. Exceções ao Direito de Arrependimento. 7.4. O Direito de Arrependimento e a Devolução das Quantias Pagas. 8. Garantia Contratual. 9. As Cláusulas Abusivas. 9.1. Nulidade de Pleno Direito. 9.2. As Cláusulas Abusivas Relacionadas no CDC (artigo 51) São Exemplificativas. 9.3. O Princípio da Preservação do Contrato. 9.4. Controle das Cláusulas Contratuais. 10. Das Normas sobre o Crédito, o Financiamento e a Compra e Venda à Pres-

358   Direito para Administradores – vol. III

tação. 11. Os Contratos de Adesão. 11.1. As Regras Protetivas do Consumidor nos Contratos de Adesão. 12. As Sanções Administrativas.

INTRODUÇÃO

Inicialmente, cabe frisar que o CDC regula a relação de consumo, da seguinte forma:

- *sujeitos* – fornecedor e consumidor
- *objetos* – produtos e serviços

Sua finalidade, a princípio, é o suprimento de necessidade do consumidor como *destinatário final*.[1]

A proteção contratual no CDC está inserida na regulamentação da relação de consumo. As normas do Código Civil e Comercial são aplicadas apenas subsidiariamente, uma vez que o direito privado não atende plenamente às relações de consumo na atualidade. A proteção aos consumidores passou a ser vista como de ordem pública.

A seguir, veremos algumas regras de importância constantes no CDC, relacionadas à proteção contratual do consumidor. Se não vejamos:

1. PRINCÍPIOS CONTRATUAIS

No CDC, vigoram, basicamente, os seguintes princípios contratuais:

- a) *da conservação do contrato*: "artigo 6º, V: a modificação das cláusulas contratuais que estabeleçam prestações desproporcionais ou sua revisão em razão de fatos supervenientes que as tornem excessivamente onerosas" (parágrafo 2º, do artigo 51);
- b) *da boa-fé*: trata-se de princípio basilar das relações de consumo (artigos 4º, III, e 51, IV);

---

[1] Sobre as teorias Minimalista e Maximalista ver Capítulo 10.

c) *do dever de prestar*: o CDC, no artigo 30, impõe ao fornecedor o dever de prestar a declaração de vontade, se tiver veiculado a oferta, apresentação ou publicidade (= efeito vinculante da oferta);

d) *da execução específica*: o CDC estabelece, ainda, a *execução específica* da oferta como ré (artigos 35, I, e 84, § 1º), deixando a resolução em perdas e danos como subsidiária a critério do consumidor (artigos 35, III, e 84, § 1º).

2. CONTRATOS QUE REGULAM AS RELAÇÕES DE CONSUMO

Vejamos o que estabelece o artigo 46 do CDC:

> *Os contratos que regulam as relações de consumo não obrigarão os consumidores, se não lhes for dada a oportunidade de tomar conhecimento prévio de seu conteúdo, ou se os respectivos instrumentos forem redigidos de modo a dificultar a compreensão de seu sentido e alcance.*

Se a relação jurídica for caracterizada como de consumo, qualquer que seja a forma adotada para a negociação, haverá a incidência dos dispositivos do CDC. Por exemplo: compra e venda, contratos bancários, cartões de crédito, *leasing*, plano de saúde, seguros etc.

3. NECESSIDADE DO CONHECIMENTO PRÉVIO DO CONTEÚDO DO CONTRATO

O fornecedor deverá ter a cautela de oferecer oportunidade ao consumidor de conhecer o conteúdo do contrato e todas as suas implicações, antes da conclusão do contrato. Não basta a mera leitura; é preciso o *efetivo conhecimento* por parte do consumidor, especialmente dos direitos e deveres que decorrerão do contrato. É preciso também cautela por parte do fornecedor, porque há a inversão do ônus da prova (artigo 6º, VIII, CDC).

4. NECESSIDADE DE REDAÇÃO CLARA E COMPREENSÍVEL

Dependendo do caso concreto, a obrigação assumida pelo consumidor pode não ser exigível, em virtude da falta de clareza na redação das cláusulas contratuais. Por exemplo: palavras técnicas para leigos, contratos voltados para pessoas humildes com linguagem inacessível etc.

5. AS CLÁUSULAS CONTRATUAIS SERÃO INTERPRETADAS DE MANEIRA MAIS FAVORÁVEL AO CONSUMIDOR

Vejamos o que estipula o artigo 47 do CDC:

> *As cláusulas contratuais serão interpretadas de maneira mais favorável ao consumidor.*

Por cláusulas contratuais devemos entender todo e qualquer pacto ou estipulação negocial entre fornecedor e consumidor, seja escrita, verbal, por adesão etc.

In casu, não há que se falar em ofensa ao *princípio da isonomia* (= igualdade), porque o princípio deve ser entendido como igualdade substancial, real, ou seja, tratar desigualmente os desiguais na medida da desigualdade.

6. EFEITO VINCULANTE DAS DECLARAÇÕES DE VONTADE

Vejamos o que estipula o artigo 48 do CDC:

> *As declarações de vontade constantes de escritos particulares, recibos e pré-contratos relativos às relações de consumo vinculam o fornecedor, ensejando inclusive execução específica, nos termos do art. 84 e parágrafos.*

As declarações de vontade vinculam o fornecedor, ensejando inclusive a execução específica. Trata-se da imposição ao fornecedor do dever de prestar.

7. DENÚNCIA VAZIA DO CONTRATO DE CONSUMO (DIREITO DE ARREPENDIMENTO)

Vejamos o que estipula o artigo 49 e seu parágrafo único, do CDC:

> *O consumidor pode desistir do contrato, no prazo de 7 dias a contar de sua assinatura ou do ato de recebimento do produto ou serviço, sempre que a contratação de fornecimento de produtos e serviços ocorrer fora do estabelecimento comercial, especialmente por telefone ou a domicílio.*
>
> *Parágrafo único. Se o consumidor exercitar o direito de arrependimento previsto neste artigo, os valores eventualmente pagos, a qualquer título, durante o prazo de reflexão, serão devolvidos, de imediato, monetariamente atualizados.*

O CDC dispõe sobre o direito de arrependimento do consumidor, que pode voltar atrás em sua declaração de vontade de celebrar a relação jurídica de consumo.

Esse direito poderá ocorrer se a contratação *for efetuada fora do estabelecimento comercial,* "especialmente" se for por telefone ou em domicílio. A lei exemplifica duas hipóteses, além da previsão genérica. Esse direito não precisa ser justificado pelo consumidor. Não precisa ter motivo declarado. Basta a vontade de voltar atrás.

7.1. PRAZO DE REFLEXÃO

O prazo de reflexão é de sete dias, para evitar abusos. Ressalte-se que a *contagem* se dá a partir da conclusão do contrato de consumo ou do ato de recebimento do produto ou serviço, se posterior ao contrato, excluindo o dia do início e incluindo o do final. O prazo não começará em feriado e se acabar em feriado será prorrogado até o dia útil seguinte.

362   Direito para Administradores – vol. III

7.2. RELAÇÃO DE CONSUMO FORA DO ESTABELECIMENTO COMERCIAL

O Código (CDC) prevê a hipótese de arrependimento quando o consumidor é abordado de forma mais agressiva, com técnicas de *marketing* mais incisivas, e não está preparado suficientemente para contratar. Além disso, o consumidor, nessas práticas fora do estabelecimento comercial, não tem contato físico com o produto, não pode examiná-lo para verificar eventuais qualidades e defeitos. Por exemplo: compra e venda porta-a-porta, por telefone, por reembolso postal, *fax,* videotexto, prospectos etc.

7.3. EXCEÇÕES AO DIREITO DE ARREPENDIMENTO

Vejamos as hipóteses de exceção ao direito de arrependimento:

1. caso o consumidor tenha conhecimento dos produtos ou serviços e, a partir de então, usualmente contrata por telefone com o fornecedor, não há direito de arrependimento. Entretanto, se houver mudanças nas condições usuais do produto ou do negócio, não haverá exceção, existirá o direito de arrependimento;
2. se for da essência do negócio ser realizado fora do estabelecimento, também não haverá direito de arrependimento, como, por exemplo, a compra e venda de imóvel, que é celebrada, de regra, fora do estabelecimento comercial (= no cartório, na presença de oficial). Se as negociações preliminares ocorreram no estabelecimento de uma imobiliária, não há direito de arrependimento.

7.4. O DIREITO DE ARREPENDIMENTO E A DEVOLUÇÃO DAS QUANTIAS PAGAS

Se exercer o direito de arrependimento, o consumidor terá direito à *devolução das quantias pagas,* monetariamente atualizadas (pelo índice oficial), *de imediato.* A cláusula contratual que lhe retire esse direito é considerada abusiva, sendo *nula* (artigo 51, II, CDC).

Destacamos que os gastos do fornecedor com relação a frete, envio de material e outros encargos não são *devidos pelo consumidor*. Fazem parte do risco do negócio a ser suportado pelo fornecedor. Cláusula em sentido contrário será considerada abusiva por inibir o exercício do direito de arrependimento, sendo *nula*.

8. GARANTIA CONTRATUAL

Vejamos o que estipula o artigo 50 do CDC e seu parágrafo único:

> *A garantia contratual é complementar à legal e será conferida mediante termo escrito.*
>
> *Parágrafo único. O termo de garantia ou equivalente deve ser padronizado e esclarecer, de maneira adequada em que consiste a mesma garantia, bem como a forma, o prazo e o lugar em que pode ser exercitada e os ônus a cargo do consumidor, devendo ser-lhe entregue, devidamente preenchido pelo fornecedor, no ato do fornecimento, acompanhado de manual de instrução, de instalação e uso do produto em linguagem didática, com ilustrações.*

Como se nota, a garantia contratual é complemento da garantia legal. Trata-se de faculdade a critério do fornecedor, podendo ser acordada entre fornecedor e consumidor.

Entretanto, a *garantia legal é obrigatória e* independe da vontade das partes. Por exemplo:

- artigo 24 do CDC – adequação, qualidade e segurança de serviços a cargo do fornecedor.
- artigo 25 do CDC – indenização pelo fato ou vício do produto ou serviço.

Assim, a garantia contratual é um *plus* oferecido pelo fornecedor a favor do consumidor. Será fixada livremente, quanto a prazos e condições, visando à competitividade dos produtos no mercado.

364   Direito para Administradores – vol. III

Acrescente-se que a garantia não pode ser dada verbalmente. O CDC exige termo escrito para que fique expresso o conteúdo dessa mesma garantia. Deve ser também padronizada, para que atinja a todos os consumidores de maneira uniforme.

O consumidor deve ser devidamente esclarecido sobre os termos da garantia, porque ela é parte integrante do contrato de consumo.

O termo de garantia deve ser preenchido pelo fornecedor, por ocasião do contrato de consumo, e entregue ao consumidor com o *manual de instrução e instalação (este é obrigatório)*. Decorre do dever do fornecedor o direito do consumidor à informação correta, precisa e adequada sobre os produtos e serviços.

9. AS CLÁUSULAS ABUSIVAS

Vejamos o que estipula o artigo 51 do CDC:

São nulas de pleno direito, entre outras, as cláusulas contratuais relativas ao fornecimento de produtos e serviços que:

Cláusula abusiva é a notoriamente desfavorável ao consumidor, parte mais fraca da relação contratual. Também chamada de cláusula opressiva, onerosa ou excessiva, ela quebra o equilíbrio entre as partes. Não se refere apenas às cláusulas de adesão, podendo ser referente a qualquer cláusula contratual, escrita ou verbal.

9.1. NULIDADE DE PLENO DIREITO

Como visto, as cláusulas abusivas são nulas (artigo 51, *caput*).

A nulidade deve ser reconhecida judicialmente, por meio de ação direta (ou reconvenção), de exceção substancial alegada em defesa (contestação), ou por ato *ex officio* do juiz. A sentença que reconhece a nulidade não é declaratória, mas *constitutiva negativa*. Ademais, seu efeito opera *ex tunc* (desde o momento da efetuação do contrato).

Por ser matéria de ordem pública, a nulidade de pleno direito *não é atingida pela preclusão*, podendo ser argüida a qualquer tempo e grau de jurisdição, impondo-se ao juiz o dever de pronunciá-la de ofício.

A ação para pleitear em juízo o reconhecimento da nulidade é imprescritível, posto que o Código (CDC) não fixou prazo para seu exercício.

9.2. AS CLÁUSULAS ABUSIVAS RELACIONADAS NO CDC (ARTIGO 51) SÃO EXEMPLIFICATIVAS

O CDC apenas enunciou algumas das cláusulas que considera abusivas, havendo outras disposições esparsas no Código. O *caput* do artigo 51 é expresso em utilizar os termos "entre outras". Seria o exemplo de uma cláusula que estipulasse um foro (= local de julgamento de eventual ação) prejudicial ao consumidor.

Assim, o juiz poderá reconhecer e declarar nula determinada cláusula, atendidos os princípios da boa-fé e da proteção ao consumidor. Nesse sentido, o artigo 6º, IV, do CDC, dispõe genericamente que o consumidor tem o direito de proteção contra as cláusulas abusivas, não restringindo a amplitude desse direito.

9.2.A. CLÁUSULA DE NÃO INDENIZAR

Vejamos o que estipula o inciso I do artigo 51 do CDC:

> *I – impossibilitem, exonerem ou atenuem a responsabilidade do fornecedor por vícios de qualquer natureza dos produtos e serviços ou impliquem renúncia ou disposição de direitos. Nas relações de consumo entre o fornecedor e o consumidor pessoa jurídica, a indenização poderá ser limitada, em situações justificáveis;*

Assim, é nula a cláusula que contenha óbice ao dever legal de indenizar. A proibição atinge qualquer cláusula que tenha por objetivo exonerar, impossibilitar ou atenuar a responsabilidade do fornecedor (artigo 51, I).

366 Direito para Administradores – vol. III

9.2.B. CLÁUSULA DE RENÚNCIA OU DISPOSIÇÃO DE DIREITOS

As normas do CDC são de ordem pública e interesse social, cláusula de renúncia ou disposição de direitos não tem validade porque quebra o equilíbrio contratual.

9.2.C. CLÁUSULA DE LIMITAÇÃO DA INDENIZAÇÃO COM CONSUMIDOR PESSOA JURÍDICA

Na hipótese da relação fornecedor-consumidor pessoa jurídica, a lei abranda a proibição da cláusula de exoneração da responsabilidade. Permite a *estipulação de limitação da indenização,* mas não a exoneração, *desde que a situação seja justificável.*

Entretanto, ficará ao juiz a decisão sobre a situação, se é justificável ou não, para limitar a indenização. Por exemplo, o fornecedor vende computador de grande porte para consumidor pessoa jurídica e estipula limitação da responsabilidade em caso de dano.

9.2.D. CLÁUSULA QUE IMPEÇA REEMBOLSO DA QUANTIA PAGA PELO CONSUMIDOR

Vejamos o que estipula o inciso II do artigo 51 do CDC:

> *II – subtraiam ao consumidor a opção de reembolso da quantia já paga, nos casos previstos neste código;*

Quando o consumidor tem o direito conferido pelo CDC de reembolso das quantias pagas ao fornecedor, é nula a cláusula que lhe retirar o direito. Por exemplo, no caso de direito de arrependimento.

9.2.E. TRANSFERÊNCIA DE RESPONSABILIDADE A TERCEIROS

Vejamos o que estipula o inciso III do artigo 51 do CDC:

> *III – transfiram responsabilidades a terceiros;*

As partes devem suportar os ônus e as obrigações decorrentes da relação de consumo, não podendo o fornecedor transferir a terceiros sua responsabilidade.

Contudo, isso não se aplica ao *contrato de seguro* que pode fazer o fornecedor com uma seguradora, para garantir-se dos riscos de sua atividade. O CDC prevê expressamente a possibilidade (artigo 101, II), inclusive com a hipótese de chamamento ao processo da seguradora para ressarcimento ao consumidor.

9.2.F. COLOCAÇÃO DO CONSUMIDOR EM DESVANTAGEM EXAGERADA

Vejamos o que estipula o inciso IV do artigo 51 do CDC:

IV – estabeleçam obrigações consideradas iníquas, abusivas, que coloquem o consumidor em desvantagem exagerada, ou sejam incompatíveis com a boa-fé ou a eqüidade;

Ressalte-se que o juiz é que avaliará, em cada caso concreto, a desvantagem do consumidor. Como veremos, o § 1º do artigo 51 estabelece, exemplificativamente, algumas hipóteses de vantagem exagerada do fornecedor:

a) ofensa aos princípios fundamentais do sistema jurídico. Por exemplo: afastar normas básicas do CDC;
b) restringir direitos ou obrigação fundamentais inerentes à natureza do contrato, ameaçando seu equilíbrio. Por exemplo: preço profundamente elevado;
c) excessiva onerosidade ao consumidor.

9.2.G. CLÁUSULA INCOMPATÍVEL COM A BOA-FÉ E A EQÜIDADE

Também ficarão a critério judicial no caso concreto. Por exemplo: a cláusula surpresa, que surpreenda o fornecedor durante a execução do contrato.

368 Direito para Administradores – vol. III

9.2.H. INVERSÃO PREJUDICIAL DO ÔNUS DA PROVA

Vejamos o que estipula o inciso VI do artigo 51 do CDC:

VI – estabeleçam inversão do ônus da prova em prejuízo do consumidor;

Se for em prejuízo ao consumidor, a cláusula será nula.

9.2.I. ARBITRAGEM COMPULSÓRIA

Vejamos o que estipula o inciso VII do artigo 51 do CDC:

VII – determinem a utilização compulsória de arbitragem;

As partes podem contratar a arbitragem para solucionar problemas decorrentes da relação de consumo. Será uma espécie de transação realizada entre as partes, tratando-se de direitos disponíveis.

O que não é admitido é a cláusula que obrigue à arbitragem, ou deixe a critério do fornecedor sua determinação.

É proibida a cláusula *prévia de arbitragem*, ou seja, aquela que disponha que qualquer litígio decorrente do contrato será resolvido por juízo arbitral. Porém, nada impede que, surgindo litígio ou discussão determinada, em concreto, as partes optem pelo juízo arbitral.

9.2.J. REPRESENTANTE IMPOSTO PARA CONCLUIR OUTRO NEGÓCIO JURÍDICO PELO CONSUMIDOR

Vejamos o que estipula o inciso VIII do artigo 51 do CDC:

VIII – imponham representante para concluir ou realizar outro negócio jurídico pelo consumidor;

Podemos citar como exemplo: contratos bancários, de cartão de crédito, ou de compra a prazo, em que exista cláusula que determine um representante ao consumidor, para que, em seu nome, emita nota promissória, letra de câmbio, enfim, título de crédito etc.

9.2.K. OPÇÃO EXCLUSIVA DO FORNECEDOR PARA CONCLUIR O CONTRATO

Vejamos o que estipula o inciso IX do artigo 51 do CDC:

IX – deixem ao fornecedor a opção de concluir ou não o contrato, embora obrigando o consumidor;

Dessa forma, não se permite cláusula que obrigue o consumidor a aceitar a opção do fornecedor de concluir ou não o contrato a seu exclusivo critério.

9.2.L. ALTERAÇÃO UNILATERAL DO PREÇO

Vejamos o que estipula o inciso X do artigo 51 do CDC:

X – permitam ao fornecedor, direta ou indiretamente, variação do preço de maneira unilateral;

O consumidor não pode ser obrigado contratualmente a aceitar o acréscimo no preço decorrente exclusivamente da vontade do fornecedor. Se ocorrerem modificações da situação econômica, os participantes da relação de consumo deverão discutir livremente as cláusulas contratuais.

9.2.M. CANCELAMENTO UNILATERAL DO CONTRATO POR PARTE DO FORNECEDOR

Vejamos o que estipula o inciso XI do artigo 51 do CDC:

XI – autorizem o fornecedor a cancelar o contrato unilateralmente, sem que igual direito seja conferido ao consumidor;

A lei permite cláusula com a previsão de cancelamento por ambas as partes, colocando fornecedor e consumidor em posição de equilíbrio, mas veda cláusula em que o cancelamento do contrato fique a exclusivo critério do fornecedor.

370   Direito para Administradores – vol. III

9.2.N. RESSARCIMENTO UNILATERAL DOS CUSTOS DE COBRANÇA

Vejamos o que estipula o inciso XII do artigo 51 do CDC:

XII – obriguem o consumidor a ressarcir os custos de cobrança de sua obrigação, sem que igual direito lhe seja conferido contra o fornecedor;

Igualmente, a lei determina que esse direito pode ser estendido aos dois pólos da relação de consumo e veda sua estipulação apenas em favor do fornecedor.

9.2.O. MODIFICAÇÃO UNILATERAL DE CONTRATO

Vejamos o que estipula o inciso XIII do artigo 51 do CDC:

XIII – autorizem o fornecedor a modificar unilateralmente o conteúdo ou a qualidade do contrato, após sua celebração;

Assim, não é lícita a cláusula que permite ao fornecedor alterar unilateralmente o conteúdo ou a qualidade do contrato. Todas as alterações contratuais devem ser discutidas entre fornecedor e consumidor.

9.2.P. INFRAÇÃO DE NORMAS AMBIENTAIS

Vejamos o que estipula o inciso XIV do artigo 51 do CDC:

XIV – infrinjam ou possibilitem a violação de normas ambientais;

9.2.Q. EM DESACORDO COM O SISTEMA DO CDC

Vejamos o que estipula o inciso XV do artigo 51 do CDC:

XV – estejam em desacordo com o sistema de proteção ao consumidor;

9.2.R. RENÚNCIA À INDENIZAÇÃO DE BENFEITORIAS NECESSÁRIAS

Vejamos o que estipula o inciso XVI do artigo 51 do CDC:

XVI – possibilitem a renúncia do direito de indenização por benfeitorias necessárias.

9.2.S. PRESUNÇÃO DE ABUSIVIDADE

Vejamos o que estipula o parágrafo 1º (e seus incisos) do artigo 51 do CDC:

§ 1º Presume-se exagerada, entre outros casos, a vontade que:

I – ofende os princípios fundamentais do sistema jurídico a que pertence;

II – restringe direitos ou obrigações fundamentais inerentes à natureza do contrato, de tal modo a ameaçar seu objeto ou equilíbrio contratual;

III – se mostra excessivamente onerosa para o consumidor, considerando-se a natureza e conteúdo do contrato, o interesse das partes e outras circunstâncias peculiares ao caso.

Para ilustrar o referido dispositivo, vejamos a seguir um exemplo obtido no *site* www.expressodanoticia.com.br:

Justiça proíbe bancos de cobrar multa por inadimplência

Os correntistas que estiverem em débito no banco não terão mais que pagar multa moratória sobre o valor da dívida, mesmo que esteja prevista em contrato. A decisão é do juiz da 2ª Vara Empresarial, Jorge Luiz Martins Alves, que entendeu que os bancos podem cobrar apenas comissão de permanência e juros em caso de atraso. Com isso, Itaú, Banerj, BankBoston, Unibanco, Banco Safra, Bradesco, Sudameris e Banco BCN terão 24 horas para cancelar as cobranças, sob pena de pagamento de 30 mil reais a cada infração. Segundo o juiz Jorge Luiz Martins Alves, a

372 Direito para Administradores – vol. III

*cobrança da multa é abusiva se cobrada junto com a comissão de per-
manência. Isso vale para todos os contratos de adesão, como os de abertura de conta ou contratação de cheque especial, por exemplo. A fim de
que a decisão seja cumprida imediatamente, o magistrado determinou
também que todos os bancos fossem citados através de seus gerentes ou
qualquer outro funcionário. A decisão foi dada liminarmente em civil
pública foi proposta pelo Centro de Apoio Operacional de Defesa do
Consumidor do Ministério Público. O juiz Jorge Luiz Martins Alves vai
decidir ainda, no julgamento final do processo, se os bancos terão que
devolver em dobro o valor das multas moratórias cobradas de maneira
irregular de seus correntistas. – 18/10/2002 – Fonte: TJRJ*

9.3. O PRINCÍPIO DA PRESERVAÇÃO DO CONTRATO

Vejamos o que estipula o parágrafo 2º do artigo 51 do CDC:

> **A nulidade de uma cláusula contratual abusiva não invalida o
> contrato, exceto quando de sua ausência, apesar dos esforços de
> integração, decorrer ônus excessivo a qualquer das partes.**

9.4. CONTROLE DAS CLÁUSULAS CONTRATUAIS

Vejamos o que estipula o parágrafo 4º do artigo 51 do CDC:

> **§ 4º É facultado a qualquer consumidor ou entidade que o repre-
> sente requerer ao Ministério Público que ajuíze a competente ação
> para ser declarada a nulidade de cláusula contratual que contrarie
> o disposto neste código ou de qualquer forma não assegure o justo
> equilíbrio entre direitos e obrigações das partes.**

Referido controle poderá ser efetivado por meio do Inquérito
Civil, resultando em acordo extrajudicial ou propositura da ação
civil pública, para a proteção judicial da relação de consumo contra
as cláusulas abusivas.

Qualquer pessoa pode representar ao Ministério Público para sua
intervenção no controle das cláusulas contratuais.

10. DAS NORMAS SOBRE O CRÉDITO, O FINANCIAMENTO E A COMPRA E VENDA À PRESTAÇÃO

Vejamos o que estipulam os artigos 52 e 53 do CDC:

Art. 52. No fornecimento de produtos ou serviços que envolva outorga de crédito ou concessão de financiamento ao consumidor, o fornecedor deverá, entre outros requisitos, informá-lo prévia e adequadamente sobre:

I – preço do produto ou serviço em moeda corrente nacional;

II – montante dos juros de mora e da taxa efetiva anual de juros;

III – acréscimos legalmente previstos;

IV – número e periodicidade das prestações;

V – soma total a pagar, com e sem financiamento.

§ 1º As multas de mora decorrentes do inadimplemento de obrigações no seu termo não poderão ser superiores a dois por cento do valor da prestação. (Redação dada pela Lei nº 9.298, de 1º/8/1996.)

§ 2º É assegurado ao consumidor a liquidação antecipada do débito, total ou parcialmente, mediante redução proporcional dos juros e demais acréscimos.

§ 3º (Vetado.)

Art. 53. Nos contratos de compra e venda de móveis ou imóveis mediante pagamento em prestações, bem como nas alienações fiduciárias em garantia, consideram-se nulas de pleno direito as cláusulas que estabeleçam a perda total das prestações pagas em benefício do credor que, em razão do inadimplemento, pleitear a resolução do contrato e a retomada do produto alienado.

§ 1º (Vetado.)

§ 2º Nos contratos do sistema de consórcio de produtos duráveis, a compensação ou a restituição das parcelas quitadas, na forma deste artigo, terá descontada, além da vantagem econômica auferida com a fruição, os prejuízos que o desistente ou inadimplente causar ao grupo.

§ 3º Os contratos de que trata o caput deste artigo serão expressos em moeda corrente nacional.

374 Direito para Administradores – vol. III

Seja de móveis ou imóveis, a lei veda cláusula que estipule a perda total dos valores pagos pelo consumidor em caso de resolução do contrato por inadimplência do mesmo. É idêntica a situação para a alienação fiduciária.

É permitida, contudo, a estipulação de pena ao consumidor pelo inadimplemento contratual, desde que essa pena seja equitativa.

11. OS CONTRATOS DE ADESÃO

Vejamos o que estipula o artigo 54 do CDC e seus parágrafos:

> *Contrato de adesão é aquele cujas cláusulas tenham sido aprovadas pela autoridade competente ou estabelecidas unilateralmente pelo fornecedor de produtos ou serviços, sem que o consumidor possa discutir ou modificar substancialmente seu conteúdo.*
>
> *§ 1º A inserção de cláusula no formulário não desfigura a natureza de adesão do contrato.*
>
> *§ 2º Nos contratos de adesão admite-se cláusula resolutória, desde que a alternativa, cabendo a escolha ao consumidor, ressalvando-se o disposto no § 2º do artigo anterior.*
>
> *§ 3º Os contratos de adesão escritos serão redigidos em termos claros e com caracteres ostensivos e legíveis, de modo a facilitar sua compreensão pelo consumidor.*
>
> *§ 4º As cláusulas que implicarem limitação de direito do consumidor deverão ser redigidas com destaque, permitindo sua imediata e fácil compreensão.*
>
> *§ 5º (Vetado.)*

Tratam-se de contratos cujas cláusulas tenham sido aprovadas pela autoridade competente ou estabelecidas unilateralmente pelo fornecedor, sem que o consumidor possa discutir ou modificar substancialmente seu conteúdo.

O conceito abrange tanto os contratos chamados *de adesão* quanto os *por adesão*. Quer sejam as cláusulas estipuladas pelo Poder Público (de adesão), como, por exemplo, as cláusulas de fornecimento de energia elétrica, quer estipuladas unilateralmente pelo fornecedor (por adesão), desde que não possam ser recusadas substancialmente pelo consumidor, estarão abrangidas pelo conceito.

11.1. AS REGRAS PROTETIVAS DO CONSUMIDOR NOS CONTRATOS DE ADESÃO

A lei não veda a existência do contrato de adesão, mas estipula certas regras protetivas ao consumidor. Com efeito:

- a inserção de cláusula no formulário não desnatura o contrato de adesão;
- somente é admitida cláusula resolutória se a escolha for do consumidor aderente;
- os contratos de adesão poderão ser escritos ou verbais;
- os escritos deverão ter redação clara e legível, possibilitando o efetivo conhecimento do consumidor;
- as cláusulas limitativas de direitos do consumidor deverão ser regidas com destaque, permitindo imediata e fácil compreensão.

12. AS SANÇÕES ADMINISTRATIVAS[2]

Vejamos o que estipula o artigo 56 do CDC:

Art. 56. As infrações das normas de defesa do consumidor ficam sujeitas, conforme o caso, às seguintes sanções administrativas, sem prejuízo das de natureza civil, penal e das definidas em normas específicas:

I – multa;

---

[2] Tendo em vista os limites e objetivos da presente obra, não explicitaremos, tampouco comentaremos, as normas penais previstas no CDC, as quais sancionam criminalmente determinados comportamentos (artigos 61 a 80). Lembramos, outrossim, que a Lei nº 8.137/90 igualmente estabelece comportamentos contrários à relação de consumo, que são considerados criminosos.

376 Direito para Administradores – vol. III

II – apreensão do produto;

III – inutilização do produto;

IV – cassação do registro do produto junto ao órgão competente;

V – proibição de fabricação do produto;

VI – suspensão de fornecimento de produtos ou serviço;

VII – suspensão temporária de atividade;

VIII – revogação de concessão ou permissão de uso;

IX – cassação de licença do estabelecimento ou de atividade;

X – interdição, total ou parcial, de estabelecimento, de obra ou de atividade;

XI – intervenção administrativa;

XII – imposição de contrapropaganda.

Parágrafo único. As sanções previstas neste artigo serão aplicadas pela autoridade administrativa, no âmbito de sua atribuição, podendo ser aplicadas cumulativamente, inclusive por medida cautelar, antecedente ou incidente de procedimento administrativo.

Terceira Parte

Direito Econômico

Capítulo 13
O Direito Econômico

OBJETIVO

Neste capítulo, iremos delinear o conceito de direito econômico, bem como apresentar as principais normas que regem esse ramo do direito, no afã de propiciar ao leitor um melhor entendimento do que será desenvolvido no próximo capítulo.[1]

Introdução. 1. Conceito de Direito Econômico. 2. Principais Normas de Direito Econômico Contidas no Ordenamento Jurídico Brasileiro. 2.A. A Lei nº 8.137/90. 3. Demais Fontes de Direito Econômico.

INTRODUÇÃO

Ab initio, cabe destacar que a ordem econômica adquiriu importância jurídica a partir do instante em que as constituições passaram a discipliná-la sistematicamente. O marco inicial foi a Constituição mexicana de 1917.

No Brasil, a Constituição de 1934 foi a primeira a estabelecer princípios e normas sobre a ordem econômica, sob a influência da Constituição alemã de *Weimar*. Entretanto, como assevera José Afonso da Silva, *verbis*:

---

[1] Como também nos capítulos que estão disponibilizados on-line.

380   Direito para Administradores – vol. III

Isso não quer dizer que, nessa disciplina, se colhe necessariamente um "sopro de socialização". Não, aqui, como no mundo ocidental em geral, a ordem econômica consubstanciada na Constituição não é senão uma forma econômica capitalista, porque ela se apóia inteiramente na apropriação privada dos meios de produção e na iniciativa privada (art. 170). Isso caracteriza o *modo de produção capitalista*, que não deixa de ser tal por eventual ingerência do Estado na economia nem por circunstancial exploração direta de atividade econômica pelo Estado e possível monopolização de alguma área econômica, porque essa atuação estatal ainda se insere no princípio básico do capitalismo que é a apropriação exclusiva por uma classe dos meios de produção, e, como é essa mesma classe que domina o aparelho estatal, a participação deste na economia atende a interesses da classe dominante.

A atuação do Estado, assim, não é nada menos do que uma tentativa de pôr ordem na vida econômica e social, de arrumar a desordem que provinha do liberalismo. Isso tem efeitos especiais, porque importa em impor condicionamentos à atividade econômica, do que derivam os *direitos econômicos* que consubstanciam o conteúdo da constituição econômica (...)[2]

A verdade é que as imperfeições do liberalismo, relacionadas à incapacidade de auto-regulação dos mercados, conduziram à atribuição de nova função do Estado. Isto é, à idealização de liberdade, igualdade e fraternidade se contrapôs a realidade do poder econômico. Nesse diapasão, assevera Eros Roberto Grau:

A pretexto de defesa da concorrência suprimiram-se as corporações de ofício, mas isso ensejou, em substituição do domínio pela tradição, a hegemonia do capital. A liberdade econômica, porque abria campo às manifestações do poder econômico, levou à supressão da concorrência. O proprietário de uma coisa, *res* – como observou Karl Renner –, impõe sua vontade; o poder sobre as coisas engendra um *poder pessoal*; a propriedade, assim, de mero título para dispor de objetos materiais, se converte em *título de poder* sobre as pessoas e,

---

[2] In: *Curso de Direito Constitucional Positivo*, p. 752.

enquanto possibilita o exercício do poder no interesse privado, converte-se em um título de domínio.

O *modelo* clássico de mercado ignorava e recusava a idéia de poder econômico. Na *práxis*, todavia, os defensores do poder econômico, porque plenamente conscientes de sua capacidade de dominação, atuando a largas braçadas sob a égide de um princípio sem princípios – o princípio do livre mercado –, passaram e desde então perseveram a controlar os mercados. Daí o arranjo inteligente das leis *anti-trust*, que preservam as estruturas dos mercados, sem contudo extirpar a hegemonia dos monopólios e oligopólios.[3]

Na mesma linha de raciocínio, Paulo Henrique Rocha Scott, *verbis*:

O século XX revelou sérias mudanças na relação – até então mantida sob os moldes setecentistas em que foi concebida – entre Estado e atividade econômica. As pretensões de crescimento e desenvolvimento econômico, assumidas por vários países ocidentais como ideais a serem concretizados dentro do regime econômico liberal, determinou ao Estado contemporâneo a assunção de papéis que o aproximaram do campo das relações econômicas, não propenso, dentro dos padrões clássicos, às influências das decisões de ordem política.

Nesse novo contexto, o Direito passou a organizar amplamente os processos econômicos e a legitimar a opção estatal pelo intervencionismo, instrumentando a realização de determinadas finalidades econômicas e sociais, e proporcionando a superação do modelo liberal oitocentista que sustentou a normalidade da separação entre a atividade política do Estado e a atividade econômica praticada sob intensa liberdade no âmbito da sociedade. O planejamento econômico estatal, nisso, surge como novidade, como grande promessa capaz de produzir soluções a certos impasses em torno da implantação das novas aspirações socioeconômicas. No Brasil, sua acolhida pela ordem constitucional se deu *pari passu* com a sua exposição, assunção e utilização pelos países centrais – na maioria das oportunidades, vale anotar, em decorrência de uma atitude copista, consubstanciada na mera importação de soluções político-jurídicas estrangeiras,

---

[3] In: *A ordem econômica na Constituição de 1988*, p. 15-16.

382 Direito para Administradores – vol. III

mas também, eventualmente, como tentativa de criação de um meio hábil, capaz de estabelecer, sob grande atraso, um regime capitalista nacional verdadeiro, não-aparente –, evoluindo até a solução contemporânea dada pela Constituição vigente que, de modo superficial, recepcionou-o em seu texto, arrolando-o, inclusive, como modo de efetivação do papel do Estado como agente normativo e regulador da atividade econômica.[4]

1. CONCEITO DE DIREITO ECONÔMICO

Feito esse breve intróito sobre o surgimento, na história, das normas de direito econômico, cabe destacar a conceituação desse ramo do direito (= Direito Econômico) feita por alguns juristas de renome. Se não vejamos:

- **Washington Peluso Albino de Souza** conceitua o Direito Econômico como "o ramo do Direito, composto por um conjunto de normas de conteúdo econômico e que tem por objeto regulamentar as medidas de política econômica referentes às relações e aos interesses individuais e coletivos, harmonizando-os – pelo princípio da *economicidade* – com a ideologia adotada na ordem jurídica". Assim, trata-se de ramo do direito que se aplica a regulamentar as medidas de política econômica que adota uma linha de maior vantagem nas suas decisões. Sua autonomia está sustentada sobre a consideração das seguintes circunstâncias: regulamenta medidas de política econômica (a) e harmoniza relações e interesses com a ideologia adotada na ordem jurídica (b), pelo princípio da economicidade (c). Economicidade é a linha de maior vantagem nas decisões econômicas (ou de política econômica, quando tratamos do Direito Econômico). Ressalte-se que "econômico" é vocábulo marcado pela ideologia do capitalismo, conotando obtenção da vantagem lucro; lucro, pois, é rentabilidade econômica. Diante de outras

---

[4] In: *Direito Constitucional Econômico*, p. 19-24.

O Direito Econômico   Henrique M. dos Reis / Claudia N. P. dos Reis   **383**

ideologias, entretanto, a economicidade deixa de ser, necessariamente, o lucro. Dessa forma, nas palavras de Washington Albino, "economicamente justo, segundo o princípio da economicidade introduzido neste contexto, é o que se põe em prática por medidas de política econômica, visando realizar o que a sua soberania democrática tenha definido na Constituição, como o fundamento dos princípios ideológicos que a inspiram".

- **Fábio Konder Comparato** refere-se ao direito econômico como "o conjunto das técnicas jurídicas de que lança mão o Estado contemporâneo na realização de sua *política econômica". Sua autonomia, acrescenta Fábio Comparato, "é dada pela sua finalidade: traduzir normativamente os instrumentos de política econômica do Estado".* Dessa forma, o que o peculiariza como *ramo do direito* é a sua destinação à instrumentalização, mediante *ordenação jurídica, da política econômica do Estado. Trata-se de sistema normativo voltado à ordenação do processo econômico, mediante a regulação, sob o ponto de vista macrojurídico, da atividade econômica, de sorte a definir uma disciplina destinada à efetivação da política econômica estatal.* Esse é o Direito Econômico a que a Constituição de 1988 se refere, no seu artigo 24, I, como matéria a respeito da qual compete à União, aos Estados e ao Distrito Federal, concorrentemente, legislar: ramo do direito que se destina a, como observa Fábio Comparato, "traduzir normativamente os instrumentos da *política econômica* do Estado".[5]

2. PRINCIPAIS NORMAS DE DIREITO ECONÔMICO CONTIDAS NO ORDENAMENTO JURÍDICO BRASILEIRO

A Constituição Federal (= Constituição Econômica e Dirigente), a Lei nº 8.884/94 (= Lei Antitruste) e a Lei nº 8.137/90 (normas penais de repressão ao abuso do poder econômico) são as principais nor-

---

[5] Ver GRAU, Eros Roberto. In: *A ordem econômica na Constituição de 1988*, p. 174-175.

384 Direito para Administradores – vol. III

mas de direito econômico existentes no ordenamento jurídico brasileiro.

Não restam dúvidas de que, entre essas normas, a Constituição Federal ocupa papel de destaque, pois, na hierarquia das leis, é a base do ordenamento jurídico. Assim, tanto a Lei nº 8.884/94 quanto a Lei nº 8.137/90, embora importantíssimas dentro do contexto de regulação econômica, devem estar de conformidade como os princípios da ordem econômica veiculados na Constituição Federal.

Os princípios da ordem econômica (= Constituição Federal) serão estudados no próximo capítulo e as regras antitruste (Lei nº 8.884/94), nos capítulos disponibilizados *on-line*.

2.A. A LEI Nº 8.137/90

Tendo em vista os limites do presente estudo, não teceremos detalhes sobre as normas de repressão penal ao abuso de poder econômico (Lei nº 8.137/90), com a ressalva, outrossim, de que a infração à ordem econômica pode eventualmente ser de natureza penal, de conformidade com lei em questão. Entretanto, vejamos sucintamente o que preceitua a Lei nº 8.137/90, *verbis*:

Dos Crimes Contra a Economia e as Relações de Consumo

Art. 4º. Constitui crime contra a ordem econômica:

I – abusar do poder econômico, dominando o mercado ou eliminando, total ou parcialmente, a concorrência mediante:

a) ajuste ou acordo de empresas;

b) aquisição de acervos de empresas ou cotas, ações, títulos ou direitos;

c) coalizão, incorporação, fusão ou integração de empresas;

d) concentração de ações, títulos, cotas, ou direitos em poder de empresa, empresas coligadas ou controladas, ou pessoas físicas;

e) cessação parcial ou total das atividades da empresa;

f) impedimento à constituição, funcionamento ou desenvolvimento de empresa concorrente.

II – formar acordo, convênio, ajuste ou aliança entre ofertantes, visando:

a) à fixação artificial de preços ou quantidades vendidas ou produzidas;

b) ao controle regionalizado do mercado por empresa ou grupo de empresas;

c) ao controle, em detrimento da concorrência, de rede de distribuição ou de fornecedores.

III – discriminar preços de bens ou de prestação de serviços por ajustes ou acordo de grupo econômico, com o fim de estabelecer monopólio, ou de eliminar, total ou parcialmente, a concorrência;

IV – açambarcar, sonegar, destruir ou inutilizar bens de produção ou de consumo, com o fim de estabelecer monopólio ou de eliminar, total ou parcialmente, a concorrência;

V – provocar oscilação de preços em detrimento de empresa concorrente ou vendedor de matéria-prima, mediante ajuste ou acordo, ou por outro meio fraudulento;

VI – vender mercadorias abaixo do preço de custo, com o fim de impedir a concorrência;

VII – elevar sem justa causa o preço de bem ou serviço, valendo-se de posição dominante no mercado. (Redação dada pela Lei nº 8.884, de 11/6/1994.)

Pena – reclusão, de 2 (dois) a 5 (cinco) anos, ou multa.

Art. 5º. Constitui crime da mesma natureza:

I – exigir exclusividade de propaganda, transmissão ou difusão de publicidade, em detrimento de concorrência;

II – subordinar a venda de bem ou a utilização de serviço à aquisição de outro bem, ou ao uso de determinado serviço;

III – sujeitar a venda de bem ou a utilização de serviço à aquisição de quantidade arbitrariamente determinada;

IV – recusar-se, sem justa causa, o diretor, administrador, ou gerente de empresa a prestar à autoridade competente ou prestá-la de modo inexato, informando sobre o custo de produção ou preço de venda.

Pena – detenção, de 2 (dois) a 5 (cinco) anos, ou multa.

386 Direito para Administradores – vol. III

Parágrafo único. A falta de atendimento da exigência da autoridade, no prazo de 10 (dez) dias, que poderá ser convertido em horas em razão da maior ou menor complexidade da matéria ou da dificuldade quanto ao atendimento da exigência, caracteriza a infração prevista no inciso IV.

Art. 6º. Constitui crime da mesma natureza:

I – vender ou oferecer à venda mercadoria, ou contratar ou oferecer serviço, por preço superior ao oficialmente tabelado, ao regime legal de controle;

II – aplicar fórmula de reajustamento de preços ou indexação de contrato proibida, ou diversa daquela que for legalmente estabelecida, ou fixada por autoridade competente;

III – exigir, cobrar ou receber qualquer vantagem ou importância adicional de preço tabelado, congelado, administrado, fixado ou controlado pelo Poder Público, inclusive por meio da adoção ou de aumento de taxa ou outro percentual, incidente sobre qualquer contratação.

Pena – detenção, de 1 (um) a 4 (quatro) anos, ou multa.

CAPÍTULO IV

Das Disposições Gerais

Art. 11. Quem, de qualquer modo, inclusive por meio de pessoa jurídica, concorre para os crimes definidos nesta lei, incide nas penas a estes cominadas, na medida de sua culpabilidade.

Parágrafo único. Quando a venda ao consumidor for efetuada por sistema de entrega ao consumo ou por intermédio de outro em que o preço ao consumidor é estabelecido ou sugerido pelo fabricante ou concedente, o ato por este praticado não alcança o distribuidor ou revendedor.

Art. 12. São circunstâncias que podem agravar de 1/3 (um terço) até a metade as penas previstas nos arts. 1º, 2º e 4º a 7º:

I – ocasionar grave dano à coletividade;

II – ser o crime cometido por servidor público no exercício de suas funções;

III – ser o crime praticado em relação à prestação de serviços ou ao comércio de bens essenciais à vida ou à saúde.

2.A.1. A CRIMINALIDADE ECONÔMICA

Lembramos o que se entende por criminalidade econômica, objeto do Direito Penal Econômico. O professor Manuel Pedro Pimentel define os delitos econômicos como sendo as condutas típicas, sancionadas penalmente com o fim de prover a segurança e a regularidade da política econômica do Estado, diferenciando-os dos crimes contra a economia popular, "dada a natureza específica diversa dos bens jurídicos protegidos".

Entendendo de forma mais ampla, Paulo Salvador Frontini, afirma:

> São condutas que, assimilando as feições por que se exteriorizam nas atividades produtoras, buscam o enriquecimento ilícito por meio da fraude e despontam, geralmente, sob a aparência de pessoas jurídicas, acenando com promissoras vantagens ao público em geral. Não raro assumem parâmetros oficiais, constituindo-se sob forma legal. E doutras feitas, essa criminalidade é ainda mais sutil, porque ocorre de modo sub-reptício, mais constante em meio a atividades em empreendimentos que, sob todos os outros aspectos, são úteis e válidos à sociedade.

Relevante notar as observações de Gilberto José Pinheiro Júnior, no sentido de que:

> (...) o Direito Penal Econômico tem por finalidade proteger a ordem necessária para que o fenômeno econômico possa cumprir sua finalidade constitucional. Assim, o delito econômico deverá ser conceituado dentro dos limites dos fatos perturbadores dessa ordem, mas sempre lembrando que a suposição hipotética de todas as condutas possíveis de perturbação dessa ordem é tarefa inimaginável, razão pela qual deverá se socorrer, o legislador, da tipologia aberta, que permitirá, em última análise, o cerco a todas as formas da delinqüência econômica. Dentro, então, deste vasto campo de atuação, poderão ser enquadrados todos os grandes crimes empresariais que, visando ao lucro ilícito e desmedido, ponham-se em oposição aos objetivos constitucionais de justiça e desenvolvimento social. Os bens jurídicos protegidos com o reconhecimento da criminalidade econômica expandem-se de tal forma a abarcar a todos; são, portanto, de extrema relevância na

388   Direito para Administradores – vol. III

ordem constitucional e na hierarquia dos bens jurídicos defendidos pela Constituição. Não seria errado chamá-los de verdadeiros crimes constitucionais, já que violam de tal forma os preceitos constitucionais que chegam a impedir que a Ordem Econômica e Financeira assegure, a todos, uma existência digna, como determinada a tal por força constitucional. Assim, podemos concluir que a conceituação de criminalidade econômica não se prende à conotação econômica do ato, pois se assim o fosse, estaríamos erigindo à categoria de crime econômico um roubo ou um furto, que geram conseqüências econômicas, mas na órbita individual da vítima, incumbindo ao Direito Penal clássico sua prevenção e repressão. O que devemos sempre levar em consideração quando falamos em criminalidade econômica é a potencialidade para lesar a estrutura econômica do país em geral, bem como as medidas estatais de planificação em particular. Isso porque o caráter ético, sempre presente nestes delitos, refere-se a uma Ordem Econômica que visa, em última análise, a prover a justiça social. Sob esse ponto de vista, conceituamos criminalidade econômica como sendo aquela criminalidade específica que, prevista em lei, ataca os preceitos constitucionais da ordem econômica e financeira, deixando seqüelas em toda a coletividade.

3. DEMAIS FONTES DE DIREITO ECONÔMICO

Arrematando este capítulo, cabe destacar as interessantes observações de Marcos Peixoto Mello Gonçalves[6] sobre as demais fontes de direito econômico, além das formais precitadas (= legislação). Veja-se:

> Ao tratar das fontes do Direito Econômico, Washington Peluso Albino de Souza chama a atenção para o fenômeno atual, consistente na degradação das fontes formais de Direito, o que tem sido versado sob o título de crise. Ela decorre, comenta, da presteza, objetividade, autoritarismo, maleabilidade e flexibilidade das medidas emanadas do Executivo, em contraste com a lei elaborada pelo processo legislativo clássico. O decreto, a portaria, a circular, a instrução, o parecer

---

[6] In: *Pluralismo Organizado* – Uma nova visão do Direito Econômico. São Paulo: Quartier Latin, 2002, p. 131-135.

O Direito Econômico   Henrique M. dos Reis / Claudia N. P. dos Reis   **389**

normativo podem ser editados e inclusive modificados, caso violem direitos contestados junto ao Poder Judiciário, desfigurando a situação jurídica em causa. "Embora esdrúxula, essa realidade se nos apresenta freqüentemente."

Essas fontes que não estão expressas em "lei" e que ele agrupa sob o título de "fontes concorrentes", interessam ao Direito Econômico, sendo "citadas as convenções coletivas, os acordos e ajustes (ententes), os contratos-tipo, as condições gerais dos contratos, os diplomas infralegais (circulares, avisos etc.), a regulamentação profissional e assim por diante". A força normativa e cogente que têm não pode ser menosprezada, afirma, e desde logo aponta para o questionamento do próprio conceito de "fonte" na atualidade.

O autor chama de "fontes criadoras" os atos jurídicos geradores de direitos e obrigações às partes, que tenham por sujeito da atividade econômica, o particular, a empresa ou o Estado. Distingue, então, dentre as modalidades de manifestação da vontade, o ato-regra, em que a conduta é garantida mediante coação, o ato-subjetivo, destinado a produzir efeitos jurídicos e o ato-jurisdicional, vontade manifestada pelo Estado ou órgão competente.

(...)

O fato econômico da Câmara Setorial e os acordos setoriais celebrados em seu âmbito, à luz da doutrina do professor emérito da Faculdade de Direito da Universidade de Minas Gerais são, pois, fontes do Direito Econômico.

Em realidade, tomando como exemplo o Acordo Setorial Automotivo,[7] verificamos que ele é fonte de Direito Econômico porque é mesmo um fato econômico tratado pelo Direito Econômico. Esse ramo do direito positivo agasalha-o adequadamente, melhor do que qualquer outro ramo da árvore jurídica, já pelo conteúdo geral do Acordo, centrado na atividade econômica como tal, já porque dispõe de relações estudadas por outros ramos do direito, todavia, como partes de um todo que assume o caráter de Direito Econômico.

---

[7] Acordo Setorial Automotivo, celebrado em março de 1992 e especialmente o de 15 de fevereiro de 1993, no âmbito da Câmara Setorial Automotiva, é um exemplo concreto de contrato trilateral ou acordo ou contrato tripartite. Denomina-se o acordo "trilateral", pois foi celebrado entre o governo, os empresários e o sindicato.

Capítulo 14

A Ordem Econômica como Estabelecida na Constituição Federal

OBJETIVO

O objetivo deste capítulo é tecer comentários às normas que fundamentam o direito econômico em nosso País, quais sejam, as normas constantes na Constituição Federal. Com efeito, as normas de direito econômico previstas na Constituição Federal correspondem ao norte interpretativo que se deve dar a toda a legislação que regula as relações econômicas existentes no Brasil.

Introdução. 1. Da Ordem Econômica e Financeira dos Princípios Gerais da Atividade Econômica. 1.A. Valorização do Trabalho Humano. 1.B. Livre Iniciativa. 1.C. Existência Digna (= Dignidade da Pessoa Humana). 1.D. Justiça Social. 1.E. Soberania Nacional. 1.F. Propriedade Privada. 1.G. Livre Concorrência. 1.H. Defesa do Consumidor. 1.I. Defesa do Meio Ambiente. 1.J. Redução das Desigualdades Regionais e Sociais. 1.L. Busca do Pleno Emprego. 1.M. Empresa de Pequeno Porte. 1.N. Liberdade de Atividade Econômica 1.O. Os Investimentos de Capital Estrangeiro e as Remessas de Lucros. 1.P. Exploração de Atividade Econômica pelo Estado. 1.Q. O Abuso do Poder Econômico. 1.R. O Estado como Agente Normativo e Regulador da Atividade Econômica/Empresarial.

392 Direito para Administradores – vol. III

1.S. Os Serviços Públicos e a Atuação do Estado no Domínio Econômico. 1.T. O Simples.

INTRODUÇÃO

Neste capítulo, iremos delinear os fundamentos do direito econômico tal como estabelecidos na Constituição Federal. Cabe ressaltar as assertivas de Eros Roberto Grau,[1] *verbis*:

> Que a nossa Constituição de 1988 é uma *Constituição dirigente*, isso é inquestionável. O conjunto de diretrizes, programas e fins que enuncia, a serem pelo Estado e pela sociedade realizados, a ela confere o caráter de *plano global normativo*, do Estado e da sociedade. O seu artigo 170 prospera, evidencialmente, no sentido de implantar uma *nova* ordem econômica.

Dessa forma, a Constituição Federal de 1988, no Título VII – da Ordem Econômica e Financeira, estabelece os princípios básicos que devem nortear as relações econômicas em nosso País.

1. DA ORDEM ECONÔMICA E FINANCEIRA DOS PRINCÍPIOS GERAIS DA ATIVIDADE ECONÔMICA

A seguir, exporemos os artigos da Constituição Federal que tratam da ordem econômica, traçando comentários logo em seguida aos dispositivos correspondentes.

Vejamos o que preceitua o *caput* do artigo 170 da Constituição Federal:

> *Art. 170. A ordem econômica, fundada na valorização do trabalho humano e na livre iniciativa, tem por fim assegurar a todos existência digna, conforme os ditames da justiça social, observados os seguintes princípios:*

---

[1] In: *A ordem econômica na Constituição de 1988 (interpretação e crítica)*, p. 199.

1.A. VALORIZAÇÃO DO TRABALHO HUMANO

A Constituição declara que a ordem econômica é fundada na valorização do trabalho humano e na iniciativa privada.

A Constituição consagra uma economia de mercado, de natureza capitalista, pois a iniciativa privada é um princípio básico da ordem capitalista.

Entretanto, embora capitalista, a ordem econômica dá prioridade aos valores do trabalho humano sobre todos os demais valores da economia de mercado.

Conquanto se trate de declaração de princípio, essa prioridade tem o sentido de orientar a intervenção do Estado, na economia, a fim de fazer valer os valores sociais do trabalho que, ao lado da iniciativa privada, constituem o fundamento não só da ordem econômica mas da própria República Federativa do Brasil (artigo 1º, IV).

1.B. LIVRE INICIATIVA

O princípio da livre iniciativa econômica é o fundamento do trabalho do empresário. Assegurado juridicamente, permite-lhe exercer o seu trabalho humano específico, que é organizar os fatores de produção, mediante contratos, a fim de produzir mercadorias e serviços destinados à venda no mercado. A produção se dá sob o regime da empresa.

Vários sentidos podem ser visualisados no referido princípio, em sua dupla face, ou seja, enquanto liberdade de comércio e indústria e enquanto liberdade de concorrência. A esse critério classificatório somando-se outro, que leva à distinção entre liberdade pública e liberdade privada, poderemos disciplinar:

1. liberdade de comércio e indústria (não ingerência do Estado no domínio econômico):
   1.1. faculdade de criar e explorar uma atividade econômica a título privado;

394 Direito para Administradores – vol. III

    1.2. não sujeição a qualquer restrição estatal senão em virtude de lei;

2. liberdade de concorrência:

    2.1. faculdade de conquistar a clientela, desde que não por meio de concorrência desleal;

    2.2. proibição de formas de atuação que deteriam a concorrência;

    2.3. neutralidade do Estado diante do fenômeno concorrencial, em igualdade de condições dos concorrentes.

O fato é que a liberdade de iniciativa econômica privada, em um contexto de uma Constituição preocupada com a realização da justiça social, não pode significar mais do que a liberdade de desenvolvimento da empresa no quadro estabelecido pelo poder público, e, portanto, possibilidade de gozar das facilidades e necessidade de submeter-se às limitações postas pelo mesmo.

Dessa forma, será ilegítima, quando exercida com objetivo de puro lucro e realização pessoal do empresário.

1.C. EXISTÊNCIA DIGNA (= DIGNIDADE DA PESSOA HUMANA)

A *dignidade da pessoa humana* assume a mais pronunciada relevância, visto comprometer todo o exercício da atividade econômica, em sentido amplo – e, em especial, o exercício da atividade econômica. Por isso, encontram-se constitucionalmente empenhados na realização desse programa tanto o setor público quanto o setor privado.

Por conseguinte, o exercício de qualquer parcela da atividade econômica de modo não adequado àquela promoção expressará violação do princípio duplamente contemplado na Constituição.

1.D. JUSTIÇA SOCIAL

Assegurar a todos existência digna, conforme os ditames da *justiça social*, não será tarefa fácil em um sistema de base capitalista e, pois, essencialmente individualista.

Lembramos que a justiça social só se realiza mediante eqüitativa distribuição da riqueza. Portanto, um regime de acumulação ou de concentração do capital e da renda nacional, que resulta da apropriação privada dos meios de produção, não propicia efetiva justiça social, porque nele sempre se manifesta grande diversidade de classe social, com amplas camadas de população carente ao lado de minoria afortunada.

A história mostra que a injustiça é inerente ao modo de produção capitalista.

Ressalte-se que algumas providências constitucionais formam um conjunto de direitos sociais com mecanismos de concreção que devidamente atualizados podem tornar menos abstrata a promessa de justiça social. Esta é realmente uma determinante essencial que impõe e obriga que todas as demais regras da constituição econômica sejam entendidas e operadas em função dela.

Um regime de justiça social será aquele em que cada um deve dispor dos meios materiais para viver confortavelmente segundo as exigências de sua natureza física, espiritual e política. Não aceita as profundas desigualdades, a pobreza absoluta e a miséria.

A Constituição de 1988 é incisiva no conceber a ordem econômica sujeita aos ditames da justiça social para o fim de assegurar a todos existência digna. Dá, assim, à justiça social um conteúdo preciso. Preordena alguns princípios da ordem econômica – *a defesa do consumidor, a defesa do meio ambiente, a redução das desigualdades regionais e pessoais e a busca do pleno emprego* – que possibilitam a compreensão de que o capitalismo concebido há de *humanizar-se*.

1.E. SOBERANIA NACIONAL

Vejamos o que preceitua o inciso I do artigo 170 da Constituição Federal:

I – soberania nacional;

396 Direito para Administradores – vol. III

A Constituição trata, aqui, da *soberania econômica*, o que faz após ter afirmado, excessivamente – pois sem ela não há Estado –, a *soberania política*, no artigo 1º, como fundamento da República Federativa do Brasil, e, no artigo 4º, I, a *independência nacional* como princípio a reger suas relações internacionais.

Acrescente-se que a afirmação da soberania nacional econômica não supõe o isolamento econômico, mas antes, pelo contrário, a modernização da economia – e da sociedade – e a ruptura de nossa situação de dependência em relação às sociedades desenvolvidas.

1.F. PROPRIEDADE PRIVADA

Vejamos o que preceitua o inciso II do artigo 170 da Constituição Federal:

II – propriedade privada;

A propriedade de bens de consumo e de uso pessoal é, essencialmente, vocacionada à apropriação privada, uma vez que são imprescindíveis à própria existência digna das pessoas, e não constituem nunca instrumentos de opressão, pois satisfazem necessidades diretamente, isto é, bens que servem diretamente ao sustento dos trabalhadores, tais como alimentos, roupas, alojamentos etc.

A função social desses bens consiste precisamente na sua aplicação imediata e direta na satisfação das necessidades humanas primárias, o que vale dizer que se destinam à manutenção da vida humana. Disso decorre que sejam predispostos à aquisição de todos com a maior possibilidade possível, o que justifica até a intervenção do Estado no domínio da sua distribuição, de modo a propiciar a realização ampla de sua função social.

Trata-se de um princípio que se superpõe mesmo ao da iniciativa privada.

Dessa forma, a intervenção direta na distribuição de bens de consumo (conceito que inclui também os de uso pessoal duráveis:

roupa, moradia etc.), para fomentar ou mesmo forçar o barateamento do custo de vida, constitui um modo legítimo de fazer cumprir a função social da propriedade.

Ressalte-se que bens de produção, chamados também *capital instrumental*, são os que se aplicam na produção de outros bens ou rendas, como ferramentas, máquinas, fábricas, estradas de ferro, docas, navios, matérias-primas, terra, imóveis não destinados à moradia do proprietário, mas à produção de rendas. Esses bens não são consumidos; são utilizados na produção de outros ou de rendas. O regime de sua apropriação define a natureza do sistema econômico adotado. Se for o de apropriação social ou pública, será socialista. Quando se fala em propriedade socializada e em socialismo, refere-se a um sistema econômico em que os meios de produção não sejam suscetíveis, em princípio, de apropriação privada, observando, outra vez, que não basta suprimir a propriedade privada dos meios de produção para ter-se socialismo.

O sistema de apropriação privada, como no sistema de apropriação pública ou social, tende a organizar-se em *empresas*, sujeitas ao princípio da função social.

O nosso sistema é fundamentalmente o da propriedade privada dos meios de produção, o que revela ser basicamente capitalista, que a vigente Constituição tenta civilizar, buscando criar, no mínimo, um capitalismo social, por intermédio da estruturação de uma ordem social intensamente preocupada com a justiça social e dignidade da pessoa humana.

1.F.1. FUNÇÃO SOCIAL DA PROPRIEDADE

Vejamos o que preceitua o inciso III do artigo 170 da Constituição Federal:

III – função social da propriedade;

O que se deve ressaltar, contudo, é o fato de que o princípio da função social da propriedade impõe ao proprietário – ou a quem detém

398 Direito para Administradores – vol. III

o poder de controle, na empresa – o dever de exercê-la em benefício de outrem e não, apenas, o de não a exercer em prejuízo de outrem.

Isso significa que a função social da propriedade atua como fonte da imposição de comportamentos positivos – prestação de fazer, portanto, e não, meramente, de não fazer – ao detentor do poder que deflui da propriedade

Acrescente-se que o artigo 170, III, ao ter a função social da propriedade como um dos princípios da ordem econômica, reforça essa tese, mas a principal importância disso está na sua compreensão como um dos instrumentos destinados à realização da existência digna de todos e da justiça social.

Inter-relacionando essa compreensão com a valorização do trabalho humano (artigo 170, *caput*), a defesa do consumidor (artigo 170, V), a defesa do meio ambiente (artigo 170, VI), a redução das desigualdades regionais e sociais (artigo 170, VII) e a busca do pleno emprego (artigo 170, VIII), tem-se configurada a sua direta implicação com a *propriedade dos bens de produção*, especialmente imputada à empresa pela qual se realiza e efetiva o poder econômico, o poder de dominação empresarial.

Em decorrência, tanto vale falar de *função social da propriedade dos bens de produção*, como de *função social da empresa*, como de *função social do poder econômico*.

Assim, o princípio da função da propriedade ganha substancialidade quando aplicado à propriedade dos bens de produção, isto é, na disciplina jurídica da propriedade de tais bens, implementada sob compromisso com a sua destinação.

A propriedade sobre a qual em maior intensidade se refletem os efeitos do princípio é justamente a propriedade *dinâmica* dos bens de produção. Na verdade, ao nos referirmos à função social dos bens de produção em dinamismo, estamos aludindo à *função social da empresa*.

A iniciativa econômica privada é amplamente condicionada no sistema da constituição econômica brasileira. Se ela se implementa na atuação empresarial, e esta se subordina ao princípio da função social, para realizar ao mesmo tempo o desenvolvimento nacional, assegurada a existência digna de todos, conforme ditames da justiça social, bem se vê que a liberdade de iniciativa só se legitima quando voltada à efetiva consecução desses fundamentos, fins e valores da ordem econômica. Referidas assertivas são ainda relevantes para a compreensão do princípio da necessidade que informa a participação do Estado brasileiro na economia (artigo 173), pois a preferência da empresa privada cede sempre à atuação do Poder Público quando não cumpre a função social que a Constituição lhe impõe.

1.G. LIVRE CONCORRÊNCIA

Vejamos o que preceitua o inciso IV do artigo 170 da Constituição Federal:

IV – livre concorrência;

A livre concorrência é, pela Constituição de 1988, erigida à condição de princípio. Como tal contemplada no artigo 170, IV, compõe-se, ao lado de outros, no grupo do que tem sido referido como princípios da ordem econômica.

Por conseguinte, limitar, falsear ou de qualquer forma prejudicar a livre concorrência ou a livre iniciativa pode constituir infração da ordem econômica.

Assim, a concessão de um monopólio a um indivíduo ou a uma companhia comercial permite manter o mercado constantemente subabastecido, de modo a nunca suprir completamente a procura efetiva. Desse modo, os monopolistas vendem seus bens muito acima do preço natural e elevam seus emolumentos muito acima da sua taxa natural, quer consistam de salários, quer de lucros.

Alguns economistas acentuam o papel da liberdade do agente econômico – em contraposição ao regime de monopólio – que lhe permita vender o seu produto pelo preço mais baixo que os vendedores podem cobrar sem ter de desistir do seu negócio. Assim,

400 Direito para Administradores – vol. III

ocorrendo alteração nos fatores componentes dos preços, e daí advindo prejuízo para o ofertante, sempre lhe resta a possibilidade de diversificar os investimentos em cada um deles (na terra, nos salários). Dessa forma, todos os componentes do preço se elevarão até sua taxa natural, e o preço natural. Nesse diapasão, se cada homem fosse totalmente livre para escolher a ocupação que quisesse e para mudá-la sempre que lhe aprouvesse, as vantagens e as desvantagens tenderiam para a igualdade perfeita.

Desse modo, a liberdade de empreendimento, a liberdade de trabalho e os postulados da livre concorrência, ao serem consagrados pela doutrina e pelos textos das *Declarações de Direitos* (a Carta Norte-Americana de 1787, com as Emendas de 1791, a Francesa de 1789), representaram uma forma de repúdio à concentração de poderes nas mãos do soberano. O exercício das liberdades conquistadas no plano econômico engendrou nova forma de concentração de empresas e de capitais nas mãos de particulares.

O fato é que, o chamado *capitalismo liberal*, cujo apogeu se afirmara nos países industrializados (Grã-Bretanha, França, Japão e Estados Unidos), no período precedente à Primeira Guerra Mundial, começa a sofrer um certo declínio, decorrente da crise dos anos 30.

Com efeito, essa crise parece ter marcado somente o declínio de uma certa forma de capitalismo, aquela identificada com o sistema em suas origens, o capitalismo liberal, impondo não o seu desaparecimento, mas a renovação de determinados princípios. Essa renovação conduziria a uma forma de *capitalismo intervencionista*, implantado em alguns países da Europa após a guerra de 1914, que preparara o seu declínio na economia mundial, em razão de restarem os estados beligerantes suplantados, nos mercados exteriores, pelos neutros, que puderam desenvolver consideravelmente sua indústria e sua agricultura.

Ressalte-se que entre os postulados da função social não se incluía a supressão da propriedade privada, mas a sua utilização, de modo a beneficiar os componentes da sociedade. Estendendo-se essa noção aos bens de produção organizados no seio das empresas, às atividades econômicas por elas exercidas foram impostas certas limitações, quando a concentração de capitais começou a ameaçar e suprimir os aspectos positivos da livre concorrência.

Assim, considerada pela Constituição de 1988 como um dos princípios da ordem econômica, outros mecanismos legais foram previstos para a sua proteção e para assegurar a fruição de seus benefícios à sociedade, por meio da defesa do consumidor e da repressão aos abusos do poder econômico.

É tão relevante a importância do dispositivo referente à repressão ao abuso do poder econômico, que, independentemente do local de sua inserção no texto, funciona como um balizamento para atuação da empresa. Por conseguinte, proporciona uma série de atuações no plano institucional e regulamentar, com vistas à preservação do princípio da livre concorrência.

Ademais, localizado como parágrafo de um artigo definidor das regras de atuação das empresas estatais, proporciona o entendimento de deverem elas, igualmente, quando exercerem atividades econômicas, subordinar-se às mesmas condições impostas às suas congêneres do setor privado.

1.H. DEFESA DO CONSUMIDOR

Vejamos o que preceitua o inciso V do artigo 170 da Constituição Federal:

V – defesa do consumidor;

A Constituição prevê, em outros dispositivos, a defesa do consumidor. Se não vejamos:

- artigo 5º, XXXII – o Estado promoverá, na forma da lei, a defesa do consumidor;

402 Direito para Administradores – vol. III

- artigo 24, VIII – responsabilidade por dano ao consumidor;
- artigo 150, parágrafo 5º – a lei determinará medidas para que os consumidores sejam esclarecidos acerca dos impostos que incidam sobre mercadorias e serviços;
- artigo 48 das Disposições Transitórias – determinação de que o Congresso Nacional elaborasse, dentro de 120 dias da promulgação da Constituição, código de defesa do consumidor.

Ademais, o parágrafo único, II do artigo 175 introduz entre as matérias sobre as quais deverá dispor a lei que trate da concessão ou permissão de serviço público os direitos dos usuários.

Assim, a *defesa do consumidor* afeta todo o exercício de atividade econômica, inclusive tomada a expressão em sentido amplo, como se extrai da leitura do parágrafo único, II, do artigo175.

1.I. DEFESA DO MEIO AMBIENTE

Vejamos o que preceitua o inciso VI do artigo 170 da Constituição Federal:

VI – defesa do meio ambiente;

Destacamos que, tendo-a elevado ao nível de princípio da ordem econômica, isso tem o efeito de condicionar a atividade produtiva ao respeito do meio ambiente e possibilita ao Poder Público interferir drasticamente, se necessário, para que a exploração econômica preserve a ecologia. O princípio da *defesa do meio ambiente* conforma a ordem econômica, informando substancialmente os princípios da garantia do *desenvolvimento* e do *pleno emprego*. Além de objetivo, em si, é instrumento necessário – e indispensável – à realização do fim dessa ordem, o de *assegurar a todos existência digna*. Nutre também, ademais, os ditames da *justiça social*.

Ressalte-se que, nos termos do artigo 225 da Constituição Federal, todos têm direito ao meio ambiente ecologicamente equilibrado, bem de uso comum do povo.

1.J. REDUÇÃO DAS DESIGUALDADES REGIONAIS E SOCIAIS

Vejamos o que preceitua o inciso VII do artigo 170 da Constituição Federal:

VII – redução das desigualdades regionais e sociais;

A *redução das desigualdades regionais e sociais* é, também, um dos objetivos fundamentais da República Federativa do Brasil (artigo 3º, III).

Assim, os direitos sociais e os mecanismos da seguridade social são preordenados no sentido de buscar um sistema que propicie maior igualização das condições sociais.

Ademais, existe uma preocupação constitucional com a solução das desigualdades regionais, prevendo mecanismos tributários (Fundo Especial) e orçamentários para tanto (regionalização, artigos 43 e 165, parágrafo 1º).

1.L. BUSCA DO PLENO EMPREGO

Vejamos o que preceitua o inciso VIII do artigo 170 da Constituição Federal:

VIII – busca do pleno emprego;

Neste ponto, destacamos que a teoria de Keynes é a responsável pela consagração do princípio constitucional do inciso VIII do artigo 170: busca do pleno emprego.

Assim, o dever ser econômico do pleno emprego que a Constituição consagra é fruto direto da Teoria Geral do Emprego, do Juro e da Moeda, obra consagrada à demonstração de que o equilíbrio econômico pode se dar em qualquer nível de emprego.

Em síntese, Keynes demonstra que pode haver equilíbrio econômico em situações de desemprego e subemprego. Em face disso, propõe

404 Direito para Administradores – vol. III

uma atuação do estado na formação das expectativas de lucro, a fim de que os empresários invistam:

a) primeiramente, pelo manejo das taxas de juros e da política cambial;
b) em segundo lugar, pela diminuição dos impostos, desde que sem aumento da despesa orçamentária;
c) em terceiro lugar, pela realização de obras públicas.

Tratam-se de meios identificados por Keynes para a busca do pleno emprego, que consubstancia o dever ser econômico que a Constituição de 1988 jurisdicizou.

Acrescente-se que, baseada na valorização do trabalho humano e na livre iniciativa, a ordem econômica tem por fim assegurar a todos existência digna, conforme os ditames da justiça social.

Cabe esclarecer que um dos critérios do que venha a ser existência digna é o dado por todo o disposto no Título II da Constituição Federal que, ao tratar da cidadania, disciplina os direitos e garantias fundamentais dos cidadãos brasileiros e estrangeiros residentes no Brasil.[2]

Constata-se, assim, que a impossibilidade de satisfazer os precitados parâmetros constitucionais põe a existência abaixo do seu patamar de dignidade jurídico formal. De forma que a atividade econômica tem o dever constitucional de providenciar os meios, a fim de assegurar a existência digna de todos os que à Constituição do País estejam submetidos à incidência de suas normas, conhecida, desde logo, a linha que separa a existência digna da indigna.

In casu, trata-se de uma obrigação que a Constituição igualmente impõe ao Estado, enquanto agente normalizador da atividade eco-

---

[2] É imperativo, não obstante, apontar o critério quantitativo do inciso IV do artigo 7º, prevendo o direito dos trabalhadores urbanos e rurais a um salário mínimo, capaz de atender às suas necessidades básicas e às de sua família com moradia, alimentação, educação, saúde, lazer, vestuário, higiene, transporte e previdência social, com reajustes periódicos que lhes preservem o poder aquisitivo.

A Ordem Econômica... Henrique M. dos Reis / Claudia N. P. dos Reis 405

nômica, isto é, a de fazer a economia de mercado ser capaz de assegurar uma existência digna a todos.

1.M. EMPRESA DE PEQUENO PORTE[3]

Vejamos o que preceitua o inciso IX do artigo 170 da Constituição Federal:

IX – tratamento favorecido para as empresas de pequeno porte constituídas sob as leis brasileiras e que tenham sua sede e administração no País.

O princípio em comento consagra proteção em favor de empresas de pequeno porte, desde que tenham sido constituídas sob as leis brasileiras e tenham sede e administração no País.

1.M.1. EMPRESA BRASILEIRA

Existem, agora, empresas brasileiras e empresas não-brasileiras, com diferença exclusivamente formal entre elas, pois basta que a empresa estrangeira ou multinacional (ou parte dela) se organize aqui, segundo as leis brasileiras, e tenha sede aqui para ser reputada brasileira, pouco importando a nacionalidade de seu capital e a nacionalidade, o domicílio e a residência das pessoas que detêm seu controle.

Dessa forma, suprimindo o conceito de empresa brasileira de capital nacional, com a revogação do artigo 171, igualmente suprimidos ficaram os privilégios e preferências que a acompanhavam e que não se transferem para as empresas constituídas sob as leis brasileiras e com sede e administração no País, a não ser as indicadas nos citados artigos 170, IX, e 176, parágrafo 1º, da própria Constituição Federal.

---

[3] A redação desse dispositivo foi dada pela Emenda Constitucional nº 6, de 15/8/95. (Obs.: Referido dispositivo vigorava com a seguinte redação: IX – tratamento favorecido para as empresas brasileiras de capital nacional de pequeno porte.)

406 Direito para Administradores – vol. III

1.M.2. MICROEMPRESA

Como vimos, o *princípio do tratamento favorecido para as empresas de pequeno porte* consta do artigo 170, IX.

Entretanto, a Constituição não se contentou com o simples enunciado do princípio, pois já estabeleceu que a União, os Estados, o Distrito Federal e os Municípios dispensarão às *microempresas* e às *empresas de pequeno porte*, assim definidas em lei, tratamento jurídico diferenciado, visando a incentivá-las pela simplificação de suas obrigações administrativas, tributárias, previdenciárias e creditícias, ou pela eliminação ou redução destas por meio da lei (artigo 179).

Dessa forma, reconhece a Constituição Federal dois tipos de pequenas empresas: as micro e as de pequeno porte, deixando à lei defini-las e distingui-las.

Ressalte-se que a nova redação dada ao artigo 170, IX, fala apenas em empresas de pequeno porte constituídas sob as leis brasileiras e que tenham sua sede e administração no País, não importando mais a origem do seu capital, nem a natureza de seu controle, nem sua titularidade. Por conseguinte, qualquer empresa de pequeno porte, inclusive as microempresas, está abrangida pelo artigo 179 da CF.

1.N. LIBERDADE DE ATIVIDADE ECONÔMICA

Vejamos o que preceitua o parágrafo único do artigo 170 da Constituição Federal:

> *Parágrafo único. É assegurado a todos o livre exercício de qualquer atividade econômica, independentemente de autorização de órgãos públicos, salvo nos casos previstos em lei.*

1.O. OS INVESTIMENTOS DE CAPITAL ESTRANGEIRO E AS REMESSAS DE LUCROS

Vejamos o que preceitua o artigo 172 da Constituição Federal:

Art. 172. A lei disciplinará, com base no interesse nacional, os investimentos de capital estrangeiro, incentivará os reinvestimentos e regulará a remessa de lucros.

Não há dúvidas de que é pelo caminho do entendimento do *poder* que o jurista há de chegar ao regime jurídico dos capitais estrangeiros, como, de resto, do capital em geral.[4]

Nesse diapasão, nos ensina Joseph Stiglitz que "nem a teoria nem os indicadores dão sustentação à opinião de que abrir os mercados a fluxos de capital especulativos e de curto prazo amplia o crescimento econômico. Mas existem indícios consideráveis, bem como teorias, de que esse tipo de abertura aumenta a instabilidade econômica, e a instabilidade econômica contribui para a insegurança e a pobreza".[5]

1.P. EXPLORAÇÃO DE ATIVIDADE ECONÔMICA PELO ESTADO

Vejamos o que preceitua o artigo 173 da Constituição Federal:

Art. 173. Ressalvados os casos previstos nesta Constituição, a exploração direta de atividade econômica pelo Estado só será permitida quando necessária aos imperativos da segurança nacional ou a relevante interesse coletivo, conforme definidos em lei.
(Omissis)

Ressalte-se que existem duas formas de exploração direta da atividade econômica pelo Estado, no Brasil:

a) o *monopólio*;[6]
b) embora a Constituição não o diga, é a *necessária*, ou seja, quando exigir a segurança nacional ou interesse coletivo rele-

---

[4] Ver SOUZA, Washington Peluso Albino de. *Capital estrangeiro no Brasil.* p. 133.
[5] Pobreza, globalização e crescimento. *Folha de S. Paulo*, 8 jul. 2003. p. A-8. Trad. Paulo Migliacci, O artigo compõe o relatório de desenvolvimento humano de 2003.
[6] Cujos detalhes veremos em momento oportuno nesta obra.

408 Direito para Administradores – vol. III

vante, conforme definidos em lei (artigo 173). Neste caso, não se trata de participação suplementar ou subsidiária da iniciativa privada. Se ocorrerem aquelas exigências, será legítima a participação estatal direta na atividade econômica, independentemente de cogitar-se de preferência ou de suficiência da iniciativa privada.

Destacamos que isso não cabe somente à União. Com efeito, a expressão "exploração direta da atividade econômica pelo Estado" abrange todas as entidades estatais (União, Estados, Distrito Federal e Municípios). Dessa forma, quando a Constituição emprega a palavra "Estado", no sentido de ordenação jurídica soberana, refere-se a todas as unidades integrantes da República Federativa do Brasil. Quando assim não deseja, menciona especificamente a União, ou qualquer outra entidade da federação.

Nessa linha de raciocínio, Eros Roberto Grau assevera, *verbis*:

Por certo que, no artigo 173 e seu parágrafo 1º, a expressão conota *atividade econômica em sentido estrito*. Indica o texto constitucional, no artigo 173, *caput*, as hipóteses nas quais é permitida ao Estado a exploração direta de *atividade econômica*. Trata-se, aqui, de atuação do Estado – isto é, da União, do Estado-membro e do Município – como agente econômico, em área da titularidade do setor privado. Insista-se em que *atividade econômica em sentido amplo* é território dividido em dois campos: o do *serviço público*[7] e o da *atividade econômica em sentido estrito*. As hipóteses indicadas no artigo 173 do texto constitucional são aquelas nas quais é permitida a atuação da União, dos Estados-membros e dos Municípios neste segundo campo.[8]

---

[7] Lembramos que *serviço público* é todo o serviço existencial, relativamente à sociedade, ou, pelo menos, assim havido em um momento dado, que, por isso mesmo, tem de ser prestado aos componentes daquela, direta ou indiretamente, pelo Estado ou outra pessoa administrativa. Ou seja, *serviço público* é atividade indispensável à consecução da coesão social. Acrescente-se: o que determina a caracterização de determinada parcela da atividade econômica em sentido amplo como *serviço público* é a sua vinculação ao *interesse social*.

[8] In: *A ordem econômica na Constituição de 1988*. p. 135.

1.Q. O ABUSO DO PODER ECONÔMICO

Vejamos o que preceitua o parágrafo 4º do artigo 173 da Constituição Federal:

§ 4º A lei reprimirá o abuso do poder econômico que vise à dominação dos mercados, à eliminação da concorrência e ao aumento arbitrário dos lucros.

Comentando esse dispositivo, Rogério Emílio de Andrade afirma que "o princípio da repressão do abuso do poder econômico, estabelecido pelo artigo 173, parágrafo 4º, complementa o sentido do princípio da livre concorrência, consagrado pelo inciso IV do artigo 170. Visam ambos, numa só totalidade de sentido, a tutelar o mercado e preservar as condições de uma livre concorrência. Desse modo, a própria preservação da economia de mercado vem a ser fato de intervenção dos poderes públicos na economia, como demonstram as leis antitrustes".[9]

1.Q.1. A FORMAÇÃO DE PREÇOS NO MERCADO

É fato que, quando o poder econômico passa a ser usado com o propósito de impedir a iniciativa de outros, com a ação no campo econômico, ou quando o poder econômico passa a ser o fator concorrente para um aumento arbitrário de lucros do detentor do poder, o abuso fica manifesto.

Referido entendimento é extraído do artigo 173, parágrafo 4º, que estipula a repressão, instrumentada por lei, dos abusos do poder econômico e das tentativas da eliminação da concorrência, bem como o aumento arbitrário de lucros.

Dessa forma, a Constituição reconhece a existência do poder econômico, isto é, a ordem econômica nela consubstanciada não o condena *per se*, apenas prescreve ao Estado o dever de, por lei,

---

[9] *O preço na ordem ético-jurídica*, p. 234.

410 Direito para Administradores – vol. III

reprimir seus abusos, na medida em que, por vezes, este acaba sendo exercido de modo anti-social.

Entretanto, é imperativo destacar que o mesmo vale para as restrições que porventura se estabeleçam à liberdade empresarial, uma vez que elas, restrições, não podem ser de tal monta que acabem por aniquilar a livre ação empreendedora. Conforme assevera Rogério Emílio de Andrade, *verbis*:

> Nesse sentido, aplicando a premissa que recomenda a compreensão mútua dos princípios constitucionais referentes à ordem econômica ao caso específico da intervenção pública na formação de preços no mercado, é possível eleger três limites para que essa intervenção possa ser considerada legítima: são os limites da legalidade, da igualdade e da proporcionalidade. (...)

> Assim, se a ação interventiva dos poderes públicos na formação de preços no mercado não se contiver nos limites estabelecidos pela lei, carecerá de legitimidade necessária à sua sustentação dentro do ordenamento jurídico. Não bastando, portanto, para atender às exigências constitucionais, mera autorização legislativa.

> No Brasil, a partir do delineamento estabelecido pelo artigo 170 da Constituição, pode-se dizer que há um relativo consenso, doutrinário e jurisprudencial, de que a formação de preços no mercado, como manifestação da livre iniciativa empresarial, faz parte desse núcleo essencial de direitos constitucionais que somente admitem conformação por meio de lei. Dessa forma, torna-se inadmissível que o Poder Legislativo confira ao Poder Executivo capacidade para fixar e limitar a esfera constitucionalmente tutelada dos agentes econômicos privados no que se refere à formação de preços no mercado. Por conseguinte, no que tange à intervenção pública na formação de preços no mercado, o princípio da reserva legal veda a atuação administrativa além do que já vem configurado em lei, de forma que a ação administrativa deve estar em estrita congruência com a lei delimitadora da ação estatal.

> Outro limite constitucional que contribui para perfilar os limites às restrições públicas à liberdade de formação de preços no mercado é o da igualdade, na medida em que se deve ter em conta a necessidade de tornar equânimes os efeitos das intervenções públicas na formação de preços no mercado, tratando os sujeitos econômicos

de acordo com as reais condições da categoria em que se encontram inseridos. Subsidiam essa interpretação, ou seja, a que determina a aplicação proporcional do princípio da igualdade na atividade econômica, vários comandos constitucionais, entre eles o artigo 170, VII e IX, os quais prescrevem, respectivamente, a redução das desigualdades regionais e sociais e o tratamento favorecido para as empresas de pequeno porte constituídas sob as leis brasileiras e que tenham sua sede e administração no País.

Mas, continuando a tarefa de estabelecer os limites constitucionais às restrições públicas à formação de preços no mercado, tem-se o princípio da proporcionalidade: trata-se da necessidade de adequação que deve ser observada entre as medidas administrativas e os fins objetivados. O princípio da proporcionalidade exige, pois, que a medida interventiva não ultrapasse os limites e propósitos apropriados ao atendimento dos fins pretendidos.

(...) Por conseguinte, tem-se que o princípio da proporcionalidade determina que as medidas administrativas adotadas com vistas a um fim específico guardem, obrigatoriamente e simultaneamente, uma relação de adequação, necessidade e conformidade absoluta. (...) Dessa forma, os poderes públicos, ao intervirem sobre a formação de preços no mercado, não podem, sob pena de configurar abuso de poder, fixar preços que desconsiderem os custos de produção do setor e que acabam por fugir dos padrões remunerativos das atividades empresariais, penalizando a existência de lucros, ou seja, dos elementos inerentes à própria atividade empresarial. Deve, por conseguinte, o aparato estatal, ponderar corretamente sobre todas as conseqüências da lei que instrumentará a política econômica interventiva.[10]

1.Q.2. A RESPONSABILIDADE PELO ABUSO DO PODER ECONÔMICO

Vejamos o que preceitua o parágrafo 5º do artigo 173 da Constituição Federal:

> *§ 5º A lei, sem prejuízo da responsabilidade individual dos dirigentes da pessoa jurídica, estabelecerá a responsabilidade desta,*

---

[10] ANDRADE, Rogério Emílio de, op. cit., p. 234-240.

412 Direito para Administradores – vol. III

sujeitando-a às punições compatíveis com sua natureza, nos atos praticados contra a ordem econômica e financeira e contra a economia popular.

Lembramos que *abuso de poder econômico* é toda ação ou manobra do empresário ou de seu representante legal que, dominando o mercado e a concorrência, tenha por objetivo a obtenção de lucros excessivos, causando danos a outras pessoas, físicas ou jurídicas, e ao Estado.

Com efeito, só ou associado, o cidadão persegue, normalmente, interesses pessoais, egoísticos, aliás, força motriz que impulsiona a todos, nos negócios da vida diária, mas o interesse pessoal deve ser defendido, sem prejuízo do interesse coletivo.

Por outro lado, no universo da *produção* e da *circulação da riqueza*, o poder individual projeta-se sobre o mundo circunvizinho, e quando o indivíduo exerce controle sobre determinada empresa, quer como proprietário, quer como gerente ou administrador, o poder de que é detentor pode ultrapassar certos limites e influir sobre outros proprietários e administradores, prejudicando-os.

Nesse diapasão, em razão da *função social da propriedade* e do *direito de propriedade*, individualístico, pessoal, foi cedendo lugar, pouco a pouco, ao *traço social*, a que toda propriedade deverá atender, para que cumpra, plenamente, sua função.

Igualmente, no mundo econômico, o empresário, movimentando a empresa, deverá também levar em conta a *função social* de seu empreendimento. Por conseguinte, comete *delito de abuso de poder econômico* o empresário que se utiliza de seu *interesse pessoal*, antepondo-o ao interesse geral e causando danos ou prejuízos à coletividade. Procurando dominar o mercado e eliminar a concorrência para obter lucros excessivos, o indivíduo e a empresa acabam usando o poder econômico de que dispõem para a satisfação de ambições pessoais, deixando de atender à função social da empresa.[11]

---

[11] Ver CRETELLA JÚNIOR José. Livre Iniciativa e Direito Concorrencial. In: *Direito Concorrencial. Aspectos Jurídicos e Econômicos*, p. 74-75.

1.R. O ESTADO COMO AGENTE NORMATIVO E REGULADOR DA ATIVIDADE ECONÔMICA/ EMPRESARIAL

Vejamos o que preceitua o artigo 174 da Constituição Federal:

Art. 174. Como agente normativo e regulador da atividade econômica, o Estado exercerá, na forma da lei, as funções de fiscalização, incentivo e planejamento, sendo este determinante para o setor público e indicativo para o setor privado.

1.R.1. ESTADO – AGENTE NORMATIVO

Sendo agente, não há como o Estado se posicionar passivamente diante das atividades econômicas, atuando episodicamente somente quando provocado; pelo contrário, tem de se assumir sob uma condição ativa que lhe permita as iniciativas de impor normas e de exercer uma atuação reguladora sobre as atividades econômicas. Iniciativas essas que, somadas à condição de agente diretamente atuante no campo das atividades econômicas (*caput* do artigo 173 da Constituição Federal), designam modos institucionalmente viáveis de relacionamento entre o Estado e os outros agentes atuantes no campo econômico, gerando, por si mesmas, em face da interpretação necessária do seu conteúdo, expectativas sociais conflitantes que não podem ser desconsideradas no momento da formulação das políticas econômicas que irão veicular as interferências estatais no domínio econômico.

1.R.2. ESTADO – FUNÇÃO REGULADORA

Existe maior dinamismo no papel regulador, pois, diversamente do normativo, não seria estático. Seu propósito maior compreenderia as ações de controlar e adaptar constantemente as manifestações realizadas no campo econômico em face das opções normativas anteriormente postas.

Ressalte-se que são muitos os órgãos que, no Estado brasileiro, desempenham o papel de regulação da atividade econômica. Lembramos:

414 Direito para Administradores – vol. III

a) o Conselho Administrativo de Defesa Econômica – CADE;

b) o próprio Ministério da Fazenda e também as agências nacionais reguladoras.

O fato é que, a partir da Primeira Guerra Mundial, as constituições são dirigentes e, portanto, definidas do ponto de vista socioeconômico, de sorte que não faz sentido afetar uma posição de prudente neutralidade diante de textos que apontam agora, claramente, para objetivos a serem obrigatoriamente alcançados.

Com efeito, no Brasil, após a promulgação da Constituição de 1988, o legislador ordinário já não é soberano em matéria de política econômica e social, devendo, de um lado, respeitar limites constitucionais intransponíveis e, de outro lado, adotar um comportamento positivo, dirigido à consecução de objetivos determinados e ao desenvolvimento de programas de ação no campo social e econômico.

Significa dizer que a regulação estatal da atividade empresarial constitui um dever constitucional ordinário, não devendo tal regulação ser tratada como mera intervenção – excepcional e temporária – do Estado no domínio econômico.

Surge, assim, o relevante problema de que, para ser formalmente válida e politicamente legítima, a ação estatal reguladora da atividade econômica terá de obedecer aos objetivos e aos princípios fundamentais fixados na Constituição.

Na verdade, o exame do regime constitucional – em matéria de controle público de preços no mercado – deve começar pelo reconhecimento do princípio constitucional da liberdade de empresa. Esse princípio fundamental deve informar não só toda a legislação ordinária no campo econômico, mas também toda a atividade de interpretação nessa matéria.

Sem dúvida:

a) o valor social da livre iniciativa (CF, artigo 1º, IV) é um dos fundamentos da ordem econômica nacional (artigo 170); e

b) a liberdade empresarial é, pois, um princípio constitucional positivo, deparando-se o analista, para compatibilizá-lo com o controle público de preços, com um dos mais árduos segmentos a demandar equacionamento.

Dessa forma, como conseqüência do princípio fundamental da liberdade de empresa, a autodeterminação empresarial, quanto à organização dos meios de produção para o mercado, permite ao seu titular exigir uma abstenção geral do Estado e dos particulares, empresas concorrentes ou não. Essa compreensão é necessária para que o empresário possa, de acordo com a Constituição, expandir a sua liberdade propriamente dita, tomando iniciativa no campo econômico. Por conseguinte, garante-se a liberdade de acesso ao mercado pela livre criação ou fundação de empresas, bem como a liberdade de atuação e permanência nele, nos termos do artigo 170, parágrafo único, da Constituição Federal.

Acrescente-se que ficam interditados os *trustes* e cartéis que importem a eliminação da concorrência, nos termos do artigo 173, parágrafo 4º, da Constituição Federal, bem como a ação abusiva do Estado, que impossibilite a continuidade da atuação de empresas no mercado.

Note-se, por outro giro, que, não obstante o princípio constitucional fundamental da liberdade de empresa, não se trata essa liberdade de um direito público subjetivo. O exercício da liberdade empresarial está sujeito a restrições postas por princípios constitucionais superiores, por exemplo, o de assegurar a todos existência digna, conforme os ditames da justiça social, nos termos do artigo 170, *caput*, da Constituição Federal, objetivo, aliás, global e último da ordenação econômica assentada na valorização do trabalho humano e na livre iniciativa.

Nessa linha de raciocínio, Alberto Venâncio Filho nos ensina que:

Nesse contexto, a fixação de preços mínimos objetiva a proteção do produtor, mormente em períodos de recessão econômica, e a de preços máximos, a proteção do consumidor (artigo 170, V, CF), espe-

416 Direito para Administradores – vol. III

cialmente em épocas de surtos inflacionários, mediante a estabilização forçada de preços de mercadorias e serviços. A fixação de preços mínimos ou de preços máximos, portanto, são compatíveis com o sistema constitucional brasileiro, embora somente a de preços máximos sofra impugnações, o que revela incoerência de quem defende a tese de sua inconstitucionalidade.

Esmiuçando a investigação incidente sobre o *layout* constitucional, verifica-se que "a Constituição vigente não legitima a tese condenadora de toda política de fixação de preços no mercado". A norma constitucional (artigo 174, CF) não conforta essa posição. O preceito principia pela redobrada declaração de que o Estado "é agente normativo e regulador da atividade econômica". Essa condição não limita o Estado às tarefas de fiscalização e incentivo (...).[12]

Finalizando esse tópico, cabe explicitar que, em relevante decisão, na qual se solicitava indenização por prejuízos decorrentes de tabelamento, assim se pronunciou o Supremo Tribunal Federal, no Recurso Extraordinário nº 52.010 (São Paulo) de 31/5/65, sendo recorrente a Sociedade Laticínio Dominó Ltda. e recorrida a União Federal:

O tabelamento de preços, sendo atividade legítima do Estado, somente em caso de comprovado abuso pode acarretar a sua responsabilidade pelo prejuízo dos produtores ou distribuidores.

O Relator, Ministro Victor Nunes Leal, afirmou em seu voto que o prejuízo direto que resulta de uma política administrativa ou legislativa não é indenizável pelo Estado porque isso importa paralisar, praticamente, a iniciativa estatal. Asseverou, ademais, que:

Qualquer inovação importante do Estado no plano da economia ou das finanças, como, por exemplo, a alteração da política cambial, ou a redução do financiamento público, ou a quebra do padrão monetário, pode acarretar prejuízo para tais ou quais empresas, mas tudo isso se passa dentro da margem natural de risco da atividade empre-

---

[12] VENANCIO FILHO, Alberto. *A intervenção do Estado no domínio econômico*, p. 269.

sarial. O Estado não pode ser responsabilizado por esse prejuízo a menos que se comprove abuso, isto é, uso irregular de seu poder de organização da vida econômica ou financeira do País. A discriminação pode gerar essa responsabilidade, mas é necessário que se comprove ter sido inspirada em motivo pessoal ou subalterno, excluídos, portanto, os casos em que seja ditada por considerações de interesse público, ainda que não seja a mais acertada a opção do Estado. Entre as várias soluções admissíveis, ainda que de vantagens públicas controvertidas, o Estado é livre de fazer a sua escolha, sem responder pelos prejuízos resultantes.

1.R.3. ESTADO – FUNÇÃO NORMALIZADORA

O Estado ainda é o agente normativo e regulador da atividade econômica (artigo 174, CF) e também está vinculado, nessa condição, ao cumprimento do disposto em relação à finalidade da ordem econômica, de assegurar a todos uma existência digna conforme os ditames da justiça social. Tem, dessa forma, o dever de prestar uma regulação da atividade econômica que a dirija ao fim estabelecido na Constituição Federal. Pode, assim, para cumprir referido dever, fixar preços mínimos e preços máximos, exercendo um controle público dos preços no mercado.

Ademais, depreende-se a clara intenção de subordinação do ambiente econômico ao ordenamento jurídico – o que faz com que a opção constitucional por um tipo de ordem econômica sobressaia como um referencial máximo para as atuações estatais sobre a atividade econômica –, a ponto de poder afirmar que nele estão depositadas possibilidades concretas de condução e indução do ambiente econômico brasileiro.

Por conseguinte, a atuação do Estado, quando diante da atividade econômica, não pode ser meramente perfunctória, há objetivos a serem atingidos, há uma normalidade pretendida para a atividade econômica, há um ambiente, ambiente econômico, que se pretende ver evoluído.

418   Direito para Administradores – vol. III

1.R.4. ESTADO – FUNÇÃO DE FISCALIZAÇÃO

Nos termos do artigo 174 da Constituição Federal, as funções estatais de fiscalização, incentivo e planejamento da atividade econômica deverão ser exercidas mediante lei.

Dessa forma, é necessário compatibilizar a função de fiscalização dos preços:

a) seja enquanto exercício do poder de polícia em relação ao cumprimento de norma previamente editada;

b) seja na fiscalização de cumprimento de políticas públicas anteriormente estabelecidas mediante lei, com a liberdade de empresa.

Assim, a compatibilidade entre a declarada liberdade de empresa e o dever do Estado de controlar os preços em nome da justiça social só poderá ser posta pela soberania popular, mediante lei a ser votada pela maioria absoluta do Congresso Nacional.

Por conseguinte, o controle público dos preços no mercado depende da edição de uma Lei Complementar à Constituição, nos termos do artigo 69 da Constituição Federal, respeitando-se, dessa forma, o princípio da separação dos poderes e o da vedação de delegação ampla de funções entre os mesmos.

Acrescente-se que a ação de fiscalizar tem relação direta com os propósitos de acompanhar, vigiar, examinar, verificar algo a partir de critérios previamente estipulados; como comportamento estatal voltado às atividades econômicas, consubstancia a atividade de verificação da observância pelos agentes econômicos das normas jurídicas destinadas a regular o seu comportamento no próprio ambiente econômico.

1.R.5. ESTADO – FUNÇÃO DE INCENTIVO

O incentivo da atividade econômica (*caput* do artigo 174 da Constituição Federal) traz a idéia de estímulo, estímulo estatal que é oferecido

A Ordem Econômica... Henrique M. dos Reis / Claudia N. P. dos Reis **419**

pelo Estado a um determinado agente econômico para que assuma um comportamento conveniente ao ambiente socioeconômico, seja no sentido da sua regulação ou no da sua evolução.

Ressalte-se que, sob o argumento de ser o incentivo estatal uma manifestação externa ao mercado e que, nesta qualidade, deve induzir o agente econômico a adotar um comportamento que em circunstâncias normais de competição econômica não seria o seu, firmou-se o entendimento de atribuir ao incentivo caráter interventivo – essa espécie de intervenção tende na prática a viabilizar-se por meio de incentivos fiscais:

a) manipulação de alíquotas dos impostos sobre produtos industrializados;

b) oferecimento de subsídios condicionados;

c) financiamentos públicos em condições favoráveis, como nas concessões de crédito pelo Banco Nacional de Desenvolvimento Econômico e Social ou nos financiamentos agrícolas pelo Banco do Brasil;

d) investimento em infra-estrutura, cujo caráter financeiro é evidente; ou mesmo da disponibilização de assistência tecnológica.

Ademais, como exemplo dessa intenção constitucional incentivadora, torna-se importante o conteúdo disposto pelo artigo 179 da CF, por meio do qual foi fixado o dever estatal de estimular a atividade econômica de microempresas e empresas de pequeno porte.

Destacamos que o incentivo, exercido dentro dos limites legais, deve ser suasório,[13] isto é, não pode ser cogente,[14] sob pena de se descaracterizar como tal. É o incentivo, nessa condição, um modo de intervenção por indução.

Entretanto, referida atuação estimuladora sobre a atividade econômica pode orientar no sentido do desestímulo, induzindo o agen-

---

[13] Persuadir alguém a fazer ou deixar de fazer algo é o que se busca com a atuação estimuladora.
[14] Obrigar, forçar, impor, constringir não são, a princípio, os propósitos por ele veiculados.

420 Direito para Administradores – vol. III

te econômico a uma imobilização ou mesmo a uma retração, desde que tal comportamento vá ao encontro dos interesses público ou gerais do seu setor econômico.

Por outro lado, o ato estatal de incentivar também não pode ser confundido com favorecimento. Com efeito, incentivo não é benefício, não é serviço ou bem que se receba gratuitamente sem necessidade de contraprestar algo; há, sim, necessidade de um retorno para a sociedade, como se a ação estimuladora fosse um investimento e precisasse produzir rendimentos, resultados positivos – deve ser atingida uma finalidade social maior do que a mera ocorrência de uma determinada prática pelo agente econômico.

Nesse diapasão, para Paulo Henrique Rocha Scott, "outro aspecto importante é o da escolha dos agentes ou setores econômicos que deverão figurar como destinatários do incentivo, quanto a isso, considerando o modelo socioeconômico ambicionado pela Constituição vigente, é correto afirmar a impossibilidade total de se proceder à efetiva distribuição de recursos financeiros e serviços públicos de modo geral, abstrato e sem critérios; antes pelo contrário, tal distribuição deve atender aos mais necessitados, deve voltar-se aos que não podem desaparecer do ambiente econômico e que se prestam efetiva ou potencialmente, para o seu crescimento e desenvolvimento. A função de incentivo, além de viabilizar a efetivação dos papéis atribuídos ao Estado brasileiro quando diante da atividade econômica, instrumentaliza (...) a função estatal do planejamento (...)".[15]

1.R.6. ESTADO – FUNÇÃO DE PLANEJAMENTO

A noção de planejamento supõe as intenções de prever, selecionar, hierarquizar, projetar, orientar, tudo isso sob uma continuidade de ação e em razão de uma finalidade bem determinada. Destarte, interliga-se a processos de elaboração de orientações, definições, prioridades e diretrizes a serem tomadas, e, para que sua utilização

---

[15] *Direito Constitucional Econômico*, p. 126-128.

se justifique, a objetivos a serem atingidos. Nesse sentido, é atividade direcionada ao futuro – fundamentalmente à produção de um futuro melhor.

Dessa forma, o planejamento surge, assim, no *caput* do artigo 174 da Constituição Federal, como um meio jurídico de criar um ambiente propício à evolução da atividade econômica, capacitando-a, determinando-a, induzindo-a, a partir da articulação de dimensões distintas, a atingir certas metas de produção, comercialização, distribuição e consumo. Referidas dimensões, sujeitas a serem assumidas pela função estatal planejadora da atividade econômica, além da jurídica, são de ordem técnica[16] e política,[17] cujos efeitos produzidos recairão sobre determinado setor ou atividade econômica, por um determinado período de tempo.

Ademais, frise-se que na noção de planejamento estabelecida no *caput* do artigo 174 da Constituição Federal não podem ser admitidos os planos de estabilização monetária, vinculados ao sistema financeiro nacional, uma vez que, além de não provirem de um processo com a amplitude e o perfil democrático necessários, possuem um grau de compulsoriedade incompatível com o que foi efetivamente reservado pela norma constitucional aos planos governamentais de repercussões socioeconômicas. Por conseguinte, não podemos confundir a função de planejamento da atividade econômica com os choques ou pacotes monetários verificados na nossa história recente para o controle do processo inflacionário.

1.R.6.1. DETERMINANTE PARA O SETOR PÚBLICO

Neste tópico, a questão fundamental que se coloca é a *obrigatoriedade dos planos*.

---

[16] A dimensão técnica decorreria da necessidade da participação de especialistas das diversas áreas do conhecimento técnico-científico.

[17] A dimensão política estaria no fato de se cristalizarem, por seu intermédio, séries de opções políticas.

422   Direito para Administradores – vol. III

O tema gira em torno do valor jurídico do plano, no sentido de saber se os comandos das previsões do plano vinculam ou não os sujeitos econômicos. Na hipótese de vincularem a todos, estaremos diante de um *plano imperativo*; e, no caso contrário, estaremos perante um *plano indicativo*.

Ressalte-se que o *plano imperativo* se caracteriza no fato de que suas diretrizes são impositivas para a coletividade, como conjunto de normas obrigatórias de conduta.

Já no *plano indicativo*, a conduta é meramente sugerida pelo poder público à coletividade, e, se bem que ofereça estímulos para persuadir ou dissuadir os indivíduos (ou grupos) a ajustar-se aos seus ditames, não os impõe, e os indivíduos (ou grupos) são livres para ajustar-se ou não a eles.

Assim, o *plano imperativo* corporifica o planejamento socialista, e o *plano* indicativo, o planejamento intervencionista.

Na realidade, o plano se considera imperativo sempre para o setor público. Em razão disso, nos países de economia centralizada de tipo socialista, a imperatividade do plano é conseqüência de que as entidades econômicas são integrantes do setor público, não havendo distinção entre economia pública e economia privada, como se dá nos países de economia de mercado ou descentralizada. Nestes, o plano é imperativo também para o setor público, mas, como há um setor privado da economia, regido pelo princípio da iniciativa particular, o plano, em relação a ele, costuma ser indicativo, servindo-se de mecanismos indiretos para atraí-lo ao processo de planejamento.

Por conseguinte, a Constituição define expressamente a questão no mesmo sentido, estatuindo que o planejamento será *determinante para o setor público e indicativo para o setor privado* (artigo 174).

1.R.6.2. INDICATIVO PARA O SETOR PRIVADO

Insista-se que, além de admitir o planejamento como modo de efetivação dos papéis estatais de agente normativo e regulador da atividade econômica, o *caput* do artigo 174 da Constituição Federal estabelece que o resultado da função planejadora será determinante somente para o setor econômico público, sendo para o setor privado meramente indicativo.

Dessa forma, no que tange ao setor econômico privado, o planejamento surge como uma ferramenta que induz, inspira, persuade alguém a realizar algo.

Com isso, os agentes econômicos atuantes no setor privado *aderirão* aos propósitos do plano somente se for da sua conveniência ou, no caso de não haver vantagens explícitas e imediatas, se compreenderem a importância de participarem interativamente com o Estado na busca da concretização de algumas metas que trarão, ao final, resultados que justificarão a sua adesão – o que depende muito da qualidade da proposta estatal, da sua seriedade e da sua habilidade na condução do processo de planejamento, uma vez que o particular precisa saber qual a atuação que pode, ou não, desenvolver. Em síntese, o planejamento indicativo da atividade econômica praticada no setor privado deve tão-somente convidar a iniciativa particular a realizar algo que se compatibilize imediata ou mediatamente com as estratégias e ambições estatais, de maneira a produzir alguns resultados econômicos positivos.

Entretanto, essa opção normativa pelo planejamento indicativo acarreta algumas conseqüências dignas de nota:

a) a preliminar questão que surge diz respeito não ao planejamento em si, mas às funções de fiscalização e incentivo, previstas no *caput* do artigo 174 da Constituição Federal. Dessa forma, afirmar que o resultado do planejamento da atividade econômica é indicativo – contrastando-o com a expressão "determinante", ou seja, relacionando-o às ações de aconselhar, apontar, lembrar ou simplesmente de realçar a conveniência de algo – para o setor privado, o que não ocorreu com relação às funções de fiscalização e incentivo, é afirmar que estas sujeitarão tanto o setor econômico público quanto o privado;

424   Direito para Administradores – vol. III

b) outra conseqüência importante está no esclarecimento de que o exercício estatal da função planejadora não poderá ocorrer sob a pretensão de controle absoluto do processo produtivo desempenhado pelo setor privado. Com efeito, o Estado não poderá ser o condutor único da economia;

c) em razão dessas abordagens, ocorre uma terceira conseqüência, que remete ao entendimento de que as metas buscadas pelo planejamento não poderão desconsiderar a organização e os processos descentralizados próprios da economia de mercado.

1.R.7. O PLANEJAMENTO LEGAL DO DESENVOLVIMENTO NACIONAL

Vejamos o que preceitua o parágrafo 1º do artigo 174 da Constituição Federal:

§ 1º A lei estabelecerá as diretrizes e bases do planejamento do desenvolvimento nacional equilibrado, o qual incorporará e compatibilizará os planos nacionais e regionais de desenvolvimento.

Como acabamos de ver, o artigo 174 determina que exerça, o Estado, na forma da lei, a *função de planejamento*, "sendo este determinante para o setor público e indicativo para o setor privado".

Trata-se, *in casu*, de *função*, poder-dever. Isto é, o Estado *deve* exercer não apenas as atividades de fiscalizar e incentivar, mas também a de *planejar*.

Ademais, o parágrafo 1º deste mesmo artigo 174 dispõe: "A lei estabelecerá as diretrizes e bases do planejamento do desenvolvimento nacional equilibrado, o qual incorporará e compatibilizará os planos nacionais e regionais de desenvolvimento".

Nada mais, senão o que está enunciado nesses dois preceitos, define a Constituição, no Título "Da Ordem Econômica", sobre a matéria de planejamento. Não obstante, da função de planejar existem inúmeros outros dispositivos no texto constitucional: a) artigo 21, IX e XVIII; b) artigo 30, VIII; c) artigo 43, parágrafo 1º, II; d) artigo 48, IV;

e) artigo 49, IX; f) artigo 58, parágrafo 2º, VI; g) artigo 74, I; h) artigo 84, XI; i) artigo 165, parágrafo 4º; e j) artigo 166, parágrafo 1º, II.

Ressalte-se que o *planejamento* tratado no parágrafo 1º do artigo 174 é o *planejamento do desenvolvimento nacional,* e não o *planejamento da economia* ou *planejamento da atividade econômica.*

Como nos ensina Eros Roberto Grau, *verbis*:

O *planejamento* ... quando referida a atuação em relação à atividade econômica em sentido estrito – intervenção – apenas a qualifica; não configura modalidade de intervenção, mas simplesmente um método mercê de cuja adoção ela se torna sistematizadamente racional. É forma de ação racional caracterizada pela previsão de comportamentos econômicos e sociais futuros, pela formulação explícita de objetivos e pela definição de meios de ação coordenadamente dispostos.

São inconfundíveis, de um lado o *planejamento da economia* – centralização econômica, que importa a substituição do *mercado,* como mecanismo de coordenação do processo econômico, pelo *plano* – de outro o *planejamento técnico de ação racional,* cuja compatibilidade com o mercado é absoluta. Quem não sabe que o planejamento é uma técnica corrente de administração empresarial? É verdadeiramente incompreensível, nestas condições, que tantas vezes se atribua a essa técnica de atuação estatal caráter socializante, o que só pode ser creditado a ignorância da noção de *planejamento.*

Incompreensível, também, o equívoco, no qual tantos incorrem, de tomar os recentes "planos" de estabilização monetária praticados entre nós – "Plano Cruzado", "Plano Bresser", "Plano Verão" – como experiências ou exemplos de planejamento. Pois eles são, precisamente, expressões do não planejamento, ou seja, de atuação estatal imprivisada, ad hoc, sem prévia definição de objetivos. A incoerência dos que cometem esse equívoco é, ademais, absoluta: pois, se tais "planos" são expressões de planejamento, não poderiam, mercê do que dispõe o artigo 174, obrigar (ser determinantes) para o setor privado. Observo que Tércio Sampaio Ferraz Júnior, ao cogitar do "Plano Verão" (A economia e o controle do Estado), não comete tal erro.[18]

---

[18] Op. cit., p. 318-320.

426 Direito para Administradores – vol. III

1.S. OS SERVIÇOS PÚBLICOS E A ATUAÇÃO DO ESTADO NO DOMÍNIO ECONÔMICO

Vejamos o que preceitua o artigo 175 da Constituição Federal:

> *Art. 175. Incumbe ao Poder Público, na forma da lei, diretamente ou sob regime de concessão ou permissão, sempre através de licitação, a prestação de serviços públicos.*
>
> *Parágrafo único. A lei disporá sobre:*
>
> *I – o regime das empresas concessionárias e permissionárias de serviços públicos, o caráter especial de seu contrato e de sua prorrogação, bem como as condições de caducidade, fiscalização e rescisão da concessão ou permissão;*
>
> *II – os direitos dos usuários;*
>
> *III – política tarifária;*
>
> *IV – a obrigação de manter serviço adequado.*

A questão da atuação do Estado no domínio econômico requer prévia distinção entre:

a) *serviços públicos*: especialmente os de conteúdo econômico e social. O *serviço público* é, por natureza, estatal. Tem como titular uma entidade pública. Por conseguinte, fica sempre sob o regime jurídico de direito público. É imperativo destacar que não cabe titularidade privada nem mesmo sobre os serviços públicos de conteúdo econômico, como são, por exemplo, aqueles mencionados no artigo 21, XI e XII, da Constituição Federal.

b) *atividades econômicas*: ressalte-se que a *atividade econômica*, no regime capitalista, desenvolve-se no regime da livre iniciativa sob a orientação de administradores da empresa privada. Entretanto, é óbvio que em uma ordem econômica destinada a realizar a justiça social, *a liberdade de iniciativa econômica privada* não pode significar mais do que liberdade de desenvolvimento da empresa no quadro estabelecido pelo Poder Público, sendo, portanto, um direito fundamental, na medida em que

A Ordem Econômica... Henrique M. dos Reis / Claudia N. P. dos Reis 427

for exercido no interesse da realização da justiça social, da valorização do trabalho e do desenvolvimento nacional.

Essa distinção tem fundamento na própria Constituição, respectivamente artigo 21, XI e XII, e artigos 173 e 174.

1.S.1. AS EMPRESAS ESTATAIS

Referidas distinções permitem compreender a *natureza e os limites das empresas estatais*; as quais, sob o ponto de vista funcional, diferenciam-se em duas espécies:

a) *as prestadoras ou exploradoras de serviços públicos* (como a Cesp, a Cemig, a Companhia do Metrô, a Telebrás, a Rede Ferroviária Federal etc.); e

b) *exploradoras de atividade econômica* (como a Petrobras, o Banco do Brasil etc.).

Assim, o regime jurídico dessas empresas é diferente. Com efeito, conforme nos ensina José Afonso da Silva, *verbis*:

> As primeiras entram no conceito de descentralização de serviços pela personalização da entidade prestadora. Assim é que a Constituição diz que compete à União explorar, diretamente ou mediante autorização, concessão ou permissão, os serviços de telecomunicações, nos termos da lei, que disporá sobre a organização dos serviços, a criação de um órgão regulador e outros aspectos institucionais, assim como os serviços de radiodifusão sonora e de sons e imagens, tudo nos termos da nova redação que a EC 8/95 deu aos incisos XI e XII do artigo 21, abrindo-se a possibilidade de exploração dos serviços de telecomunicações também por empresas privadas. O modo de gestão desses serviços públicos, entre outros, não só de competência da União, mas também dos Estados, Distrito Federal e Municípios, entra no regime da discricionariedade organizativa, ou seja, cabe à Administração escolher se o faz diretamente, ou por delegação a uma empresa estatal (pública ou de economia mista), ou por concessão (autorização ou permissão) a uma empresa privada. (...) Cumpre

428 Direito para Administradores – vol. III

observar que a exploração dos serviços públicos, conforme indicado acima, por empresa estatal não se subordina às limitações do artigo 173, que nada tem com eles. Efetivamente, não tem cabimento falar em excepcionalidade, ou subsidiariedade, em relação à prestação de serviços públicos por entidades estatais ou por seus delegados. Portanto, também não comporta mencionar, a respeito deles, a preferência da iniciativa privada. Significa dizer, pois, que a empresa estatal prestadora daqueles e de outros serviços públicos pode assumir formas diversas, não necessariamente sob o regime jurídico próprio das empresas privadas. A natureza das empresas estatais prestadoras de serviço público se assemelha às concessionárias de serviço público com diferenças importantes, quais sejam a de não se sujeitarem inteiramente aos ditames do artigo 175, pois não se lhes aplicam as regras de reversão, nem de encampação, nem, rigorosamente, o princípio do equilíbrio econômico e financeiro do contrato, já que os serviços não lhes são outorgados por via contratual, mas por via de lei instituidora, e porque são entidades do próprio concedente, salvo, é claro, hipóteses de outorga dos serviços a empresa estatal de outra entidade pública (da União para o Estado, por exemplo, em que a característica da concessionária fica mais nítida).[19]

1.T. O SIMPLES[20]

Vejamos o que preceitua o artigo 179 da Constituição Federal:

> *Art. 179. A União, os Estados, o Distrito Federal e os Municípios dispensarão às microempresas e às empresas de pequeno porte, assim definidas em lei, tratamento jurídico diferenciado, visando a incentivá-las pela simplificação de suas obrigações administrativas, tributárias, previdenciárias e creditícias, ou pela eliminação ou redução destas por meio de lei.*

---

[19] Op. cit., p. 767-770.
[20] Mais detalhes sobre esse dispositivo constitucional podem ser obtidos neste volume, Primeira Parte – Direito Comercial/Empresarial.

Referências Bibliográficas

ACQUAVIVA, Marcus Cláudio. *Vademecum universitário de direito*. 4. ed. São Paulo: Editora Jurídica Brasileira, 2001.

ALMEIDA, Carlos Ferreira de. *Os direitos dos consumidores*. Coimbra: Livraria Almedina, 1982.

AMARAL JÚNIOR, Alberto do. *Comentários ao código de proteção ao consumidor*. São Paulo: Saraiva, 1991.

_____. *Proteção do consumidor no contrato de compra e venda*. São Paulo: Revista dos Tribunais, 1993.

ANDRADE, Rogério Emílio de. *O preço na ordem ético-jurídica*. Campinas: Edicamp, 2003.

ATETNER, Renato Parreira. *Direito concorrencial* – Aspectos jurídicos e econômicos. Rio de Janeiro: América Jurídica, 2003.

BARBOSA, Rui. *Escritos e discursos seletos*. 1. ed. Rio de Janeiro: José Aguilar, 1960.

BITTAR, Carlos Alberto. *Direitos do consumidor*. 4. ed. Rio de Janeiro: Forense Universitária, 1995.

CÂMARA, Alexandre. *Lições de direito processual civil*. 2. ed. Rio de Janeiro: Lumen Juris, 1999. v. 1.

CARVALHOSA, Modesto. *O poder econômico e a concentração do abuso em seu exercício*. São Paulo: Revista dos Tribunais, 1997.

CASADO, Márcio Mello. Princípios gerais da publicidade na Constituição Federal e no *Código de Defesa do Consumidor*. *Revista Jurídica*, São Paulo, n. 265, nov. 1999.

CASTRO, R. de F.; ALMEIDA, V. J. *Concorrência e tributação*: efeitos anticoncorrenciais da substituição tributária no caso do ICMS sobre cerveja. *Revista de Direito Econômico*, Brasília: CADE, n. 29, p. 101-121, jan.-jul. 1999.

COELHO, Fábio Ulhoa. *A publicidade enganosa no Código de Defesa do Consumidor*. São Paulo: Revista dos Tribunais, 1993. v. 8.

430   Direito para Administradores – vol. III

COELHO, Fábio Ulhoa. *Manual de direito comercial*. São Paulo: Saraiva, 2003.

COMPARATO, Fábio Konder. *O poder de controle na sociedade anônima*. São Paulo: Revista dos Tribunais, 1977.

_____. *Ensaios e pareceres de direito empresarial*. Rio de Janeiro: Forense, 1978.

COSTA JÚNIOR, Paulo José da. *Crimes contra o consumidor*. São Paulo: Editora Jurídica Brasileira, 1999.

FAZZIO JÚNIOR, Waldo. *Manual de direito comercial*. São Paulo: Atlas, 2003.

FERNANDES, Antonio Scarance. *Processo penal constitucional*. 2. ed. rev. e atual. São Paulo: Revista dos Tribunais, 1999.

FILOMENO, José Geraldo Brito. *Manual de direitos do consumidor*. 4. ed. São Paulo: Atlas, 2000.

FISHER, A.; LANDE, R. Efficiency Considerations in Merger Enforcement. *California Law Review*, v. 71, p. 1580-1696, 1983.

FONSECA, Antonio Cezar Lima da. *Direito penal do consumidor*: Código de Defesa do Consumidor. Porto Alegre: Livraria do Advogado, 1996.

FONSECA, João Bosco Leopoldino da. *Lei de Proteção da Concorrência*: comentários à legislação antitruste. 2. ed. Rio de Janeiro: Forense, 2001.

FÜHRER, Maximilianus Claudio Américo. *Resumo de direito comercial*. São Paulo: Malheiros, 2003.

GIDI, Antonio. *Aspectos da inversão do ônus da prova no Código do Consumidor*. *Revista de Direito do Consumidor*, São Paulo: Revista dos Tribunais, v. 13, 2000.

GONÇALVES, Marcos Peixoto Mello. *Pluralismo organizado*: uma nova visão do direito econômico. São Paulo: Quartier Latin, 2002.

GRAU, Roberto Grau. *A ordem econômica na Constituição de 1988*. São Paulo: Revista dos Tribunais, 2002.

GRINOVER, Ada Pellegrini. *Código Brasileiro de Defesa do Consumidor*: comentado pelos autores do anteprojeto. 6. ed. Rio de Janeiro: Forense Universitária, 2000.

HOLANDA, Aurélio Buarque de. *Novo dicionário Aurélio da língua portuguesa*. Rio de Janeiro: Nova Fronteira, 1999.

CRETELLA JÚNIOR, José. *Comentários à Lei Antitruste* (Lei nº 8.884, de 11/6/1994). Rio de Janeiro: Forense, 1995.

Referências Bibliográficas   Henrique M. dos Reis / Claudia N. P. dos Reis   431

MACHADO, Marlon Wander. *Crimes nas relações de consumo*. São Paulo: WVC Editora, 2001.

MARQUES, Fernando de Oliveira. *Direito concorrencial* – Aspectos jurídicos e econômicos. Rio de Janeiro: América Jurídica, 2003.

MARQUES, José Frederico. *Manual de direito processual civil*. Campinas: Bookseller, 1997. v. l.

MARTINS, Plínio Lacerda. *Anotações ao Código de Defesa do Consumidor (Lei nº 8.78/90)*. Conceitos e noções básicas. Rio de Janeiro: DP&A, 2001.

MARTINS, Rogério Lindnmeyer Vidal Gandra da Silva. *Direito concorrencial*: aspectos jurídicos e econômicos. Rio de Janeiro: América Jurídica, 2003.

MELLO, Celso Antonio Bandeira de. *Curso de direito administrativo*. 12. ed. São Paulo: Malheiros, 2000.

_____. Legalidade, motivo e motivação do ato administrativo. *RDP-90*, São Paulo, ano XXVII, p. 57-69, jan.-jun. 1997.

MELLO, Sônia Maria Vieira de. *O direito do consumidor na era da globalização*: a descoberta da cidadania. Rio de Janeiro: Renovar, 1998.

MENEZES, Paulo Lucena de. *Direito concorrencial*: aspectos jurídicos e econômicos. Rio de Janeiro: América Jurídica, 2003.

NEGRÃO, Ricardo. *Manual de direito comercial e de empresa*. São Paulo: Saraiva, 2003.

NERY, Nelson. *Revista do Direito do Consumidor*. São Paulo: Revista dos Tribunais, 2002. v. 3.

NICOLA, Alessandro de. *Euromoney*. Londres: Euromoney Publications, 1994.

OLIVEIRA, Gustavo Henrique Justino de. As audiências públicas e o processo administrativo brasileiro. *Revista da OAB*, ano XXVII, p. 3, jan.-jun. 1997.

PASQUALOTTO, Adalberto. *Os efeitos obrigacionais da publicidade*. São Paulo: Revista dos Tribunais, 1997.

PIMENTEL, Manuel Pedro. *Direito penal econômico*. São Paulo: Revista dos Tribunais, 1973.

PRIETO, Ana Lopez. *Direito concorrencial*: aspectos jurídicos e econômicos. Rio de Janeiro: América Jurídica, 2003.

QUIZA, Rosana Garcia. *Resumo jurídico de direito comercial*. São Paulo: Quartier Latin, 2003.

REALE, Miguel. Abuso do poder econômico e garantias individuais. *Enciclopédia Saraiva de Direito*. São Paulo: Saraiva, 1977. v. 2.

REQUIÃO, Rubens. *Curso de direito comercial*. São Paulo: Saraiva, 1993. v. 1 e 2.

432 Direito para Administradores – vol. III

ROSO, Jayme Vita. *Novos apontamentos à Lei Antitruste brasileira*. São Paulo: LTR, 1998.

SALOMÃO FILHO, Calixto. *Direito concorrencial*: as estruturas. São Paulo: Malheiros, 1998.

SCOTT, Paulo Henrique Rocha. *Direito constitucional econômico*: Estado e normalização da economia. Porto Alegre: Sergio Antonio Fabres Editor, 2000.

SILVA, José Afonso da. *Curso de direito constitucional positivo*. 15. ed. São Paulo: Malheiros, 1998.

SILVA, José Luiz Toro da. *Noções de direito do consumidor*. Porto Alegre: Síntese, 1999.

SODRÉ FILHO, Antonio C. de Azevedo; ZACLIS, Lionel. *Comentários à legislação antitruste*. São Paulo: Atlas, 1992.

STIGLITZ, Joseph. *Pobreza, globalização e crescimento*. O artigo compõe o relatório de desenvolvimento humano de 2003. Trad. Paulo Migliacci. *Folha de S. Paulo*, São Paulo, 8 de julho de 2003, p. A 8.

STUMER, Bertram Antônio. *Banco de dados e* habeas data *no Código do Consumidor*. São Paulo: RT, 1992. v. 1.

VENANCIO FILHO, Alberto. *A intervenção do Estado no domínio econômico*. São Paulo: Malheiros, 2001.

SITES DA INTERNET PESQUISADOS EM AGOSTO DE 2003

Expresso da Notícia – www.expressodanoticia.com.br

Conselho Nacional de Auto-Regulamentação (Conar) – www.conar.org.br

Instituto de Defesa do Consumidor (Idec) – O *Código de Defesa do Consumidor* ao seu alcance www.idec.org.br

RELATÓRIOS DA SECRETARIA DE DIREITO ECONÔMICO – MJ

RELATÓRIO Anual de Ação em Defesa da Concorrência SDE/DPDE, 1999, p. 26-27. Disponível no site www.mj.gov.br/SDE/relatório.htm

RELATÓRIO Anual de Ação em Defesa da Concorrência SDE/DPDE, 1999, p. 6. Disponível no site www.mj.gov.br/SDE/relatório.htm

REVISTAS E PUBLICAÇÕES

EXAME – Novos Negócios. *Novo Código Civil* para as pequenas e médias empresas. 1. ed. São Paulo: Abril, 2003.

Referências Bibliográficas   Henrique M. dos Reis / Claudia N. P. dos Reis   **433**

DIRETRIZES para a elaboração e implementação de política de defesa da concorrência. São Paulo: Singular, 2003, p. 263-293.

PANORAMA Setorial da Gazeta Mercantil. Análise Setorial – A Indústria da Cerveja. Maio de 1997.

CERVEJA direto do barril. No mercado americano são consideradas microcervejarias aquelas com capacidade de produção de até 17 mil litros/ano. Revista *Época*, p. 104-105, 11 de jan. de 1999.

BNDES Setorial, n. 4, p. 17, set. 1996. A Indústria da Cerveja. Panorama Setorial Gazeta Mercantil, maio de 1997, p. 13.

RODRIGUES, Adriano Pires; FARIA, Viviana Cardoso de Sá e. Mitos em torno das fusões. *Gazeta Mercantil*, 20 de março de 2000, p. A-2.